中国棉纺织行业协会
CCTA
CHINA COTTON TEXTILE ASSOCIATION

中国棉纺织行业
2019年度发展研究报告

中国棉纺织行业协会 编著

中国纺织出版社有限公司

内 容 提 要

本书汇总了2019年我国棉纺织行业以及上下游产业的发展形势与特点，内容包括中国棉纺织行业70年发展与进步、棉纺纱与棉织造的技术进步、人才建设、国际产能合作以及新疆棉纺织产业发展等内容。另外，本书对2019年行业重大事件、会员风采及年度国内外统计资料等内容进行整理汇编。

本书内容全面，是棉纺织行业经营管理者了解掌握全年行业发展的一本重要读物，同时也可供国家宏观部门以及纺织院校有关人员阅读参考。

图书在版编目（CIP）数据

中国棉纺织行业2019年度发展研究报告 / 中国棉纺织行业协会编著. -- 北京：中国纺织出版社有限公司，2020.6

ISBN 978-7-5180-7466-2

Ⅰ. ①中… Ⅱ. ①中… Ⅲ. ①棉纺织工业—工业发展—研究报告—中国—2019 Ⅳ. ①F426.81

中国版本图书馆CIP数据核字（2020）第085239号

责任编辑：范雨昕　　责任校对：王花妮　　责任印制：何建

中国纺织出版社有限公司出版发行
地址：北京市朝阳区百子湾东里A407号楼　邮政编码：100124
销售电话：010—67004422　传真：010—87155801
http://www.c-textilep.com
中国纺织出版社天猫旗舰店
官方微博 http://weibo.com/2119887771
廊坊市子鑫印刷有限公司印刷　各地新华书店经销
2020年6月第1版第1次印刷
开本:787×1092　1/16　印张:22
字数:358千字　定价:260.00元
京朝工商　广字第8172号

前言

2019年是中华人民共和国成立70周年，全面建成小康社会的关键之年。2019年全国经济坚持稳中求进的工作总基调，坚持新发展理念，坚持推进高质量发展，坚持以供给侧结构性改革为主线，坚持深化市场化改革、扩大高水平开放，并要求进一步稳就业、稳金融、稳外贸、稳外资、稳投资、稳预期。

2019年，国内外需求放缓，中美贸易摩擦起起伏伏，给中国经济发展带来了巨大的挑战，中国棉纺织行业以“稳中求进”的发展原则，积极调结构、转方式、促升级，保障行业平稳运行的同时，着力推进行业高质量发展。

本书旨在回顾2019年我国棉纺织行业运行形势、梳理行业重点关注的技术进步、人才建设、产能布局等焦点问题，并提出符合行业高质量发展的建议。

全书从以下五方面展开：

1. 专家论坛篇：归纳并总结了纺织工业高质量发展面临的新形势和新路径。介绍了棉纺织产业原料端以及终端消费市场的运行情况，尤其以中美贸易为焦点，分析国际贸易形势以及贸易摩擦对棉纺织企业的影响及应对措施。

2. 专题研究篇：通过梳理2019年行业运行情况，归纳特点总结趋势。在中华人民共和国成立70周年的时间节点，总结了70年来我国棉纺织行业的发展历程；从科技创新、可持续发展等角度挖掘棉纺织行业的发展潜力，分析了产业发展面临的挑战。

3. 政策篇：本书收录了 2019 年与棉纺织行业相关的重要文件和通知，为企业把握宏观环境、制定发展战略具有重要意义。

4. 统计篇：收录了总结国内外有关棉纺织行业的有关重点统计数据，供读者查询。

5. 风采篇：对行业的重大事件，优秀会员单位的风采以及本协会相关活动等内容进行整理汇编。

本书可供国家宏观部门、院校以及纺织上下游企业阅读参考。

编者

2020.05

目录

专家论坛篇

专题研究篇

政策篇

统计篇

风采篇

专家论坛篇

新形势下中国纺织工业高质量发展之路

中国纺织工业联合会　孙瑞哲

2020 年是实现全面建成小康社会，达成第一个百年奋斗目标的关键之年。站在历史的重要节点，回看刚刚过去的 2019 年，来路不易。

2019 年是经贸关系晦暗不明的一年。中美贸易冲突陡然升级，几经反复；英国脱欧拖延不决；WTO 等多边贸易体制遭遇危机。不确定性给投资和供应链造成了实际伤害。

2019 年是世界经济承压下行的一年。IMF 年内 4 次调降全球经济增速；全球 90%的经济体增速慢于 2018 年；新兴经济体脆弱性增强，全球经济增长动力放缓。

2019 年是企业风险集中暴露的一年。P2P 经历清退；包商银行、恒丰银行、锦州银行等接连暴雷；境内企业违约规模达到 1300 亿元，打破了 2018 年的纪录。

2019 年，尽管受到了来自内外环境的压力，中国纺织服装行业依然承压发展，在“稳增长、惠民生、防风险、保稳定”中发挥了建设性的作用，为决胜全面建成小康社会做出了应有的贡献。

一、2019 年中国纺织服装行业经济运行情况

2019 年，面对市场需求不足与贸易风险提升的压力，行业坚持以供给侧结构性改革为主线，转变方式、优化结构、转换动力，实现了相对平稳的发展。

（一）国内外市场压力不减，市场结构持续调整

2019 年，我国纺织服装内销增速较 2018 年明显放缓。根据国家统计局数据，2019 年全国限额以上服装鞋帽、针纺织品类商品零售同比增长 2.9%，增速较 2018 年放缓 5.1 个百分点，低于限额以上单位商品零售增速 0.8 个百分点。网上零售仍保持较好的增长势头，2019 年全国网上穿着类商品零售额同比增长 15.4%，但增速较上年同期放缓 6.6 个百

分点。面对压力，行业深挖内需潜力，提升供给能力，布局下沉市场和细分市场；“直播带货”等零售新模式取得了很好的成效。以李宁、波司登为代表的国产品牌快速崛起，市场认可度显著提升。

就出口而言，据中国海关数据，2019 年我国纺织品服装出口金额为 2807 亿美元，同比减少 1.5%，增速低于 2018 年 5.3 个百分点，但较 2019 年前三季度回升 0.8 个百分点，占全国出口额的 11.24%。1～11 月，行业净创汇 2318.68 亿美元，占全国的 61.41%。出口产品结构持续调整。2019 年纺织品出口额 1272.5 亿美元，同比增长 1.4%，占纺织品服装出口总额的比重为 45.3%；服装出口金额为 1534.5 亿美元，同比减少 3.7%，占全行业出口总额的 54.7%。贸易摩擦常态化下，应对压力，企业积极调整出口市场结构，多元化拓展国际市场。2019 年我国对美国、日本和欧盟纺织品服装出口额同比分别减少 6.6%、4.6% 和 4.4%；对“一带一路”沿线国家和地区出口纺织品服装的金额同比增长 3.7%。行业对新兴市场出口表现优于传统市场。

（二）生产保持低速增长，行业展现强大韧性

2019 年，纺织行业工业增加值保持低速增长。根据国家统计局数据，2019 年规模以上纺织企业工业增加值同比增长 2.4%，增速低于 2018 年 0.5 个百分点。产业链各环节中，化纤和长丝织造行业增加值平稳增长，同比分别增长 11.9%和 15.6%。终端环节承压较大，2019 年产业用及服装行业增加值同比分别增长 6.9%及 0.9%；家纺行业增加值甚至呈现负增长，增加值同比下降 1.2%。2019 年以来，受订单下滑和纺织产业链投资周期性调整等因素影响，纺机行业增加值增速持续走低，2019 年同比减少 7.5%。

（三）投资表现持续低迷，投资外部环境有望改善

2019 年以来，受市场需求和贸易环境的不确定性影响，纺织行业投资规模有所缩减。根据国家统计局数据，2019 年我国纺织行业固定资产投资完成额同比下降 5.8%，增速较上年放缓 10.8 个百分点。其中，纺织业同比下降 8.9%；化学纤维制造业同比下降 14.1%；服装业同比增长 1.8%，增速高于上年 3.3 个百分点。行业区域布局持续调整，

中部地区增势较好。随着金融供给侧结构性改革深化，货币政策传导机制进一步通畅，行业融资难、融资贵问题将进一步化解，行业中长期融资将有望增加。投资外部环境有望改善。

（四）运行质效有所波动，行业面临艰巨考验

2019 年，全国 3.5 万户规模以上纺织企业实现营业收入 49436.4 亿元，同比减少 1.5%，较上年放缓 4.4 个百分点，在规上工业中占比为 4.67%；实现利润总额 2251.4 亿元，同比减少 11.6%，增速较上年下降 19.6 个百分点，占规上工业的 3.63%；亏损企业亏损额达 298.8 亿元，同比增加 45.3%。

运行效率有波动。2019 年全国规模以上纺织企业营业收入利润率为 4.6%，低于上年同期 0.5 个百分点，企业盈利能力较上年有所下降；全国规模以上纺织企业产成品库存周转率为 14.9 次/年，较上年下降 0.27%，库存压力较上年有所增加；总资产周转率为 1.2 次/年，较上年小幅放缓；三费比例为 6.9%，较上年提升 0.1 个百分点，企业运营压力较大。

总体看，2019 年，纺织行业在压力之下依然体现了担当，在波动中实现了“稳增长、惠民生、防风险、保稳定”。行业围绕全面建成小康社会总要求，深入开展产业扶贫，加快绿色制造技术的创新与产业化应用，为打好三大攻坚战做出了重要贡献。行业积极开拓多元市场，在稳外贸中发挥了建设性作用。目前，中国纺织工业绝大多数指标均已达到甚至领先于世界先进水平，《建设纺织强国纲要（2011—2020 年）》规划的纺织强国目标已基本实现。

二、当前行业发展面临的新形势

当前，“世界大变局加速演变的特征更趋明显，全球动荡源和风险点显著增多”。2020 年伊始，英国正式脱欧，触发了欧洲经贸关系的深刻变化；美国宣布取消包括中国、中国香港等 25 个经济体享有的 WTO 发展中国家优惠待遇，贸易环境依然严峻。国内经济

"结构性、体制性、周期性问题相互交织"。中国人均 GDP 已突破 1 万美元，中国跨越"中等收入陷阱"的需求更加迫切。年初 2019 新型冠状病毒肺炎疫情全国爆发，更给社会经济造成了巨大冲击。纺织行业充分发挥先进制造能力优势，竭尽全力恢复防疫物资供给，积极应对疫情。但同时，纺织产业链也受到了疫情的直接影响，大批企业生产运行面临重重压力。尽管如此，中国"稳中向好、长期向好的基本趋势没有改变"。行业要认清形势、坚定信心、做好准备。

（一）世界经济处在国际金融危机后的深度调整期，行业要适应变局与调整

1. 发展逻辑由"竞争"向"共生"转变

全球价值链已成为世界经济的重要组织形式，超过 2/3 的世界贸易通过全球价值链产生，价值链合作的深入发展使得产业分工不断细化。在全球价值链的框架下，各经济体向更加专业化的方向演进，产业合作与共生成为常态。中国纺织工业拥有完备的工业体系，在传统贸易和全球价值链网络中的枢纽作用日益凸显。信息技术的应用，改变了产业的资源束缚，市场和企业之间深度连通，产业效率的获得从内部延展到了外部。构建具有系统效率的"共生空间"，实现协同价值成为关键。但不可回避的是，在当前世界经济增长持续放缓，产业格局深度调整的大背景下，贸易保护主义、单边主义仍有市场。2020 年 2 月 14 日，中美经贸第一阶段协议已生效，但长期来看不可控、不确定性因素依然存在。对此，纺织行业需要做好充分的准备。

2. 发展重心由发达经济体向新兴经济体迁移

技术的除旧布新重塑着区域间的比较优势。新兴市场国家和地区正在群体性崛起，而纺织服装产业主要分布在这些区域。地区的繁荣和活跃与产业的发展形成了正反馈。以埃塞俄比亚为例，自 2009 年以来，GDP 增长了 146.7%，是过去十年增长最快的经济体之一。纺织服装行业在其中功不可没。越南、孟加拉国等经济体的快速崛起，更使得产业分工格局和贸易格局发生改变。中国纺织工业需要抓住这样的趋势变化，加快对产品结构、产能结构、贸易结构的调整。但同时也要注意防范部分新兴市场的潜在风险。世界银行报告显示，新兴市

场和发展中经济体的债务与 GDP 之比达到 170%，比全球金融危机之前更加脆弱。2020 年要注意防范印度、南非、俄罗斯、巴西、阿根廷、墨西哥等增长失速风险。

3. 贸易合作由全球化向区域化聚焦

全球货物贸易的区域内交易占比正持续上升，区域化已成为全球化的新特征。目前在 WTO 已经生效的区域性自贸协定有 481 项。区域性协定对规则的简化与统一，能促进区域内资源的流动，降低交易成本与风险。以今年将达成的 RCEP 为例，货物贸易开放水平达到了 90%以上。协议内容不仅涵盖货物贸易，也包括投资准入、电子商务等现代内容。2018 年，RCEP 国家和地区占到中国纺织品服装对世界出口总额的 26.5%和进口总额的 42.1%。协定如果成功签署，将强化区域内的产业合作，重新塑造供应链关系。2019 年 12 月 24 日举行的第八次中日韩领导人会议，也揭开了中日韩深化合作的新可能。需要客观看待的是，受地缘政治、大国博弈、历史问题、经贸关系等影响，区域合作关系尚不稳定，应予以高度关注。

（二）我国正处在转变发展方式、优化经济结构、转换增长动力的攻关期，行业要增强韧性和信心

1. 韧性和信心来自党的坚强领导和中国特色社会主义制度的显著优势

经过多年探索，特别是党的十八大以来，中国特色社会主义的制度内容不断完善，优势充分发挥。党的十九届四中全会将治理体系与治理能力现代化建设提升至新的高度。政府管理与社会管理、市场协调的边界更加清新，职能将更加协调、科学。国家正在持续营造竞争中性的市场环境，支持民营经济、实体经济发展。2019 年 12 月 22 日出台了《中共中央国务院关于营造更好发展环境支持民营企业改革发展的意见》（以下简称《意见》），极大鼓舞了市场和民营企业信心。《意见》中“进一步减轻企业税费负担”“健全银行业金融机构服务民营企业体系”“支持民营企业进入油气勘探开发、炼化和销售领域”等内容给行业带来重大利好。2020 年 1 月 6 日起，央行下调金融机构存款准备金率 0.5 个百分点，以支持实体经济发展，降低社会融资实际成本。2019 年 12 月 28 日，全国

人大常委会审议通过了新修订的《中华人民共和国证券法》。全面体现注册制理念，强调市场化原则，淡化行政管制。不断深化的市场化改革，必将进一步被激发企业活力。2020年2月9日，工信部印发《关于应对新型冠状病毒肺炎疫情帮助中小企业复工复产共渡难关有关工作的通知》，帮助广大中小企业坚定信心，强化措施，实现有序复工复产，渡过难关。随着中国法治化进程的不断推进，特事特办会越来越少，平衡普惠将越来越多。企业的管理活动、经营活动将更加有章可循。同时新经济一些业态的野蛮生长、个人信息"裸奔"等灰色地带将逐渐消失。企业需要及时调整经营模式，以适应更加法制化、明朗化的市场环境。

2. 韧性和信心来自完备的经济体系和雄厚的物质技术基础

中国整个经济体系的现代化进程正在加快。作为世界上唯一拥有联合国产业分类中全部工业门类的国家，中国庞大的工业体系和供应链系统为产业创新发展提供了巨大舞台。科技创新和数字经济不断发展完善，为产业核心能力提供了有力支撑。从产业自身看，中国纺织工业已经形成了全球最大最完备的产业体系之一，纤维加工总量占世界一半以上，成功实现了"衣被天下"。行业的科技创新已经从"跟跑"进入"跟跑、并跑、领跑"并存的阶段。行业在材料方面，常规纤维已处世界领先地位，高性能、高功能纤维实现了从量到质的转变；在装备方面，纺织装备的智能化、服务化和绿色化水平大幅提高，整体水平和制造能力位居世界前列。纺织工业已成为中国为数不多的具有全产业链闭环创新能力的工业部门。体系化的创新优势使得中国纺织工业正日渐成为全球纺织科技创新的重要来源。

3. 韧性和信心来自超大规模的市场优势和内需潜力

在中华民族伟大复兴的进程中，中国人民的生活品质和消费能力在不断提升。2019年全年社会消费品零售总额41.2万亿元，增长8%。消费对经济增长的贡献率达到57.8%，拉动GDP增长3.5个百分点，连续6年成为经济增长的第一拉动力。我国拥有世界上最大规模的中等收入群体。消费升级成为趋势。随着城镇化、区域协调发展、精准扶贫进程的不断深化，下沉市场的潜力也在释放。同时，中国消费者的网上消费习惯培养已经完成。2019 年，实物商品网上零售额达 8.5 万亿元，同比增长 19.5%，比上年提高 2.3 个百分点。2012～2018 年中国跨境电商出口占外贸出口比重从 2.2%上升至 7.7%，女装、服饰配件是最畅销的品类之一。消费升级、下沉市场的兴起、网络市场的成熟、国际市场的延展正共同塑造着新时期行业发展的市场机遇。

（三）顺应国际国内形势变化，把握行业发展的方向和风口

随着国际国内形势发生变化，实现全面建成小康社会和“十三五”规划目标任务成为 2020 年工作的重中之重，行业发展正迎来新的风口。

1. 发展数字经济

最近中央经济工作会议首次明确提出要“大力发展数字经济”。当前，经济社会正加快构建在信息基础设施之上，生产和生活方式、创新和发展范式向着数字化、网络化、智能化的方向转变。2020 年 2 月 21 日中央政治局会议提出，推动 5G 网络、工业互联网等加快发展。行业工作需要把握机遇，顺应潮流，在数字经济框架下，努力实现智能制造、互联制造、定制制造、绿色制造。生产方式转型成功与否将决定未来是否能占据制高点。要关注人工智能、区块链等拥有改变整个产业链潜力的平台技术，尊重技术发展规律，保持积极稳妥、理性务实的态度。

2. 发展集群经济

集群化发展是纺织服装产业最鲜明的特征之一。当前，中国经济发展的空间结构正在发生深刻变化，中心城市和城市群成为承载发展要素的主要空间形式。产业集群作为区域经济的关键动力系统对于打造城市群具有重要意义。2019 年 12 月 1 日中共中央、国务院印发了《长江三角洲区域一体化发展规划纲要》，明确提出，要围绕新材料、纺织服装等十大领域“打造全国先进制造业集聚区”。中央经济工作会议再次明确要“打造一批有国际竞争力的先进制造业集群，提升产业基础能力和产业链现代化水平。”集群发展正迎来历史性机遇。

3. 发展普惠经济

在实现全面建成小康社会目标的关键节点，发展的“普惠性、可持续性”将成为社会评价产业、考核企业的重要指标。这种评价将通过政策法规、供应链机制、消费选择、资本估值等方式产生作用，围绕社会责任建设推进企业发展将大有可为。中央经济工作会议强调“政策、资金重点向‘三区三州’等深度贫困地区倾斜，落实产业扶贫、易地搬迁扶贫等措施”“打好污染防治攻坚战，坚持方向不变、力度不减”。行业应与此做好对接。

4. 发展硬核经济

技术封装化、模块化、融合化的趋势，使得技术鸿沟正在加大。中美贸易冲突的发生，使更多人深刻感受到“科技脱钩”的风险和不掌握核心技术的被动。如果不能跟上科技潮流，未来将被锁定在创新链低端。中央经济工作会议提出要“加快提升企业技术创新能力”“支持战略性产业发展”。加强硬核创新，减少卡脖子项目，实现自主可控，是行业未来的方向。

三、新形势下中国纺织服装行业高质量发展的路径

2020 年是全面建成小康社会和“十三五”规划收官之年，纺织服装行业的健康发展对于稳定经济发展的基本规模具有特殊意义。

面向未来，要适应充满不确定性、复杂性和模糊性的发展环境，要适应技术更迭、企业创新、需求调整的时代节拍，纺织行业须与时俱进、不断提升自身能力。

（一）强化愿景，讲好纺织行业的真实故事

人们对一个产业愿景的认同度深刻影响着这个产业所能融汇的资源和未来的发展空间。行业需要讲好真实故事，创造激动人心的愿景并赋予其意义。要从战略高度、历史维度讲好行业故事。要将行业发展融入中华民族伟大复兴的进程中，以“创新、协调、绿色、开放、共享”五大发展理念为统领，同社会生产力的提升相对接，同更好实现人民美好生活需要相对接。要用科学、理性、客观的方式讲好行业故事。完善行业统计工作，持

续深化行业调研工作，开展具有前瞻性、针对性、有效性的产业研究工作，用事实说话、用数据说话。在 2020 年初的防控新型冠状病毒肺炎疫情过程中，纺织行业充分展现了时代担当与战略作用。疫情当前，广大纺织企业克服了用工短缺、原料不足、成本高企、物流受阻、产业链运转不畅等重重困难，积极恢复生产，保障了口罩、医用防护服等关键物资的供应，跑出了中国制造的加速度。行业的积极作为有力遏制了疫情蔓延势头，保障了人民生命安全，为打赢疫情防控阻击战作出了重要贡献。近年来，全球重大突发公共卫生事件频发，防控难度不断加大。严峻形势下，需要充分重视纺织行业的民生作用，特别是产业用纺织品的战略价值；完善口罩、防护服等重要物资的应急储备机制，提高应急状态下的供应保障能力。**要以更多视角、更多形式讲好行业故事。**强化行业媒体的能力建设与资源支持，提升其传播力、引导力、影响力。加快融媒体建设，加强与国家主流媒体的合作。做好宣传和引导，让社会正确认识纺织工业在国民经济中的贡献和在国家战略中的作用。

（二）创新引领，夯实纺织行业的基础能力

推进科技创新。加强顶层规划，注重行业的基础研究、原始创新。聚焦战略性产业相关领域的发展。推动国家创新中心的落地与发展。加快行业创新体系建设。推动行业相关技术的研发与科技成果转化应用。加强行业知识产权保护。完善行业标准的工作机制与体系建设。完善科技人才发现、培养、激励机制。**推进时尚创新。**围绕树立文化自信，以“大师、大牌、大事”为抓手，加强设计人才培养，加大品牌培育力度，做优做强行业时尚活动，加快形成有中国特色、世界影响、时代特征的时尚生态。研究发布全产业链流行趋势，加快企业产品创新与集群时尚转型。以工业文化助推产业发展，推动中华优秀文化在当代的创新运用。在保护与传承中，推进纺织非物质文化遗产品牌化和市场化发展。发展符合当今潮流文化和生活方式的纺织服装产品。**推进可持续发展。**深化行业人本责任、环境责任、市场责任建设，推进绿色发展标准化和企业生态文明建设。加快淘汰企业落后产能，发展清洁生产。推进绿色关键技术的应用与转化；发展行业循环经济，推进绿色标准体系建设。

（三）平衡内外市场，打开纺织行业的发展空间

平衡国际国内两个市场，要充分关注转移产业对经济、社会、生态的影响，平衡好本地发展、区域转移与国际产业转移三者之间的关系，防止产业空心化。**激发有效需求，形成强大国内市场**。充分挖掘超大规模市场优势，以消费升级带动产业升级。调整展会结构，开拓展会市场，打造全产业链、国际化品牌展会。加强行业质量管理。引导企业积极应对市场变化、适应消费升级。不断开拓新市场、新领域，加强军民融合，促进行业电子商务发展。推动行业新旧动能转换。引导产业有序转移，稳定行业投资，促进区域协调发展。**科学推进贸易和投资发展，构建产业全面开放新格局**。引导产业国际合作向更大范围、更宽领域、更深层次发展。做好形势研判，推动行业对外贸易稳中提质，鼓励企业开拓多元化出口市场。不断提升国际展会的专业性与影响力。引导企业参加各类国际展会或活动，以产品带动品牌走出去。加强行业企业海外社会责任建设。

（四）集约化发展，融汇纺织行业的磅礴力量

行业要以更高质量、更高效率建立全球比较优势，探索整合社会资源和举全行业之力的新型“举国体制”，把集中力量办大事、超大规模的产业与市场、市场在资源配置中的决定性作用这三种优势充分结合起来，推进集约化发展。**发展平台经济**。加强各类平台建设，集聚和整合资源推进大中小企业融通发展。不断丰富强化行业组织的服务能力。推进全产业链趋势发布、产品开发协同和供应链社会责任管理。**发展集群经济**。充分发挥先行区的示范效应和引领效应。建设国家级纺织服装战略性新兴产业基地和世界级先进纺织服装产业集群。加快提升产业集群的基础能力和产业链现代化水平。发现与培育具有时代性、前瞻性、引领性的新兴产业集群。**发展数字经济**。深化两化融合，加快企业在组织管理、生产制造、商业模式等方面的数字化转型。推进行业大数据中心和工业互联网平台建设，加快在重点产业集群、专业市场和企业的落地应用。**推进产融合作**。鼓励企业之间兼并、收购和联合，提高行业集中度和效率。通过调研、建立重点企业数据库等方式，促进产融对接。

智慧来自实践，力量来自团结，荣誉来自于集体。各利益相关方须同心协力，共同推动中国纺织工业的高质量发展，为全面建成小康社会做出新贡献。

全球化纤纺织发展趋势之于中国棉纺织产业转型升级的思考

中国化学纤维工业协会　端小平

2020年，“十三五”发展规划的收官之年。回顾过去五年，中国纺织行业仍是保持了稳步发展态势，但伴随着“工业革命4.0”“一带一路”“中美贸易战”“新冠肺炎疫情”等诸多新机遇、新挑战，棉纺织行业也正在经历新一轮的变革。值此“十三五”末期，谨以此文梳理全球化纤纺织行业发展趋势，分享对中国棉纺织产业转型升级的思考。

一、全球化纤纺织行业发展回顾

（一）全球布局纺织产业新变革

过去几年技术创新极度活跃，物联网、云计算、大数据、移动互联、3D打印、智能机器人、页岩气、可再生能源以及快速普及的5G都在持续推动技术进步，孕育新一轮工业革命。各国都希望借助这新一轮工业革命实现本国工业的进一步发展，纺织新材料版块同样是各国关注的重点。在此背景下各国均从自身优势出发，拓宽发展渠道，创新发展规划，争相抢占各细分领域的战略制高点。美国推出革命性纤维和纺织品计划，建立纤维和织物产业创新机构，重点发展新一代具有智能特征的纤维纱线技术和织物。欧盟推出了Horizon 2020计划，重点是医疗器械和智能纤维制品，新工业发展用的高技术非织造材料，轻质化的高性能复合纤维材料，纳米纤维先进材料，安全防腐纤维材料等。德国在“工业4.0”中推出了Future TEX计划，重点是可再生纤维材料，以顾客为中心的定制化纤维产品制造，以智能纤维为主体的未来新兴纤维材料等。日本依托具有强大研发能力的代表性企业，重点在高新技术纤维和高端纤维制品等领域推动研发和成果产业化，并以其科技综合优势和革命性创新，逐步占据纤维创新及产业高端领域。

（二）中国纺织行业的新定位

“十三五”期间，随着我国经济由高速增长阶段转向高质量发展阶段，我国也急需借助产业革命的契机转变经济增长方式。《中国制造 2025》的提出，为我国高质量发展指明了方向。高质量发展意味着高质量的供给、高质量的需求、高质量的配置、高质量的投入产出、高质量的收入分配和高质量的经济循环。中国纺织工业作为我国传统支柱产业、重要的民生产业和国际竞争优势产业，在中国经济换挡降速期，也提出了新的行业定位——创新驱动的科技产业、文化引领的时尚产业、责任导向的绿色产业。科技、时尚、绿色已经成为纺织这样一个传统行业的新标签、新符号。这种行业发展新驱动力的形成，显然也需要通过技术结构、产品结构、产能结构、产业结构的调整来完成。

（三）纺织行业的转型升级

纺织行业作为传统的工业领域，在新一轮工业革命浪潮中再次受到各国的重视，源于“纤维新材料”能够带来的无限可能。科技、时尚、绿色，中国纺织行业正在沿着新的发展路径快速转型，面对产业链发展驱动力的转变，作为纺织工业母亲工业的棉纺织行业也需要找到合适的抓手。从纤维到纺纱正是纺织产业链的源头，棉纺织行业作为直接使用纤维的下游行业，如何借助纤维新材料的发展红利以及与新经济、新业态的融合，将成为下一个五年中的战略高点。

二、中国纺织行业发展历史

“以史为镜，可以知兴替”，回顾历史是为了着眼将来，中国纺织行业的做大做强，有许多经验值得总结。

（一）体制机制改革红利

改革开放以来，中国抓住了参与全球产业转移的重要机遇期，通过“三来一补”外向型经济迅猛发展。自此之后，“以纺织行业为突破口，推进国有企业改革”，更是成为助力纺织行业快速发展的重要助力。1998 年前后，国家进一步深化改革力度，主动淘汰落后产能，为整个行业尤其是民营经济发展带来了极大的市场空间。再加上自 1998 年起，政府采取稳健的货币政策和积极的财政政策积极扩大内需，进一步吸引更多民间资本进入化纤行业，民营企业比例快速提高，为中国纺织行业解决了原料问题，进一步促进了行业发展。另外，人民币汇率制度改革通过实行以市场供应为基础、参考一篮子货币进行调节、有管理的浮动汇率制度，为纺织出口营造了健康的环境。2001 年中国正式加入世界贸易组织（WTO），标志着中国的改革开放进入与全球化接轨的新阶段，也为中国纺织行业走向世界打通了最后一道屏障。

（二）国外先进技术和资金的引进

随着中国加入 WTO 与中国对外开放力度的进一步提升，经济全球化迅猛发展，国际产业分工加速调整，国际资本加速流动，中国通过吸纳国外投资、引进国外技术，已经成为先进技术新的试验场。中国棉纺织业从 20 世纪 70 年代起就开始引进国外先进纺纱设备，90 年代初，实施纺机“两机专项”技术装备的引进吸收，大幅提升了我国纺机的技术水平。加入 WTO 后，棉纺织行业不仅进口了国外先进的纺纱和织造设备，并通过与纺机生产企业合作，在推进和大量应用国产技术装备上做出了积极的贡献。目前，我国棉纺织行业企业应用着全世界先进的棉纺织设备，整体设备技术处于国际领先水平。

（三）新旧动能转换

据统计，目前全球60%中高端产品在中国制造，中国纤维加工总量占全球超过 50%，中国出口占全球贸易比重达到40%，全球纺织就业人口 30%分布在中国。这组数字充分展示了中国纺织行业在改革开放 40 年来取得的辉煌成绩。究其背后的原因，我们可以发现过去中国纺织行业的快速发展，客观上仍旧依赖于中国改革开放以来整个经济的高速增长。由于中国过去长期存在人口红利，土地资源相对丰富，环境污染不突出，行业处于低成本时代；与此同时，依托出口、投资、消费三驾马车的有效拉动，纺织行业总体处于供不应求的短缺经济周期中，市场需求及消费潜力巨大。中国企业家依托传统的贸易渠道，完成资本积累的过程中，更擅长通过粗放式、外延式增长达成目的。

但随着新旧动能转换，目前中国经济已经进入发展新常态，纺织行业的生产成本逐步提升、行业竞争压力进一步增大，在进入存量时代后，过去依靠传统发展路径的中国纺织行业将难以为继，行业需要寻求新路径来实现可持续发展。

三、行业发展的新路径

目前中国已经成为纺织大国，在成为纺织强国的过程中，中国既需要学习全球各个国家以往的发展经验，也需要把握第四次工业革命的机遇期，掌握行业未来发展脉搏。

从某种意义上讲，中国也已经成为全球棉纺业的领跑者。行业总量和单体规模均位于世界首位；自动控制、机器换人、万锭用工水平世界领先；60 英支以上的高支纱 80%在中国生产，管理和产品开发水平世界一流；棉、毛、麻及各种类型的化纤纺纱、织布门类齐全，是全球纱线产品品种覆盖面最广的国家之一；棉纺也是践行“一带一路”海外布局的先行者，是纺织国际化程度极高的子行业……都说明了棉纺的强大，但我们又迟迟没有亦或是不敢喊出棉纺强国的口号，似乎缺少某种底气和领袖气质，我们，也许也包括我们国外的同行都在等待中国棉纺行业的“蜕变”，从而真正成为全球棉纺行业的领导者。

（一）一体化发展打通产业链

可以预见，未来较长时间内，中国纺织工业综合优势依旧明显。这是由于纺织工业形成了全球体量最大、最完备的产业体系，是具有全产业链闭环创新能力的工业部门，其创新成果支撑整个产业体系高质量发展。

随着行业进一步发展，规模效应是压缩生产成本、抵抗外部风险的最有效的手段；同时随着行业创新进入深水区，5G、大数据、智能制造等技术，更需要更庞大的体量和更复杂的产业链来满足技术的应用场景。以化学纤维行业为例，前期具备体量优势的聚酯龙头企业，正在快速进入炼化行业，通过炼化一体延伸产业链，增加企业利润，降低经营风险；粘胶纤维行业的龙头企业，也都分别配套有化工、林浆等配套产业，大大增加了企业的抗风险能力。可以预见，具备规模效益和上下游产业链优势的“一条龙”企业将在未来的竞争中占据市场主动权。

从经济学角度看，产业向上延伸更易操作，也更容易做大。但棉纺行业实际已经到了行业最前端，所以只能向下延伸。产业链完整、品种结构丰富更容易抵御风险，从此次国外人权组织蓄意打压中国纺织产业的情况分析，也可得出同样的结论：产业链更完整的棉纺企业调整应对的空间和余地更大。

当然，越往下游也越有利于打造品牌，这是行业的共识，也有无数成功的案例可循。我们已经看到魏桥的“向尚”运动，我们也期待魏桥的成功，期待给我们带来更多的经验和启示。

（二）全球布局实现弯道超车

近年来棉纺企业已经成为纺织行业“走出去”的排头兵。分析过去成功走出去的企业，我们可以清楚地看到，通过海外设厂，企业具备了原料资源、生产成本优势、贸易关税优势和国家税收政策优势，实现了企业规模的跨越式发展。但我们也需要看到，这些企业之所以能够走出去，除了企业在市场、贸易、技术复合型人才等方面的综合底蕴，对于地缘政治的准确判断异常重要。过去十年来，我国棉纺企业的海外投资主要集中在以越南为首的东南亚国家，但随着东南亚产能的逐渐增长，投资利润率也逐渐出现拐点。未来行业投资可能会逐步向以塔吉克斯坦、乌兹别克斯坦为首的中亚地区及以埃塞俄比亚、埃及为首的非洲地区转移。

我们同时也注意到由于基础设施和产业配套、文化和政治差异、劳动力素质、国内外棉花差价和劳动力成本差距缩小、国内智能制造加速等原因，少数棉纺企业减缓了海外布局的脚步，然而，从全球历次纺织分工演变的情况看，几乎都遵循了先下游后上游的基本规律，中国棉纺织行业由于政策层面的原因先行一步，而真正意义上的国际布局其实才刚刚开始。

（三）机器换人引领智能制造

“新冠疫情”在 2020 年初给中国纺织行业带来极大的挑战。作为传统的劳动密集型行业，受疫情影响，工人无法到岗成为行业复工缓慢的重要原因之一。但通过此次疫情，我们也重新审视了整个行业，可以发现部分企业自动化程度的提高早已超出人们的想象，纺纱行业万锭用工甚至降至 10 人以下已经成为可能，乃至车间实行黑灯计划，都不再需要人来工作，全部实现机械化生产，部分棉纺织企业已经从传统的劳动密集型企业转为高新技术企业。另外，十年前棉纱主流还是普梳和精梳常规产品，而当下，各种结构的产品都出现了，赛络纺、紧密纺、高捻纱、低捻纱等，早已飞入寻常百姓家。纱线支数不断突破，80～100 英支之后，300 英支高难度纺也已经量产。纱线从颜色、成分、加工方式与结构等多个方面组合创新呈现出千差万别的种类，满足各类个性化、专业化的需求。通过机器换人，企业不仅是降低了生产成本，提升了生产效率， 通过互联网管理系统实现精细化管理，通过大数据积累最佳的纺纱参数，逐步摆脱对原有技术人员的依赖。

（四）差异化产品打造创新品牌

2019 中国棉纺织大会中，近 500 名棉纺织行业代表参与了 2019 年行业经济运行情况的调研，结果显示有近 9 成的企业 2019 年的营业收入、利润出现了下降，但有 47%的企业认为差异化产品销售状况优于上年。在此过程中，已经有 76.9%的企业尝试使用非棉纤维，同时有 52.1%的企业考虑继续提升非棉纤维用量。与之呼应的是，有 59.4%的棉纺企业认为粘胶纤维（再生纤维素纤维）更具潜力。会议中企业对未来的判断与整个纺织行业的趋势不谋而合。根据中国化学纤维工业协会收集的数据，代表中国纤维创新前沿的“中国纤维流行趋势”，发布产品销售在 1～2 年内至少增长 15%，30%的产品销量翻倍。

作为棉纺织行业的三大主要原料，棉花、粘胶短纤、涤纶短纤则分别存在各自的创新方向，值得行业重点关注。再次回到我们产业被国际人权组织刁难的话题，如果增加非棉产品的配置，可能应对起来会更从容。

1.棉花

作为农作物，棉纤维的产品质量被严格分级，很难进行差异化创新，因此针对棉纤维，差异化产品集中在前后两端。从棉花来源出发，种植过程涉及土地、劳工、农业（化学品）等多个可持续发展议题，为了实现绿色发展，国际上先后涌现出各类认证；从棉纱加工看，色纺纱比纱线染色、坯布染色更加节能节水。与印染布、色织布产品的风格不同，满足了消费者差异化的需求近年来也保持了不断发展的态势。

2. 粘胶短纤

作为与棉纤维性质最接近的化学纤维产品，粘胶短纤对棉纤维具备一定程度的替代效应，同时也存在最多的差异化产品。

（1）定制化产品：针对不同的纺纱机型，通过微调粘胶纤维生产参数，可以进一步提升纱线纺速、稳定性和产品质量。

（2）功能性产品：通过加入功能助剂，粘胶纤维可以具备抗菌、阻燃等功能，也可以具备多种颜色。

（3）可持续粘胶：通过采购经认证的可持续木材及低环境影响的加工工艺，具备可追溯性的可持续粘胶纤维概念正在受到终端品牌的追捧。

（4）莱赛尔纤维：作为新溶剂再生纤维素纤维，相比于传统粘胶纤维、莱赛尔纤维具备更高的强力和湿模量，正在重新划分行业格局。

3. 涤纶短纤

作为可持续时尚的重要部分，越来越多的终端客户开始关注并议价采购循环再利用涤纶纤维。随着禁废令的实施及近期石油价格再次下调，循环再利用涤纶行业成本优势受到极大挤压，终端客户基于可持续理念给予循环再利用涤纶的溢价将成为维系行业生存发展的重要支撑。涤纶是目前业内较为成熟的原液着色纤维品种，通过色母粒的在线添加技术，原液着色涤纶能够提供更多颜色供下游选用。

（五）棉纺行业的社会责任

我们能不能在前沿技术方面做更多的投入，从而引领全球纺纱业的技术发展趋势；我们能不能有更多的企业设立“新华源”基金，用于行业的人才培养和新产品推广？我们能不能加大环保的投入和绿色纤维的使用，承担更多的绿色发展义务？我们能不能在少数民族地区设立专门用于扶贫的公益基金，以更明确的方式体现我们行业和企业除赢利外对公共价值和理念的维护？我们能不能主动发布企业年度社会责任报告，以更透明的方式公布我们的劳工权益保护和环境责任……也许“蜕变”就在眼前，世界正在静待我们的脚步。

四、结语

任正非说：“2019 年的冬天不是靠熬能够过去的。”现在看来，受中美贸易战、新冠肺炎疫情、石油价格暴跌等因素影响，这个冬天比我们想象的要更长、更冷。展望未来，2020 年我国将全面建成小康社会，依靠低廉的劳动力成本发展的纺织行业将成为历史，新一轮产业革命和世界政治经济格局的变迁将成为未来行业发展的核心驱动力。引用吴晓波 2020 年跨年演讲的一句话作为总结，硬科技催生慢哲学，当我们无法再用之前的成本优势、规模优势，通过外延式发展继续前行的时候，环顾四周，各类新技术、多种差异化产品已经悄然而至，我们急需慢下来，深耕每一处创新。

中美贸易形势对我国纺织行业的影响

中国纺织工业联合会产业经济研究院　赵明霞

一、2018~2019 年中美贸易摩擦背景

（一）中美贸易冲突焦点转变

中美贸易摩擦由来已久，从 20 世纪 90 年代我国制造业进入快速发展阶段，美国曾在相当长一段时间内经常针对我国制造业的成本优势采取反倾销、反补贴、保障措施等贸易保护手段。美国针对我国纺织行业影响极大的一次贸易摩擦发生于 2005 年，当时全球纺织品服装配额全面取消，我国纺织服装产业在制造成本优势支撑下，出口出现“井喷式”增长。美国动用特别保障措施，直接禁止中国货物进口清关，最终中美双方签署关于纺织品和服装贸易的谅解备忘录，中国从 2005 年到 2008 年对重点纺织品服装出口实行主动配额管理。

2018 年，中美贸易关系再次陷入紧张境地，美国先是针对我国出口的钢铝产品加征高额惩罚性关税，此后不断扩大贸易摩擦范围，先后对我国出口的价值 5500 多亿美元的出口商品加征或计划加征 15%～25%的进口关税，关税税率不断提升，加税商品范围不断扩大。在此过程中，中国被迫采取反制措施，对美国出口的接近 2000 亿美元的产品加征或计划加征 5%～25%不等的进口关税。到 2019 年 9 月，双方均对超过 90%的进口商品加征或已明确计划加征关税，中美贸易形势实际上已经进入贸易战状态。中美贸易摩擦进展概况详见图 1。

在本轮的贸易冲突中，美国没有再提及中国的制造成本问题，冲突关键点直指作为我国经济转型战略内容之一的《中国制造 2025》，后期中国的科技型公司华为也被卷入贸易冲突中心。这种贸易冲突焦点的重大变化，真实基础是我国的经济结构与发展水平正在发生重大变化，我国经济已全面处于从高速发展到高质量发展的转型阶段。这也明确地提示

了，与过去出口企业缴纳高额惩罚性关税的贸易摩擦后果不同，新时期中美经贸关系恶化会产生完全不同的影响。

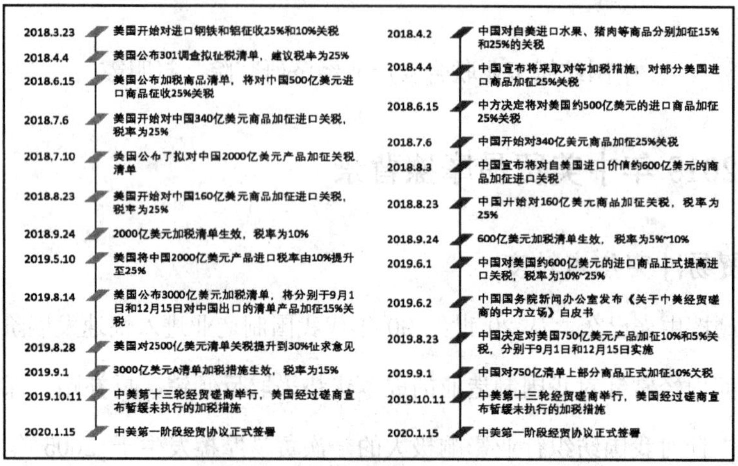

图 1　中美贸易摩擦进展概况

（二）中国纺织工业已处于深度转型升级阶段

作为高度市场化的基础性制造产业，纺织行业更早开启了从速度到质量转换的升级发展进程。2001 年，中国加入世界贸易组织（WTO），为纺织行业成本竞争力集中释放打开了窗口，行业自此在外需拉动下开始步入黄金发展周期，直到 2008 年国际金融危机爆发前，主营业务收入、出口总额增长均达到年均 20%左右的高速。2012 年，经历了国际金融危机的冲击及此后短暂调整振兴周期，中国国民经济发展步入从高速向中高速换挡的“新常态”，纺织行业要素供给条件及生态环境要求发生也重要改变，人工、原料、能源等成本全面上升，环境约束加剧，行业发展直接进入中速增长阶段，并在不长时间后切换入低速增长轨道，发展效率取代速度成为优先内容。2001 年以来纺织行业主营业务收入及出口总额增长情况详见图 2。

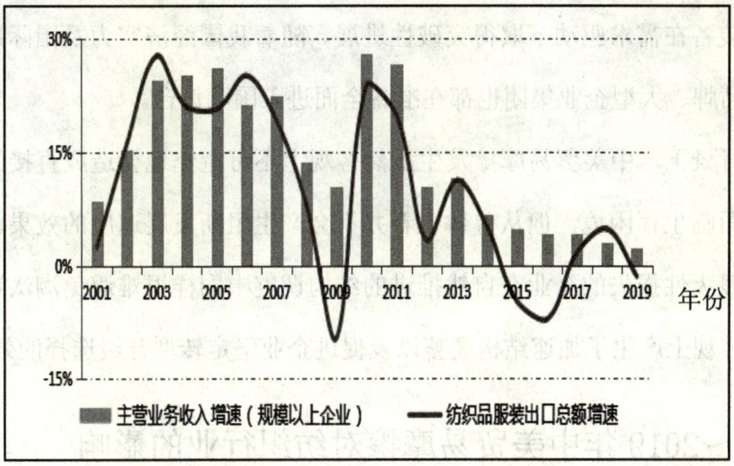

图 2　纺织行业主要经济指标增长速度

数据来源：国家统计局

纺织行业发展速度放缓是内外因共同作用的结果，也是产业经济发展的必然规律。在进入总量增速放缓阶段的时候，我国已经建立起全世界极为完备的现代纺织产业体系和极为庞大的纺织服装制造能力。我国纺织行业承载了从纤维原料到终端制品及专业装备的制造全产业链，具备从研发设计、生产制造到专业市场及线上线下多元营销模式的完整供应链体系。我国纤维加工总量 2018 年达到 5460 万吨，占全球比重超过 50%；纺织品服装出口规模近几年一直稳定在 2800 亿美元左右，占全球额的比重超过三分之一。

在产业规模扩大的同时，国内资源环境承载力不足的情况逐渐显现，我国也已经迎来劳动年龄人口拐点。伴随着工人工资持续上涨，适宜的产业工人短缺成为产业规模扩张的瓶颈因素之一。更为突出的瓶颈制约来自生态环境的约束，在日益严格的标准要求和强力的环保监管之下，纺织企业生产能力也缺乏显著扩张的空间。

在产业规模达到如此程度、资源环境约束又显著加剧的情况下，纺织行业规模增长速度放缓，并在产业链、供应链内部开始自主的结构调整，是必然的经济规律，行业也自然进入了培育并形成核心竞争能力的新阶段。

“十三五”以来，纺织行业科技创新能力提升速度显著加快，高新技术纤维材料及其制品、纺织先进制造技术、专用装备自主研发制造技术均取得长足进步，数字化、智能化生产技术与装备在需求驱动下取得突破性进展。随着我国经济实力及国际影响力提升，纺织服装自主品牌、大型企业集团也都在准备全面进入国际舞台。

这样的背景下，中美贸易摩擦发生虽然客观上不可避免地会造成直接的经济损失，局部企业甚至面临生存困境，但从整体上看并不会产生阻断发展速度的效果。那些因为贸易摩擦而遭受毁灭性损失的企业在自然推进的结构调整中同样很难避免淘汰退出的结果，中美贸易摩擦客观上产生了加速结构调整以及促进企业坚定转型升级选择的效果。

二、2018～2019 年中美贸易摩擦对纺织行业的影响

（一）纺织行业受美国加征关税措施影响的范围不断扩大

在本轮中美贸易摩擦中，纺织服装产品并不处于冲突核心地带。虽然中国对美国的纺织品服装贸易存在较大顺差，但由于美国本土缺乏纺织服装产品自给能力，我国纺织行业出口美国的大宗商品——服装及家用纺织品，一直处于加税清单的靠后序位。

美国于 2018 年 7 月实施的第一批 500 亿美元加税产品，仅涉及少数几个税号的纺织机械产品。2018 年 9 月，美国公布的 2000 亿美元加税清单生效，化纤、纱线、织物、产业用制成品及地毯进入加税清单，虽然这部分产品税号较多，但由于美国下游生产厂商很少，且有相似存量产能，我国对美国出口这部分产品的金额并不多，仅有约 45 亿美元左右。2019 年 9 月，在中美贸易冲突持续升级的情况下，服装及其他家纺产品进入加税清单，仅有少量以麻、毛、丝为原料的产品加税时间被推迟到 2019 年 12 月。2019 年 10 月，中国第十三轮高级别经贸磋商举行，鉴于双方磋商进展顺利，美国宣布推迟原定的加税计划。直到 2020 年 1 月中美达成第一阶段协议，美国决定将服装及大部分家用纺织品的进口关税从 15%降低至 7.5%，并取消未执行的加税加护。美国对纺织服装产品加征关税的具体情况见图 3。

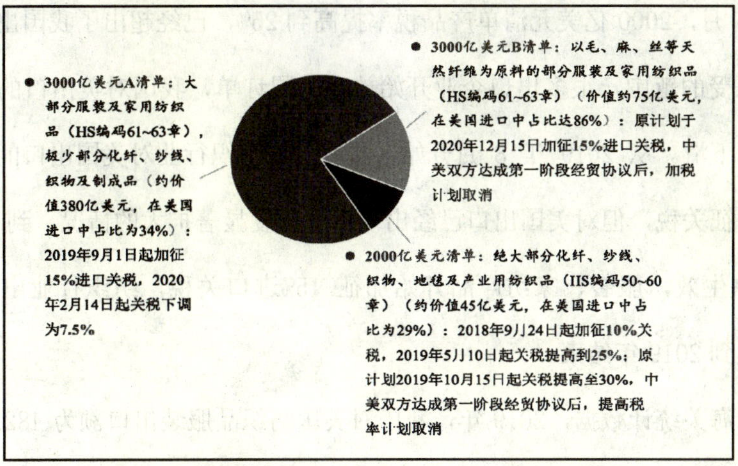

图 3　美国对中国出口的纺织服装产品加征关税情况

（二）美国加税措施对于我国纺织行业出口造成较大冲击

加税初期，由于加税产品总量不大，10%的关税负担也尚在出口商和进口采购商可以分摊承受的范围之内，加税对于纺织行业的出口影响并不突出。加上美国在 2018~2019 年经济复苏形势整体较好，我国对美国纺织品服装出口增长情况一度好于对全球出增速，也明显好于对欧盟、日本等传统发达市场出口情况（图 4）。根据中国海关统计数据，2018 年，我国对美国纺织品服装出口额达到 516 亿美元，同比增长了 8.2%，比对全球出口总额增速高出 4.4 个百分点；2019 年上半年，我国对美国纺织品服装出口额同比下降 0.7%，比我国对全球出口总额降幅还低 1.3 个百分点。

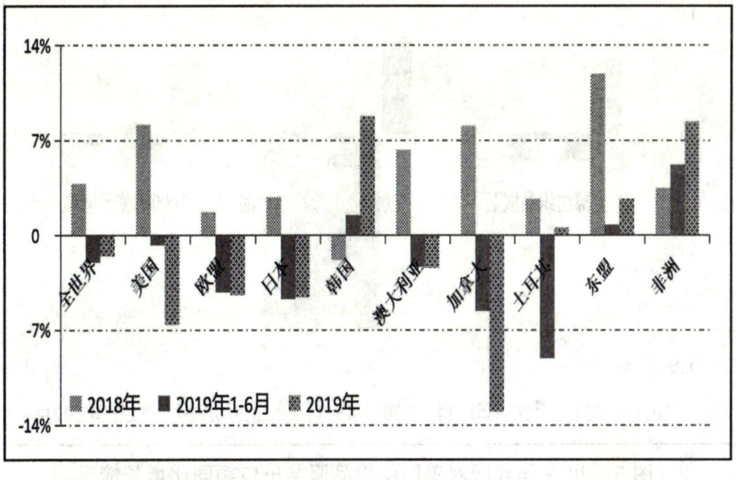

图 4　中国对全球及主要市场纺织品服装出口额同比增长情况

数据来源：中国海关总署

2019 年 5 月，2000 亿美元清单产品税率提高到 25%，已经超出了我国出口企业和美国进口商能够承受的范围，很多出口企业开始放弃美国订单，我国对美出口的已加税产品也开始出现大幅下滑。从 2019 年 8 月开始，虽然我国纺织行业对美国出口的大宗服装、家纺商品尚未加征关税，但对美国出口已经出现下滑幅度显著扩大的情况。到 9 月，3000 亿美元加税清单生效，服装、家纺产品开始加征 15%进口关税，纺织行业出口降幅更加明显，一直持续到 2019 年结束。

根据中国海关统计数据，2019 年，我国对美国纺织品服装出口额为 482.1 亿美元，同比下降 6.6%，低于当年我国纺织行业对全球出口额增速 5.1 个百分点。其中，2000 亿清单产品由于加税时间较长，加税幅度提升，出口下降更为明显，全年我国对美出口相关产品金额同比下降 23.7%，增速较 2018 年降低 34.4 个百分点。3000 亿清单产品加税措施 9 月 1 日才开始实施，对于出口影响的时间较短，且这些产品在美国市场需求刚性较强，因此出口下滑幅度相对小些，但与上半年尚无明确加税消息时的增速相比已明显下滑。2019 年全年，我国对美出口相关产品金额同比下降 5.5%，增速较 2018 年降低 13.1 个百分点，较 2019 年 1～6 月降低 6.7 个百分点，详见图 5。

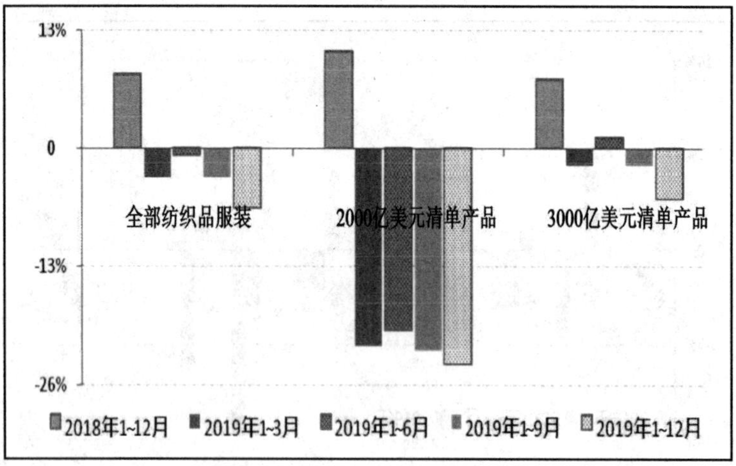

图 5　2019 年我国对美国纺织品服装出口额同比增长情况

数据来源：中国海关总署

（三）对国际供应链布局产生重要影响

除了对出口的直接影响，中美贸易摩擦对于中国纺织行业更长远的影响来自对全球供应链布局的冲击以及对中国纺织行业制造环节布局的深远影响。

中国纺织行业一直处于国际采购供应链的核心位置，尽管近年来成本不断提升，但中国纺织制造企业依然凭借生产效率和品种、品质优势与国际采购商保持着紧密而稳固的合作关系。中美贸易摩擦使得很多国际采购商进一步意识到了合作伙伴分布过于集中的风险，将采购订单向中国以外地区分散成为一致选择。一些东南亚、南亚及非洲国家的服装制造业本就处于上升阶段，中美贸易摩擦客观上也为这些国家创造了加速发展的契机。而随着终端产品加工能力增强，建立中上游产业链条，完善本地配套能力，是市场经济驱动下必然的发展趋势，这对中国纺织行业而言也意味着更为激烈的国际竞争。

中美贸易关系紧张也驱使很多国内企业加快境外投资布局。一些企业建立海外工厂是基于国外采购商的要求，甚至已有采购商要求中国合作伙伴在 3 年内将制造能力全部迁出中国。也有很多企业是出于规避风险、利用其他发展中国家低关税优势等需求，主动开始寻求海外发展路径。实际上，中国纺织企业比较成规模的开展海外直接投资的探索已有逾十年时间，相当一批企业取得了成功的经验，建立起了国内生产基地与海外加工工厂协作互动的良好布局体系，为未来更多中国企业“走出去”提供了信心基础和模式借鉴。在中国企业加快海外发展的过程中，产业工人流动将带动技术与管理经验外溢，从而带动投资目的国本土企业的发展，客观上也会产生加剧国家竞争的效果。因此，中国纺织行业面临的国际竞争环境更加激烈是不可避免的趋势。

三、中美贸易形势展望

（一）全球贸易环境风险长期偏高

2019 年 10 月，经过第十三轮高级别经贸磋商，中美经贸关系开始趋于缓和。2020 年 1 月 15 日，中美第一阶段经贸协议正式签署，美国贸易代表办公室宣布取消所有未执行加税措施，将已生效的 3000 亿美元商品 A 清单关税从 15%下调至 7.5%。2 月 14 日，协议正式生效，中国海关总署陆续发布公告，允许符合要求的美国产品进口。3 月，对纺织行业具有重要影响的美棉正式开始进口关税排除程序。虽然本轮中美贸易战已经按下暂停键，但从趋势来看，国际贸易环境风险上升将是一种长期的趋势。

近年来，在美国奉行“美国优先”政策导向的情况下，贸易单边主义、保护主义明显抬头。发达国家主导的超级区域自贸协定（Mega FTA）逐步增多，并对全球货物贸易与经济合作产生重要影响。这体现出以美国为首的发达国家对于 WTO 框架下多边合作机制所带来的利益分配不满意，力图重构更加有利于自身利益的国际贸易规则。随着中国经济转型深度推进，中国与发达国家在国际供应链上的分工将逐渐趋同，在关键领域对于自主技术、自有资本的需求也将加强。同时，在未来一段时间，保持实体制造优势、拓展出口市场，仍然将中国制造业是重要的发展目标。这意味着，中国与发达国家建立利益共同体的难度仍然很高，也很难与美、欧这样的超级经济体达成自贸合作协议。

从中美关系来看，虽然中国与美国经贸关系现阶段已经开始缓解，但中美经贸摩擦根源于两国中长期发展战略的冲突，从这个角度看，双方经贸关系的不稳定性将长期存在。中美第一阶段经贸协议仅针对部分产品降低关税，并非取消新加征的高关税，高关税仍然要持续一段时间，而且下一步的趋势仍然很难预料。不排除中美之间高关税成为常态的可能性。

（二）纺织行业呈现发展新趋势

纺织品服装是美国缺少本土产能的生活必需品，出于本地消费者福利的考虑，在本轮贸易摩擦中，纺织服装产品始终没有处于冲突中心区域，有一少部分服装、家纺产品最终也没有被执行加税措施。未来一段时间内，如果中国纺织产业链保持稳定的大众商品供给能力，这种特征就不会彻底改变，美国专门针对中国纺织服装产品发动大规模加税措施仍然处于低概率状态。但是，在中美贸易形势出现全面紧张态势的情况下，纺织服装产品也无法独善其身。

更重要的是，在发达国家主导的多边合作关系增多的情况下，中国本土制造产品进入发达国家市场将面临着关税相对较高的劣势。从全球市场趋势来看，虽然发达国家经济对于全球的影响程度正在下降，但由于消费水平较高，其消费市场仍然占据重要地位。这样的情况下，中国纺织行业将出现几个发展趋势：

一是生产制造环节布局进一步国际化。出于提升资源配置效率、破解国内要素及环境瓶颈的考虑，在过去几年来，纺织行业境外投资快速增加。中美贸易摩擦在一定程度上助推了企业走出去的动力，2019 年行业对外投资额达到 13 亿美元，比 2018 年增加 31.9%。未来，在外部贸易环境与内在发展效率需求双重驱动下，中国纺织行业对外直接投资的进度会有所加快，在具备较好要素供给条件、投资环境和贸易优惠条件的地区，面向国际市场及本地配套的纺织生产制造环节投资规模将会加快扩张。

二是结构调整进一步深化。中美贸易摩擦持续近两年时间，使很多大型出口企业深刻感受到了销售市场安排过于集中的风险。一些企业在高额进口关税下出口规模及收益依然不受丝毫影响，也再次印证了建立核心竞争力的价值。2008 年国际金融危机爆发以后，很多企业已经面临过同样的问题，但不同市场之间的巨大差异使得很多企业仍然坚持路径依赖。如今，在国际贸易环境风险长期偏高的情况下，全方位深化结构调整成为唯一选择。以提升综合效率和市场竞争力为目标，优化产品供给结构，改善销售市场结构、产业布局结构，都是必然的发展选择。

三是全球配置资源的能力提升。尽管存在贸易环境风险、综合成本压力等诸多制约因素，中国国内在发展制造产业方面仍有自身的优势。出于产业安全考虑，特别是经历新型冠状病毒肺炎疫情，中国对于自主制造产能会产生新的布局思考，仍会有相当一部分制造环节需要鼓励在国内原地转型升级，避免制造优势过快流失。这就需要企业具备能力汇集优质资源，依靠技术创新进步，破解各种制约瓶颈，全力提升发展效率。除了自主创新能力之外，跨国资源整合将成为优质企业的必备技能。随着产业布局国际化不断推进，纺织行业中将涌现出相当一批具有良好综合竞争实力的大型跨国企业，具备掌控、调配产业链优质资源的杰出能力。在全球贸易环境发生重要变化的情况下，中国政府大力推动的“一带一路”倡议具备了更为重要的意义，与更多新兴及发展中经济体建立命运共同体关系，将为纺织行业建立更为高效的国际化资源配置体系和产业布局体系创造有利条件，是十分值得深度挖掘的优质资源。

2019 棉花行业形势及展望

中国棉花协会　赵　婧

一、2019 棉花行业形势

受贸易壁垒上升，政治、经济不确定性增加等因素影响，2019 年世界经济增速降至 2.9%（IMF），是 2008 年金融危机爆发以来最低水平；全球贸易总量同比仅增长 1.1%，为 10 年以来最低值。中国经济总体运行平稳，2019 年 GDP 同比增长 6.1%，就业形势稳定，消费增长保持较高水平；贸易、投资、工业企业利润同比增速有所放缓，经济下行压力加大。受中美贸易摩擦等因素影响，中国棉业、纺织业遇到了前所未有的困难：纺织企业订单减少、关停增加，需求持续回落；棉花价格以下跌为主，部分企业亏损严重。国家继续实行新疆棉花目标价格政策，棉花生产基本稳定；储备棉轮出顺利，棉花进口配额增发，市场供给相对充裕。随着年底中美贸易磋商进展顺利，市场形势有所好转，但仍面临较多风险和不确定性。

（一）产量略减进口增加，储备棉轮出顺利进行，市场供给相对充裕

2019 年新疆继续实行棉花目标价格政策，棉花生产总体平稳；但受近几年市场低迷等因素影响，2019 年植棉面积、产量略有下降：新疆降幅较小，内地由于补贴标准低且不能有效到位，下降幅度较大。中国棉花协会统计，2019 年全国植棉面积 4816 万亩，同比下降 1.8%，其中新疆增长 0.2%，黄河流域减少 6.8%，长江流域减少 8.6%。预计全国棉花总产 591 万吨，同比下降 3.4%，其中新疆 504 万吨，占全国产量 85%，同比下降 1.9%；长江流域产量 36 万吨，同比下降 11.3%；黄河流域产量 46.7 万吨，同比下降 9.8%。从全球情况看，2019 年供给较为宽松，呈现供大于需局面。据美国农业部最新统计，虽然澳大利亚和巴基斯坦预期减产，但在美国和印度大幅增产带动下，2019 年度预计总产 2650 万吨，同比增长 2.6%：其中印度预计 642.3 万吨，同比增长 14%；美国预计 431.1 万吨，同比增

长7.8%；巴西预计287.4万吨，同比增长1.6%；巴基斯坦143.7万吨，同比下降13%。

为进一步满足市场需求，今年进口配额制度有所调整：发放数量相对宽松，发放时间较早，并且根据使用情况进行了增发。全年棉花进口量大幅增加，据海关统计，2019年累计进口棉花185万吨，同比增长17.6%。受中美贸易摩擦影响，美棉进口加征25%关税，美棉进口量36万吨，同比下降31.8%；巴西、印度进口量增加，分别为50.5万吨、20.6万吨，同比增长172.4%、20%。巴西成为第一大进口来源国，澳大利亚排在第二位，美国排在第三位。贸易方式上以一般贸易为主，占比33%，海关特殊监管区域物流货物占29%，保税监管场所进出境货物占26%。

2019年国家继续轮出储备棉，从5月启动至9月30日轮出结束，累计成交99.6万吨，较上年下降60%。由于储备棉品级较低，性价比高，企业竞拍踊跃，成交率85.7%，较上年提高28个百分点；平均成交价格12633元/吨，较上年下降14.5%。本轮储备棉轮出结束后，国家储备棉数量已降至合理水平，且以低等级棉花为主。经过几年储备去库存，供需缺口从主要依靠储备棉补充，逐渐转变为依靠进口。

（二）纺织行业压力增加，不确定性和风险加大

2019年，纺织行业特别是棉纺行业受中美贸易摩擦、国内棉花供大于求等因素影响，生产、出口、效益等指标增速均有所放缓。据中国棉纺织行业协会会商统计，2019年全国纱线产量1829万吨，同比降低4.4%，布产量560亿米，同比降低6.7%。

纺织品服装出口2715.7亿美元，同比下降1.9%，其中纺织品出口1202亿美元，同比增长0.9%；服装出口1513.7亿美元，同比下降4%。棉纱线累计进口195万吨，同比下降5.4%。

4月以来，中美贸易摩擦不断升级，美方先后对2000亿美元、3000亿美元中国商品加征25%、15%的关税，其中3000亿美元涵盖中国对美纺织品服装出口大部分（约90%以上），虽然年底中美贸易磋商进展顺利，随后美方也采取了降低税率、部分暂时取消加征等措施，但对行业影响已经形成。据统计，2019年中国对美纺织品服装出口452亿美元，同

比下降 7.7%。中美贸易摩擦的不确定性使市场信心受挫，纺织企业开工率大幅下降，中小企业关停较多，特别是后道环节影响较大，订单呈现旺季不旺、短单居多的情况。

2019 年中美贸易摩擦期间，美国参众两院通过“2019 年维吾尔人权政策法案”，试图以“人权问题”为借口，通过国际品牌商的“自我审查”阻碍新疆棉花及制品进入国际纺织服装供应链，同时利用美国海关对“强制劳动”进口商品的执法权，打击在新疆投资的中国纺织服装企业，进而打击整个中国纺织服装产业在国际供应链中的优势地位；目前该法案仍在持续发酵。考虑到新疆棉产量占全国总产量 85%，新疆棉年均使用量占中国棉纤维年均使用量的60%左右，此举将对中国棉业、纺织业未来发展带来较大不确定性。

（三）棉价以跌为主，内外价差有所扩大

2019 年，国内棉价以下跌为主。1～4 月，价格在 15500 元/吨左右波动；5 月之后，随着中美贸易摩擦升级，棉花期现货价格持续大幅下跌，现货价格跌破上年收购成本；新年度开始后，现货价格继续下跌至 13000 元/吨以下，同比最高下跌超过 3000 元/吨，跌幅超过 20%；9 月之后，中美贸易摩擦出现缓和，行业信心有所恢复，加之纺织需求略有好转，现货价格跌幅逐步趋缓，10 月之后稳中略升；12 月，中美第一阶段协议文本达成一致，同时储备棉开始轮入，受此影响国内棉价进一步上涨。2019 年，中国棉花价格指数（CC Index3128B）均价为 14212 元/吨，同比下跌 1667 元/吨，跌幅 10%。

内外价差同比有所扩大，波动幅度较大，内外棉价出现倒挂（进口棉折滑准税价格从 6 月开始倒挂一直延续到年末且有扩大趋势，折 1%关税价格 10 月出现短期倒挂）。从国产棉和进口棉价格走势看，1～4 月国内棉价高于进口棉价，内外价差为正值；5～8 月受中美贸易摩擦升级影响，国内棉价跌幅大于进口棉价，逐渐低于滑准税下进口棉价，两者出现倒挂；9 月以后国内棉价与关税下进口棉价基本一致，但与滑准税下进口棉价一直保持着 1000 元/吨左右的价差。近两年汇率因素对棉花进口价格有一定影响，2018 年以来人民币兑美元汇率累计上升 7%，使内外价差更加收窄。随着国内棉花行业市场化发展，以政策制定时对内外价差的考虑，内外棉价将进一步接轨，预计未来会在一个合理区间波动。

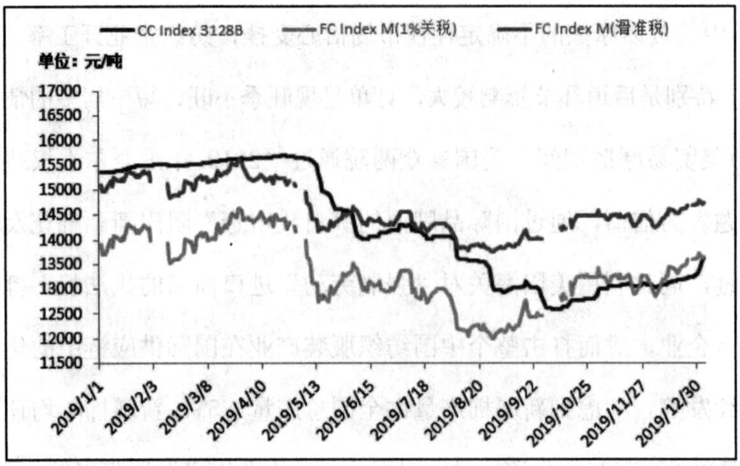

图 1　2019 年以来国内外棉花现货价格对比（2019.1.1~2020.1.3）

数据来源：中国棉花协会

（四）高品质棉花下降，销售迟缓，商业库存再创新高

目前新疆棉机采率已超过 50%，其中北疆超过 90%，采摘时间进一步集中，加工速度明显加快，加工量较去年明显增加。截至 2019 年 12 月 31 日，全国棉花加工总量约 483 万吨，同比增长 1%，其中新疆 471 万吨，同比增长 1%，内地 12 万吨，同比增长 0.8%。新棉开秤以来，籽棉收购价格以跌为主，年底有所回升，截至 12 月底，全国棉花加工企业籽棉收购均价为 5.7 元/千克，同比下降 13.6%。

根据中国棉花公检网的数据，截至到 2020 年 2 月 29 日，全国已公检 2019/2020 年度新棉 503.2 万吨，其中新疆自治区和兵团公检重量为 488.07 万吨，占比 97%。公检棉中锯齿加工细绒棉占比 98.53%。从总体看，轧工质量、长度、比强度指标理想，但白棉二级及以上、马值 A 级、长度整齐度中高级 U2 及以上分档等指标的占比均不及上年度，说明本年度的高等级棉花较上年有所减少。市场信心不足，新棉价格连续下跌，纺织企业采购减少，原料库存降至最低水平，商业库存大幅增加，中国棉花协会调查，12 月底，全国棉花商业库存总量约 519 万吨，高于去年同期 23 万吨。

（五）政策保持稳定，多种调控方式综合应用

2019 年新疆继续实行棉花目标价格改革政策，这是 2017 年三年深化目标价格改革的

最后一年，继续开展补贴与质量挂钩和“保险+补贴”试点，实现“优质优补”，对新型补贴方式进行探索。目标价格政策实施六年来，探索出了农产品价格由市场供求形成的新路子，棉价回归市场，棉农利益得到保障，棉花生产保持稳定，政策效果显著。今年，在河北、甘肃、山东、河南、湖北、湖南、江西、江苏、安徽等九省开展“专业仓储监管+在库公证检验”试点，探索对内地的支持模式。

今年是储备棉常态化轮出的第四年，经过四年“去库存”，储备规模降至合理水平，2015—2019 年度累计成交储备棉 945 万吨，储备库存降至 200 万吨以下；在有效缓解储备库存压力的同时也满足了纺织企业的需要，近几年棉花需求恢复至 800 万吨以上，产需缺口主要由储备棉弥补。11 月 14 日，财政部、国家粮食和物资储备局发布公告，为优化储备结构，提高储备质量，计划 2019 年 12 月 2 日至 2020 年 3 月 31 日轮入 50 万吨新疆棉；并且为保障纺织企业利益，首次在储备棉轮换中规定当内外价差连续 3 个工作日超过 800 元/吨时暂停交易。12 月 2 日以来，每日挂牌竞买数量在 7000 吨左右，但受质量、包装等因素限制，以及价格缺乏吸引力，实际成交不活跃，截至 12 月 31 日累计成交 3.7 万吨，成交率仅为 24%，成交最低价为 12879 元/吨，最高价为 13522 元/吨。随着大规模收储、去库存任务的完成，储备政策的功能定位由原来调节市场供需，逐渐转变为满足应急需要。

为保障纺织企业用棉需要，2018 年、2019 年分别增发了进口滑准税配额，棉花进口量大幅增加。进口配额管理更加透明，以满足市场需要、稳定预期为改革方向。为促进经济高质量发展和进出口贸易稳定增长，国务院关税税则委员会决定自 2019 年 1 月 1 日起对棉花滑准税税率进行调整，与 2018 年相比，共有三处修改：一是进口棉花完税价格高于或等于 15 元/千克时，计征从量税由 0.57 元/千克下调为 0.3 元/千克；二是将公式中常数 9.337 调整为 9.45；三是将常数 2.77%调整为 2.6%。

目标价格政策，储备、进口等多种调控手段之间互相配合、协调，调控方式逐渐常态化、机制化，更加符合市场导向，对于稳定棉花生产，促进产业持续健康发展起到了重要作用。

二、未来行业形势展望

进入 2020 年以来全球经济面临前所未有的复杂局面：中美第一阶段协议签署，贸易形势有所好转；但新冠疫情的爆发给全球经济、贸易以沉重打击。IMF 在最新报告中预计 2020 年全球 GDP 将萎缩 3%，比 2008 年金融危机期间更加严峻；同时也预计 2021 年全球经济增长将回升至 5.8%。未来经济能否顺利复苏除了取决于疫情能否得到有效控制外，还需要各国保持宏观经济政策稳定性，提振市场信心并促进投资、生产和消费，积极解决贸易争端、消除贸易壁垒。受疫情影响，中国经济短期会出现一定程度下滑，但稳中向好、长期向好的基本趋势没有改变。近两年，中国对内大力推进减税降费改革，鼓励创新、优化营商环境，对外进一步扩大开放，推进“一带一路”建设，这些举措对经济形成强有力的支撑。

中国棉业、纺织业未来发展的机遇有：一是新技术革命的发展促进新技术、新产品、新交易模式的发展，极大提升了行业生产、运行效率。二是巨大的消费潜力，目前中国人口规模超 14 亿，消费升级趋势明显，内需市场庞大，近年来，三四线城市消费加快升级，农村消费增长强劲，城镇化带来巨大市场空间。近十年中国服装鞋帽、针纺织品类零售额一直保持平稳增长趋势。三是创新能力特别是自主研发能力的提升，为行业发展提供了动力和上升空间。四是政策大力支持。挑战包括：全球政治、经济、贸易风险增加，中美贸易摩擦，中国人口老龄化加快以及来自化纤的竞争等；其中中美贸易摩擦是未来行业所面临的最大不确定性因素。虽然第一阶段协议已达成，但目前中美贸易摩擦已上升到金融战、科技战、地缘政治战、国际规则战等全方位博弈；特别是维吾尔人权法案的出台表明美国绕开贸易战，通过其他方式和手段遏制我国棉业、纺织业发展的意图。

从需求情况看，全球棉花需求总体呈增长趋势，中国预计未来消费量在 750 万～850 万吨。从供给情况看，棉花产量由于受天气、市场等多种因素影响，不确定性较大，中国由于政策支持，未来产量基本稳定，预计在 550 万～650 万吨。由于水资源限制以及高质量发展的需要，新疆增产潜力有限；特别考虑到产业安全，应适度恢复内地宜棉区域棉花种植。

政策方面，仍需发挥政策性补贴对棉花生产的支持作用，目前新疆棉花目标价格深化改革第一轮结束，下一轮将继续完善，继续开展保险试点，推动棉花质量提升；九省“专业仓储监管+在库公证检验”政策的实施，预计将对内地植棉面积恢复起到一定作用。2019 年美国新的农业法案关于棉花补贴部分作出调整：开始实行籽棉价格损失补贴（PLC）和农业风险补贴（ARC），棉花保险产品 STAX 和市场贷款计划（MLP）仍然有效。棉花重新回到农业法案覆盖作物当中，改变了上一版法案以 STAX 保险项目提供支持为主的状况。印度通过最低支持价格（MSP）政策对国内棉业提供支持，近两年大幅提高了最低支持价格，增幅达 26.5%。中国植棉效益较低，甚至近些年净利润为负值，保障棉花生产、棉农收益目前主要靠政策扶持；但从长期看，扶持政策应立足于提升棉花乃至整个农产品综合生产能力和效率，促进市场参与主体特别是农民风险意识和管理能力的提升。行业宏观调控方面，目前储备棉库存已降至较低水平，预计下一步将继续通过轮入轮出调整库存结构；进口棉配额政策将更加贴近市场，预计数量继续保持相对宽松。

数据分析：中美贸易摩擦究竟对棉纺织行业影响几何？

中国纱线网 吴永萍

2018 年 3 月美国对我国发起钢铝调查，自此正式拉开了中美贸易摩擦的序幕。其后美国逐步对中国出口美国的商品实施加征关税措施，加征税率 5%～25%。至 2019 年底，美国共计对中国约 5500 亿美元出口商品加征或计划加征关税，中国对美国约 1850 亿美元出口商品加征或计划加征进口关税。中美双方的加税清单几乎覆盖了双方所有的货物贸易。具体到纺织行业，美国加税清单中涉及到中国绝大部分化纤、纱线、织物、地毯、产业用纺织品、服装及家用纺织品，涉及金额近 500 亿美元，占我国纺织品服装总出口额的比例约 18%。

一、中美贸易摩擦谈判一波三折 棉花期货反应激烈

为解决中美贸易争端，双方且战且谈，自 2018 年 3 月至 2019 年底，中美双方一共进行了 13 轮高级别经贸磋商。在历经 23 个月的高级别磋商之后，双方终于在 2020 年 1 月 15 日签署了第一阶段协议。从协议的具体内容来看，第一阶段协议的签署只是给中美贸易摩擦按下了暂停键，没有达成任何实质性共识，并不足以解决两国过去几年在贸易、科技、投资等领域的重大分歧。对国内纺织行业来说，美国一直是我国最大的单一出口市场之一，中美谈判结果直接影响行业出口形势。从棉纺织行业的市场情况来看，对每次谈判反应最敏感的莫过于郑州棉花期货市场的反映。见图 1。

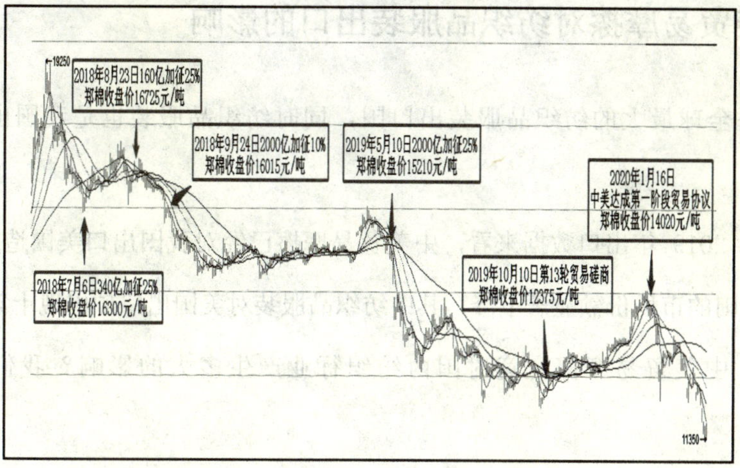

数据来源：郑州商品交易所

图 1　2018 年 5 月至 2020 年 3 月郑州棉花期货主力合约走势图

从图 1 可以看出，自从中美贸易摩擦暴发以来，由于业内对棉纺织行业后市不乐观，郑棉期货价格总体处下降趋势，每次加征关税都对郑棉期货价格走势产生明显的影响。

（1）从 2018 年 6 月 15 日美国正式宣布将对中国商品加征关税直到 2018 年 8 月 23 日第一批 500 亿美元商品加征 25%时，业者情绪悲观，郑棉下跌了 2525 元/吨，下跌 13.1%。

（2）从 2018 年 9 月 24 日，美国开启对第二轮 2000 亿美元中国出口美国商品开始加征关税，直到 2019 年 10 月 10 日第 13 轮谈判之时，由于这部分商品涉及纺织品服装类别增加，对下游市场需求影响面扩大，郑棉进入快速下降通道，主力合约由 16015 元/吨下跌至 12375 元/吨，下跌幅度高达 22.7%。

（3）第 13 轮谈判之后，气氛总体向好，郑棉也有所恢复，至 2020 年 1 月 16 日，中美达成第一阶段贸易协议，郑棉也达到阶段性的高点 14020 元/吨，较 10 月 10 日上涨 13.3%。

（4）第一阶段贸易协议并无实质性内容，因此“靴子落地”效应显著，加上新冠疫情的影响，从签订协议至 2020 年 3 月，郑棉处持续下跌通道之中。

二、中美贸易摩擦对纺织品服装出口的影响

我国是全球最大的纺织品服装出口国，同时纺织品服装也是我国出口贸易的重要组成。

从我国 2019 年出口数据来看，中美贸易摩擦已经对我国出口美国造成严重影响，中国商品在美国的市场份额显著下降，其中纺织品服装对美国出口额出现十年来最大降幅。

那么，中美贸易摩擦究竟对国内纺织行业产生多大的影响？我们不妨让数据来“说话”。

（一）中国对美国出口纺织品服装情况

美国是我国纺织品服装最大的单一出口市场，据中国海关统计数据，在 2009～2018 年十年间，我国纺织品服装对美国出口规模持续扩大，年均增幅达到 7.1%。

从表 1 可以看出，2018 年我国纺织品服装出口总体仍表现稳中增长态势，但 2019 年行业出口形势发生了明显变化，无论是纺织品服装出口总额还是对美国出口均出现了明显的下降趋势，出口总额同比下降 1.9%，出口美国总额同比下降 7.7%；出口美国占比较 2018 年下降了 1.1 个百分点。

表 1　中国对美国出口纺织品服装统计表

年度	中国纺织服装出口总额（亿美元）	同比（%）	中国纺织服装出口美国总额（亿美元）	同比（%）	出口美国占比（%）
2017	2686	0.81	453.9	0.97	16.9
2018	2767	3.7	489.6	7.9	17.7
2019	2718.9	- 1.9	452.1	- 7.7	16.6

数据来源：中国海关总署

（二）加征关税对中国纺织品服装出口的影响

目前中美双方虽然签署了第一阶段经贸协议，当前一场全球化的疫情似乎也掩盖了中美贸易上的一些矛盾，但从美国于 2020 年 2 月 10 日在反补贴法中取消中国作为发展中国家的优惠待遇的事件来看，中美贸易摩擦远未结束。

中美贸易摩擦虽然在 2018 年正式爆发，但由于加征关税措施于 2018 年下半年才正式

启动，当年加征关税涉及产品也仅限于纺织品和极少量服装产品；且双方业者为规避风险，将下半年订单提前操作，因此对 2018 年纺织品服装出口影响有限。但是，至 2019 年，美国不仅将我国主要出口纺织品加征关税税率从 10%提升到 25%，还将加征关税范围扩大至机织服装、针织服装和家用纺织制成品。而这部分商品占中国纺织品服装总出口的 75%。从 2019 年纺服出口数据来看，影响显而易见。

据海关统计数据，2019 年我国对美国出口纺织品服装 452.1 亿美元，同比下降 7.7%，这是近十年来中国对美国纺织品服装出口的最大降幅。其中对美出口纺织品下降 9.1%，出口服装下降 7.1%，针梭织服装合计出口量下降 5.5%。同时，2019 年中国纺织品服装在美国市场份额出现明显下降，其中纱线由于利润较薄，且竞争激烈，市场份额下降极为严重；服装情况略好于面料、纱线。详见表 2。

表 2　2018～2019 年中国纺织品服装在美国市场份额变化情况

类别	2018 年	2019 年	变化（百分点）
纺织品服装	36.1%	32.7%	- 3.4
服装	34.1%	30.6%	- 3.5
面料	34.3%	26.6%	- 7.7
纱线	28.4%	16.1%	- 12.3

数据来源：美国商务部

三、中美贸易摩擦对棉纺织行业的影响

美国是我国纺织品服装最大的单一出口市场，从前面分析可以看出，中美贸易摩擦直接影响我国纺织品服装对美出口，棉纺织行业作为服装、家纺的上游原材料供应环节，产品直接或间接出口到全球，尤其是美国市场，因此中美贸易摩擦对棉纺织行业来说，整体将是长期深远的，不可小视。

（一）中国棉花进口结构调整，美棉进口显著减少

从近三年进口棉花来源情况来看，中国进口棉花来源国主要是美国、澳大利亚、巴西、印度以及乌兹别克斯坦，其中美棉曾经是第一大进口品种，2017 年美棉进口是进口澳

棉的两倍。随着中美贸易摩擦爆发，作为反制措施，中国自2018年7月6日起开始对美国棉花加征25%的关税，自此基本挡住了美棉的一般贸易进口，导致中国棉花进口结构发生了明显变化。详见图2。

一是美棉进口显著减少。2017年中国共进口50.63万吨美棉，同比增长92.2%；2018年中国进口美棉仅52.88万吨，同比仅增长4.5%，这与当年总进口增长36%严重不成比例。而随着2019年反制措施的影响进一步显现，全年进口美棉仅36万吨，同比下降32%。美棉进口占比从第一下降至第三。

二是巴西棉进口大幅度增长。2019年我国共进口巴西棉50.50万吨，同比暴增172.2%；巴西成为2019年我国最大棉花进口来源国。

三是澳棉地位超过美棉。2019年我国自澳大利亚进口39.8万吨棉花，无论是进口量还是进口占比均超过了美棉。

由图2可以看出，美棉进口比例下降部分，主要由巴西棉、澳棉、印度棉所替代。从棉纺织企业反映来说，美棉进口的下降导致进口棉花质量总体下降，对一些高档棉制品的生产与质量控制有较大影响。

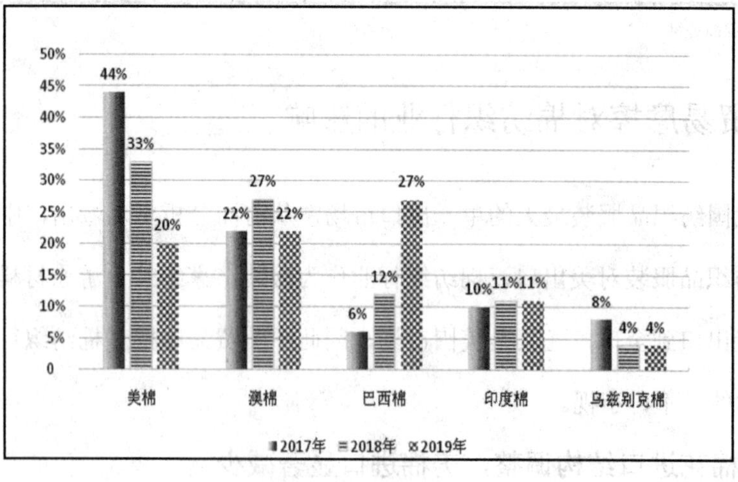

数据来源：中国海关总署

图2　2017～2019年我国进口棉花来源占比

（二）外贸形势严峻，行业利润下行压力增大

近几年来，随着东南亚等低成本国家纺织行业的发展，我国靠人口红利、低价走量带来的高速增长模式，已经受到严重冲击。棉纺织行业是劳动密集型产业，随着行业生产技术及管理水平的进步，劳动生产率已经大幅提升。但随着国内生产经营成本的提升，国内纺织企业的优势越来越小，棉纺织行业的产能正在从中国转移到人工成本更低的东南亚等地，给行业带来不可忽视的冲击。而中美贸易摩擦进一步增加了我国出口产品的成本，并增大了企业的经营风险，外贸型纺织服装企业订单呈下降趋势，行业利润下行趋势明显。

据国家统计局数据，2019 年 3.5 万户规模以上纺织企业实现营业收入 4.9 万亿元，同比减少 1.5%；实现利润总额 2251.4 亿元，同比减少 11.6%；全行业营业收入利润率为 4.6%，较上年回落 0.5 个百分点。

（三）国内市场竞争加剧 企业经营压力进一步加大

在外贸出口风险增大、成本上升的压力下，部分出口型企业加大了国内市场的开拓，从而导致国内市场竞争加剧；其中常规品种竞争则更为激烈。

从棉纺市场运行数据来看（图 3），2019 年全年常规纱线品种价格总体处持续下行态势，其中全棉 32 英支纱线全年下跌 2545 元/吨，下跌幅度达 11%；粘胶 30 英支纱线全年下跌 3640 元/吨，下跌幅度高达 19.8%；纯涤 32 英支纱线全年下跌 2195 元/吨，下跌幅度 16.2%。纱线价格大幅度下跌，市场竞争激烈，企业经营压力显著加大，部分中小企业处境艰难。

（四）人民币汇率波动频繁 外贸企业经营风险增加

随着中美贸易摩擦的暴发，人民币汇率总体处贬值通道。总体上来看，谈判形势紧张，人民币汇率下行；谈判气氛缓和，人民币回升。

从图 4 可以看出，自 2018 年 6 月美国正式对中国启动加征关税措施以来，人民币汇率总体呈现贬值趋势；于 2008 年 11 月 13 日跌破 7 关口；2019 年 5 月份第 12 轮高级别磋商后再次大幅度贬值，于 2019 年 9 月 3 日达到近年来最低点 7.185；至 2020 年 1 月中

旬，随着第一阶段经贸协议的签订，人民币汇率恢复至阶段性高点 6.84。随着中美贸易谈判进程，人民币汇率波动频率达近年来之最。

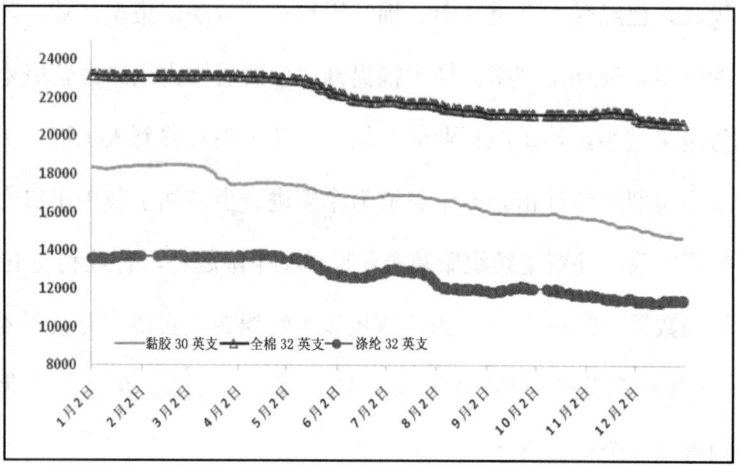

图 3　2019 年国内纱线价格走势图

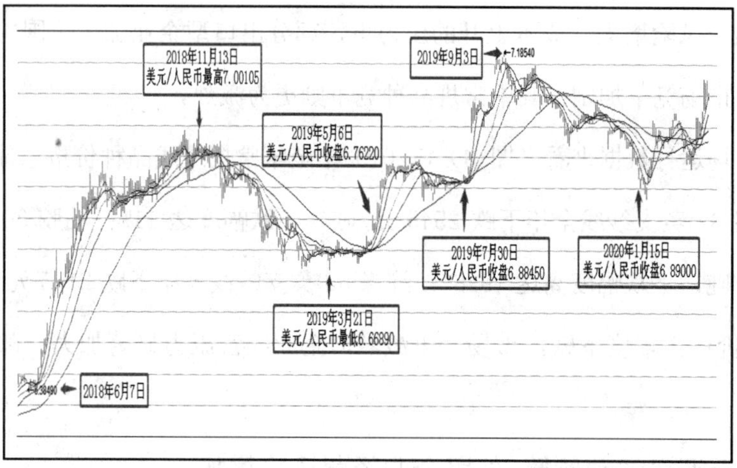

数据来源：中国人民银行

图 4　2018 年 6 月以来人民币在岸汇率走势图

人民币汇率既反映了国际资金对中国经济的预期，同时也是提高出口产品竞争力、抵御突发外贸风险的一个工具。因此，随着中美贸易摩擦的持续进行，汇率频繁将长期存在。

对于出口依存度较高的纺织行业来讲，人民币汇率的频繁波动，不仅造成出口产品无法锁定利润，还会导致部分外商为规避风险而转移订单；同时，汇率的频繁波动，对于进口设备较多的纺织企业来说，加大了设备成本控制难度。这些无疑都增大了纺织企业的经营风险和管理难度。

（五）和东南亚纺织业的竞争继续加剧

中美贸易摩擦的升级，无疑对东南亚纺织业是一个利好。

可以确定，美国对中国商品加征的关税将由国内供应商、美国贸易商、美国终端消费者来共同承担，但无论由谁承担，各方承担比例如何，都将削弱中国纺织品服装在美国市场上的竞争力。

据美国商务部统计，2019 年美国自全球进口纺织品服装 1227 亿美元，增长 0.04%，其中自中国进口下降 9.2%，而自东盟、印度、孟加拉国进口纺织品服装分别增长 8.2%、4.4%和 9.1%。可见，中美贸易摩擦导致订单向东南亚转移，中国在美国市场上失去的市场份额基本上被正在崛起的东南亚等竞争对手抢占。

随着国内生产成本的持续提高，近年来国内一些有实力的纺织企业已经在向东南亚转移产能。中美贸易摩擦加剧了我国纺织业和东南亚的竞争，同时也加快了棉纺织产能向东南亚的转移。

四、棉纺织企业应对策略

中美贸易摩擦的升级，对中美双方都将是划时代的事件。表面上看是贸易之争，而实际上是价值观、意识形态之争。因此，中美贸易摩擦的焦点不是短期的经济利益。在经历了长达近两年的谈判之后，双方都明白要想彻底解决问题难，但彻底翻脸则更难。或许，边打边谈，将是中美经贸关系的常态。

在这种情况下，我们的企业应该怎么办？

（一）继续提高产品竞争力，提高产品议价能力

前面提到，加征关税最终将由国内供应商、美国进口贸易商、美国消费者来共同承担，而各方承担比例最终将根据企业的议价能力而定。美国进口贸易商是否会将订单转移到其他国家，最终考量的还是中国产品的竞争力和企业的承受能力。

（二）调整产品结构，尽量避开和东南亚竞争

即使没有中美贸易摩擦，东南亚纺织业的崛起都正在对国内纺织业造成较大的冲击，而贸易摩擦无疑将加剧这种竞争压力。因此，调整产品结构，尽量避开与东南亚的直接竞争，生产东南亚无法替代的产品，是棉纺织企业应对中美贸易摩擦的一种非常好的选择。

（三）做好内销市场的产品开发与开拓，充分挖掘内需市场空间

据统计，从 2012～2017 年间，我国服装鞋帽、针纺织品类零售一直保持平稳增长趋势，2017 年服装鞋帽、针纺织品类零售总额达 14557 亿元。2018 年全国服装鞋帽、针纺织品类零售额达到 15231 亿元，同比增长 4.63%。中国不仅是全球最大的纺织品服装出口国，同时也是全球最大的纺织品服装消费市场。因此，棉纺织企业做好内销市场的开发与开拓，可以部分消除出口市场下滑的影响。

（四）积极开拓多元化出口市场，在全球产业布局中发挥更重要的作用

虽然中美贸易摩擦将长期存在，但中国仍是世界纺织的重心，短期之内，中国纺织业在全球的地位仍无可替代。因此，棉纺织企业应该开拓更多元的出口市场，既要借国家推进“一带一路”建设之机，布局沿线市场，还要积极与海外市场、境外投资企业建立更为紧密的合作关系。

（五）及时掌握宏观信息，出口企业尤要把握关税、汇率的变化

在中美贸易摩擦长期存在的形势下，市场受宏观面的影响程度明显大于供求基本面。因此，企业要及时关注宏观动态，关注中美贸易摩擦事态发展，出口型企业尤要把握国际市场动态、出口商品的关税调整和汇率的变化，尽量将外贸风险降到最低。

内外兼修：新时代民营企业高质量发展策略

社科院工业经济研究所　郭朝先　石博涵

摘要：新时代，推进民营企业高质量发展需要“内外兼修”和“双向发力”。制约民营企业高质量发展的主要问题是，实体企业生存困难，产业结构不合理，融资难融资贵问题突出，企业账款被严重拖欠，创新发展动能不足，诚信经营亟待提高。推进民营企业高质量发展，一方面需要通过优化公平竞争的市场环境、完善精准施策的政策环境、健全平等保护的法治环境、构建亲清新型政商关系来持续推进营商环境建设；另一方面需要民营企业转变经营理念、经营战略、企业治理、管理方式，培育适应高质量发展的新特质。

当前，我国经济正从高速增长阶段转向高质量发展阶段。这个过程必然要求民营企业转型升级，实现高质量发展。长期以来，我国民营企业面临不同程度的市场准入歧视、市场环境有失公平、政策环境不够优惠、法治环境偶有不公、政企关系失去分寸等营商环境问题。近年来，为扭转这种对民营企业发展不利的营商环境，我国政府做了大量工作，取得了积极进展。特别是党和国家领导人在 2018 年 11 月 1 日召开的民营企业座谈会上发表重要讲话以后，民营企业营商环境有了很大改善。但是仅外部营商环境得到改善，并不能保证民营企业自动实现高质量发展。民营企业高质量发展终究要靠民营企业自身苦练内功来实现。当前，中美贸易摩擦、科技竞争存在较大不确定性，加上受新冠肺炎疫情影响，中国经济下行压力增大。在这种情况下，民营企业自身的努力尤为重要。

既有研究更多的是重视如何改善民营企业营商环境来促进民营企业高质量发展。有一部分研究注意到民营企业高质量发展需要其自身努力才能做到，也有一部分研究重视外部营商环境优化和企业自身努力的协同。徐建华认为，新时代民营企业的发展需要营造更好的发展环境，尤其是需要营造市场化、法治化、国际化营商环境，保障民营企业依法平等使用资源要素、公开公平公正参与竞争、同等受到法律保护。银温泉指出，当前经济发展进入新常态，民营企业要想发展，必须踏实经营，进一步提高自身素质。毛敏认为，新时代的民营企业尤其需要不断加强自身修炼，为实现高质量发展蓄积能量和准备条件。魏勰、欧阳青燕认为，民营企业高质量发展需要立足大质量视角，融入卓越绩效管理核心理念，持续推进质量管理。隆国强认为，民营企业实现高质量发展，既要练好硬功，也要练好软功，硬功夫包括技术创新、商业模式创新等，软功夫包括改善公司治理体系、开阔视野、创新意识、提升管理等。本文认为民营企业实现高质量发展，需要“内外兼修”和“双向发力”：对外需要有良好的营商环境，对内需要企业苦练内功乃至实现“蜕变”。

一、民营企业高质量发展的制约因素

当前制约民营企业高质量发展的问题既有外部环境因素，也有企业自身问题，概括起来主要有以下 6 个方面。

（一）企业经济效益滑坡，实体企业生存困难

近年来，受经济下行影响，民营企业经济效益滑坡明显。2018 年规模以上私营工业企业利润总额为 17137 亿元，比 2017 年减少 5906 亿元。民营企业资产利润率下降更为明显，2011 年之后出现了持续下降趋势：2011 年为 14.21%、2012 年为 13.24%、2013 年为 12.43%、2014 年为 11.05%、2015 年为 10.59%、2016 年为 10.64%、2017 年为 9.50%、2018 年为 7.16%，2018 年比 2011 年下降 7.05 个百分点。即使对民营企业 500 强来说，2018 年销售净利率、净资产收益率也分别比 2017 年降低 0.1 个、1.31 个百分点，保险业的资产净利率不足 2%。

统计数据表明，制造业领域民营企业数量占比已达 90%以上，民间投资的比重超过 85%。民营企业在制造业领域是实实在在的“主力军”和“突击队”。民营制造企业发展方式转变与否、发展质量如何，直接决定了我国制造强国战略实施的进度和工业发展质量的高度。但是近年来，在全国经济下行压力增大的情况下，从事实体经济的民营企业面临沉重的成本压力。资金、土地、电力等要素成本维持高位，人力成本和“五险一金”等社

保缴费不断增加，上游原材料价格上升，企业效益持续下滑，生产经营面临较多困难。第十三次中国私营企业调查数据显示，人力成本上升、不变和下降的企业分别占 83.11%、10.68%和 6.10%，物流成本上升、不变和下降的分别占 70.83%、23.93%和 5.24%，能源成本上升、不变和下降的分别占66.05%、27.45%和6.50%。

（二）市场准入机制不完善，产业结构不合理

第十三次中国私营企业调查数据显示，私营企业所从事产业主要是制造业（27%）、批发零售（13%）、农林牧渔（7%）等，而从事采矿业、电力煤气水供应业的均只占 1%，从事金融业的占 2%。在经济相对落后的中西部地区，这个问题更加严重。甘肃省 70%的非公有制企业集中在房地产开发、建材、商贸、餐饮、农产品初加工等产业链初端，以小规模、分散性经营、劳动密集型为主，较少进入有长期收益和贡献的电力、水利、铁路、石油、金融保险等领域，且金融、教育、信息类新兴产业领域的市场主体较少。由于民营企业分布在相对狭窄的传统产业经营空间里，产业成长空间相对有限，加上企业创新不足，产品同质性较强，容易形成产能过剩。民营企业往往被迫进行“价格战”，企业经济效益受到很大影响。民营企业产业结构不合理、经营领域相对狭窄，与长期以来我国民营企业市场准入机制不完善有关。尽管近年来我国已采取诸多措施大幅度改善营商环境，包括采取推行市场准入的负面清单制度，但是市场准入限制取消不是短期内能彻底实现的。

（三）金融体系结构不合理，融资难融资贵问题突出

造成融资难融资贵的原因是多方面的，既有民营企业信用缺乏、可担保的抵押物少等企业内部原因，也有我国金融制度不健全、银行体系不合理、银行竞争不充分等外部原因。我国以民营中小企业为服务对象的信用担保机构发展不充分，一般实力较弱、抵御风险能力有限，且服务意识和能力有待提高，对解决民营企业融资难融资贵问题作用有限。长期以来，我国的金融服务以间接融资为主，在间接融资中又以国有大中型银行为主体。在防范金融风险战役中，非标融资和“影子银行”空间被极大压缩，民营企业融资难度进一步加大。在直接融资方面，我国科创板、中小板、主板市场和场外股权交易市场、债券

市场等都偏向大中型企业，绝大多数民营企业因融资门槛高、条件限制而难以获得直接融资支持。据统计，2016 年至 2018 年 A 股上市公司中的国有企业平均融资额从 7.9 亿元上升到 11.1 亿元，而民营企业则从 1.7 亿元下降到 0.96 亿元。公司债和企业债方面，2018 年民营企业发债规模不到 20%；国有企业的债券融资利差则从 2016 年的 82 个基点扩大到 2018 年的 148 个基点。

（四）市场地位偏弱，企业账款频遭拖欠

根据国家统计局网站的数据计算，民营企业发展规模和速度在 2001～2014 年年均增长 23.11 个百分点，但整体规模不大，年均仅为 1.03 万亿元；2014～2019 年尽管增速有所下降，年均增长 8.04 个百分点，但整体规模上升较快，年均增长达到 3.56 万亿元。在账期上，2017 年及以前，我国私营工业企业的应收票据及应收账款平均回收周期都在 1 个月以内，平均为 26.6 天；但在 2017 年以后，我国私营工业企业的应收票据及应收账款平均回收周期都在 1 个月以上，平均为 42.75 天，其中从事电子工业、建筑业、机械工业、建材工业、房地产业的民营企业应收账款回收期普遍在 3 个月以上。在占比上，2001～2011 年私营工业企业的应收票据及应收账款在工业企业整体规模中的占比远低于国有及国有控股工业企业、外商投资工业企业，年均分别降低 16.3 个百分点、9.37 个百分点。2011 年以后，我国私营工业企业的应收票据及应收账款在工业企业整体规模中的占比则逐渐高于国有及国有控股工业企业、外商投资工业企业，年均分别高出 2.47 个百分点、3.83 个百分点。剩余未清欠款大多数是陈年旧账，成因特别复杂。一些拖欠企业生产经营困难，后期的清欠任务都是“难啃的硬骨头”。

（五）高素质人才缺乏，创新发展动能不足

全国私营企业的调查数据显示，对“找到需要的熟练工人”表示“非常满意”或“满意”的比例在 2016 年为 42.13%，在 2018 年下降到 30.95%。其中，涉及制造业的民营企业对“找到需要的熟练工人”表示“非常满意”或“满意”的比例仅为 25.13%。在 2 405 家私营企业有效样本中，高达 1140 家企业认为人才队伍是竞争薄弱环节，排在价格、市

场规模、风险管控、政府支持之前，居第一位。同时，在提升目标上，1 662 家企业认为最需要提升的要素是人才队伍，明显超出核心技术、品牌、核心团队、政府支持等其他要素。民营企业人才问题产生的原因是多方面的，除了民营企业就业声望偏低、薪酬水平低、社会保障水平低之外，民营企业的普遍性家族制管理、管理不规范是主要原因。历次全国私营企业调查数据显示，我国七成以上的私营企业为广义的家族企业（家族或个人控股比例超过 50%），六成以上的私营企业是狭义上的家族企业（家族成员参与管理）。家族制企业具有相对封闭性，外来人才在企业内部的晋升容易受阻。这是民营企业较难吸引到高素质人才的一个重要原因。因此，如何完善民营企业治理制度、吸引更多优秀人才投身民营企业发展是一个重要课题。虽说民营企业创造了 70%以上的科技成果，但另一方面，半数左右的民营企业在科技研发和创新上无所作为，还有 1/4 左右的民营企业的科研创新能力居于较低水平。第十三次中国私营企业调查数据显示，2017 年受访私营企业中研发费用在 10 万元以下的占 60.47%，10 万～100 万元的占 14.04%；54.41%的受访私营企业研发强度在 1%以下，研发强度在 1%～5%的占 25.89%；48.43%的受访私营企业未拥有任何知识产权，27.61%的受访私营企业拥有的知识产权数在 10 项以下；52.64%的受访私营企业无专职开发人员，30.13%的受访私营企业拥有 10 人以下（含 10 人）的专职开发人员；49.9%的受访私营企业表示没有任何研发平台（含企业自设平台、合作共享平台）。

（六）基础管理工作薄弱，诚信经营亟待提高

第十三次中国私营企业调查数据显示，产品与服务、安全生产、劳工关系、环境保护、税收、消防等领域的民营企业普遍存在基础管理工作不到位、诚信经营不足的问题，并因此导致被追责和罚款。2017 年，参与调研的私营企业在产品与服务上所受罚款数额较大，这表明部分私营企业在产品质量服务方面不过关、不重视消费者的权益保障。除此之外，私营企业还存在偷税漏税。劳工关系、安全生产、环境保护不到位、消防不到位等问题。

二、民营企业高质量发展的外部驱动

世界银行发布的《全球营商环境报告 2020》显示，中国营商环境的全球排名由第 46 位上升至第 31 位，连续两年跻身全球营商环境改善最大的前十名经济体。我国改善营商环境的努力已经得到世界认可。仅 2019 年出台的有关促进民营企业营商环境改善的重量级文件，就有《优化营商环境条例》《中共中央国务院关于营造更好发展环境支持民营企业改革发展的意见》等。未来民营企业营商环境需要在市场环境、政策环境、法治环境和政商关系等领域持续改进。

（一）优化公平竞争的市场环境

2019 年，中国社会科学院社会学所、中国个体劳动者协会、各地工商局、各地个体私营企业协会联合开展的全国性大型抽样调查项目“全国营商环境与民营企业家评价指数调查”发现，仍有部分民营企业反映存在不公平竞争问题。虽然遇到这些问题的企业占比较低，但仍不可忽视。为此，要进一步优化公平竞争的市场环境，坚决破除制约民营企业参与市场竞争的各类障碍和隐性壁垒，切实消除在准入许可、土地使用、经营运行、招投标等方面的不平等待遇。要进一步放开民营企业市场准入，放开电力、电信、铁路、石油、天然气等重点行业和领域，尽快制定民营企业分行业、分领域、分业务市场准入的具体路径和办法，明确路线图和时间表。要深化要素市场化配置体制机制改革，健全市场化要素价格形成和传导机制，保障民营企业平等获得资源要素。要推进产业政策由差异化、选择性向普惠化、功能性转变，强化公平竞争审查制度刚性约束。

（二）完善精准施策的政策环境

“全国营商环境与民营企业家评价指数调查”显示，有 57.6%的民营企业希望“政府部门加大出台鼓励扶持企业发展的政策力度”，48.1%的企业希望“完善鼓励企业创业创新的配套政策”，43.5%的企业希望“强化对创新型人才、顶尖人才的政策吸引力”。对有海外投资和进出口业务的民营企业的调查显示，42.7%的企业在开拓海外市场时缺乏商务信息，42.2%的企业缺乏对海外法律和社会的了解，42.4%的企业缺少海外经营人才，

37.7%的企业认为价格和服务缺乏国际竞争力，35.9%的企业反映国内审批程序复杂，36.3%的企业反映外汇管制严格。据国家统计局甘肃调查总队对甘肃省 2014 年新设立商业小微企业和个体户经营情况进行的跟踪调查分析，甘肃省有 70%左右的非公企业表示对各级政府出台的调控政策和扶持政策不了解，在参与调查的 348 家小微企业和个体户中，享受优惠政策的比例不到一半；在享受优惠政策的企业和个体户中，只有 18.7%的企业享受过税费减免政策，近 3%的企业享受过政府资金支持或贷款优惠。这些均表明民营企业对扶持政策有巨大需求、对政府存在较大程度的期望。

为此，要进一步完善精准有效的政策环境。针对当前民营中小企业融资难融资贵问题，应大力支持中小金融机构发展，落实对小微企业贷款不良容忍的监管政策。推动完善民营小微企业续贷政策，对符合条件的企业办理转贷，允许“无还本续贷”和使用“应急转贷”。切实落实更大规模减税降费，实施好降低增值税税率、扩大享受税收优惠小微企业范围、加大研发费用加计扣除力度、降低社保费率等政策，实质性降低企业负担。建立清理和防止拖欠民营企业账款长效机制，各级政府、大型国有企业不得违背民营企业真实意愿或在约定的付款方式之外以承兑汇票等形式延长付款期限。加快及时支付款项有关立法，建立拖欠账款问题约束惩戒机制，对拖欠民营企业、中小企业款项的责任人严肃问责。政府在组织实施科技创新、技术转化等项目时，要平等对待不同所有制企业，加快向民营企业开放国家重大科研基础设施和大型科研仪器。要在标准制定、复审过程中保障民营企业平等参与。推动建立完善以企业为主体、以市场为导向、产学研用相结合的开放式协同创新机制，对企业开展创新活动提供“靶向服务”，支持鼓励民营企业建立公共研发平台，包括专业的实验室、工程中心、技术中心、检测中心等。系统清理与企业性质挂钩的职称评定、奖项申报、福利保障等规定，畅通科技创新人才向民营企业流动渠道。人才引进支持政策对民营企业一视同仁，支持民营企业引进海外高层次人才。

（三）健全平等保护的法治环境

近年来，法治化营商环境有了很大改善，尤其是最高法院重审纠正了一批侵害企业产权的错案冤案，增强了民营企业对完善法治环境的信心。但要实现对所有企业的平等保护，营造企业公平竞争的法治环境仍任重道远。为此，要健全平等保护民营企业合法权益的法治环境。加大对民营企业的刑事保护力度，依法惩治侵犯民营企业投资者、管理者和从业人员合法权益的违法犯罪行为，平等保护民营企业的股权、知识产权、合法财产等。依法严格区分违法所得、其他涉案财产与合法财产，企业法人财产与股东个人财产，涉案个人财产与家庭成员财产。鼓励有法律专业优势的政府部门、法院、检察院、统战部、工商联、行业协会等采取访谈、实地考察、查阅文件、问卷调查等方式，为企业开展“诚信经营”“法律体检”活动，引导广大民营企业家强化守法诚信意识，帮助企业分析存在的法律风险和解决问题的途径，协助企业建立健全财务、采购、合同管理等制度，堵塞企业在管理方面的漏洞和薄弱环节，提高企业抵御风险的能力。

（四）构建亲清新型政商关系

优化营商环境本质是改善政企关系，提高服务效能。因此，改善政商关系是优化营商环境非常重要的一个方面。改善政商关系的方向就是构建亲清新型政商关系，亲清新型政商关系是非公有制经济健康发展和非公有制经济人士健康成长的基础。中国民营企业家营商环境评价课题组对全国层面的调查显示，希望“政府部门在制定和执行政策时，加强与企业的有效沟通和反馈机制”“建立亲清的政商关系”的分别占 53.6%和 47.8%。构建亲清新型政商关系需要建立规范化机制化政企沟通渠道，政府部门要采取多种方式经常听取民营企业意见和诉求，政策的制定和调整要有行业和全业代表参与，要畅通企业家提出意见诉求的通道。要深入推进“放管服”改革，推进电子政务，提高审批部门之间各流程衔接程度，推广“最多跑一次”和“不见面审批”做法。要完善市场准入“负面清单”制度，进一步压缩审批部门自由裁量权。要落实“放管结合”，持续推进“双随机、一公开”监管机制，充分运用互联网、大数据、云计算等先进信息化监管手段；推行信用监管，建立完善信用修复机制和异议制度，规范信用核查和联合惩戒，切实使守法者处处畅通、违法者寸步难行。要强化政府部门主动对接、主动解决涉企问题的意识，建立困难问题台账，实行销号管理，督促国家面向中小企业的优惠政策及时落地。

三、民营企业高质量发展的内部蜕变

在我国经济已经从高速发展阶段转向高质量发展阶段、全国工业化进程整体上已经进入工业化后期阶段之时，民营企业需要根据变化了的国内外环境苦练内功，实现自身蜕变，转变不适应新形势的经营理念、经营战略、企业治理和管理方式，培育适应高质量发展的新特质。

（一）专注主业，打造“百年老店”

民营企业要坚守实业、做精主业，立志做“百年老店”。要树立风险意识，避免短期行为，避免因盲目追求多元化投资而造成资金链断裂的窘境。要弘扬工匠精神，用更好的工资待遇和劳动保护来吸引员工、培养员工，而不是简单从外单位“挖”人，为企业高质量发展提供人力资本支撑。民营企业应在自己擅长的领域深耕细作，加强质量建设，建立自主品牌。民营企业应从规模的扩张转为质量的提升、品牌的拓展和标准的制定，以过硬的产品质量、良好的售后服务、企业信誉积累来逐步获得消费者认可，打造知名品牌。民营企业要重视培育企业信誉，注重合规矩、讲信用，解决企业经营活动中出现的诚信缺失问题，以诚信经营打造企业核心竞争力。要坚持创新发展，迈向产业链中高端。在新形势下，民营企业应主要依靠产品与服务质量、品牌和创新来赢得市场竞争。民营企业要把企业做强而不是做大作为首要目标，要沿着“专精特新”道路发展，争取成为世界级的“隐形冠军”。民营企业要抢抓新一轮科技革命和产业变革机遇，助推“中国制造”向“中国智造”转变。民营企业既要聚焦人工智能、5G、物联网、新能源、生命科学等各行各业的技术前沿，不断加大科技投入，争取在前沿性、颠覆新技术领域作出应有的贡献，又要善于用新技术赋能提升传统产业，通过不断增强企业的核心竞争力，逐步迈向产业链中高端环节。

（二）变革制度，建设现代企业制度

我国民营企业多数是家族制企业，实行家族制管理。随着企业规模扩大，家族制企业

管理弊端逐步暴露。世界范围的家族企业发展历史表明，发展到一定阶段、具有一定规模的家族制企业向现代企业制度转变不仅具有必要性，而且具有必然性。民营企业从封闭的家族制管理向现代企业制度转变，涉及三方面内容：资本社会化、管理专业化和公司治理结构的规范化。资本社会化就是打破家族所有制的藩篱，引进外部股东，实现自然人产权制度向法人产权制度转变。管理专业化就是要由具有管理、技术、法律等专业知识的人员来管理企业，改变过去所有者与经营者合二为一的管理模式，实现所有权与经营权的分离，实现从投资者管理模式向职业经理人管理模式的转变。公司治理结构的规范化是指依据公司法来运作，重视制度的力量，从理性的高度避免随意管理，实现从“人治”向“法治”的转变。民营企业从家族制转变到现代企业制度，其核心要义是从“封闭”走向“开放”、“人治”走向“法治”、“外行”走向“专业”。这些都不会损害民营企业的利益，更不会剥夺家族在民营企业里的产权，家族里有能力的成员仍可以担任包括公司董事长和总经理在内的高管。近年来，部分民营企业正面临“父业子承”的交接班关键时刻。民营企业从家族制到现代企业制度转变，有利于民营企业代际传承后的持续发展，对构建亲清新型政商关系也有助益。

（三）创新管理，推行精细化管理

中小民营企业要改变管理无章可循和随意性状态，建立完善管理制度，推进规范化、精细化管理。要借鉴成熟的管理经验和模式，并在实践中不断完善使之适合企业自身实际。比如，实行精益生产，提高生产效率；推行“六西格玛管理”，提高产品质量；运用现代信息系统加强客户关系管理，提高服务水准。加强企业财务管理，严格按照国家规定的会计制度登记入账，建立透明的财务制度，提高企业财务信息的及时性、准确性、真实性，为企业融资提供依据，也方便银行等金融机构了解企业的经营和财务情况。推行卓越绩效管理，更好激励约束企业员工。大力推进 ISO9000 质量管理体系认证、ISO14000 环境管理体系认证、OHSMS18000 职业安全健康管理体系认证，利用体系认证规范企业管理。充分利用现代信息技术手段，推进企业管理创新。积极将新一代信息技术、互联网技术等应用到企业的生产经营管理中，如将 MIS 管理信息系统、CAD 计算机辅助设计、CAM 计算机辅助制造、DSS 决策支持系统、SIS 信息监控系统等新方法灵活应用到企业生产经营活动中，不断提高产品质量、生产效率、服务水平和管理能力。

（四）拓宽视野，参与“一带一路”建设

中国建设现代化强国需要一大批有国际竞争力的中资跨国公司来支撑。未来民营企业进一步做大做强，要加强国际化，提升自己在全球整合资源的能力。“一带一路”建设有利于推动形成陆海内外联动、东西双向互济的开放格局，有利于我国企业在更高层次上运用“两个市场”“两种资源”。这对包括民营企业在内的各类市场主体都是难得的历史机遇。民营企业要积极参与“一带一路”建设，加强国际产能合作，改变以往处于全球价值链低端、倚重加工贸易和产品出口来维持生存的处境；通过加强对“一带一路”沿线国家和地区的投资与合作，提升在全球产业链价值链中的地位，获得国际竞争优势。在参与“一带一路”建设开展国际产能合作时，民营企业可以采取“追随”策略，追随大型企业、中央国有企业等一道“走出去”，形成协同效应；考虑“抱团出海”，首选在中国企业主办的境外工业园区、经贸合作区落户，形成集群发展，提高项目的成功率。要把“一带一路”产能合作的“全球化思维”与“本土化行动”结合起来，以“共商、共建、共享”原则为基础，共同打造“一带一路”的利益共同体、命运共同体和责任共同体。

2020 年企业自救计划

吴晓波

一、三个叠加的危机

尤瓦尔·赫拉利在《未来简史》中回顾人类文明时曾说，人类长期被 3 个问题所困扰，分别是饥荒、瘟疫和战争，但这些课题在新世纪已经逐步消失。现在看来这样的说法可能是错的。企业在经营发展过程中，一般会经历 3 种危机。

（一）经济周期危机

经济危机是指经济系统没有产生足够的消费价值，也就是由于生产力过剩产生的危机。在历史发展进程中，经济危机不可避免地发生，并表现出一定的周期性，除了国家的经济危机，还有一些全球性经济危机，如 1998 年亚洲金融危机、2000 年互联网泡沫破灭、2008 年美国次贷危机转化的全球金融海啸等，都是全球范围内周期性产业变革、金融变革造成的危机。

（二）产业波动危机

中国很多产业的领导者，都是随着技术变革易主的。比如手机行业，2G 时代是诺基亚，3G 时代是苹果；比如电视机行业，在 10 多年前是显像管电视机，当液晶屏幕到来时，做显像管技术的欧美企业纷纷倒闭，中日韩做液晶屏的中小型企业存活下来并发展壮大。

（三）突发性疫情危机

企业面临的第三种危机，就是我们今天看到的突发性疫情危机。站在 2020 年的此时此刻，企业所面临的可能是这些危机的“三位叠加”。过去几年，仅前两个危机对企业造成的冲击，已经让企业家手忙脚乱。突如其来的新冠肺炎疫情，无疑又给企业多叠加了一重危机。

二、疫情冲击经济的三大特点

这是 10 年来，中国产业界面临的最大困难。那么，新冠肺炎疫情对中国经济的冲击有哪些特征？

（一）突发脉冲性

比如上海是全世界最大的商业城市之一，在 2 月 3 日之前，作为一名游客无法进入上海是一件难以想象的事情。

（二）资源挤兑性

疫情导致整个社会资源生产都停摆了，所以带来对资源的挤兑行为。两个月前，全中国最紧俏的商品可能是猪肉、水果，现在却是口罩。政府甚至需要动用“战时”手段来控制口罩生产规模和销售价格。

（三）破坏性

1 月 23 日至 2 月 16 日，这 25 天对中国产业经济带来的破坏是惊人的。2019 年大年初一，内地电影票房为 14 亿元，今年仅为 140 万元。除此之外，今年的春节黄金周，春运客运量下滑 70%，国际航运减少 60%，娱乐行业损失 1000 亿元，餐饮行业损失 1 万亿元，零售业损失 2 万亿元。

疫情结束后，这些行业能不能快速恢复？北京大学旅游研究中心最新发布的报告预测，受新冠肺炎疫情影响，2020 年中国餐饮行业损失约为 3 万亿元。也就是说，接下来仍然会有接近 2 万亿元损失的发生。所以有经济学家预测，2020 年中国 GDP 将下滑 0.5%～1%。

所以，疫情对我们的影响，仍然需要一个中长期的判断。

三、疫情“红利”行业

全世界几乎所有的机遇都是被倒逼出来的。中国人说“危机”，也寓意着危险后面藏着新的机遇。

（一）网游

今年的春节，全国的电影院门可罗雀，单日票房成绩仅为 140 万元。那些 90 后、95 后、00 后去哪儿了呢？在家打游戏。公开数据显示，腾讯游戏“王者荣耀”仅大年初一一日的收入便达到了 20 亿元。网游在过去 20 多天里成为巨大的红利行业。

（二）在线办公软件

今天，打开苹果 App Store，下载量排在前三位的软件分别是：钉钉、腾讯会议、企业微信。疫情导致我们无法回到工作的城市，但中国办公互联网产业（to B 行业）的井喷式发展，帮助很多中小企业实现了远程办公。所以在线办公平台成为新冠肺炎疫情的另一个获利者。

（三）在线视频、直播

公开信息显示，这段时间爱奇艺、优酷、腾讯视频的用户活跃度增加了 200%～300%，你线上追剧也为它们贡献了一份力量，所以这三家网站今年的财务报表应该很好看。

（四）在线教育行业

受疫情影响，我们无法在线下聚会，线上教育成为了新的获利者。

（五）外卖行业

比如，叮咚买菜、盒马生鲜这段时间业务量呈爆发式增长。

四、疫情对 2020 经济的影响

新冠肺炎疫情对于 2020 年的中国经济会造成什么影响？大概会分为三个阶段。

（一）恐慌停摆期

参考 2003 年的 SARS，有人说战胜病毒的并不是疫苗，而是气温。待到 3 月底回暖花开，新冠病毒或将被不断升高的气温扼制，所以一些专家预计疫情带来的恐慌停摆期，还需要一个半月的时间。

（二）疫后消化期

当恐慌停摆期结束之后，便会迎来三个月的疫后消化期。所有的恐惧需要慢慢被消化，我们需要心理建设，企业需要恢复招工。

华南地区的工厂招工越来越困难。因为这次新冠肺炎疫情主要发生在中部地区，许多工人无法回到工厂，所以在过去的两周里，一线产业工人的工资已经上涨了 15%～30%，招工难也会成为2020年4月至6月的一大难关。

（三）经济恢复期

经历过疫后消化期，才会真正进入经济恢复期。在这个时期，从政府到企业，都希望在下半年将上半年的损失给弥补回来。届时，政府会加大基础设施投资，银行的银根会松动。从实体经济产业到固定资产投资，再到资本市场，都会进入一个宽松状态。

此外，中国有 2700 万家民营企业，都是民生行业，在吃穿住用都停摆的疫情之下，在整个经济被逼到墙角之时，则会迎来制度性改革，它最大的特点就是倒逼改革——政府或许会慢慢放松对一些行业的管制，政策也会出现相应的松动。

最后，推动经济恢复的就是我们每个人的“报复性消费”。

所以，在 2020 年下半年，我们会看到分别是货币宽松政策、产业大规模投资、民众报复性消费以及一些被政府长期管制的行业出现政策松动的景象。

五、对中国经济的4个基本判断

（一）中国产业基本面没有发生决定性变化

美国学者认为，这一次中国经济遭到了两个重创：第一，外部中美之间的贸易事端对中国经济的压迫；第二，内部新冠肺炎疫情对中国经济的压迫。而且现在的中国与 1990 年的日本很相似，中国或许也将进入“失去的20年”。

朋友问我：吴先生你怎么看？我回答，算了一下，在过去七八年里，西方类似的“崩溃论”已经出现了 6 次，如果加上这一次的文章是第 7 次。但我认为，中国经济的基本面没有改变，中国的产业经济仍然在进步，中国仍然是全世界最大的消费国、最大的出口国和消费产品制造国。新冠肺炎疫情让我们承受了巨大的痛苦，但也为中国进一步的改革开放腾挪出了一个新的空间。

（二）传统零售服务和制造业面临大洗牌

疫情之下，体质弱的人会先倒下，体质差的企业会先倒闭。

（三）数以千万计的民营中小企业受伤最大

1978年以后，中国出现了一种所有制形式，当年叫做社队企业，后来叫作乡镇企业，现在叫作民营企业。民营企业的发展推动了中国40年来的经济发展。而这一轮受伤极为严重的正是为中国经济贡献了85%就业和55%税收的民营企业，他们在过去一个月里，遭遇了创业以来最困难的时刻。

（四）即便“天寒地冻”，疫情一定会结束

恢复期一定会到来，而在这个过程中，各行各业的数字化变革也会被推动。

六、企业自救计划

（一）现金流计划

前面提到，疫情结束后仍需要三个月的消化期，经济才可能进入恢复期。在此期间，民营企业需要做三件事：

1.查看你的账户余额

从现在起至未来的6个月之内，你账上的资金必须保证能够在最低生存状态下使企业正常运转。换句话说，就是在付完房租、贷款、员工工资后，还能够实现正常的现金流运转。6个月看起来容易，其实挺难的。

2.要学会向上游“喊叫”

迈克尔·波特提出过一个概念，叫做价值链。每一家企业都活在一个价值链中的某一段。从采矿到卖杯子，我们不可能都做，只能成为价值链中的一小部分。所以在新冠肺炎

疫情之下，我们要对自己价值链的上游“大喊大叫”。比如你在红星美凯龙开店，你要对红星美凯龙“喊叫”——“能不能帮我把这两个月的房租省掉？”比如你在中国工商银行开户，你也要跟银行“喊叫”——“能不能把利息降一点？帮我把贷款延期？”

民营企业也要对政府“喊叫”。如果你们出现问题，中国经济也会出现大问题，所以中国政府也在关注民营企业，希望能够帮助大家渡过难关。

3. 要为下游承担风险

除了对上游“叫”，我们还要为下游承担风险。在最困难的时候我们都是船上的一员，只有这艘船不沉，每一个人才有活下去的可能性。比如你是印象城、大悦城的老板，当你商城中有几百个、几千个店铺主生存不下来的时候，还会有印象城、大悦城吗？所以你能够做的就是帮助他们。

因此，你需要有一个比较保守、安全的现金流计划，这个计划既需要你把账本上的账算清楚，同时要让企业回到价值链，取得上下游的支持，为他们承担风险。

（二）业务瘦身计划

在经济危机时，因为潮水退去了，我们就能看清楚谁在大海中裸泳。每一个企业的内部都有很多不同的业务单元，当经济高速发展、公司赢利的时候，老板看到一个好的行业，就派一支团队去做，走多元化经营战略。但在财务非常紧张的状况下，企业就要回到自己的主营业务上。

在未来三个月的危机期中，砍掉负现金流业务，保持主营业务的正常运营。这也是对核心业务的一次重要考验。

（三）微创新计划

在今天的环境下，我们如何比别人跑得快一点，如何成为受灾人群中的变革企业？你需要问自己一个问题，如果没有新冠肺炎疫情，今天中国各行各业的产业经济发生了哪些特征性变化？主要有以下三个：

1. 产品特征的变化

我们已经由短缺型社会进入过剩型社会。柯林斯在《追求卓越》书中提出，所有的产业未来都会成为服务业。

2. 消费者特征的变化

现在的消费者出现了圈层化，产品渐渐脱离媒体广告，而是曝光在我们的朋友圈、社群中。

产品交易都已经互联网化，更重要的是今天中国出现了 2 亿多名“新中产”。在过去几年里，吴晓波频道一直在提新中产阶层的崛起，越来越多的消费者愿意为自己的美好生活来付费。

3. 渠道特征的变化

自 2016 年，有人提出新零售以来，我们的口袋里都没了现金，所有商品线上线下无缝对接。但我还是会去书店，仍然喜欢书店的阅读氛围，但是买书还是回到互联网中去。与此同时，社交工具得到了大规模的使用。2019 年，我们每天在手机上花费的平均时间是 5 小时，而一天工作的时间只有 8 小时。

所以，过去几年中国的产品、消费者和渠道都发生了变化，即使没有新冠肺炎疫情，这些变化还是在发生。所以我们都需要进行转型，需要进行微创新。而今天要进行的微创新只有一件事：就是通过对消费者圈层化、社群化的理解，用新的工具重建消费者关系。

举个例子，在过去 20 多天里，各行各业都门可罗雀，但是在大家唉声叹气中，有一些企业开始自我能力的激发。比如有一家书店叫做言几又，在过去一个多月里，它与饿了么合作，只要你在网站中选购一本书，饿了么会在半小时内将书送到你的手中。书店藏在了你的手机里。比如中国白色家电企业海尔，它在全国有 2 万多家连锁店，20 多万个柜台，由于疫情几乎都关闭了。但是海尔做了一个平台，把所有专卖店的店长和营业员都变成了线上的微店长，微店长成为社区家电顾问，为商场或专卖店的消费者服务。

从中我们也发现了危机下的微创新的三个要点：优化产品结构、以人为销售节点、充分使用新工具。

（四）全员学习计划

20 世纪 90 年代，美国管理学家彼得·圣吉，出版过一本超级畅销书，叫做《第五项修炼》。面对变化越来越快的世界，彼得·圣吉分析，只有懂得如何激发组织内各层次学习热情和学习能力的企业才能傲视群雄。

因为仅你是一头狮子，是不能带领一群绵羊获取胜利的，你一定要把所有的员工都变成狮子。

在过去 30 多年里，我调研了许多中国企业，发现它们有一个共同的特点：在企业进步和转型的过程中，决策不是老板做出来的，而是中层干部和基层员工干出来的。那些听得到炮声的士兵，能够更早发现企业需要变革的动力。所以彼得·圣吉认为，能够走向成功的企业，都是努力学习的企业。每个企业的老板都应该为员工消费，帮助他们学习。

从整个宏观经济分析，今年的中国经济面临的最大困难就是面向未来。只要每一家企业、每一个行业、每一个企业家、每一个消费者对明天充满信心，只要我们敢于投资、敢于消费、勇于学习，2020 年仍然是一个值得期待的年份。

可能在很多年后，我们会残酷地对自己说，那场新冠肺炎，它把我们逼到了绝境，但也让我们重新发现了新的可能性。

最后将尼采这句话分享给你——那些没有消灭我们的东西，将使我们变得更强大。

专题研究篇

夯实基层党建工作，为高质量发展提供坚强保证

中国棉纺织行业协会党支部

摘要： 中国棉纺织行业协会党支部（以下简称中棉行协党支部）深入贯彻落实党的十九大精神，紧紧围绕新时代党的建设总要求和新时代党的组织路线，以党的政治建设为统领，以建强党的组织体系、提升党的组织力为重点，继续落实全面深化支部党建工作，推动新时代基层党的建设质量不断提升，为行业协会高质量发展提供坚强保证。

一、坚持把政治建设摆在首位

组织好系列学习交流活动，不断增强“四个意识”，坚定“四个自信”，做到“两个维护”。锤炼对党绝对忠诚的政治品格，严格遵守党的政治纪律和政治规矩，坚持正确政治方向，做到党中央提倡的坚决响应、党中央决定的坚决执行、党中央禁止的坚决不做，始终在政治立场、政治方向、政治原则、政治道路上同党中央保持高度一致。中棉行协党支部认真贯彻执行《中共中央关于加强党的政治建设的意见》《关于加强和改进中央和国家机关党的建设的意见》《中国共产党重大事项请示报告条例》等文章精神，强化政治领导，提高政治能力，净化政治生态，把思想和行动统一到党中央部署要求上来。组织学习党的十九大四中全会等重要会议精神，教育引导党员干部统一的思想、坚定意志、协调行动，不断牢固树立“四个意识”，坚定“四个自信”，做到“两个维护”。按照党中央的各项决策部署和中国纺织工业联合会党委（以下简称中纺联党委）要求，认真检查本协会在加强行业自律、促进行业发展、推进自身改革发展等方面的贯彻落实情况，确保党的路线方针政策和党中央的各项决策部署在坚决贯彻和执行。

二、完善和加强组织建设

加强基层组织建设，夯实党的执政基础，中棉行协党支部始终把基层党支部建设作为

重点工作来抓。一是完善党组织建设，延伸基层党组织的服务功能。2019 年在中棉行协党支部组织委员退休离岗后，中棉行协党支部立即按照党章和相关规定增补了支部组织委员，并向上级主管部门备案，支部书记组织召开支委会议，做好职责分工，与支部委员共同拟定了全年的支部工作、学习、活动的计划。二是坚持践行党的宗旨和群众路线，组织引领党员、群众听党话、跟党走，使党支部成为党员、群众的主心骨。三是积极宣传和贯彻党的理论和路线方针政策，宣传和执行党中央、上级党组织及本党支部的决议，在思想上始终与时俱进，提高组织凝聚力和战斗力，保持支部的先进性，在行动上坚持围绕中心、服务大局，充分发挥基层党组织主动性和创造性。

三、进一步严肃党内政治生活

进一步加强和规范党内政治生活，提高支部政治生活质量，加强基层党组织贯彻全面从严治党要求。一是发挥党支部战斗堡垒作用，根据工作需要设立了 3 个党小组，民主选举出 3 名党小组组长，具体负责党员的教育和管理工作，使之发挥先锋模范作用，保证党的路线、方针、政策和党支部的各项决议落到实处。二是组织学习贯彻党中央关于新时代党的建设的有关文件精神，运用现代信息技术创新政治学习和教育，严格执行《关于新形势下内政治生活的若干准则》，认真落实“三会一课”制度，全年组织召开 10 次全体党员大会，11 次支部委员会议，12 次党小组会议，3 次支部书记讲党课，加强党性锻炼，切实用以加强党性修养。三是不断提高支部民主生活会、组织生活会质量。加强党内政治生活，全年开展组织生活会 1 次，党员干部民主生活会一次；做到三必谈，全年累计谈话 106 次；深入了解党员、干部的心理、思想，及时帮助党员解决工作、学习、生活中的实际困难和思想困惑，民主测评 1 次，保证党内生活严肃、严谨，基层党组织建设质量不断提高。

四、加强党员队伍建设

担负好直接教育党员、管理党员、监督党员和组织群众、宣传群众、凝聚群众、服务群众的职责，引导广大党员发挥先锋模范作用。一是加强党员思想教育。加强政治理论学习，将加强思想教育和理论武装，作为支部党建政治生活的首要任务，自觉学懂弄通做实。按照中纺联党委要求，坚持集中教育和经常性教育相结合，全年集中学习党中央系列文件 49 讲和配套辅导视频 15 部，完成自学相关文章 14 篇，学习文件资料的数量同比增加 50%以上，学习的深度和广度也有很大提高，推动学习贯彻新时代中国特色社会主义思想往深里走、往心里走、往实里走。二是注重党员发展，着力抓好党员队伍“源头活水”，坚持正确处理质量与数量、规模与结构的关系，不断改善党员队伍结构，不断为党输送新鲜血液，永葆党的先进性、纯洁性。2019 年协会有 4 名同志积极向党组织靠拢，中棉行协党支部迅速召开支委会，确定入党联络人和联系人，并开展了多次谈心活动，了解他们的思想动态，确保在源头上保证党员质量。经过一段的培养，这些同志都能够紧紧团结在党的旗帜下，不但思想上要求上进，并且在各自的岗位上出色完成任务，得到组织和同事的认可。三是把好党员考评关。严格落实党员民主评议制度，不走过场，对照评议程序和内容逐项逐条进行评价，通过党员自我总结、自我评价，党支部民主评议、党组织考察分析，形成评议结果，本年度推选 1 名优秀共产党员、1 名先进青年，对优秀党员和青年的先进事迹进行表彰宣传，发挥其示范引领作用。四是提高党务工作者的综合素质。组织党务工作者参加中纺联党委举办的相关培训，帮助培训者更新思想观念，开拓思路，增强责任感和使命感，全面提升业务能力和工作本领，不断提高支部党建工作的质量和水平，为进一步落实中纺联基层党组织标准化、规范化建设打好基础。

五、开展“不忘初心，牢记使命”主题专题教育活动

2019 年 6 月以来，中棉行协党支部在中纺联党委的部署要求下，围绕“不忘初心、牢记使命”主题，抓住“学习贯彻习近平新时代中国特色社会主义思想”这一主线，以“解决存在的突出问题”为主旨，深入贯彻“守初心、担使命，找差距、抓落实”总要求，把学习教育、调查研究、检视问题、整改落实贯彻全过程。

（一）明确共产党人的初心和使命

在6～8月，中棉行协党支部以党小组为单位，共组织5次学习，学习了33篇党中央相关文件，观看《不忘初心，继续前进》等系列配套10个视频资料。各党小组认真对学习内容结合自身的工作和生活进行研讨。明确为中国人民谋幸福，为中华民族谋复兴，是中国共产党人的初心和使命，是激励一代代中国共产党人前赴后继、英勇奋斗的根本动力。大家一致认为必须把学习作为长期坚持的政治任务，在学懂弄通做实上下功夫，把学习成果转化为奋进的务实举措，转化为实实在在的工作成效。

（二）深入调查“找差距”

中棉行协党支部在行业内广泛开展“不忘初心，实现使命”主题调研工作。第一，向协会常务理事以上40多家单位发送有关调查问卷。第二，结合行业调研工作赴山东、浙江、湖北、湖南四省多地区开展调研，并召开企业家座谈会，交流行业发展情况。第三，实地走访棉纺织企业，听取企业意见和建议。调研围绕我国纺织行业市场形势、企业经营及运行状况；企业发展中存在问题；就如何更好地发挥协会职责，推进行业改革与高质量发展等问题听取企业意见和建议，并进行总结归纳。

根据中纺联党委要求，8月中棉行协党支部完成了“不忘初心、牢记使命”主题教育专题会议和组织生活会。支部书记高度重视，认真组织全体党员逐段、逐句学习《中国共产党章程》《关于新形势下党内政治生活的若干准则》《中国共产党纪律处分条例》，对照学习内容，把自己摆进去、把职责摆进去、把工作摆进去，找差距。

（三）解决问题“抓落实”

1. 总结上年度整改情况

2018年度，支部认真整理了关于健全党的组织生活制度、增加谈心活动以及增加党的理论知识的学习三方面的问题，在2019年的党建工作中，尤其重视了对上述问题的整改。

（1）支部开展了丰富而充实的学习教育活动，重温党章、重读原著、学习马列主义和科学发展观等重要思想，大大增加了党员的学习再教育机会，牢固了党员的理论知识水平。

（2）中棉行协党支部两次修订员工手册，完善了党员学习教育、“选人用人”等制度，同时梳理了中棉行协党支部中层及以上领导干部在外兼职取酬情况、未转入中纺联党组织关系情况等，均按照有关章程和规定执行，未出现违纪违规情况。

（3）召开党员民主生活会，开展党员批评与自我批评和谈心活动，通过上述党内组织生活，对谈心工作加以重视，2019 年全年谈心次数较上年增长了 280%，为掌握党员思想动态、完善组织建设发挥了重要作用。

2.“回头看”及巡视整改情况

（1）针对审计提出的若干问题的整改情况。根据 2019 年中纺联党委有关要求，以及国家相关部委的文件要求，中棉行协党支部对协会开展的各项经营活动进行了梳理，进行了进一步的规范。在本协会表彰的一线职工的活动中，如大工匠、统计员等，不收取任何费用，所有支出均由协会承担。本协会 2020 年即将开展的各项经营活动已在 2019 年 10 月召开的五届五次理事会上进行了审议通过。

（2）针对本国资委对行业协会巡视提出的问题进行了整改。第一，针对提高党建工作水平问题。2019 年中棉行协党支部将党建工作深入行业基层，广泛听取行业意见；与此同时，在协会内部广泛听取党员、群众意见，加强党小组会议、谈心活动，从而增进组织与员工之间的沟通交流。2019 年推荐了支部党务工作人员参加相关培训工作，提高基层党组织党建工作水平。第二，针对干部人才队伍梯次结构不合理，断层明显的问题，中棉行协党支部重视对年轻人的培养，并认真规划和优化协会内部干部队伍建设，给年轻人“压担子”，提供发展空间，让年轻骨干牵头成立专题工作小组，领导班子要认真指导、督促工作，传授经验，加快年轻人的培养。第三，针对行业内开展的活动过多、过于集中，不利于充分利用资源的问题，中棉行协党支部通过各部门及与合作外单位协作的方式，加强各项会议、活动的规划、整合和把关，以发挥党员干部的作风，勇于承担责任，不怕事、不惹事。第四，针对行业调研工作有时主题不够鲜明，缺少深入细致的分析研究的问题，中棉行协党支部在员工手册中规定，调研必须明确主题，对调研情况进行梳理，要求对调研结果要有分析报告等具体措施。第五，针对巡视组对本协会 2016、2017 年度开展最具影响力品牌宣传服务工作进行整改的要求，中棉行协党支部严肃对待，多次督办，已经退回了收取的相应费用。

（四）组织丰富有意义的党日活动

中棉行协党支部与中纺联第六联合党支部组织全体党员开展“不忘初心、牢记使命、走进红色圣地、传承革命精神”延安主题党日活动。接受红色教育，切身体验“不忘初心，牢记使命”的内涵。在参观延安革命纪念馆和枣庄革命旧址期间，全体党员同志重温入党誓词，聆听了中共领导中国人民取得了抗日战争和解放战争的伟大胜利的曲折历史和光照千秋的延安精神。让党员坚定理想信念，把延安精神带到今后的工作中。组织全体员工参观“伟大历程　辉煌成就”——庆祝中华人民共和国成立70周年大型成就展，重温祖国发展壮大的历史，全体参观党员深刻理解一个个辉煌的成就，都源于党团结带领各族人民持续不懈的拼搏和奋斗，激励着每一位共产党人珍惜生活、热爱生活。

六、持续精准扶贫

中棉行协党支部为落实党中央精准扶贫精神，连续五年开展了扶贫工作。一是结合行业工作，深入特别贫困地区调研，了解当地农民衣食住行和纺织发展现状，为新疆喀什县、湖北省恩施县筹集捐衣1900余件，给予了贫困人群很大的帮助，也起到了很大的作用，并且在精神扶贫方面下功夫，与当地农民和驻村干部谈心、谈话，鼓励他们要好好跟党走，尽快脱下贫穷的帽子；二是开展点对点、一对一教育帮扶活动，中棉行协党支部13名党员为山西省岚县社科乡13名小学生筹集6500元的教育资金，给家境困难的学生和家庭送去了温暖；三是落实国资委扶贫日工作，筹集资金1339元。中棉行协党支部全年累计捐助金额（折现）约20万元。

七、推动行业文化繁荣兴盛，坚定文化自信

在中华人民共和国成立70周年之际，积极响应中纺联党委号召，积极组织全体员工

参加中纺联“放歌新时代•我和我的祖国”庆祝中华人民共和国成立 70 周年文艺汇演的筹备和演出活动，认真部署人员安排，组织全体党员干部积极参加练习和排演。本次文艺汇演给每一个人都留下深刻而美好的记忆，中棉行协党支部的《我爱你中国》合唱节目抒发了中棉行协全体员工爱党爱国爱行业的热情，凝聚了党员的信仰与力量，既是真情的讴歌，更是初心的回望最终获得了最佳组织奖。

在中华人民共和国成立 70 周年之际，为贯彻落实党的十九大报告提出的“广泛开展全民健身活动，加快推进体育强国建设”的战略方针，为祖国献礼，展示纺织行业的风貌，首次举办“中国毛织第一村”杯全国纺织行业篮球联赛活动，本届“全国纺织行业篮球联赛”的成功举办，向全国展示了新时代的纺织行业的新形象。参赛球队中的球员既有国内球员，也有国际球员，在篮球的舞台上并无隔阂，其乐融融。比赛中球员们充分展示了纺织职工奋发向上的精神风貌和高超的竞技水平，也反映出中国纺织企业深厚而优秀的企业文化。借此机会“向尚运动”（魏桥纺织股份有限公司球队）、恒申控股集团、大朗毛一（广东省东莞市大朗镇“中国毛织第一村”）等一系列“纺织品牌”的影响力提升，纺织行业正能量更加强劲，文化自信得到彰显。

八、进一步做好阵地建设

今后，要利用好党员活动室，做好党员的宣传、教育工作；要将中棉行协党支部活动资料整理归档、专人保管，定期交档案室存档；要在协会官网党建专栏上积极宣传支部党建工作动态，鼓励党员主动用网络学习党的知识，通过党支部微信群，作为内部交流、信息发布的重要平台。

2019 年，在中纺联党委的领导下，中棉行协党支部圆满完成了上级党委的各项工作，在 2020 年，中棉行协党支部将继续明确工作任务和工作目标，增强责任感和使命感，充分发挥党员的模范带头作用，更好地发挥党支部在行业发展中的战斗堡垒作用，不忘初心，继续前进！

历经 70 年风雨 迈进棉纺织工业新时代

中国棉纺织行业协会 朱北娜

2019 年我们迎来了中华人民共和国成立 70 周年。中国棉纺织工业是中国工业的母亲行业，在纺织工业中承担着承前启后的重担和责任，是中国纺织的基础性行业，是化纤、印染、针织、家纺及服装行业发展不可或缺的行业；70 年的风雨兼程，不仅在历史上有着浓墨重彩的一笔，也是中国纺织工业发展的一个缩影。

中国的棉纺织工业的地位是重要的，是传统的支柱产业和重要的民生产业，70 年来，经历了从“暖起来”到“大起来”，再到“强起来”三步曲，不仅在就业和进出口贸易中扮演了重要的角色，也为中国农业的发展和 500 万户棉农收入水平的提高做出了重要贡献，更是成为了 200 万城乡居民和农民成为产业工人的就业基地。今天的中国的棉纺织工业已经迈入强国门槛。

一、棉纺织工业在推进新型工业化的发展发挥作用

棉纺织工业在中国的纺织工业中创建较早，已经有 120 多年的历史，见图 1，1891 年上海华新纺织局开业，在 1895 年已拥有 13.4 万锭和 800 台布机，此时的棉纺织工业就树起了民族工业的大旗，开启了工业文明的先河。在中华人民共和国成立前的 50 多年中，棉纺织工业经过了艰难曲折和缓慢的发展历程，许多纺纱厂已有百年以上历史，至今仍发挥着重要作用。

中华人民共和国成立后，百废待兴，在中国共产党的领导下，中国的棉纺织工业经过了艰苦奋斗、波澜起伏和不断向前发展的历程，从 70 年发展的三步曲看，每一步有着不同的任务，每一步不仅取得了阶段性的进展和成绩，也为后一个阶段的发展奠

定了基础，今天已发展成为世界上规模极大、影响巨大、令人瞩目的行业。

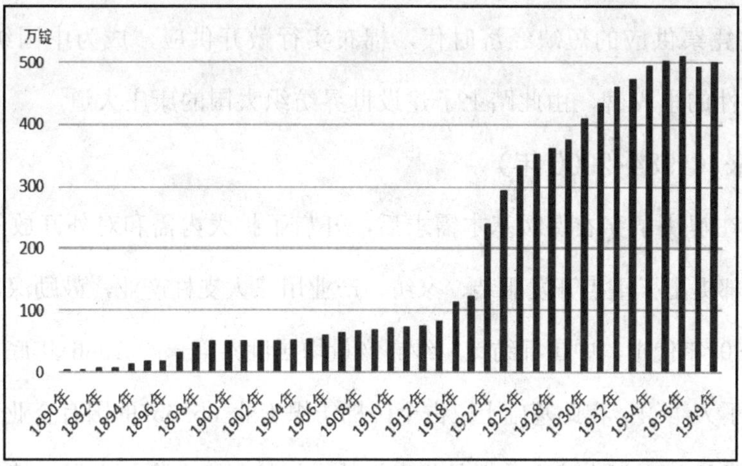

数据来源：中国棉纺织行业协会

图 1　1890~1949 年全国棉纺设备安装情况

（一）暖起来（1949~1983 年）

中华人民共和国成立之初，中国经济基础还非常薄弱，人民购买力低，衣着以棉布为主，纺织工业基本以棉纺生产为主。

1949 年，棉纺产能 500 万锭，纱线产量 32.7 万吨，各类布机 6.7 万台，棉布产量 18.9 亿米。棉纺织工业（含棉印染）是中国纺织的主体，20 世纪 50 年代初的 1952 年，其占全国纺织总产值的 87.9%，在一穷二白的时代已然承担起了振兴经济的重任；1956 年底，国家在郑州、西安、咸阳、石家庄、邯郸及北京等地投资建成了一批棉纺织生产基地，随后经过了 50 年代末的大跃进的负面影响、60 年代的三年困难时期及 10 年的文革，在 1949~1978 年的近 30 年间的计划经济时代，发展曲折，起起落落，但是在国家的支持下，干部职工的努力下，1970 年中国已经成为世界上生产棉纱、棉布最多的国家之一。

1978 年，党的十一届三中全会颁布了《关于经济体制改革的决定》，揭开了改革开放的序幕。80 年代初，棉纺织工业一片繁荣景象，各地积极发展棉纺织产业，企业遍布全国城乡，各纺织大中院校的棉纺织专业人数迅速达到历史最高位，经过连续几年的高速发展，纺织品的短缺问题得到缓解，纺织产品逐步丰富市场，中国人民的穿衣问题得到彻底解决，1983 年 12 月，中央决定取消运行了三十年的布票制度，一举改变了人民衣被凭票供应的短缺经济时代，棉布实行敞开供应，成为中国纺织工业发展中的一个历史性的里程碑，由此踏上了建设世界纺织大国的康庄大道。

（二）大起来（1984~2000 年）

中国人民在解决了穿衣保暖基本需求后，开启了扩大内需和对外开放的征程。1984 年，纺织工业部提出了重点开发服装、家纺、产业用三大支柱产业，鼓励深加工，促进产业转型转轨。80 年代中，中国棉纺锭、纱布产量均居世界第一； 1986 年底，纺织服装产业链真正成为了大纺织，在此基础上，占全国棉纺织工业 66.65%的国有企业快速发展；80 年代末，市场经济体系初步建立，极具代表性的乡镇纺织企业全面发展，棉纺织工业逐步走向国际市场，纺织品出口产值占到全部纺织产值的 1/3，产品销售遍布全世界 150 多个国家；1989 年棉纺织工业（含棉印染）的产值占当年纺织工业产值的 51.87%，成为发展中的一支重要力量。

进入 90 年代，是进入建设纺织大国第二个阶段的标志，中国经济体制从计划向市场转换，摸着石头过河，推动着改革向纵深发展，在建设小康时代中，出口数量快速增长。棉纺织工业标志性的发展里程碑主要体现在四个方面：

一是中国制造享誉全世界。90 年代初，中国纺织通过加强国内外两个市场的利用和融合，依靠成本优势不断扩大出口市场。1990 年，纺织服装出口产值占到全部产值的 1/3，占世界的 7.84%，成为出口依存度相当高的产业。由此也拉动着棉纺织工业快速发展，竞争力不断增强。

二是大规模的技术改造。1992 年，纺织工业部启动了“自动络筒机和无梭织机专项”引进技术总体方案，棉纺织技术装备更新改造拉开帷幕，为棉纺织工业技术进步踏上新台阶提供了良好的基础条件。90 年代初，装备技术与世界发达国家的差距还很大，纺纱工序中自动络筒机的占比为 4.1%，织布中无梭织机的占比为 2.1%，而当时欧美的棉纺织比较发达，其占有率分别是 85%、65%以上。到 2000 年，中国的自动络筒机和无梭织机占有率分别达到 32.1%和 9.3%，分别提高了 28 个和 7.2 个百分点。

三是多元经济共同发展。90 年代中期，形成国有经济、集体经济和三资企业共同发展的格局，优势互补，互相促进和发展。为转换职能，增强服务观念，1995 年，中国棉纺织行业协会成立，架起了与政府和企业沟通的桥梁。

四是棉纺织战略大调整。在国务院和有关部门的领导和支持下，2000 年，以压锭为代表的纺织业三大突破口任务完成，共压缩棉纺生产能力 936 万锭，分流安置职工 116 万人，实现利润 290 亿元，其中极为困难的棉纺行业，实现利润 79 亿元，为纺织全行业扭亏为盈做出了巨大贡献，为新世纪开启棉纺织大国向强国迈进的征程。

（三）强起来（2001~2019 年）

进入 21 世纪，随着中国加入 WTO 及市场经济的快速发展，棉纺织工业扬帆起航，披荆斩棘，克服重重困难，一路向前。在这一阶段，中国的棉纺织工业跟随国家国民经济的发展目标，为实现全面建设小康社会，为建设棉纺织强国努力奋斗。

2001 年 12 月 11 日中国加入世贸组织，中国的棉纺织工业和全国的各行各业一样，对外开放进入了划时代高速发展的通道，对外贸易出口量和出口额逐年增加，为国家积累外汇做出巨大贡献，2007 年底，棉制纺织品服装实现贸易顺差 660 亿美元，占全部纺织工业贸易顺差的 44%，占全国工业贸易顺差的 25%。2004 年 10 月，中国纺织工业协会在北京举办了首次全国纺织科学技术大会，会上颁布了“十一五”纺织工业科技进步发展纲要，明确提出了棉纺织工业向生产的自动化、连续化、信息化、智能化和服务化发展方向。自此，纺纱生产中的紧密纺、喷气涡流纺、粗细络加自动打包机和织布生产中的无梭织机、自动穿经机的应用快速发展到占世界的 50%以上，新结构纺纱、差别化纺纱以及高支高密织布有了较大的创新发展，棉纺织企业先进的生产技术产业化获得了多项国家科技成果奖项。中国的棉纺织工业向新型的工业化方向转型，在产业集群和区域经济中有序调整、逐步发展，在国民经济建设中不仅仍然发挥着重要作用，也成为世界公认的棉纺织大国，并已经迈入强国时代的门槛，在建设纺织强国中向高质量发展迈进。

70 年来的棉纺织工业在恢复经济、建设新中国，解决全国人民的穿衣、保暖和就业中，在扩大内需、对外开放，推动城市化和乡镇的发展中，在纺织工业做大做强、两个 100 年的建设中做出了贡献！2019 年，中国棉纺产能为 11200 万锭，纱线产量 1829 万吨，分别是 1949 年的 22 倍和 56 倍；各类布机 110 万台，棉型梭织布产量 560 亿米，分别是 1949 年的 16 倍和 30 倍。可见，棉纺织产业不仅是规模大幅增长，更重要的是棉纺织产业应用的技术装备有了长足的进步，生产的纱布产品、质量和种类有了日新月异的变化，有了不同寻常的内涵，见图 2。

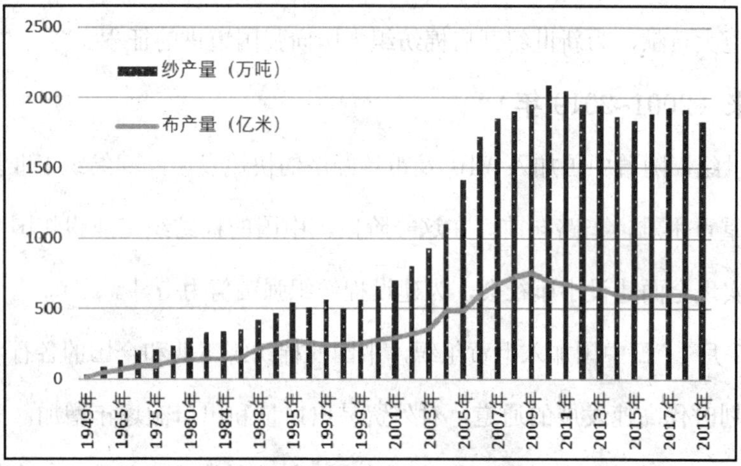

数据来源：中国棉纺织行业协会

图 2　1949 ~2019 年棉纺织工业纱布产量增长情况

二、在全面建设小康社会中，坚持可持续发展

从中国棉纺织工业发展进程中的原料结构的变化、经济结构的变化、规模和装备的变化，可以看到棉纺织工业有着重要的产业地位，也可以看到在建设纺织强国的历程中做出的积极贡献。

（一）棉纺织工业原料结构的变化，体现着支柱产业的地位

之所以称棉纺织工业，是因为早期的棉纺织工业生产使用的纤维原料基本是棉花，随着化纤工业的发展，如今棉纺（纺纱）生产棉型纱线，使用的原料主要是棉纤维和非棉纤维，

本文的非棉纤维包括化纤短纤和少量其他天然纤维，棉织造行业生产使用的主要原料以各类棉型纱线为主。棉纺织工业原料在生产中所占成本在60%~70%，可见其地位的重要。

1. **棉纺织工业的市场化，推动棉花体制改革**

中国棉纺织工业的发展得益于原料的资源优势。棉花产业与棉纺织工业的发展息息相关，自 1949 年以来，棉花体制改革经历了公私联营、统购统销、“三不放开”以及宏观调控协调下的市场调节的流通体制四个阶段。自 1998 年始的棉花流通体制改革，离不开棉纺织产业高度市场化的推进，棉纺织产业为棉花的农业生产和棉农的增收起到了重要作用。

从棉花产量上看，见图 3，中国的棉花产量经历了稳定生产、快速发展、调整进步几个阶段，在政策调控的市场作用下，依据价值规律区域的转移，棉花种植分布从原来的长江流域、黄河流域和西部三大种植区，转变为向优质棉花新疆产区发展。棉花产量从 1949 年的 45 万吨到 2019 年 611 万吨。

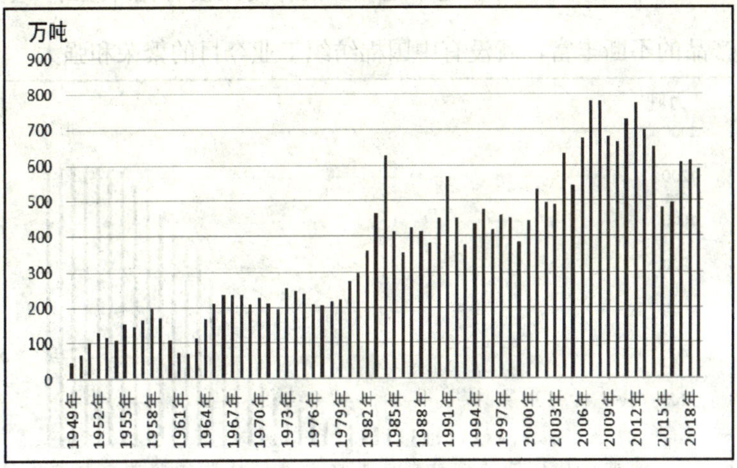

数据来源：中国棉花协会

图 3　1949~2019 年中国棉花产量趋势

棉纺织工业的快速发展，也得到了进口原料的支撑。数据显示，从 1950 年到 2019 年累计进口 5000 多万吨棉花，实践证明，棉纺织工业的发展离不开国内国际两个市场，进口棉花在填补缺口、调整原料结构中发挥了积极作用，对落后于美国、澳大利亚等国家的国内棉花种植及加工产业的技术进步起到了一定的推动作用。

70 年间，随着市场需求和化学纤维工业的发展，中国棉纤维的消费量占中国纤维加工总量的比重逐年下降，见表 1，但绝对值增长了 17 倍左右。

表 1 1949~2019 年中国棉纺织工业生产所用棉纤维占比情况

项目	1949 年	1978 年	1988 年	1998 年	2008 年	2019 年
棉纤维占比	99.8%	94.5%	86%	72.5%	57.6%	35.9%

数据来源：中国棉纺织行业协会

2. 非棉纤维得到广泛应用，棉纺织工业竞争力不断提升

棉纺织工业在快速适应市场变化和不断的结构调整中，推动了棉花体制改革，在新的发展空间和发展过程中，在技术和市场的拉动下，随着化纤生产企业科技水平不断提高，中国化学纤维产量的不断增长，见图 4，非棉纤维（本文指以化纤短纤维为主，也称化纤短纤）在棉纺织生产中的应用发挥着越来越重要的作用，没有化纤短纤产量的不断增长，没有化纤短纤产品的不断丰富，就没有中国棉纺织工业今日的繁荣和强大。

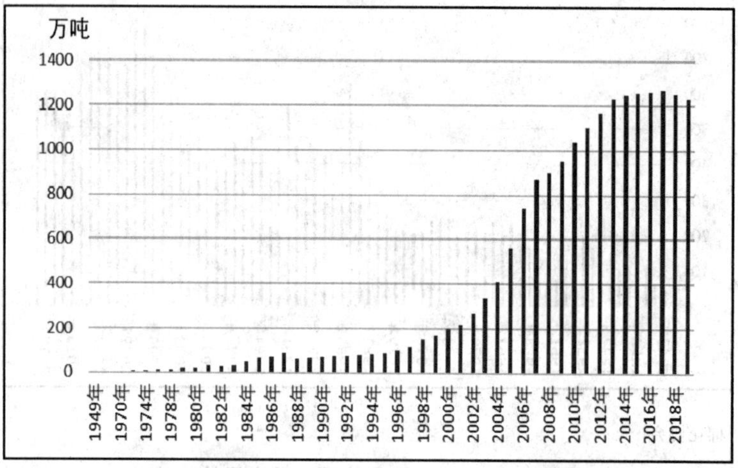

数据来源：中国化学工业协会 中国棉纺织行业协会

图 4　1949～2019 年中国化纤短纤消费量的变化

从化纤短纤在棉纺织工业的应用来看，主要以涤纶短纤维、粘胶短纤维为主。1965 年中国棉纺织工业使用的非棉纤维约 1 万吨，1998 年到 2019 年的 20 年间，非棉纤维使用量年均增长 6.7%，2011 年是非棉纤维使用量超过棉纤维的分水岭，2011～2013 年中国的不

限量棉花收储政策加快了大量使用非棉纤维的进程，见图 5，不仅数量能极大满足需求，品种和质量也逐步满足了要求。2013 年起，非棉纤维的用量已经超过 1200 多万吨，涤纶短纤在棉纺织工业的用量超过了棉纤维。

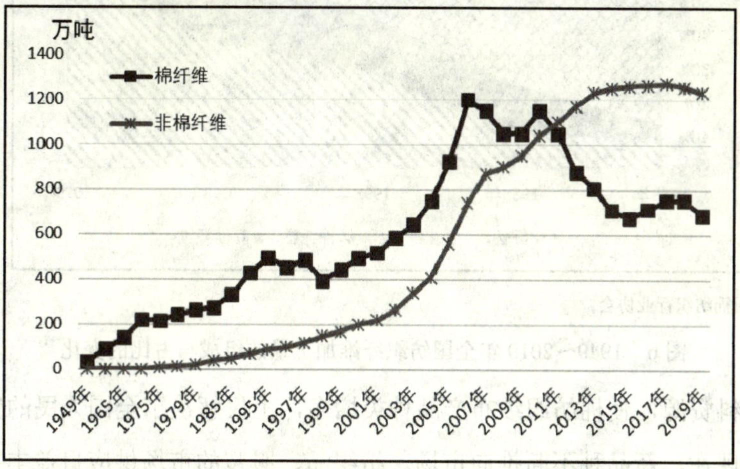

数据来源：中国棉纺织行业协会 中国化纤工业协会

图 5 1949~2019 年棉纺织工业纤维加工量变化

化纤短纤品种及性能不断创新，质量和数量不断提高，给棉纺织企业创造了提高附加值的空间。化纤短纤的差异化品种越来越多，内涵不断创新，差异化品种随着市场的需求不断变化，差异化纱线产量不断增长，2019 年达到总纱线产量的 10%左右，这部分纱线的生产具有较高的技术含量，产品附加值高，正是在这样的条件下，棉纺织工业不仅能满足市场不同需求，也为新产品开发、提高产品附加值奠定了得天独厚的基础。

3. 棉纺织工业纤维加工量约占全国的三分之一，对国计民生贡献巨大

据国际纺联、中国纺织工业联合会等有关资料显示，1949 年中国纤维加工量仅占世界的 5.5%；1978 年、2000 年分别占到世界的 11.1%和 21.6%，到 2019 年，中国的纤维加工量已经占世界 50%以上。2019 年棉纺织工业的纤维加工总量 2000 多万吨，占到全国纤维加工量的三分之一，其中 64%为非棉纤维，见图 6；其中中国棉纤维的消费量占到世界棉纤维三分之一，占世界纤维加工量的总量的 7%左右。

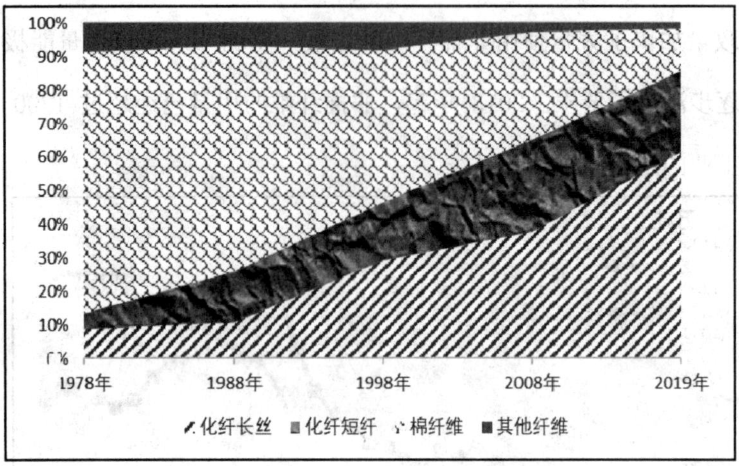

数据来源：中国棉纺织行业协会

图 6　1949～2019 年全国纺织纤维加工量的组成与占比的变化

丰富的原料资源，使棉纺织纱布产品种类增多，不仅解决了全国人民的穿衣消费，更显著的成就体现在，新品种不断推向市场，纺织品、服装的市场供应日益丰富多彩，满足了人民对质量、款式和舒适的需求和美好生活的向往。服装、家纺和产业用三大板块从 1978 年的 84∶11∶9 到 2018 年的 45∶27∶28，棉纺织工业顺应发展，纱布产品的供应也发生了较大变化，纱线主要供给梭织（服装）、家纺（含产业用）和针织（服装）三大方向，2019 年的比重已分别为 34.8∶23.2∶42.0，从图 7 可以看出，棉纺织工业在服装上满足人们追求舒适和多样化的衣着需求，在家用纺织品上满足床上用品、毛巾等生活品位的提高，在产业纺织品上对医疗卫生及美容等消费方面做出了贡献。

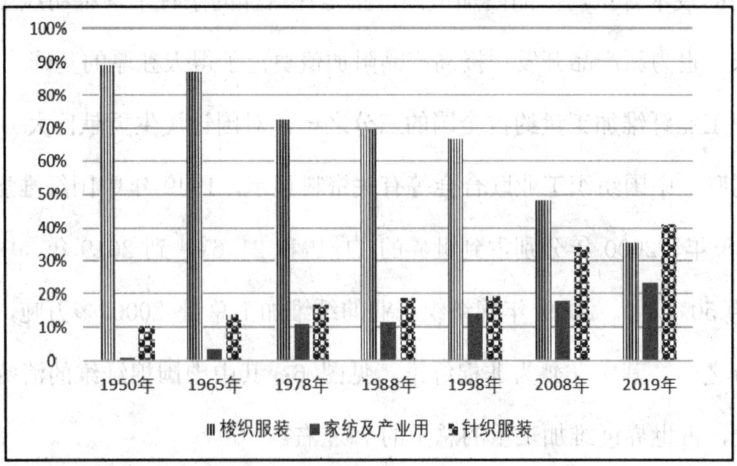

资料来源：中国棉纺织行业协会

图 7 1950～2019 年棉纺织工业生产的纱布产品用途走向

纺织服装产品是生活必需的消费品，各种纺织原料的极大丰富，产品品种、质量、技术等与发达国家的差距逐渐缩小，许多地方已经超越，随着城乡居民的人均收入水平和消费能力的提高，中国纺织服装业为内需市场的消费提供了巨大动力，中华人民共和国成立以来的 70 年间人均纤维消费量不断增长，年均增长 4.2%以上，改革开放的 40 年间人均纤维消费为年均增长 7%，棉纺织工业在人均纤维消费的贡献在图 8 中也得以体现。

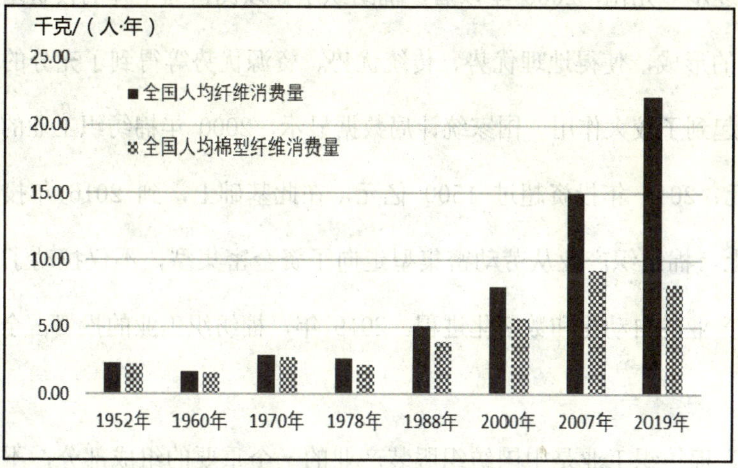

资料来源：中国纺织工业联合会 中国棉纺织行业协会

图 8　1952～2019 年中国人均纤维消费量的变化

（二）棉纺织工业经济结构的变化，体现着在国民经济的地位

1. 棉纺织工业在保障经济的平稳发展中发挥重要作用

棉纺织工业经济的平稳发展，年产值、利润总额和投资情况的变化，不仅是行业发展的一个缩影，也是企业发展及经营状况的晴雨表。

从产值上看，解放初，棉纺织工业（以下均为规模以上）占全国纺织服装规模以上的产值约为 75%，1978 年下降到约 50%，但仍占全国工业总产值的 17.5%。2000 年以后，新兴产业发展壮大的速度迅猛，棉纺织工业一如既往的伴随着全国国民经济的发展步伐前进， 2019 年棉纺织工业的生产总值比 1949 年增长了 300 倍。

从利润总额上看，1949～1978 年的棉纺织工业以计划经济安排生产。1978~1990 年，棉纺织工业的年利润总额徘徊在 40 亿元以下；1990~1998 年，棉纺织工业出现亏损，尤其是

1997 年和 1998 年，每年亏损 30 亿元左右，压锭后形势好转，逐年盈利；到 2005 年，利润总额超过 100 亿元；此后，所获利润的内涵开始发生变化，企业多元化的经营成为利润总额增长的推手之一，据国家统计局统计，2019 年，棉纺织工业的利润总额为 412 亿元。

从投资发展情况看，中华人民共和国成立初期，棉纺织工业以国家投资为主，改革开放以后，投资逐步多元化，2000 年以后，棉纺织工业以民营为主体的投资增多，尤其是棉纺织产业集群的形成，使得地理优势、传统优势、资源优势等得到了充分的利用，对棉纺织工业的发展起到了较大作用。国家统计局数据显示，2000 年棉纺织工业的固定资产投资超过 100 亿元，2011 年投资超过 1500 亿元，在此基础上，到 2016 年投资额翻一番达 3000 亿元以上，棉纺织产业从劳动密集型走向了资金密集型，不仅拉动了产业经济的增长，也加快了产业的自动化和数字化进程。2019 年，棉纺织工业的投资占全国纺织服装投资的 23%。

由此可见，棉纺织工业是中国纺织服装产业的一个重要的组成部分，不仅在纺织服装产业中是较大的产业，其投资大、就业高、影响大等特点，具有较强的实力，使其在国民经济发展中也占有重要地位，见图 9。

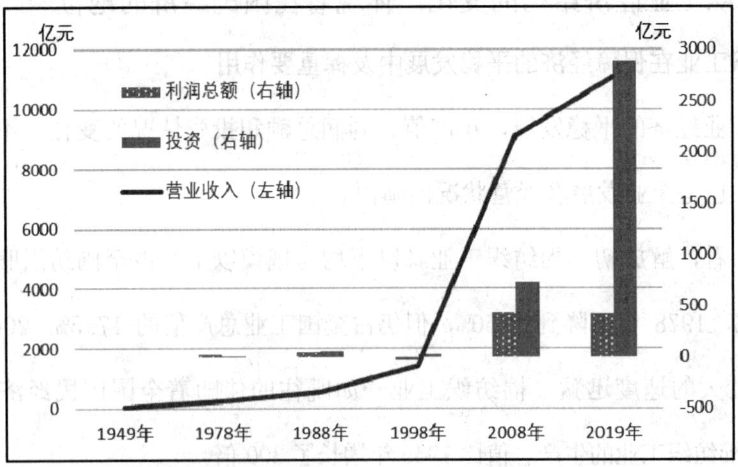

数据来源：国家统计局 中国棉纺织行业协会

图 9　1949~2018 年棉纺织工业主要经济指标的变化

2.棉纺织工业在国际上有着重要的影响力

纺织品服装是世界范围内进出口贸易中主要的交易商品之一，中国在世界贸易的地位更是不容小觑。1950 年中国纤维制品出口额仅 0.3 亿美元，1980 年，中国的纺织服装出口额为 38 亿美元，占世界总额的 3.8%，其中棉制纺织品出口额为 30 亿美元，占到全国纺织服装的 80%以上，为国家外汇储备和经济发展做出了不可磨灭的贡献。随着内需的扩大及对外出口的增加，产品更加丰富及多样化，2019 年中国纺织服装出口额为 2807 亿美元，占中国对外出口商品总额 2.5 万亿的 11.24%，其中棉制纺织品及服装出口占全国纺织服装出口的比重大约在 26%，见图 10，可见地位之重要。

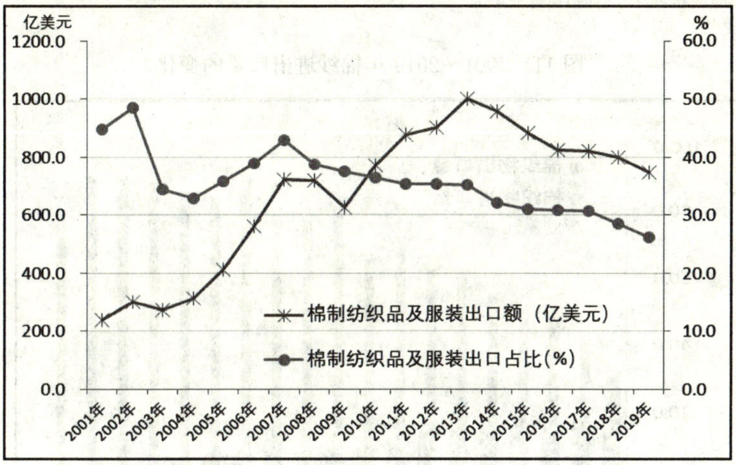

数据来源：中国海关总署 中国棉纺织行业协会

图 10　2001～2019 年棉制纺织品服装出口情况的变化

纱布产品的进出口体现其产品的竞争力。由图 11 可见，近 20 年来的中国棉纱进口数量大于出口数量，主要原因：一是东南亚国家的纺纱产业竞争力在提升，具有棉花采购的国际化、用工及用电成本低等优势；二是中国纺纱企业在国外投资建厂后，纱线向中国市场销售。2001~2019 年共计净进口的棉纱数量约 1700 万吨，对于一个纱线生产的产量占世界 50%以上的国家来说，要继续加快市场化的进程。

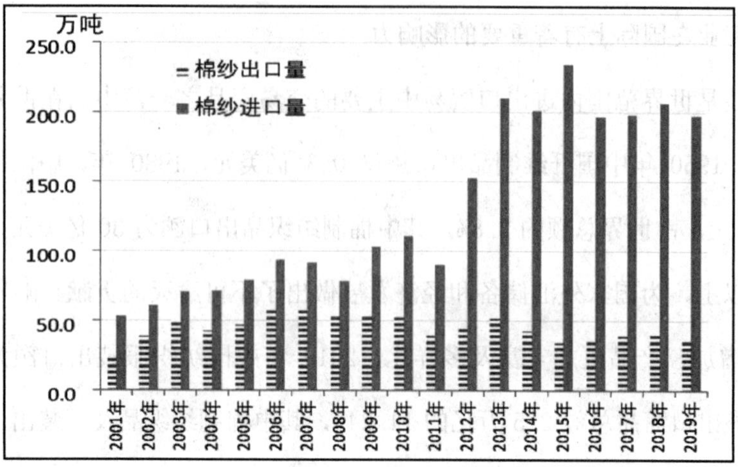

数据来源：中国海关总署 中国棉纺织行业协会

图 11 2001～2019 年棉纱进出口量的变化

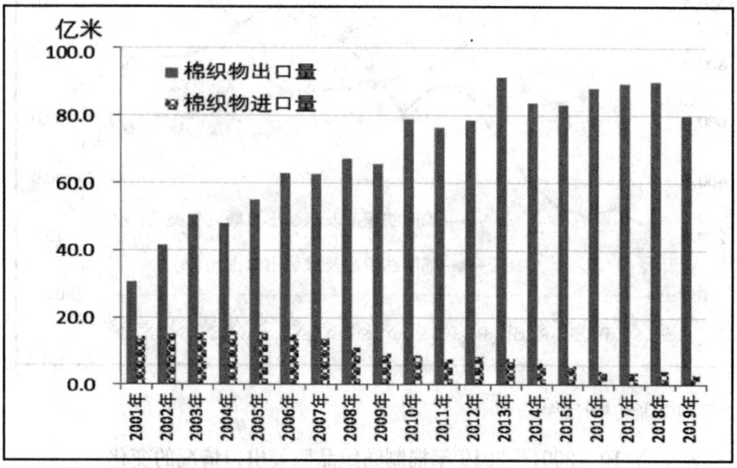

数据来源：中国海关总署 中国棉纺织行业协会

图 12 2001~2019 年棉织物进出口量的变化

从图 12 可见，中国的棉织物出口数量大于进口数量，出口的国家以东南亚为主，制衣业在东南亚的增长，拉动着棉织物的出口数量增长。非洲国家的纺织正在崛起，预计棉织物的出口市场将迎来机遇。2001~2019 年共计净出口的棉织物数量约 1143 亿米。

（三）棉纺织工业规模和装备的变化，体现着国际舞台上的影响力

棉纺织工业发展史是辉煌的，它的创业、奋斗和进步影响着几代人，影响着世界。棉

纺织工业纱布产能和产量的变化、纱布生产的技术进步，都居于世界前列，在国际舞台上扮演着重要的角色。

1. 棉纺织规模位居世界第一

棉纺织工业是第一次工业革命的先导产业，在发达国家的经济腾飞中发挥了开辟市场、积累资金等重要作用，欧美及曾经的亚洲四小龙经历了棉纺织工业的兴起、繁荣、衰弱及调整升级的阶段。无论哪个国家，无论工业化进程到何种地步，大都是从纺纱产业开始发展起来的。2019 年国际纺联数据显示，中国棉纺织工业的纺纱产能产量占到世界的 50%，织布产能产量占到世界的 45%以上。在国内外市场的拉动下，中国的棉纺织工业已成为世界上产能最大的国家。70 年间，经历了满足保暖、出口创汇、高速发展、结构调整以及新常态下的平稳发展，见图 13。

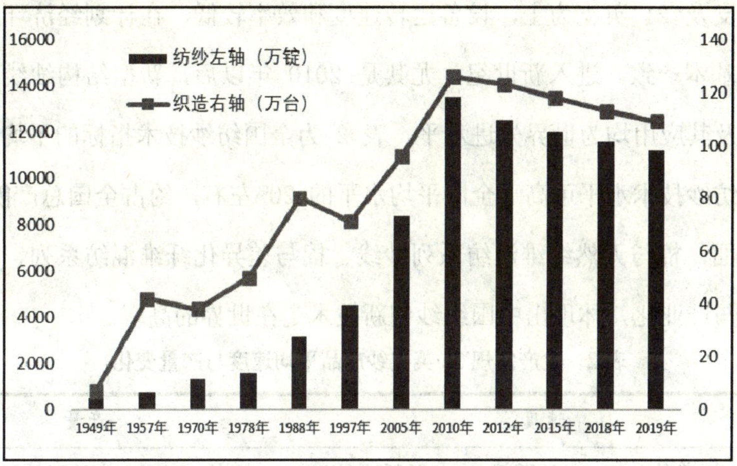

数据来源：中国棉纺织行业协会

图 13 1949~2019 年纺纱及织造产能的变化

2. 棉纺织工业应用的先进技术装备总量位居世界第一

棉纺织产业 70 年的发展，已经将国际先进的技术及装备广泛应用于纺织生产，其发展的主要特点是：一是从机械化向自动化、数字化、信息化及智能化方向发展，有效地提高了劳动生产率；二是化学短纤维在棉纺织工业的开发和利用，产品更加丰富，种类更加多样化，由数量向质量方向发展；三是将科技、绿色和时尚作为发展方向，更加注重科技创新、节能减排、环保生产和改善生产环境。

棉纺织工业有不断技术进步和技术改造的传统，随着新技术、新装备、新产品不断被应用和创新，成效非常显著。无论是纺纱装备还是织造装备，中国应用的国际先进棉纺织装备的绝对数量居世界第一。在纺纱生产中，国产的环锭细纱长车带集体落纱系统，自产业化以来，2019 年已经达到 3760 万锭，占世界的 70%，约占中国环锭细纱锭数的 45%；2010 年后高速转杯纺纱机占到中国转杯纺的 70%以上，占到世界同类设备的 80%以上；喷气涡流纺纱机 22 万头，占世界的 50%。先进的织造装备技术位于世界领先水平，到 2018 年用于棉织的全自动穿经机约 430 台，占世界的 55%，高速织机 46 万台，占世界的 52%。

3. 纱布生产的技术进步水平位于世界前端

从纺纱技术方面来看，从中华人民共和国成立初期到 20 世纪的 80~90 年代，纺纱生产的产品以粗支及 21 英支为主，设备运转速度和效率较低，在计划经济环境下，各企业生产技术水平基本一致。进入新世纪，尤其是 2010 年以后，新型结构纱线、各种新纤维混纺生产技术及其应用均为世界先进水平，表 2 为全国纺纱技术指标的平均水平对比，一批优秀的企业纺纱技术水平可高于全国平均水平的 20%左右，约占全国总产能的 8%~10%；在纱线种类方面，棉与天然纤维混纺系列纱线、棉与差异化纤维混纺系列、多种结构性纱线等技术研发与产业化，体现出中国纺纱创新技术走在世界的高端。

表 2　生产常规 32 英支纱产品平均速度与产量变化

设备	速度			产量		
	单位	1978 年	2019 年	单位	1978 年	2019 年
梳棉	米/分	39	136	千克/（台·时）	11.0	40.0
并条	米/分	170	350	千克/（眼·时）	34.0	73.0
精梳	钳次/分	100	300	千克/（台·时）	7.2	22.5
粗纱	转/分	450	1000	千克/（锭·时）	0.32	0.74
细纱	转/分	10500	16000	千克/（锭·时）	0.012	0.02
络筒	转/分	360	1250	千克/（锭·时）	0.31	1.12

数据来源：中国棉纺织行业协会

从织造的面料开发技术方面来看，20 世纪的 80~90 年代，产品单一，幅宽基本上都是 1.2 米，以有梭织机为主，劳动生产率较低，工人劳动强度大。进入新世纪，面料生产多样化，到 2019 年，转速 500 转/分以上织机已经超过 40%，表 3 为全国生产常规产品面料主要装备的车速及产量情况对比，管理及装备水平较高的企业，车速及产量均高于全国平均水平的 20%左右。中国棉织生产技术及面料的生产技术上已经处于世界领先地位，生产大小提花面料和 3.4 米宽面料的技术已经普及，尤其是宽门幅剑杆织机关键技术、无捻纱机织物等的技术研究及产业化，以及纯棉四面弹技术、高支高密多喷技术、纯棉罗纹舒适色织技术、应用多组分纱线、不同结构纱线生产面料的织造技术已经产业化，这类面料与常规产品相比有较高的附加值，约占棉型梭织面料的 15%以上，位于世界先进水平。

表 3 生产常规坯布产品平均速度与产量变化

设备	速度			产量		
	单位	1978 年	2019 年	单位	1979 年	2018 年
整经	米/分	250	550	米/（台·时）	15000	33000
浆纱	米/分	30	60	米/（台·时）	1800	3600
织布	转/分	180	520	米/（台·时）	2.4	7.10

数据来源：中国棉纺织行业协会

从节能减排创新技术的成效看，随着企业对节能减排越来越重视、纱布生产的装备水平不断提升，棉纺织行业能耗总量占全国的比重逐年下降，综合能耗呈下降趋势。色纺纱线生产通过对落棉的再利用的技术创新，降低了损耗，变废为宝，提高了社会和效益；在浆料的应用上，PVA 在浆料中的占比从 1999 年的 70%下降到 2019 年的 20%左右，浆料使用量减少，绝对值数量 10 年内下降了 30%。在对面料的前处理、后整理上采用少污染低能耗的工艺研究及应用，实现了清洁生产和产品升级。

4. 发展并加快的智能装备水平步伐

改革开放以来，棉纺织工业不断提升改造传统装备，有三个标志性的特征：

一是自动络筒机、无梭织机占有率的提升。纱布生产中最具代表性的自动络筒机、无梭织机从无到有，从有到强，装备水平已经达到国际先进水平，从图 14 可以看出，到

2019 年，自动络筒机、无梭织机占有率分别达到 98%和 82%以上，两机水平的提高，使劳动生产率大幅提升，减轻了工人的劳动强度。

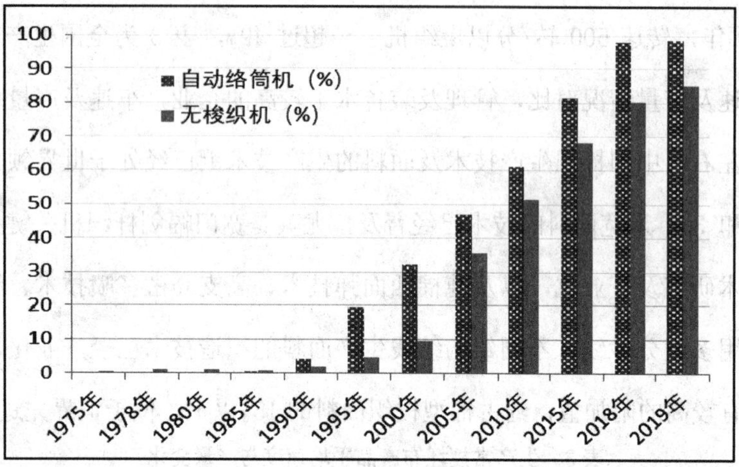

数据来源：中国棉纺织行业协会

图 14　1970~2019 年自动络筒及无梭织机占用率的变化

二是信息技术与装备制造业的深度融合。通过对棉纺织行业销售收入百强企业信息化在企业管理及生产中的具体应用状况调查情况看，财务、仓储、采购及销售方面，信息化程度较高，均超过 70%；生产、设备、能源的信息化改造不断提升，完整的监控及控制系统也在逐步构建及完善中。

表 4　棉纺织工业应用代表性先进装备技术情况一览表

机器类型	单位	2000 年	2005 年	2010 年	2015 年	2019 年
紧密纺（含赛络纺）	万锭	0	30	720	2107	3740
细纱带自络长车	万锭	0	0	470	2486	3760
粗细联++细络联	万锭	0	28	80	230	940
喷气涡流纺	万锭	0	1.56	7.95	13.5	22.4
新型自动转杯纺	万头	0	7	33	85	160
自动穿经机	台	0	0	30	220	490
高速织机	万台	0	16	32	38	48

数据来源：中国棉纺织行业协会

三是智能装备得到大力发展。带传输系统、信息化控制系统的具有智能化特征的“清梳联+粗细联（细络联）+自动打包”装备已经成为有实力企业的首选，自动络筒机应用的趋势显示出智能化的发展，从纱库型向托盘式和细络联方向发展，平均万锭用工可达 20 人左右，已具备实现夜班无人值守的条件，在全世界属于领先水平，表 4 呈现出加入 WTO 以后、尤其是 2010 年以来，中国棉纺织工业的技术进步，引领世界纺织装备水平的进步与发展，表现在用于纺纱和织布生产的先进的技术装备基本上都诞生在中国。先进的装备水平有效地提高了劳动生产率，减轻了工人的劳动强度。

三、棉纺织工业迈入从大到强的门槛

（一）创新成果成就科技进步

中国的棉纺织工业在向强国迈进的道路上，在新的时代背景下，向供给侧改革和智能化方向发展，在创新技术、创新产品、创新成果中做出了许多可喜的成绩。纵观近 20 年国家科学进步奖和发明获奖项目，棉纺织行业在提升传统产业、节能环保新兴技术领域以及科技创新技术产业化方面的多项研究成果荣登国家科学殿堂，其中荣获国家科学技术进步奖一等奖 2 项，荣获国家科学技术二等奖 4 项，荣获中国纺织工业联合会科技成果一等奖 10 项（省部级奖），不仅体现出棉纺织工业在科技创新和绿色发展的成就，也在推进科技进步、人才成长和产业升级方面起到了重要作用。

中华人民共和国成立以来的 70 年间，棉纺织企业创新能力不断提高，许多科技成果通过将专利的申请作为技术研发成果表现出来，在促进棉纺织技术和经济的发展中起到了积极作用。从棉纺织百强企业专利申请的情况看，1995 年到 2009 年，各项专利的申请累计突破 1000 件，中国加入 WTO 后，企业知识产权保护意识增强，专利申请数量快速增长，截至 2019 年，百强企业专利申请量累计达 6234 件，占棉纺织企业的 80%以上，其中发明专利授权累计约 610 件。多项棉纺织产品的标准建设更加完善，截至 2019 年产品标准的制修订累计 143 项，产品标准的增加，表明市场产品增多并更加丰富，技术研发和标准建设在行业、在企业的发展中占据越来越重要的地位。

（二）产品和质量成就品牌建设

棉纺织工业主要产品产量经历了大幅度的增长和平稳发展的历程，通过结构调整，产品结构发生了很大的变化，产品附加值得以提高，主要有三个阶段。

一是，1949~2000 年的主导产品以纯棉纱布为主，其中纯棉纱占纱产量的比重从 1949 年的 99.8%下降到 2019 年的 20%左右，化纤纱及棉与化纤混纺纱已成为主导产品。二是，2000 年后，棉纺织行业致力于提高关键装备水平，清梳联、自动络筒机和无梭织机不断增加，2019 年无结纱占比为 98.5%，无梭布占比 92.5%。三是，入世后，尤其是 2010 年以来，发展附加值高的纱布产品的脚步加快，其中有紧密（赛络）纺纱、喷气涡流纺纱、差别化纱线，色纺纱、高支纱，以及高支高密坯布、高档色织衬衫布、高档牛仔布、高档弹力布以及提花面料等。

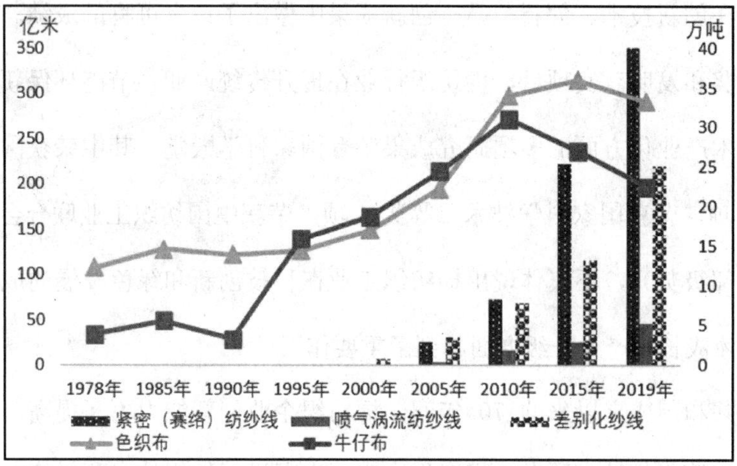

数据来源：中国棉纺织行业协会

图 15　1978 ~2019 年主要纱布产品情况一览表

图 15 为具有代表性的纱线和梭织物特色产品发展情况。在极具竞争力的产品中，2019 年，60 英支以上纱线生产量的 80%在中国；差异化纱布生产量 70%在中国；色纺纱生产量的 90%以上在中国；牛仔布纱产量占世界的一半，其中高档牛仔面料的 30%在中国；

高档衬衫色织面料的生产量的 60%在中国，高支高密织物的生产技术在中国，梭织弹力布70%在中国。

（三）提高劳动生产率成就企业发展

棉纺织工业为解决就业、社会安定做出较大贡献，对于一个拥有 14 亿人口的国家来说，具有特殊重要的意义。棉纺织工业的就业人数占全国纺织服装工业的 10%左右，占全国工业的 1%，如图 16 所示。

与此同时，棉纺织工业在改善人民生活水平上发挥着重要作用，数据显示，2019 年棉纺织企业的职工年均现金收入比 1949 年增长了 100 倍以上，年均增长超过 6.8% ，其中近 20 年的年均增长超过 13.5%。随着棉纺织装备水平和管理水平的提升，单位产能的用职工人数不断下降，劳动生产率明显提升，工人的劳动强度大大降低，根据国家统计局数据显示，中华人民共和国成立以来，棉纺织工业总产值下的劳动生产率增长了 103 倍，年均增长约 6.8%，其中近 20 年年均增长 17.8%，见图 17。

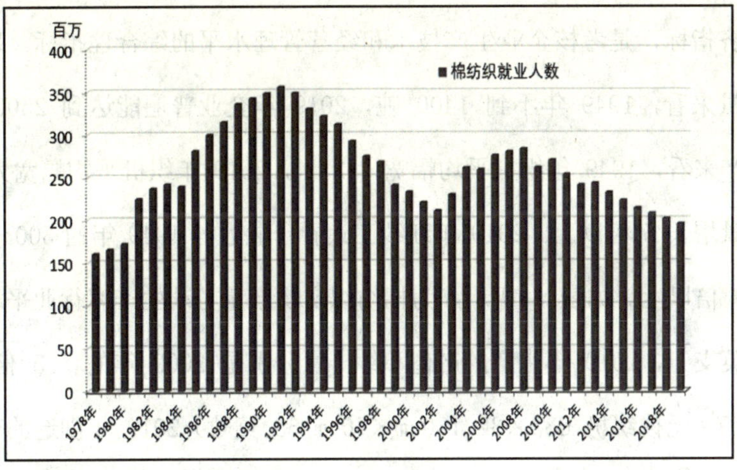

数据来源：国家统计局 中国棉纺织行业协会

图 16　1949~2019 年棉纺织工业规模以上企业就业人数的变化

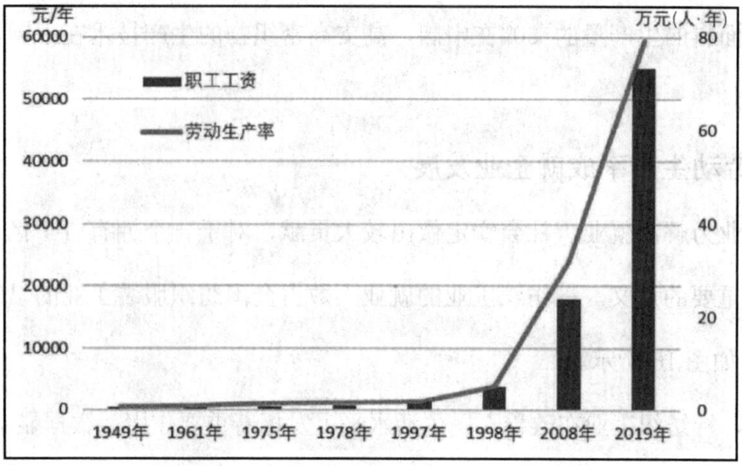

数据来源：国家统计局 中国棉纺织行业协会

图 17 1949~2019 年棉纺织工业工资收入及劳动生产率

劳动生产率的提高，对于劳动密集型企业非常重要，不仅可以降低产品的成本，提高企业的经济效益，也能更好地的改善企业的劳动环境，有利于促进就业和企业不断发展。棉纺织工业的万锭用工人数和百台织机用工人数是企业考核生产工人实物劳动生产率的一项重要技术经济指标，是考核企业生产技术和经营管理水平的综合性指标。以生产 20 英支纱万锭年产量来看，1949 年不到 1400 吨，2019 年企业普遍能达到 2500～2800 吨水平；以棉布生产来看，1949 年织机平均幅宽 1.2 米，2019 年织机平均幅宽大约 2 米，每平米的台时产量增长 5 倍以上。2019 年细纱工人看台能力与 1949 年的 300～400 锭/人相比已经超过 10 倍以上。如表 5 所示，为棉纺织实物产量劳动生产率行业平均水平，一名纺纱工（C32 英支），2019 年生产的产值和纱产量分别是 2000 年的 5.5 倍和 5.2 倍以上，一名织布工（无梭织机 C32×32 130cm×70cm 63 英寸）2019 年创造的产值和生产的布产量分别是 2000 年的 9.2 倍和 2.3 倍以上，可见劳动生产率大大提高。从实物产品的单位产量看，中国棉纺织工业的劳动生产率大幅度提高，得益于职工平均技术水平高、劳动素质好，中国棉纺织工业人数及拥有的技能人才均为世界前列。

表 5 2000 年与 2019 年企业劳动生产率的变化情况

项目	单位	2000 年	2019 年	备注
纺纱	人/万锭	250	55	环锭纺纱
	万元/（人·年）	11	60	
	吨/（人·年）	5.6	29	
织布	人/百台	220	85	有梭无梭同扯
	万元/（人·年）	4.5	31	有梭织机
	万平方米/人	1.5	7.7	
	万元/（人·年）	6.0	55	无梭织机
	万平方米/人	6.2	14	

数据来源：中国棉纺织行业协会

（四）人才建设成就员工素质的提高

棉纺织工业一贯重视人才的培养，技能操作比赛是棉纺织企业发展的传统，棉纺织工业劳模占全国纺织的比重平均超过 43%。

郝建秀是棉纺织工人的杰出代表，她在 1953 年获得全国纺织工业劳动模范，是纺织工业的一面旗帜，激励了几代棉纺织职工的劳动热情和生产积极性。在“郝建秀工作法”的影响下，涌现出来的劳模及先进生产者层出不穷，多名棉纺织企业的劳模成为了党代表及两会代表，中国棉纺织行业协会 2017 年表彰了全国棉纺织行业大工匠 119 名。据不完全统计，棉纺织工业的职工为全国纺织服装工业获得了多项荣誉，其中有 6 人获得中华技能大奖，占总数的七分之六，全国技术能手获得者占比 41.76%，全国纺织行业技术能手占比 21.05% 。

（五）完善区域布局成就竞争力的提升

向沿海地区集中。随着以上海、青岛、天津（上青天）为代表的棉纺织工业老工业基地的功能转换，棉纺织工业的生产能力逐渐从大城市退出，但仍发挥着技术、管理、信息和贸易优势；而以山东、江苏、浙江和福建为代表的沿海地区，逐步形成了本地区本企业的优势产品，纱布的产量大幅提升，1978 年纱、布产量分别占全国产量的 23%和 30%左右， 2019 年纱、布产量分别占到 50%和 64%左右。

向民营企业集中。1949 年，棉纺织工业以私营企业为主，1956 年基本完成公私合营的改造，1978 年棉纺织工业的国有企业比重占 66.65%。2000 年以后，棉纺织工业进行了大规模的所有制结构调整，一是国有中小企业的改革改组，多种形式的产权主体改革；二是国有大企业的改革改组，剥离社会职能、引入民间资本等；三是鼓励支持优势企业多元化经营和技术进步。此后，集体企业、三资企业等其他企业，在国家宏观政策调整和市场的作用下，国有及国有控股企业比重 2000 年的 38.50%下降到 2019 年的 2%左右，以民营企业为主。

走向国际化运营。国家“一带一路”倡议下的跨国经济发展迅速，以投资输出产能和资本，以中国棉纺织工业的影响力参与国际的产融结合。开放促进了改革，“一带一路”逐渐打开了新的市场和新的需求，截至 2019 年底，棉纺企业走出去投资步伐稳健，在世界各地的纺纱投资建成规模约 400 多万锭。中央在“一带一路”沿线的重要位置——新疆进行了布局，大力支持新疆纺织服装产业发展，促进就业，到 2019 年底，新疆棉纱产量较 2014 年分别增长 2.7 倍，就业人员增加 10 万人以上。

结束语

中华人民共和国成立 70 年来，中国的棉纺织工业的经济活力、投资实力、技术装备水平、产品的产量和质量、进出口贸易额、科技水平、就业者的技能、劳动生产率等在世界棉纺织产业已经占据重要地位和影响力。中国的棉纺织工业纺纱和织造产能分别占世界的 50%和 45%，主要产品产量均位居世界前列，并有不断投资和发展的前景；消耗的各类棉型纤维超过 2000 万吨，约占世界纤维总量的 20%，其中每年使用的棉花约占世界的 30%，使用的化纤短纤占世界的 70%；在生产纱线及面料中，具有世界先进技术和先进的装备，粗细联和细络联装备以及高速织机应用的绝对数量位居世界前列、信息化与机械化融合水平、劳动生产率平均水平均位居世界前列，中国棉纺织工业已进入强国时代。

2019 我国棉纺织市场运行分析及展望

郭占军

摘要：2019 年，我国棉纺织行业在中美贸易摩擦等因素影响下，运行形势面临一定压力，行业坚持深化供给侧结构性改革，持续推动转型升级，努力应对不利局面，在全行业的共同努力下，生产运行基本平稳。棉纺织行业将更加坚定信心，思考变革，思考适应新业态，着眼未来，凝心聚力，实现下一个五年规划的高质量发展。

一、棉纺织行业整体运行概况

（一）企业盈利受影响，研发创新促稳定

2019 年是不平凡的一年，中美贸易战的影响贯穿全年的经济发展。根据中国棉纺织行业协会（以下简称中棉行协）跟踪企业 2019 年数据统计，主营业务收入同比下降 1.29%，出口交货值同比下降 10.42%。以棉纺织为代表的纺织服装产业占我国出口比重较大，对出口有一定依赖度，在国际贸易保护主义持续影响及国际竞争日趋激烈的背景下，出口受影响较大。

盈利指标方面，跟踪企业利润总额同比下降 11.04%，利润率整体稳定，虽同比下降了 0.5 个百分点，依然保持在 4.56%的合理水平。亏损面为 27.39%，较上年同期有所扩大。在效益受到一定影响的情况下，我国棉纺织行业并没有因此而气馁，越是面对困难，越是意识到创新研发的重要性，跟踪企业的研发投入资金同比上涨 9.49%，企业通过加大产品研发力度提升产品质量和新产品种类，保持市场竞争优势，促进行业稳定发展。

（二）行业景气先降后升，企业信心逐渐恢复

从中棉行协每月发布的景气指数走势可以看出，见图 1。2019 棉纺织全年景气指数低

于 50，处于欠佳状态，且景气指数走势和中美贸易争端发展关联较大。整体可分为四个阶段：第一阶段（1～4 月）：一季度中美双方保持密切磋商，不断释放贸易战缓和信号，市场信心增强，棉纺织迎来小阳春，景气指数相对走强；第二阶段（5～9 月）：5 月 13 日，美国公布针对中国输美价值 3250 亿美元商品最高 25%关税的加税清单，因加税清单中包括全部纺织品和服装，如实施将对纺织业造成很大打击，贸易战阴影笼罩下，棉纺织市场情绪急剧降温，7～8 月为棉纺织市场淡季，市场行情较弱，叠加中美贸易争端升温，随着美国确定 9 月开始对华 3200 亿美元商品加征关税实施，市场悲观情绪进一步加重，拖累以往作为旺季的金九银十行情低迷，景气指数延续弱势；第三阶段（10～12 月底）：随着中美贸易谈判取得进展以及储备棉轮入消息提振，棉纺织市场信心逐渐恢复，景气指数稳步回升。

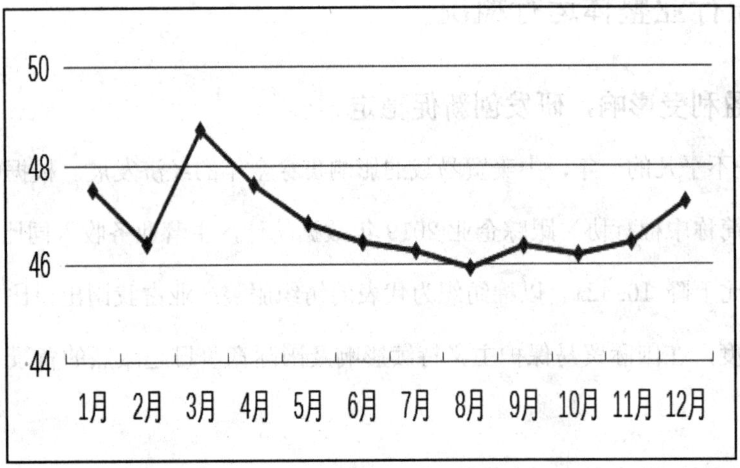

数据来源：中国棉纺织行业协会

图 1　2019 年中国棉纺织景气指数

（三）产品产量略有降低，产品结构进一步优化

据中棉行协调研会商结果看，市场供需基本平衡。2019 年棉纺织行业纱线产量 1829 万吨，同比降低 4.4%，布产量 560 亿米，同比降低 6.7%，其中色织布和牛仔布产量分别为 22.5 亿米和 33.2 亿米，分别同比下降 8.2%和 9%。棉纤维和非棉纤维用量分别为 690 万吨和 1230 万吨，分别较上年降低 8.6 个和 2 个百分点，见表 1。

棉纺织行业产品产量下降，受市场低迷影响的同时也存在积极因素，调研显示企业在面对常规产品需求降低时，会采取积极的产品结构调整策略，如提高纱线支数、以适应市场需求改变纱布品种，调高使用非棉纤维的比重，通过提升产品质量和档次，满足市场需求。表明了企业主动寻求转型、探索产品创新、积极满足市场的决心和信心。

表1　棉纺原料用量及纱布产量

项目	单位	数量	同比（%）
棉纤维用量	万吨	690	-8.6
非棉纤维用量	万吨	1230	-2
原料总量	万吨	1920	-4.5
棉纤维用量占原料比重	%	35.9	-1.7
纱线产量	万吨	1829	-4.4
布产量	亿米	560	-6.7

数据来源：中国棉纺织行业协会

二、棉纺织原料及产品价格走势分析

（一）原料价格整体下行，危中有机

棉纺织主要原料价格全年呈下降趋势，见图 2。和前文所述一致，棉纺用三大原料价格同样受中美贸易争端发展关联较大。5 月之前整体价格走势相对平稳，5～9 月呈较明显下行趋势，10 月后走势相对平缓。

棉花价格在 5 月中旬之前在 15000～15500 元/吨之间平缓增长，5 月中旬后受美国宣布加征纺织品服装在内商品关税影响，整个产业链市场信心受到严重影响，市场需求短时间降至冰点，棉花期货连续两天跌停后又连续阴跌，市场需求的降低带动棉花价格下行，10 月之后随着市场信心及需求逐渐恢复，价格从 12500 元/吨逐渐回升至 13000 元/吨左右。全年均价约 14000 元/吨。

粘胶短纤供应持续大于需求，价格下行尤为明显，全年呈现阶段性下行，年初价格约

13500 元/吨，至年底跌破万元整数关口，全年均价约 11600 元/吨。近两年粘胶短纤产能大幅释放，产量增长较快，但下游需求量未能与产量相匹配，持续供大于需是价格下行的主要影响因素。

涤纶短纤在 5 月之前走势平缓，价格处于 8500～8900 元/吨区间，5 月中旬至 6 月初，受美国加征关税影响，迅速降低到 7200 元/吨左右，6～7 月初受上游原料提振、PTA 上涨等因素带动，涤纶短纤迅速上涨，最高至 8700 元/吨附近，随后产销回归平淡，至 9 月中旬反弹至 7700 元/吨后再度下行，最低跌破 7000 元/吨整数关口，涤纶短纤全年均价约 7800 元/吨。

原料作为棉纺织生产成本占比最大的因素，价格下行对棉纺织生产有较大影响，但是从积极的因素来看，如果企业能用好期货、期权等对冲风险的工具，严格把控企业原料采购时机，在原料价格下行时控制好原料库存，快速运转，原料价格降低也将减轻企业用于购买原料的资金压力。

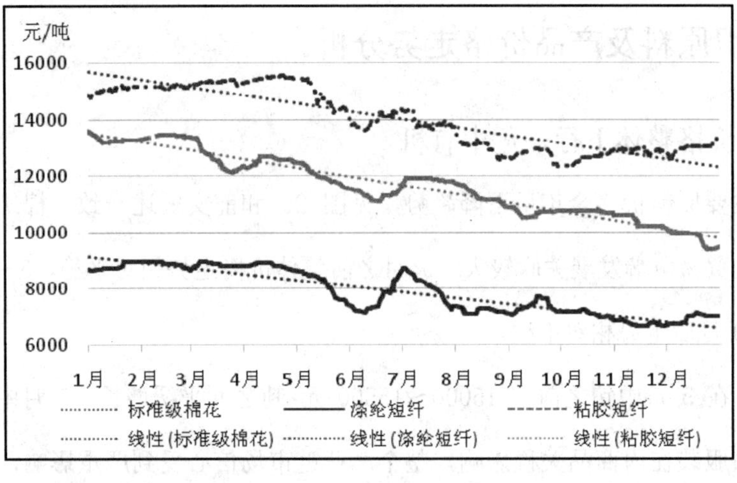

数据来源：中国棉纺织行业协会

图 2　2019 年主要棉纺织原料价格走势

（二）纱布产品走势波动后趋于稳定

纱布价格与景气指数走势基本一致，见图 3。第一阶段（1～4 月），纱布价格基本处于平稳状态；第二阶段（5～9 月），中美贸易摩擦升级，价格呈下行趋势；第三阶段（10～

12 月），纱线补价格企稳。全年 32 英支纯棉纱均价为 21490 元/吨，纯棉坯布（32×32 13×70 2/1 47 英寸斜纹）均价 5.25 元/米。

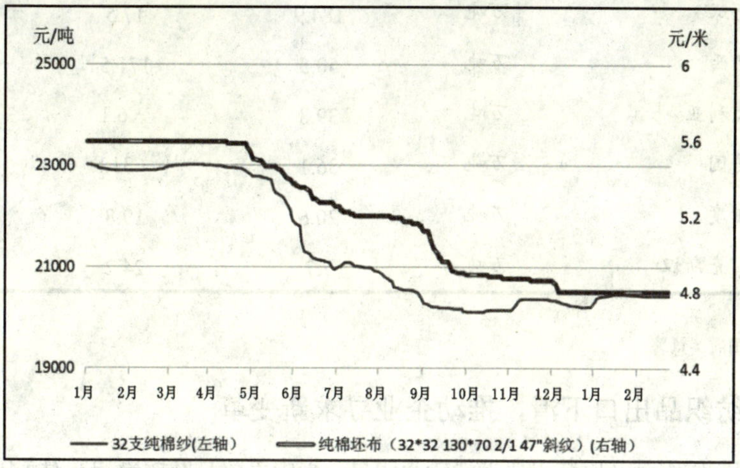

数据来源：中国棉纺织行业协会

图 3　2019 年至 2020 年 2 月棉纺织代表产品价格走势

三、进出口市场分析

（一）棉花进口量创近年新高 进口来源变化明显

棉花进口市场主要呈现三个特点：（1）进口数量大。2019 年我国棉花进口量为 2015 年以来新高，达到 185 万吨。（2）主要进口国别变化明显，巴西取代美国成为最大进口来源国家。美棉受中美贸易摩擦加征关税影响较大，进口量同比下降 31.8%，巴西棉进口量 50.5 万吨，同比增长 171.5%，同比增幅和进口量均为最高，成为美棉的重要来源补充。巴西棉花产量高，仅次于印度、中国和美国，为全球第四大产棉国，在数量上能够满足供应，对大量进口巴西棉形成重要支撑。（3）进口棉品质要求较高。巴西为机采棉采摘，几乎不含异纤，质量管理采用美国农业部国际标准逐包取样检验，质量指标适合 40～60 英支纺纱需求，澳棉为高品质棉花的代表，进口量仅次于巴西棉，我国对于以澳棉为代表的高品质棉花需求仍然很大，印度棉虽然产量很大，但由于棉花质量指标相对较低，在进口棉中比重偏低。详细进口情况见表 2。

表 2　2019 年我国棉花进口情况

项目	单位	数量	同比（%）	占比（%）
全球	万吨	184.9	17.5	100.0
巴西	万吨	50.5	171.5	27.3
澳大利亚	万吨	39.8	-6.1	21.5
美国	万吨	36.1	-31.8	19.5
印度	万吨	20.6	19.8	11.1
乌兹别克斯坦	万吨	7.7	24.2	4.2

数据来源：中国海关总署

（二）棉制纺织品出口下滑，推动企业寻求新变革

2019 年棉制纺织品及服装出口下滑较为明显，受中美贸易摩擦影响，对美国出口下滑较为严重（表 3）。在 2018 年我国对全球出口下滑 2.7%时，对美国出口依然保持了 4.2%的增长，但是在 2019 年随着中美贸易摩擦呈愈演愈烈之势，对美国出口下滑 15.7%，远高于对全球出口下滑 6.5%的降速。棉制纺织品及服装对美国出口的市场占有率也较 2018 年下降 1.6 个百分点。

棉纱线总进口量同比下降 5.4%（表 4），下游需求降低为主要原因。我国在越南投资建立的纺纱企业比重很大，生产的纱线更符合国内的生产需求，且具有地理上的便利和零关税的优势，越南依然是主要纯棉纱进口国，且有继续上升的趋势，进口量较上年增长了 22.4%，占全部进口比重的 46.2%。2019 年我国轮出的储备棉基本能够满足国内对中低支纱线的要求，且全年内外棉价差处于合理水平，印度和巴基斯坦的棉纱竞争优势下降，进口量同比有较大降低。乌兹别克斯坦受益于当地政府大力推动纺织业发展及出口，该国政府将对所有国内生产的棉花进行再加工，并为出口企业提供了多项优惠政策，该国出口至我国的纯棉纱增幅为 40.3%。

以东盟等国家为代表的地区凭借劳动力成本等优势，纺织服装产业有一定程度转入，叠加贸易风险，外贸采购下单谨慎，对我国纺织服装产品出口造成一定影响，伴随国际终端市场需求不足，外贸竞争程度加剧。

企业依靠传统的低价走量已经很难在国际市场竞争中获利，通过自主品牌打造和产品

创新，是提升国际竞争力的方向，正如以鲁泰、百隆、无锡一棉等行业标杆企业为代表的棉纺织企业，在 2019 年通过自身实力获得了国内外市场的高度认可，产品销售和各项经济指标较上年取得了较大进步。这也同时说明，我国棉纺织在从高速发展转向高质量发展的进程中，需要企业根据自身情况探索出符合自身发展的道路，达到转型升级的目标。

表 3　我国棉制纺织品服装对美及全球出口贸易统计

年份	市场	棉制纺织品服装合计		棉制纺织品		棉制服装	
		出口额	同比	出口额	同比	出口额	同比
		亿美元	%	亿美元	%	亿美元	%
2018 年	全球	799	-2.7	260	4.3	539	-5.7
	美国	133	4.2	17	6.9	116	3.9
美国占比	%	16.6		6.5		21.5	
2019 年	全球	747	-6.5	245	-5.9	502	-6.8
	美国	112	-15.7	15	-11.1	97	-16.3
美国占比	%	15.0		6.2		19.3	

数据来源：中国海关总署

表 4　2019 年我国棉纱线进口情况

项目	单位	2019 年	同比（%）	占比（%）
总量	万吨	195.3	-5.4	100.0
越南		90.2	22.4	46.2
印度		31.9	-28.2	16.3
乌兹别克斯坦		17.9	40.3	9.2
印度尼西亚		14.1	15.1	7.2
巴基斯坦		11.3	-65.3	5.8

数据来源：中国海关总署

四、2019 年焦点回顾

（一）中美贸易争端

中美贸易争端开始于 2018 年，在 2019 年愈演愈烈且贯穿全年，争端首先由美方挑起，主要内容为对我国出口至美国产品加征关税，我国适时对美方的不合理手段进行了反击。美方加征关税几乎涉及我国出口至美国的绝大多数产品，贸易争端严重损害了两国人民的根本利益，我国的纺织服装业作为对美出口较大的品类，受影响较大。2020 年 1 月中美签订贸易第一阶段协议，为下一步中美经贸磋商向好的方向发展奠定了基础。

（二）棉花相关政策

储备棉轮出与轮入。2019 年 5～9 月，储备棉轮出交易累计成交 99.62 万吨，经过连续五年的轮出，截至轮出结束，储备棉库存已从 2014 年的 1100 多万吨降至 175 万吨，棉纺织企业为国家储备棉去库存、降低仓储和资金压力做出了巨大贡献。为加强中央储备棉管理，进一步优化储备结构、提高储备质量，国家决定轮入 50 万吨新疆棉,此次储备棉轮入对棉花质量和棉花包装等要求较高，采取公开竞价轮入、到库价格最高限价方式，并设置内外棉价差 800 元/吨作为启停点。截至 2020 年 3 月 6 日，共计轮入新疆棉 19.7 万吨。

棉花配额发放。国家发改委在发放 89.4 万吨 1%关税配额的基础上继续发放 80 万吨滑准税配额，并委托中国棉纺织行业协会继续对申报配额的企业进行了核查，体现了配额发放过程的公开、公平、公正。对滑准税配额的计算公式进行了调整，更有利于滑准税配额对高品质棉花的进口。

棉花目标价格改革。目标价改革继续实施，向棉花种植者和加工者深入贯彻优质优价的理念对保证棉花市场健康发展，控制国内外棉价差，改善棉花品质有重要作用。

五、总结与展望

2019 年对我国棉纺织行业是不平凡的一年，在中美贸易争端贯穿全年，整个纺织产业链受到一定影响的大背景下，通过国家政策支持、行业推进、企业努力，整个棉纺织行业做到了共克时艰、稳定发展。国家相关职能部门通过及时了解企业生产经营情况，继续发放滑准税配额和安排储备棉投放，保证棉纺织企业的用棉需求，通过收储稳定市场预期。中棉行协通过调研，及时将企业运行情况和提出的建议反映给国家相关部门，通过组织一系列活动促进行业交流与进步，增强市场信心。企业根据市场变化及时调整原料库存和产品结构，在市场淡季或订单不饱满的情况下，进行技改和设备检修，为提升产品质量做好准备，企业的领导和管理人员投入销售的一线，跑市场抓订单。整个行业表现出了极强的应变能力和发展信心。

疫情应对：2020 年初，突发的新型冠状病毒疫情对行业正常开工生产造成一定影响，国家出台一系列扶持政策保障企业及时复工复产，稳定生产经营，在 3 月份各地棉纺织行业逐渐恢复了正常生产。截至 2020 年 3 月 6 日，中棉行协调研复工企业占比为 90%，已复工人员占比 63%。

外贸形势。随着中美第一阶段贸易协议的签订，中美贸易摩擦趋于缓和，我国外贸形势有望得到改善，行业信心逐渐恢复。

原料供应。随着国家政策的有力调控，内外棉价差将保持在合理水平，收放储和配额的及时发放保障了棉花市场的稳定发展。以莱赛尔为代表的性能优异的非棉纤维取得明显进步，常规非棉纤维主要品种价格处于低位且供应充足，非棉纤维的进步和生产为我国棉纺织行业参与国际竞争提供了良好的保障。随着科技进步和产品开发的多样性，化纤短纤作为重要的棉纺原料，在可纺性、功能性、舒适性、时尚性等方面逐渐能够满足市场需求，且化纤和棉花相比不受配额限制，能够充分参与国际市场竞争，建议有研发和管理能力的企业充分利用化纤短纤的优势，加大相关产品研发和市场开发，以增强企业竞争力。

行业运行。在外部大环境稳定的前提下，国家自上而下非常重视制造业的发展，出台一系列举措支持制造业，我国纺织服装产业链完备，抵御风险能力强，在国际竞争中具备一定的优势，通过我们棉纺织全行业的共同努力，展望 2020 年，棉纺织行业有望在“十三五”的收官之年稳步提升，为我国迈入小康社会贡献行业的力量。

“十三五”期间，再生纤维素纤维在棉纺领域的蓄力发展

郭占军　范轩云鹏

摘要：为推动再生纤维素纤维在我国棉纺行业的应用，中国棉纺织行业协会对棉纺生产企业的应用情况进行了调研，并每隔一年开展一次问卷调查活动，2019 年进行了第二次的问卷调查，结合相关材料，通过对再生纤维素纤维应用的现状及进展分析，形成了本报告。

为了推动从林木到时尚，贯穿纺织全产业链的绿色可持续发展行动，中国化学纤维工业协会牵头，联合中国棉纺织行业协会（以下简称：中棉行协）共同成立了再生纤维素纤维行业绿色发展联盟（简称 CV 联盟），CV 联盟得到了再生纤维素纤维生产和使用企业的积极响应。为促进棉纺企业更好地利用再生纤维素纤维，对其在使用过程中存在的问题及时进行沟通，促进再生纤维素纤维在棉纺行业的绿色应用及发展，本文主要为中棉行协在再生纤维素纤维的生产、供应及应用等有关情况的一项调查分析报告。

一、再生纤维素纤维概况

（一）定义及分类

再生纤维素纤维是以天然纤维素为原料，保留其化学结构，仅仅通过改变其物理结构，生产出纺纱性能较好的再生纤维素纤维。再生纤维素纤维主要的种类包括：普通粘胶纤维、莫代尔纤维、莱赛尔纤维，竹纤维和铜氨纤维、醋酸纤维等。在棉纺行业，用量最多再生纤维素纤维是普通粘胶短纤维，约占 90%以上，其次是莫代尔纤维、莱赛尔纤维等差别化纤维，其他类型再生纤维素纤维还包括细旦及超细旦纤维、原液着色纤维、功能性

纤维等，这些纤维在棉纺领域的应用量相对较少。

（二）性能及特点

普通粘胶、莱赛尔和莫代尔三种纤维的主要的原料基本都来自于木浆，制备过程、对环境的要求以及产品性能均有不同，见表 1。当前，我国生产普通粘胶短纤的工艺成熟，产量大，纤维价格适中，性能基本能满足纺纱生产需要；莱赛尔纤维的制备工艺相比较普通粘胶生产工艺更加环保，物理性能较优异，但受国内生产技术还未完全成熟的影响，当前莱赛尔纤维产能及产量处于较低水平，随着国内企业对该领域的重视和投入，结合一些地区对再生纤维素纤维应用前景的发展规划来看，莱赛尔在纺织纤维中的应用量将迅速增加。

表 1　莱赛尔和莫代尔、普通粘胶的特点对比

主要原料	莱赛尔	莫代尔	普通粘胶
	木浆	木浆	木浆 棉浆
制备过程	以 NMMO 水溶液为溶剂，直接将纤维素浆粕溶解得到纺丝溶液，再采用湿法纺丝或干湿法纺丝方法制备	纤维素经过特殊的化学工艺碱化、老成、黄化等工序制成纺丝原液，再经过湿法纺丝制成纤维	
环境影响	NMMO 的毒性低于酒精，溶剂回收率大于 99%含纺丝油剂废水，易处理	硫化氢、二硫化碳废气，含硫、油剂废水等，污染空气和水	
纤维性能	横截面结构均匀，呈圆形，且无皮芯层之分，纵向表面光滑无沟槽，具有比粘胶纤维优异的力学性能	较普通粘胶湿态下有更高强度、模量	具有优良的吸湿性、易染性，但是其模量、强度较低，尤其是湿强度低

通过显微镜下观察莱赛尔和普通粘胶纤维的表征结构发现，如图 1 和图 2 所示，莱赛尔纤维横截面呈圆形，且无皮芯层，纵向表面光滑无沟槽，决定了莱赛尔纤维具有较高的内外一致性和干湿强力，干湿强比约 85%。普通粘胶纤维横截面呈锯齿形，有皮芯层，存在不同尺寸的空隙，纵向有不连续的条纹。普通粘胶纤维的皮层和芯层特点具有差异性，皮层存在小而均匀的无定形区，相对于芯层具有较高的取向度和均匀的微晶结构，因此皮层在水中的膨润度较低，具有较高的吸湿性和断裂强度、耐磨耐疲劳性，皮芯结构及亚微观空隙决定了普通粘胶的强度相对较低，干湿强比约为 50%。

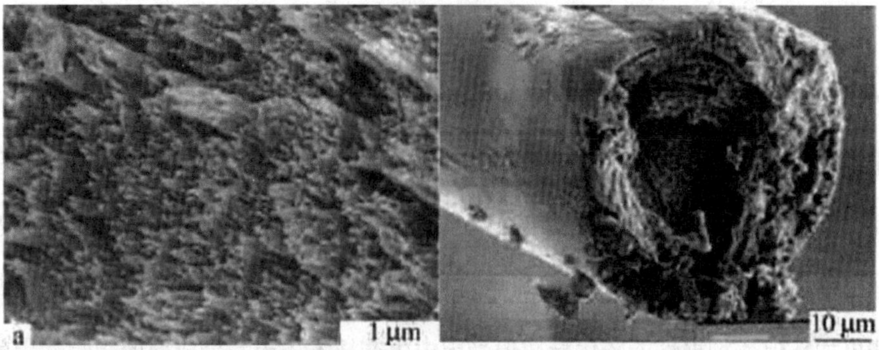

图 1　微观形态下的莱赛尔纤维

图 2　微观形态下的普通粘胶纤维

（三）发展历程

1. 全球再生纤维素纤维的产能分布及产量

1891 年，美国发现了再生纤维素纤维，通过技术创新，于 1909 年实现工业化生产，在 20 世纪 70 年代初其产能约占全球化学纤维总产量的 2.5%，作为化学纤维的小众产品，在欧美等发达国家环保要求和政策日趋严格的形势下，纤维素纤维生产企业的污染问题不同程度的始终存在，一些企业不得不减产或者关停，同时由于制造成本的增加以及远离下游纺纱市场，纤维产量大幅下降。与此同时，在一些发展中国家特别是亚洲，接近下游需求市场，且产业链较为完整，再生纤维素纤维生产企业不断地发展。

2018 年，全球再生纤维素纤维的主要产能集中在中国，产能占全球的 66.17%，除我国外，位于欧洲的奥地利、亚洲的印度等国家是再生纤维素纤维的主要生产家，产能均占全球的 10%左右。见表 2。

表 2　2018 年全球再生纤维素纤维产能分布比重

国家及地区	产能比重（%）
中国	66.17
欧洲	11.67
印度	10.42
北美	2.08
日本	0.46
南美	0.97
其他国家和地区	8.23

数据来源：中国化学纤维工业协会

再生纤维素纤维中，粘胶纤维产量最大，2018 年，全球粘胶纤维的产量达到 530 万吨，约占纤维素纤维产量的 85%，其中中国粘胶纤维的产量占全球粘胶纤维总产量的 75%。另外，醋酯纤维长丝产能主要集中在美国和欧洲。我国从 1989 年引进美国技术开始生产，主要用于丝束生产香烟过滤嘴。见表 3，目前统计的铜氨纤维只有在日本生产，且全部是铜氨长丝。

表 3　2018 年全球主要再生纤维素纤维种类产量

再生纤维素纤维种类	全球产量（万吨）	我国产量（万吨）
粘胶纤维	530	395
醋酸纤维	65	37
铜氨纤维	2	0
莱赛尔纤维	27	3.5
再生纤维素纤维总量	624	435.5

数据来源：中国化学纤维工业协会

2. 我国再生纤维素纤维的应用现状

改革开放后，国家通过引进消化吸收，全国再生纤维素纤维产能不断增长，据中国化纤工业协会统计，2018 年我国粘胶短纤产量为 377 万吨，粘胶长丝 18.24 万吨，占全球比重 70%左右。以粘胶短纤为代表的再生纤维素纤维在棉纺织的应用量呈逐渐增长趋势，见图 3，除涤纶短纤外，粘胶短纤也是棉纺织行业用量最多的化学短纤。

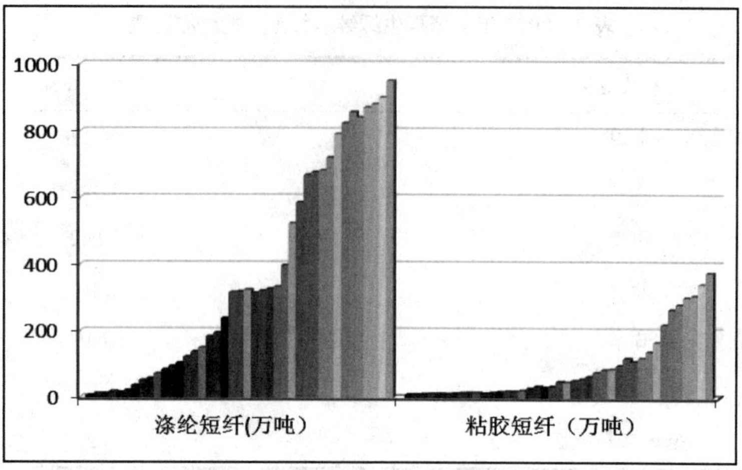

数据来源：中国棉纺织行业协会

图3　1978～2018年化纤短纤在棉纺织行业的应用

我国再生纤维素纤维行业之所以能够得到快速发展，主要有三个方面原因：一是，人们生活水平不断提高，对纺织原材料性能需求增加，再生纤维素纤维的性能与棉接近，拥有良好的吸湿排汗和染色性能，一定程度上能够作为棉花的替代和补充；二是，行业技术及装备的全面进步和快速发展，单线产能逐渐提高，整个纤维素纤维行业已基本形成国企、民企、外资企业三足鼎立的局面，这两个方面为行业高速发展创造了有力条件。三是，企业选择再生纤维素纤维不受配额限制，纤维标准化程度高，企业可以通过随买随意来降低资金压力。从图4可以看出，近十年，以粘胶纤维为代表的再生纤维素纤维，在棉纺原料的应用比重呈逐步上升趋势。

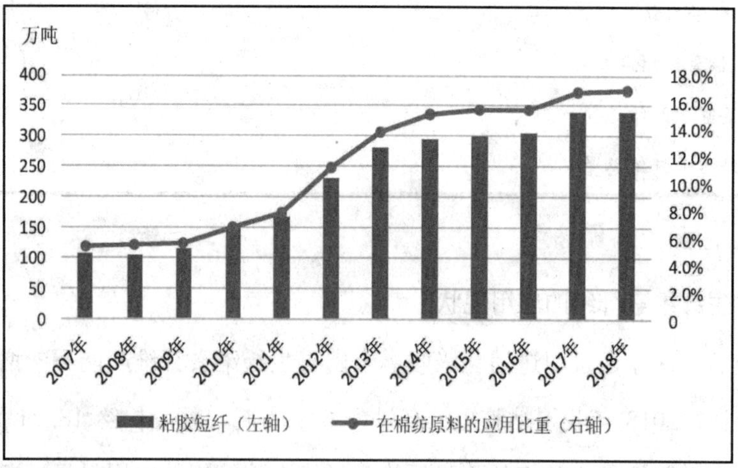

数据来源：中国棉纺织行业协会

图4　棉纺粘胶短纤用量及比重

3. 我国再生纤维素纤维的市场运行

棉纺主要使用的三大原料为棉花、涤纶短纤和粘胶短纤。原料价格走势总体一致，价差受不同因素影响在一定范围内波动。

粘胶短纤价格的起伏与市场需求、生产产能及产量都有密切的关联，从图 5 和表 4 可以看出，在 2016 年市场行情较好时，粘胶短纤平均价格高于标准级棉花，且与涤纶短纤价平均价差超过 7600 元。

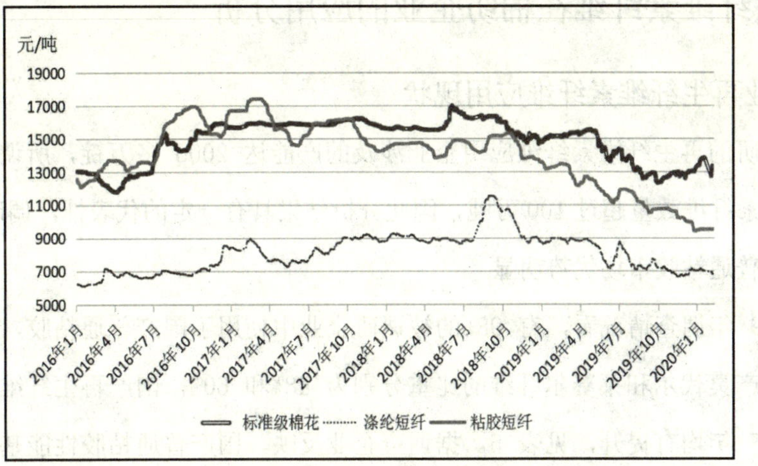

数据来源：中国棉纺织行业协会

图 5 2016-2019 年棉纺用原料价格走势图

表 4 棉纺主要原料年均价对比

项目	单位	2016 年	2017 年	2018 年	2019 年
标准级棉花	元/吨	13896	15911	15767	13968
涤纶短纤	元/吨	6910	8307	9407	7843
粘胶短纤	元/吨	14588	15785	14546	11605
粘短与棉花价差	元/吨	692	- 126	- 1221	- 2363
粘短与涤短价差	元/吨	7678	7478	5139	3762

数据来源：中国棉纺织行业协会

2017 年，随着粘胶短纤市场需求进一步加大，产能并未同步放大，粘胶短纤平均价格较上年有超过千元的上涨，粘胶短纤行业良好的收益激发生产企业加快产能建设。

2018 年，粘胶短纤产能大幅释放，产能扩张幅度接近 20%，产量同比增长 16.04%，但下游需求量较上年持平，供大于需导致价格有所下行，粘胶短纤价格低于棉花且价差拉大至千元以上，与涤纶短纤价差缩小至 5000 元/吨附近。

2019 年中美贸易摩擦继续影响市场，主要棉纺原料价格均有不同程度下跌，粘胶短纤供应持续大于需求，价格下降尤为明显，低于棉花价差进一步扩大至 2000 元/吨以上，且与涤纶短纤价差进一步缩小至 4000 元/吨以内。

二、再生纤维素纤维在棉纺企业的应用分析

（一）企业再生纤维素纤维应用现状

两次调研的再生纤维素纤维应用企业涉及的产能达 2000 多万锭，所调研企业年均使用再生纤维素纤维数量超过 100 万吨，因此分析结果具有一定的代表性，调研情况如下。

1. 国产普通粘胶市场优势明显

从 2019 年调查情况看，有 98%的被调研企业中使用了国产普通粘胶，占有绝对的优势，应用国产莫代尔和莱赛尔纤维的比重分别为 48%和 60%，国产再生纤维素纤维的应用比重较 2017 年均有提升，见表 5。据调查企业反映，国产普通粘胶性能基本达到使用要求，国产莫代尔和莱赛尔在可纺性、稳定性等指标上和进口产品有所差距，但随着我国技术研发的进步，差距将逐步缩小，国产再生纤维素纤维的比重有望进一步扩大。

表 5 应用国产和进口再生纤维素纤维主要品种情况

项目	种类	普通粘胶（%）	其中莫代尔（%）	其中莱赛尔（%）
2019 年调查	国产	98	48	60
	进口	2	52	40
2017 年调查	国产	94	41	43
	进口	6	59	67

数据来源：中国棉纺织行业协会

2. 国产再生纤维素纤维市场比重扩大

调查显示，国产再生纤维素纤维的用量占有绝对优势，比重超过 90%，见表 6。随着技术水平的提升，国产再生纤维素纤维的性能和应用量有了进一步提高和增长，说明我国再生纤维素纤维制造能力和市场都在进一步扩大。

表 6　国产和进口再生纤维素纤维用量对比

项目	国产比例（%）	进口比例（%）
2017 年调查	94	6
2019 年调查	96	4

数据来源：中国棉纺织行业协会

调查数据显示，在国产再生纤维素纤维的各个品种的应用中，普通粘胶纤维占有绝对比重的优势，莫代尔和莱赛尔的比重略有增加，见表 7。但是如上文介绍，不可忽略的问题是粘胶纤维生产工艺存在一定程度的污染，随着国产莱赛尔生产技术的突破，莱赛尔纤维在未来的生产应用中具有广阔的空间。

表 7　应用国产再生纤维素纤维主要品种情况

项目	普通粘胶（%）	莫代尔（%）	莱赛尔（%）	竹纤维（%）
2017 年调查	94	3	2	1
2019 年调查	92	4	3	1

数据来源：中国棉纺织行业协会

3. 再生纤维素纤维针织纱应用更广泛

通过对调查结果进行分析，参与调查的企业，用于针织纱的再生纤维素纤维比重要高于机织纱，见表 8。原因在于再生纤维素纤维用于内衣、贴身衣物等针织品更加亲肤舒适，悬垂性更好，而机织产品对织物挺括性要求相对更高，粘胶短纤的性能更加适合针织物的特点和要求。

表 8　调查企业再生纤维素纤维纱线用途比例

项目	针织纱（%）	机织纱（%）	其他（%）
2017 年调查	76	23	1
2019 年调查	58	41	1

数据来源：中国棉纺织行业协会

（二）再生纤维素纤维应用的优势与不足

为更好地掌握再生纤维素纤维在棉纺行业的应用的情况，推动再生纤维素纤维与上下游协同发展，在2019年应用再生纤维素纤维的调查中，棉纺企业对16家再生纤维素纤维的产品质量指标、服务满意度、产品开发能力等指标进行了评价，以表9为棉纺企业评价再生纤维素纤维某项指标的平均值，表中的百分数为评价该指标所占比例。

1.产品质量指标评价

从对再生纤维素纤维的产品性能评价结果可以发现（表9）。

（1）棉纺企业对于纤维强度的整体认可度较高，平均83%的企业认为强度好，17%的企业认为强度一般。纤维的强度从微观结构取决于分子链段的取向度和结晶度，生产企业通过工艺能够较好控制决定强度的指标，从而使强度达到需求。

（2）关于并丝、疵点和批次稳定性，将近60%的企业认为该指标好，近40%企业认为一般，极个别企业认为该指标较差。纤维生产企业认为，湿法纺丝工艺决定影响这些指标的因素较多，包括喷丝头、凝固浴、原料及加工过程中纺丝液状态等多种因素，目前存在的并丝、毛丝、疵点等情况依然是影响再生纤维素纤维质量的难点问题。

（3）回潮率指标认可度偏低，虽然有62%的企业认为回潮率指标好，但是仍有29%企业认为指标一般，9%的企业认为回潮率超标严重。纤维生产企业认为，再生纤维素纤维的分子结构由纤维素高聚物组成，分子中含有大量的亲水性羟基基团，吸湿性能较强，从而导致回潮率容易偏高。

（4）油剂指标整体较好，超过70%的企业认为好，25%的企业认为一般。纤维生产企业认为，油剂等助剂作为生产过程中的辅助材料，指标相对易于控制。

表9　对再生纤维素纤维产品质量指标评价情况

质量指标	好（%）	一般（%）	差评（%）
纤维强度	83	17	0
并丝、疵点	59	39	2
批次稳定性	58	39	3
回潮率	62	29	9
油剂	74	25	1

数据来源：中国棉纺织行业协会

2. 服务满意度评价

（1）从对再生纤维素纤维生产企业的服务评价来看，对供货稳定性满意度较高，超过 80%的企业认为供货稳定性好，说明大多数企业能够保证及时供货。

（2）有约 70%企业认为包重的稳定性好，近 30%认为包重稳定性一般，由于再生纤维素纤维回潮率偏高，回潮率的不稳定性对包重影响较大，企业应在车间及仓储温湿度方面加强控制以稳定包重。

（3）近 80%企业认为售后服务好，20%企业认为一般，极个别企业认为售后较差，在目前再生纤维素纤维行业整体较为困难的情况下，生产企业的售后服务水平赢得了大多数用户的信任。见表 10。

表 10　再生纤维素纤维生产企业服务满意度评价情况

服务满意度	好（%）	一般（%）	差评（%）
供货稳定性	81	17	2
包重稳定性	71	29	0
售后服务	79	20	1

数据来源：中国棉纺织行业协会

3. 产品开发能力评价

从对再生纤维素纤维生产企业的产品开发能力评价情况看，整体认可度一般。不足一半的棉纺企业认为生产纤维的新产品种类开发能力强，另有 5%认为新产品种类开发能力较差。所调查企业认为，新产品开发对企业的整体实力水平要求很高，要求企业有雄厚的经济实力、强大的产品开发团队和较高的科研水平，在国内能够达到以上要求的头部企业数量还相对较少，我国的再生纤维素纤维开发能力还有很大的进步空间。

针对与棉纺企业合作开发新产品的积极性方面，认为积极性高和积极性一般的基本各占一半，另有 7%的企业认为合作开发新产品积极性较差。我国应用再生纤维素纤维的棉纺企业数量众多，而生产企业数量并不多，这些生产企业在与下游合作开发新产品过程中通常选择一些重视产品开发、市场占有率相对较高的企业进行合作，不仅有了比较好的成果，而且许多成果得到推广和应用。见表 11。

表 11　对再生纤维素纤维产品开发能力评价情况

产品开发能力	好（%）	一般（%）	差评（%）
新产品种类	47	48	5
合作开发积极性	52	41	7

数据来源：中国棉纺织行业协会

4. 再生纤维素纤维“优质供应商”

以对 16 家国内主要再生纤维素纤维制造商客户数量、产品质量、售后服务等进行的综合评价为基础，参与问卷调查的棉纺企业投票产生了棉纺织产业链 “优质供应商”的再生纤维素纤维生产企业名单。见表 12。

表 12　“优质供应商”名单（按照公司首字笔画排序）

序号	2019 年	2017 年
1	山东雅美科技有限公司	山东雅美科技有限公司
2	山东银鹰化纤有限公司	兰精（南京）纤维有限公司
3	兰精（南京）纤维有限公司	吉林化纤集团有限责任公司
4	宜宾丝丽雅集团有限公司	宜宾丝丽雅集团有限公司
5	唐山三友集团兴达化纤有限公司	唐山三友集团兴达化纤有限公司
6	博拉经纬纤维有限公司	浙江富丽达股份有限公司
7	赛得利集团	赛得利集团

从 2019 年和 2017 年两次的评价情况看，整体变化不大。这些企业生产的再生纤维素纤维的市场占有率较高，在品牌认可度、产品质量、新产品研发、工艺管理等方面具有领先水平，具有较高的客户认可度。

（三）应用企业竞争力分析

为了解应用再生纤维素纤维的棉纺企业运行质效，本文将行业内重点再生纤维素纤维应用企业与主营业务收入百强企业的经济指标汇总情况进行对比，见表 13，总结为以下几个特点：

（1）再生纤维素纤维应用企业的主营收入、主营业务利润同比增幅在 2016 第一次调查时，年均不及百强企业，到第二次调查时的两项指标均远高于百强企业。近两年，再生纤维素纤维应用量快速增长，企业对再生纤维素纤维的研发力度加大，产品产量增长、产品种类更加丰富，且产品附加值高，市场接受度高，产品销售具有一定优势，在市场充分竞争的环境下，避开常规纯棉产品的竞争，找准市场定位，能够取得较好的市场效益和较快的增长。

（2）再生纤维素纤维应用企业在 2017 年调查时主营业务利润率和百强企业基本持平，2019 年调查时利润率较百强企业略低，但仍大幅高于全行业约 5%的整体水平。棉纺织行业百强企业整体以行业龙头、骨干企业为代表，企业具有较强的规模效应和竞争力，相比之下，再生纤维素纤维应用企业除部分龙头企业外，主要以单体体量相对较小的中小型企业为主，规模约在 5 万～10 万锭，在不具有规模效应的情况下，通过严格管理，探索市场需求，提升产品附加值，能够取得高于行业平均水平的经济效益。

（3）再生纤维素纤维应用企业的研发开发费用 2019 年调查时同比增幅为 18.14%，较前次调查同比大幅增加，说明开发再生纤维素纤维类纱线需要更大的研发投入，企业需要投入大量的人力、物力、资金进行市场摸索、研发、试制等，在取得高于常规纯棉产品附加值的经济效益时，也更加愿意通过较大的投入进行产品开发，形成产生良性循环，赢得市场需求，从而获得更高的市场收益。见表 13。

表 13 经济指标对比情况

项目	2019 年调查		2017 年调查	
	主营业务收入百强企业	再生纤维素纤维应用企业	主营业务收入百强企业	再生纤维素纤维应用企业
主营业务收入同比（%）	6.09	12.51	12.55	9.38
主营业务利润同比（%）	0.6	9.69	8.93	-0.66
本期主营业务利润率（%）	10.37	8.91	10.62	10.27
上期主营业务利润率（%）	10.94	9.14	11.03	11.31
研究开发费同比（%）	-0.52	18.14	11.91	7.62

数据来源：中国棉纺织行业协会

三、再生纤维素纤维行业存在的问题

中棉行协通过调研 CV 联盟的成员企业，了解到我国纤维素纤维纤维行业虽然获得了快速发展，但在发展过程中也存在较多问题，主要包括：

（一）原材料供给依存度较高

我国纤维素纤维纤维生产主要以棉浆和溶解木浆为原料，棉浆生产企业由于资源、成本以及价格等因素的影响，已经停产或者转产；我国森林资源有限，而且与国外企业相比木浆生产成本较高，其他资源不能得到有效利用，造成纤维素纤维纤维行业原料供给依存度较高。

（二）纤维素纤维纤维的清洁生产问题

纤维素纤维纤维的可持续发展在于清洁生产，其目的在于低耗、高效、无污染，目前尚未达到全面清洁生产水平，三废问题继续存在，因此纤维素纤维纤维的清洁生产需要持续推进。随着环保标准的持续提高，环保压力会越来越大，环境治理成本会越来越高。

（三）技术创新投入和研发力度较低

有些纤维素纤维纤维企业技术创新和研发的基础薄弱，很多应该淘汰的技术和装置仍在使用，水平比较低。同时，由于技术创新投入有限，导致了缺乏与技术创新和可持续经济发展的技术创新体系，造成企业的创新能力比较低，从而难以形成针对与纤维素纤维纤维生产各个环节的技术创新。

（四）企业的竞争力不足

与国际知名企业相比，我国纤维素纤维纤维生产企业在产品质量、品种开发、产品应用等方面还有较大差距，许多环节缺少独到的专利技术，影响企业的竞争力。

四、展望

棉纺企业是再生纤维素纤维的直接用户，棉纺企业将生产、使用及销售中存在的问题及时反馈上游纤维制造企业，将对提升纤维性能、促进纤维开发、扩大纤维市场有良好的推动作用，棉纺企业问卷调查反馈的建议汇总整理如下：

（一）供需方面

近几年再生纤维素纤维产能快速扩张，下游需求未能同步跟进，造成整体供大于求的局面，纤维制造企业应在与行业协会和应用企业进行充分沟通，深入了解市场需求的基础上，合理规划产能项目，有效匹配供需结构。

（二）价格方面

近年来，由于产能扩张及受到市场营销，再生纤维素纤维价格，整体呈下行趋势，为保证上下游的效益稳定，应尽量保持价格稳定，避免出现大幅波动，避免价格战等恶性竞争损伤行业利益。建议生产企业通过行业协会及 CV 联盟等组织，充分协调各成员单位之间关系，在保证各成员单位一致利益的基础上，共同维护行业上下游利益，使行业实现可持续发展。

（三）质量方面

应保证批次间质量的稳定，避免出现色差等质量问题，解决回潮、倍长、超长等指标超标问题，解决包装包间重量差异大，包装唛头不完整，运输过程中外包装破损的问题，解决油性大，并丝等问题。建议：通过协会发布产品质量报告，完善相关行业标准等措施，督促企业进行产品质量提升。

（四）技术及研发方面

针对进口的再生纤维素纤维供货紧张，价格较高的情况，国内再生纤维素纤维生产企业应加大上下游共同研发力度，缩小内外差距，研发高湿模量、功能性、可持续发展产品，提高国产再生纤维素纤维的质量；加强再生纤维素纤维的创新引导，产品创新结合市场需求，建立检测标准。加强产业链优势企业的协同创新。如赛得利和新华源集团通过紧密合作，开发出纤维素纤维产品及系列纱线产品，得到了市场的高度认可。

（五）信息方面

粘胶厂家与使用客户保持沟通联系，便于下游客户随时了解粘胶行情，及时安排采购计划，在价格等信息上能够迅速准确了解。

（六）品牌方面

加强品牌塑造和品牌运营的能力，提升市场知名度和关注度，如唐山三友开发的唐丝品牌和赛得利优可丝品牌系列产品，通过国际纱线展、纤维流行趋势等舞台进行广泛宣传，得到了下游及终端客户的高度关注和认可。

“十三五”期间，中国棉纺行业技术进步与发展

景慎全　李继国　杨晓慧

摘要： 技术进步推动着中国棉纺织行业的不断进步，设备技术与管理水平的全面提升，使得生产效率大幅提高；创新成果不断丰富，行业的信息化、数字化水平持续提升，为未来的智能化发展奠定了坚实的基础。本文主要通过设备技术进步、产品发展和科技成果等方面的分析，展现科技进步自2010年以来对纺纱生产的促进作用。

进入“十三五”以来，我国棉纺织行业进入了调档转换期，各个方面都在不断发生着深刻的变化，技术进步是推动行业发展的重要支撑，发展模式因技术进步而改变。

一是设备整体水平持续提升，产品质量不断提高。持续不断的技术改造将我国纺纱设备整体水平推向了新的高度，网络技术也与装备技术进行了更深入的结合。特别是在全流程纺纱智能化生产线逐步推广以后，企业的管理数据化、在线化覆盖面快速增大。

二是原料端化纤产业和棉花产业的发展，给纺纱的产品创新带来了有利的支持，特别是近年来化纤产量大幅提升，新品种不断涌现，给纺纱企业提供了丰富多样的原料资源。与此同时我国纱线的整体质量水平和产品种类也都在不断丰富，充分满足了下游行业发展的需求。

三是企业对技术和研发越来越重视，研发投入不断增加，涌现出一个又一个重大的科技成果，企业的专利申请数量逐年增长，国家与省级技术中心数量不断增加，标准体系的不断完善，为行业的后续发展不断地夯实基础。

一、技术进步推动生产方式改变

（一）设备全面升级

先进的纺纱生产设备是纺纱企业良好运行的基础。2010 年后，我国棉纺行业所用设备

性能有着极大的提升，主要表现在两方面：

1. 速度、精准度提高

如 2010 年梳棉机台产量普遍在 70kg/h 左右，随着梳棉机结构与配置不断优化，配合质量在线监测，产品质量和速度明显提升，到 2019 年在用梳棉机台产量普遍超过 150kg/h。

2. 智能化、自动化程度提高

最先进的纺纱全流程自动化生产线万锭用工可以降低到 20 人，低于行业平均水平（55 人/万锭）一半以上。全行业应用设备从精度低、速度慢、用人多，发展到现在全流程智能化纺纱设备，可以说是跨时代的变革。

3. 纺纱技术正在进一步提升纺纱行业的设备水平

（1）最新梳棉机目前可实现“无缝换筒”、可实现高精度自动优化梳理隔距、配备锡林自动磨针系统、实现超短片段自调匀整。

（2）最新粗纱机具备单锭实时监测、电子牵伸多端驱动、同时纺不同品种等功能。

（3）最新细纱技术方面环锭纺已经实现了单锭自动接头，同时又推出了转速达到 5 万转的新技术。全自动转杯纺纺纱速度到了 300 米/分，新型喷气涡流纺纺纱速度达到了 550 米/分。

（4）自动打包方面，环锭纺自动打包线已经在大范围使用；喷气涡流纺自动打包线也已经有部分企业开始使用；转杯纺自动打包线也已经开始推广。

（5）设备改造方面，在新设备被不断采用的同时，传统设备的改造也在大范围进行，其中细纱机短车集体落纱改造正在火热进行，自动络筒机自动投纱改造也将全面铺开。见表 1。

4. 数据的变化体现出纺纱的进步

随着中国社会的进一步发展，人们对工作环境的要求提升，纺纱行业面临着招工困难的窘境。同时下游的质量要求不断提升，促使企业必须保证生产全流程的可控连续化。两方面都在促使纺纱企业不断进行设备改造，提升生产效率抵消各类生产资料成本的增加，保持国际市场的比较优势。

表 1　棉纺织行业先进设备应用情况

名称	2010 年	2015 年	2019 年
喷气涡流纺（万头）	7.95	13.5	22.4
紧密纺（万锭）	720	2107	3740
细纱长车（万锭）	470	2486	3760
粗细联（万锭）	25	230	940
新型转杯纺（万头）	33	85	160

数据来源：中国棉纺织行业协会

经过不断调整，我国整体产能 2019 年底保持在 1.12 亿锭左右，约占全球产能的一半左右。我国先进设备应用情况如表 1 所示，喷气涡流纺、紧密纺、粗细联等技术应用量一直保持了良好的势头。环锭纺、转杯纺、喷气涡流纺纱三种主要纺纱方式的产能占比由 2010 年的 88∶11∶1，调整到 2019 年的 74.1∶21.9∶4。

（二）管理数据化在线化

互联网与纺纱行业的不断结合也推动了企业管理方式的改变。

先进设备大范围投入使用，给企业全流程信息化管理创造了条件。除了原有的 ERP 系统外，MES 系统、质量专家系统、能源管理系统等也逐步被企业采用，多个系统间的数据交流、共享和融合，避免了“信息孤岛”的形成。这些信息化管理系统的应用克服了人工分析生产数据工作量大，且无法做到实时统计与及时分析的缺陷，使企业建立及时的反应机制，极大的提高了企业生产及管理水平。

以某龙头企业近年投产的全流程自动化智能化生产线为例。ERP 系统与 MES 系统的深度融合，将企业业务层面的资源配置和车间级生产协调调度紧密结合，实现了以订单流程为核心的调度，优化排产，并可对订单进度、设备状态、质量超标等进行预警，实现了企业生产“管控一体化”。EMS 系统则可以对生产管理过程中主要能源消耗和重点用能设备实时可视化管理，并进行智能调度，实现工厂生产与能耗的高效、安全、协同。生产中高支与高支纱时，该条生产线与企业普通生产线相比，万锭用工由30人降低到15人以下，生产效率提高50%；运营成本降低30%以上；产品升级周期缩短50%；产品不良品率降低超过80%；单位产值能耗降低25%左右；产品主要质量指标由乌斯特公报25%水平提升到5%的国际领先水平。

（三）优质产品更加符合市场需求

1.平均纱支的变化

在设备和管理水平提升的同时，我国纱线的整体质量水平明显提升。在平均纱支方面，2010年平均纱支从31.5英支上升至2019年33.3英支；具体变化趋势见图1。中国棉纺织行业协会跟踪企业数据显示，平均纱支在32英支以下的企业占比从2013年的39%降低到了2019年的30%；平均纱支在32~60英支的企业占比由55%上升至65%，生产高支纱的企业数量越来越多。

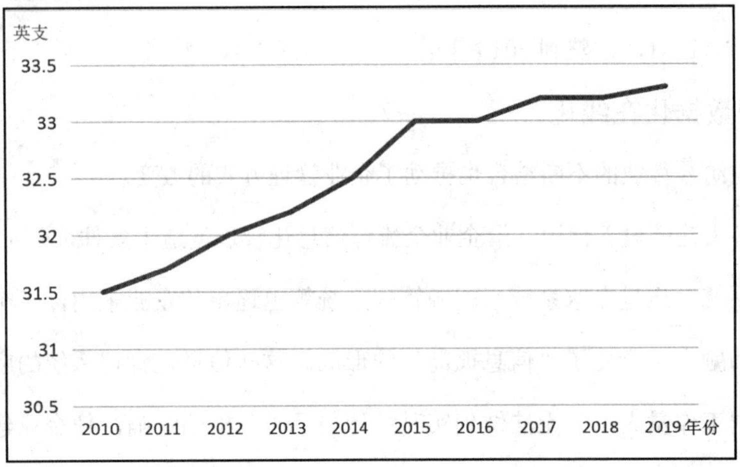

数据来源：中国棉纺织行业协会

图1　2010～2019年纱线平均纱支情况

2.纺纱产量的变化

随着我国纱线设备产能调整、纱支上升、进口纱竞争等因素影响，我国纺纱产能也在不断发生变化。如图2所示，在2009年左右我国纱线产能达到巅峰，接近2400万吨。随后几年随着市场需求的变化，纱产量缓步下降并趋于平稳。2019年下游市场需求的进一步减少，以及产品纱支变化等因素，使得整体纱产量下降到 1829 万吨。

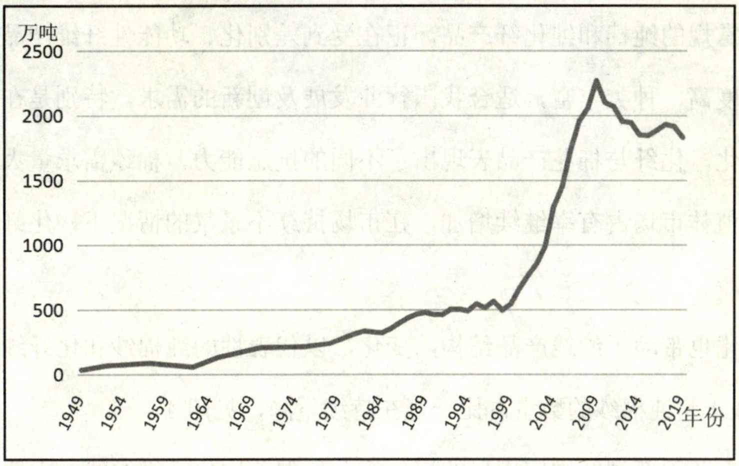

数据来源：中国棉纺织行业协会

图 2　1949～2019 年棉纺织工业纱线产量变化图

3. 产品种类的变化

在产量变化的同时，纱线产品种类也在发生重大变化。在纱线结构方面：喷气涡流纺纱、转杯纺纱和以环锭纺为基础的紧密纺纱、弹力纱和包芯纱等纱线的产量，随着设备的增加而增长。在原料成分方面：各类新型天然纤维、新型功能性、差异化纤维的涌现，各类差异化纱线产量也在快速增加，后文将详细介绍。

另一个比较显著的特点是近年来绿色可持续理念逐步深入人心，再生纤维纱线、再利用纱线、环保型色纺纱的产量大幅提升，同时随着技术改造的不断进行，纺纱加工本身的能耗与物耗都大幅度下降。整个纺纱行业更加环保、绿色、可持续。

二、原料供给侧改革推动棉纺高质量发展

（一）非棉纤维原料占比逐步优化

在新技术的推动下，我国化学纤维产业蓬勃发展，依托其更加市场化和更具多样性的优势，在与棉花的竞争中逐步占据优势，在下游市场多样化个性化需求的推动下，纺纱企业对新型纤维的使用量连年增长。如图 3 所示，棉纺非棉纤维加工量，经过十年的发展占

比从 2009 年的 48%，提高到 2019 年的 64%， 总量为 1230 万吨。随着新型纤维的应用范围不断扩大，常规的纯棉和纯化纤产品，正在受到差别化、功能性纤维产品的挑战，这些产品市场化程度高，种类丰富，适合我国行业发展及创新的需求。特别是在 2019 年面对市场需求的变化，化纤与棉花产品表现出了不同的抗压能力，棉纱需求量大减，但化纤纱却表现平稳，整体市场占有率继续增加，在市场持续不景气的情况下，化纤纱的优势还将会继续被强化。

原料的变化也带动了纱线产品结构的变化，以代表性的纯棉纱和化纤纱及混纺纱的比重看，从 2010 年起纯棉纱的数量占比一直在持续下降，见图 4。

另外，随着各类新型纤维应用量的增加行业新型差别化纤维纱线（主要包括细旦及超细旦纤维、非常规再生纤维素纤维、功能性纤维、新型纤维纯纺和混纺纱）的总产量也在不断的提升，如图 5 所示，特别是近两年，提升速度明显加快，2019 年差别化纱线所占比重比 2017 年增长 2.29 个百分点。

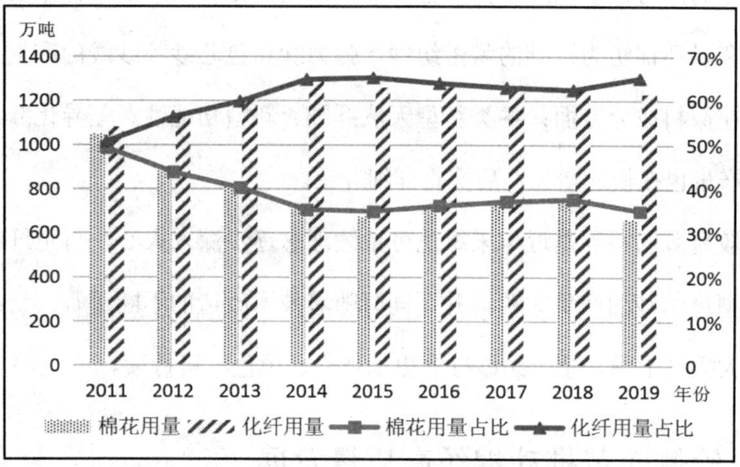

数据来源：中国棉纺织行业协会

图 3　2010～2019 棉花与化纤使用量及占比变化

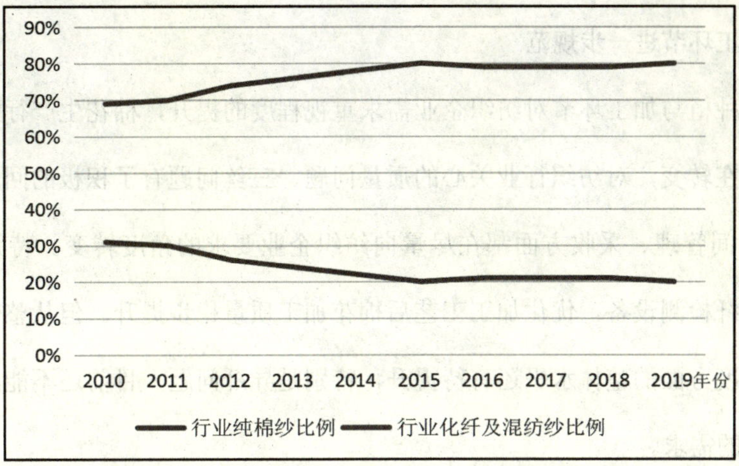

数据来源：中国棉纺织行业协会

图 4　纯棉纱、化纤及混纺纱占比

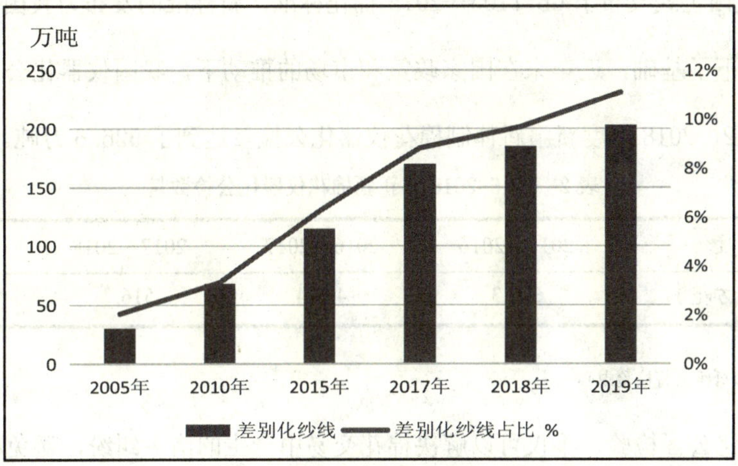

数据来源：中国棉纺织行业协会

图 5　2010 年以来年差别化纱线产量及占比情况

（二）国内棉花供给质量提升

在化纤的产量和种类大幅提升的同时，我国棉花产业也进一步发展，相比于“十三五”，棉花整体质量有所提升，企业对仪器化公检的数据认可度大幅提高，产业整体向高质量方向发展。

1. 棉花加工环节进一步规范

随着棉花种植与加工环节对纺织企业需求重视程度的提升，棉花生产行业重产量、轻质量的思想正在转变，对纺织行业关心的质量问题、三丝问题有了积极的回应。在种植环节，育种、田间管理、采收方面都在尽量向纺织企业要求的角度转变。特别是在加工环节，在配备异纤检测设备，优化加工工艺后棉花加工质量稳步提升。但从整体看，我国棉花在强力和长度方面的整体水平还有待提升，特别是异纤问题，目前还不能满足纺织企业对高品质棉花的需求。

2. 棉花仪器化公检全面推行

2012年我国正式发布了GB 1103—2012棉花标准，新标准的发布为我国全面推行仪器化公正检验打下了基础，近年来在国家政策和市场的推动下，我国仪器化公检棉花数量连年递增，见表2，2018年度新疆新体制棉花仪器化公检量达到了526.6万吨。

表2 2015~2018年新疆棉花仪器化公检数量

棉花年度	2015～2016	2016～2017	2017～2018	2018～2019
公检数量（万吨）	338.3	409.4	516.7	526.6

数据来源：国家纤维监督检验中心

棉花仪器化公证检验，不仅可以解决棉花交易中产生的诸多纠纷，避免在多个环节重复检验，还可以为棉花育种、纺织企业配棉提供很多有价值的信息。公检数据准确性的提高，使得计算机配棉的得到推进，企业可选择直接使用公检数据和订单质量要求直接进行智能化配棉。2019年纤检部门在棉花短纤维率指标检测技术又有新的突破，未来也将应用于棉花检验中。

三、纺纱技术进步取得丰硕成果

随着企业对科技进步重视程度的提高，行业整体的研发投入在不断地提升，许多企业建设了高水平的研发中心，为技术改造、产品研发提供了有力的技术支撑，也取得了喜人的成果。下面从纺织科技进步奖、技术中心以及专利申请、标准发布四方面进行介绍。

（一）纺织科技进步奖

由中国纺织工业联合会发起的“纺织之光科技教育基金”于 2008 年正式成立，2009～2019 年，十年期间棉纺织行业在“纺织之光”获得科技成果奖项一览表见表 3。

表 3　棉纺织行业“纺织之光”科技成果奖项目数

年份	单位	一等奖	二等奖	三等奖
2009～2010 年	个	2	4	16
2011～2015 年	个	3	2	13
2016～2019 年	个	5	16	5
合计	个	10	22	34

注　2018 年起不再授予三等奖。

数据来源：中国纺织工业联合会科学技术奖奖励办公室

进入“十三五”，棉纺织行业“纺织之光”一等奖、二等奖数量持续增加，主要表现在装备与智能化技术的开发与应用和产品研发关键技术两方面。

在装备与智能化开发应用方面，荣获“一等奖”的技术分别是高质高效环锭纺纱先进技术、色织产业颜色数字化、数字化棉纺成套设备，环锭纺智能化关键技术。荣获“二等奖”的技术分别是国产化装备智能纺纱关键技术、色纺纱数字化设计开发系统。标杆企业所做出的努力加快了棉纺织行业实现数字化、连续化、智能化技术成果的推广进程。

在产品开发成果方面，行业也取得累累硕果。荣获“一等奖”的是废棉纤维循环利用的点子纱开发，以及褶裥大提花机织面料的研发产业化应用。荣获“二等奖”的研发关键技术，典型代表有全棉芯弹纱弹力面料、喷气涡流纺纯棉高支纱、120 英支汉麻纺纱、高导湿与免烫双重功效面料制备、喷气涡流纺差别化系列功能纱线、新型环保复合面料 16

项技术。种种研发推动了我国纱线和面料绿色环保、功能性、差别化领域的产业化进程。

（二）企业技术中心

企业技术中心是企业根据市场竞争需要设立的技术研发与创新机构，负责制定企业技术创新规划、开展产业技术研发、创造运用知识产权、建立技术标准体系、凝聚培养创新人才、构建协同创新网络、推进技术创新全过程实施。国家认定企业技术中心于 1993 年开始评定，截至 2019 年 12 月底，在中国棉纺织行业协会会员企业中共有 10 家企业获得“国家认定企业技术中心”称号，具体名单见表 4。

表 4　棉纺织行业国家认定企业技术中心

公司名称	公司名称
天津天纺投资控股有限公司技术中心	鲁泰纺织股份有限公司技术中心
际华三五四二纺织有限公司技术中心	孚日集团股份有限公司技术中心
石家庄常山纺织股份有限公司技术中心	淄博兰雁集团有限责任公司技术中心
江苏联发纺织股份有限公司技术中心	山东康平纳集团有限公司技术中心
安徽华茂集团有限公司技术中心	青岛即发集团控股有限公司技术中心

数据来源：国家发改委网站

除国家技术中心外，行业中拥有省级企业技术中心的企业也不断增加。省级企业技术中心的企业，应具有行业领先的技术创新能力和水平，具有较好的技术创新体制机制，有较高的研究开发投入，有开展高水平技术创新活动的能力。为强化企业创新主体地位，提升自主创新能力，提高产业核心竞争力，各省市的技术中心评定也在逐渐推进中，本文以江苏省、浙江省、福建省、山东省、安徽省、湖北省、湖南省为例，将中国棉纺织行业协会会员企业汇总如表 5 所示，该些企业技术中心作为“产学研”结构中创新研发的重要承接载体，其研究成果将会推动企业以及行业的整体发展。

表 5　部分省份棉纺织行业省级认定会员单位企业技术中心目录

省份	数量（家）	名单
江苏	13	江苏悦达棉纺有限公司技术中心、南通市苏中纺织有限公司技术中心、盐城雪尔纺织有限公司技术中心、徐州天虹时代纺织有限公司技术中心、苏州世祥生物纤维有限公司技术中心、苏州普路通纺织科技有限公司技术中心、江苏唐盛纺织科技有限公司技术中心、吴江京奕特种纤维有限公司技术中心、南通双弘纺织有限公司技术中心、江苏大生集团有限公司技术中心、江苏裕纶纺织集团有限公司技术中心、苏州震纶棉纺有限公司技术中心、南通华强布业有限公司技术中心
浙江	5	百隆东方股份有限公司技术中心、浙江华孚色纺有限公司技术中心、浙江春江轻纺集团有限责任公司技术中心、浙江省常山纺织有限责任公司技术中心、浙江云山纺织印染有限公司技术中心
福建	5	福建省长乐市华源纺织有限公司技术中心、福建金源纺织有限公司技术中心、福建长源纺织有限公司技术中心、福建华峰新材料有限公司技术中心、福建宏远集团有限公司技术中心
山东	10	枣庄海扬王朝纺织有限公司技术中心、夏津仁和纺织科技有限公司技术中心、汶上如意润发纺织有限公司技术中心、临邑恒丰纺织科技有限公司技术中心、青岛纺联控股集团有限公司、威海魏桥科技工业园有限公司、山东阳谷顺达纺织有限公司技术中心、帛方纺织有限公司技术中心、德州华源生态科技有限公司技术中心、山东岱银纺织集团股份有限公司技术中心
安徽	3	安徽裕华纺织有限公司技术中心、华孚时尚股份有限公司技术中心、安徽宿州润达纺织（集团）有限公司技术中心
湖北	2	奥美医疗用品股份有限公司技术中心、际华三五零九纺织有限公司技术中心
河北	2	河北宏润新型面料有限公司技术中心、保定中纺依棉纺织有限公司技术中心
河南	2	河南平棉纺织集团有限公司技术中心、河南新野纺织股份有限公司技术中心
广东	1	忠华集团有限公司技术中心
湖南	1	湖南云锦集团股份有限公司技术中心

数据来源：各省发改委或工业和信息化部相关网站、中棉行协整理

（三）专利

专利是科技研发成果的体现，随着棉纺织企业创新能力不断提高，知识产权意识不断增强，行业专利申请数量也在不断提升。棉纺织百强企业专利申请近十年情况如图 6 所示。截至 2019 年，百强企业专利申请有效量累计达 6000 余项，占棉纺织工业的 80%以上，其中发明专利授权累计 610 多项。与纺纱相关的专利 3400 余项，约占棉纺织行业的

57%。2019 年新申请棉纺织专利 340 项，其中发明公布 267 项，实用新型 70 项，外观设计 3 项，企业对于发明专利的重视程度上升。

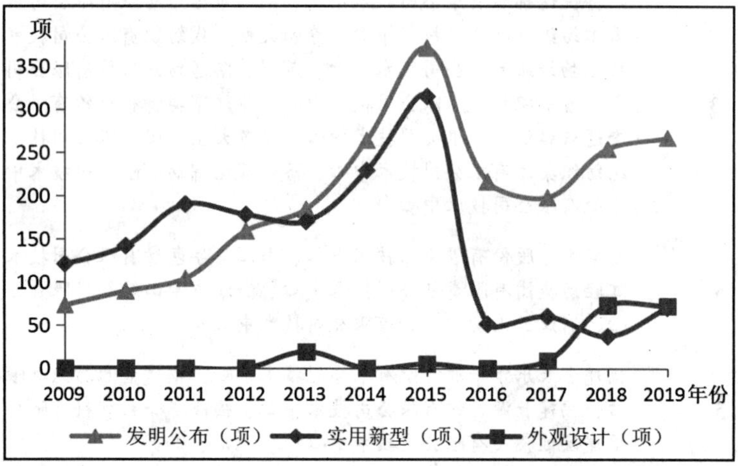

数据来源：国家知识产权局

图 6　2009～2019 年百强棉纺织企业专利申请情况

（四）标准

我国棉纺织行业进入高质量发展的重要阶段，标准化工作对强化行业工业基础及技术创新能力，规范行业生产和贸易的健康发展做出重要贡献。截至 2019 年底行业共发布 143 项标准，其中纱线类标准共 74 项。近十年棉纺织行业纱线类制修订标准情况如图 7 所示，随着棉纺标准体系的逐渐精简，行业标准数量上有所减少。

面对标准化改革的新形势、新任务，中国棉纺织行业协会为发挥主导作用，规范行业的组织行为，制定满足市场和创新需要的团体标准，团体标准 T/CCTA 40401—2018《篷盖用涤纶工业长丝本色帆布》于 2019 年 1 月 1 日起在行业内正式实施。目前另有三项团体团体标准在制定过程中，将于 2020 年发布实施。

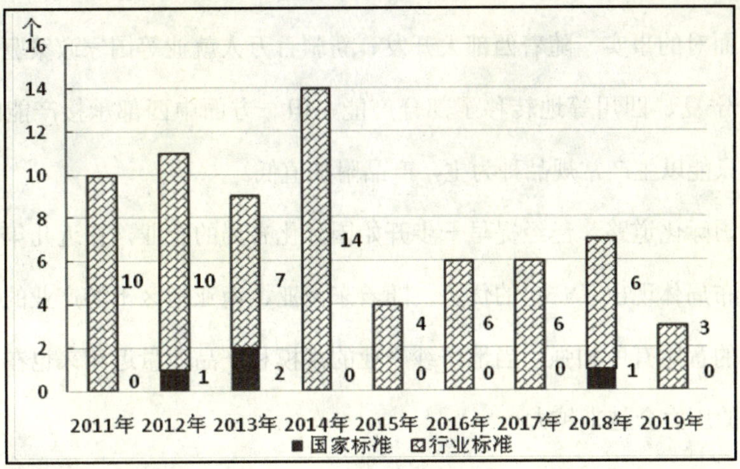

数据来源：中国棉纺织行业协会

图 7　近 10 年棉纺织行业纱线制修订类标准个数

四、成绩后的隐忧

在科技进步推动行业全面升级取得可喜的成果背后，也有一些方面还需要继续提升，以增强行业的整体竞争力。

（一）研发投入还需持续提升

近年来虽然棉纺织行业一直在不断进步，但有些改变不可能一蹴而就。在研发方面，虽然近些年行业进步明显，但整体水平还是偏低，总体的研发投入占销售收入比重约 0.8%，远低于全国研发经费投入强度水平（2.19%），以代表先进水平的 A 股七家上市棉纺织企业为例，2018 年的研发费用占比均低于 A 股上市公司平均水平（4.87%），整体还需要有所提升。

目前，很多企业的研发体系还在建设过程中，相信在国家知识产权保护力度提升和企业发展需求推动下，今后几年行业优秀企业的研发投入会大幅地提升，但在建设期间所需投入的资金和人力对企业来说是不小的压力。

（二）国际产能布局调整带来挑战

低附加值的低端加工业在国内目前经济发展状态下，生存的空间越来越小是广大棉纺织企业不得不面对的事实。随着西部大开发、新疆百万人就业等国家政策驱动，不少纺纱企业向新疆、宁夏、四川等地转移了部分产能，但一方面中西部承接产能的能力相对有限，另一方面只能以生产常规品种为主，产品附加值低。

另外是走国际化道路，已经提早一步开始国际化布局的企业，在近几年的市场波动时期，国外产能布局体现出了一定的优势。随着东南亚、南亚地区下游产业的发展，对纺纱企业就近配套的意愿有所加强，当地纺纱产业的规模和产品质量近年来也在快速提高，给中国纺纱企业的压力会越来越大。

令人担忧的是，企业面临融资难、招工难、成本持续上升等因素的综合影响，经营压力普遍较大，特别是一些企业家投资信心不足，而导致的行业新增投资数量下降，将会拖累行业整体技术改造与更新换代步伐，势必会影响中国的国际竞争力的保持。

（三）企业竞争力需持续提升

纺纱行业从技术角度看，越来越成熟的设备给纺纱企业带来了稳定的技术支持，提升了整个行业的生产效率，但也抹平了企业间的设备水平差异。棉纺企业之间的竞争逐步体现在了人才的竞争以及设备应用水平和工艺设计的差距上，另外还包括产品设计、系统化精益管理、售前售后服务等方面的差距。为了提升企业自身的技术竞争力，应更加地注重设备应用研究与原料特性研究，结合终端需求，在现有设备和原料基础上进行再开发，研发新产品，保证产品质量。

（四）各层次人员短缺

企业用工短缺成为常态越来越引起行业的广泛关注，但一线生产工人短缺只是表面，更严峻的是设备与生产管理缺乏技术人员，企业运营缺乏有新理念的年轻人。以企业技术管理人员为例，提升企业管理水平的重要性逐步被企业所意识到，众多企业尝试引入 6S、精益管理等先进的管理方式，同时引入信息化系统，从信息化方面强化企业的管理水平。但在引入先进管理方式和信息化系统后，很多企业缺少真正会运用的人才，导致发挥不出应有的效果。

虽然近年来企业一直进行技术改造和智能化管理，减少一线用工，但相应的高技术设备维修和管理人员需求量上升，行业急需改变目前的人才薪酬和培养方式，吸引更多的年轻人加入行业，说到底，人才是一切的根本。

五、未来发展

（一）智能化改造将全面铺开

随着行业技改逐步的深入进行，行业的主要关键技术设备基本上会实现全数字化，各工序设备的自动化改造也已经逐步深入，行业技术设备发展到达了一个较高的阶段，为下一步智能化改造奠定了基础。

（二）智能化生产线进一步完善

国内对于智能化全流程生产线的研究会进一步深入完善。在目前环锭纺全流程智能化生产线的基础上，转杯纺和喷气涡流纺的短流程智能化生产线也在逐步推进并不断完善。由于用工问题目前没有一个很有效的解决途径，国内纺纱行业如果要继续发展，用工少、效率高的纺纱生产线是首选，所以转杯纺与喷气涡流纺全流程自动化生产线数量将会进一步提升。如何解决智能化生产线品种适应性的问题，也将由企业提出方案。

（三）优秀企业软实力将稳步提升

随着优秀企业对企业发展软实力的重视，企业新产品开发能力将逐步增强，专利、品牌等知识产权保护力度将逐步加大，同时行业、团体及企业标准配套覆盖面将进一步增大，促进了企业竞争的加剧。

（四）周边发展支撑纺纱进步

未来，化纤处理新技术、互联网技术、物联网技术等领域将会继续快速发展，在与棉纺织行业融合应用后，会为纺纱行业的发展注入新的元素，行业的整体面貌将会真正改变。

荏苒 70 年，中国棉织产业的健康发展之路

中国棉织发展课题组

摘要：在新时代中国特色社会主义思想的引领下，为满足人们对美好生活品质的追求，加快推动我国棉织行业健康有序发展，本文通过研究棉织行业应用的装备、研发的能力及产品结构的发展特点，明确了向科技、时尚、绿色健康发展的方向。

一、棉织产业发展历程

（一）解决需求，负重前行（1949～1978 年）

纺织工业作为国民经济的重要组成部分，经过几代纺织人的不懈努力，已成长为国民经济传统支柱产业、重要的民生产业和国际竞争优势明显的产业，为国家的发展进步贡献着自己的力量。

棉纺织工业是创建较早的行业，也是中国纺织工业的基础性行业，为化纤、印染、针织、家纺及服装行业的发展奠定了良好的基础。棉纺织工业从小到大，从弱到强的发展历程是我国纺织工业发展的缩影。

1949 年中华人民共和国成立以后，为尽快解决人们的穿衣问题，在国家百废待兴而财政十分困难的情况下，实行了重点发展纺织行业的政策，充分挖掘棉纺织工业的基础和技术力量，积极发展棉花原料资源，为促进城乡居民和农村人口的就业发挥了重要作用。国家将发展棉纺织工业作为中华人民共和国成立之初的建设重点。

1. 逐渐恢复的棉纺织工业

在 1949 年到 1952 年的三年恢复时期用于棉纺织工业的投资额占纺织工业总投资额的 60%，第一个五年计划时期上升到了 80%。中国的棉纺织工业也就进入了中华人民共和国成

立后的第一个大发展时期。除投资生产外，国家还对全国棉花原料资源进行统一调度，扩大棉田种植面积，同时积极推广增产节约的郝建秀工作法、一九五一织布工作法等先进的技术操作经验。原料紧缺的情况得到了缓解，到 1952 年棉纺织工业总产值达 94 亿元，占全国工业总产值的 27.4%，此时棉织产品主要为中粗纱支的“蓝、黑、灰”基调色布，大红大绿、花型呆板花布以及条条格格的色织布。

1953 年到 1957 年第一个五年计划期间，对老厂进行技术改造，不断提高产品质量和生产效率；有计划地建设新厂，在棉花产区形成了五个新的棉纺织工业基地，并进行了一系列基础性制度及管理建设。此阶段我国普遍使用的棉织机是 1511 系列织机，是上海纺织机械厂试制成功的中国第一台国产自动换梭织机。20 世纪 50 年代后期棉织产品品种结构逐渐变化，府绸、卡其、华达呢以及线呢、棉缎、平绒、灯芯绒等中档产品逐渐增多，并开始生产天然纤维与人造纤维（市场上称人造棉）的混纺织物。

2.动荡时期的棉纺织工业

大跃进期间，棉纺织建设基本停滞，之后国家重振经济建设，纺织工业贯彻“调整、巩固、充实、提高”的方针，到 1965 年棉纺织工业发展出现了良好局面，棉纺产能跃居世界第二位。

1970 年底，我国棉纺织产能产量位列世界前列。这个时期纺织生产还有一个重大突破，就是涤棉混纺织物（市场上称“的确良”）的发展，产品风靡了整个 20 世纪 70 年代，而且大量出口，对改善人民衣着、繁荣市场、增加财政收入均起到了重要作用，产量从 1970 年的 0.6 亿米，发展到 1975 年的 5.1 亿米。此阶段的棉织设备仍为 1511、1515 系列织机基础上的改进型，棉织产品用途也开始由单纯用于衣着开始向多种用途发展。

1978 年改革开放元年，中国棉纺织工业经过 30 年的发展，基本建成了门类齐全、供应链完整的工业体系，特定历史时期的任务基本完成，为棉纺织工业长远发展并在若干年后在世界范围后来居上奠定了深厚的基础。

在此时期，全国棉纺织工业战略布局得到了改善，中华人民共和国成立初期棉织产能80%以上集中在辽宁、山东、江苏、上海、天津三省两市，到 1978 年，经过国家统筹规划，三省两市比例降低至 42%，五个新的棉纺织工业基地所在省份棉织产能达到了 22%，其余各省也均有一定的棉织产能形成。

中华人民共和国成立后的 30 年，棉纺织工业发展情况见表 1。

表 1　中华人民共和国成立到改革开放棉纺织工业发展情况

年份	棉纱产量（万吨）	棉布产量（亿米）	棉纺产能（万锭）	棉织产能（万台）
1949 年	32.7	18.9	500	6.7
1952 年	65.6	38.3	561	—
1957 年	84.4	50.5	755	42.1
1965 年	128.9	60.9	980	30.9
1970 年	205.2	88.5	1294	37.8
1978 年	238.0	105.6	1562	49.6

数据来源：国家统计局

（二）改革摸索，成为纺织大国阶段（1979～2000 年）

改革开放推动中国由计划经济体制向社会主义市场经济体制转变。广大职工劳动积极性高涨，我国棉纺织工业充分利用国内和国外两个市场，不断挖掘潜力，进入了高速扩张与发展阶段。

1. 棉纺织工业市场经济的转变

到 1981 年，纺织品市场的供求关系出现了新的变化，产需之间的主要矛盾，已经从数量不足开始转变为品种质量不能满足市场的需要。棉纺织工业的工作重点从抓速度、抓产量、抓扩大生产能力，转变到抓品种质量、抓技术改造、抓经济效益上来，这标志着纺织工业新时期的到来。20 世纪 80 年代初期，随着改革开放的大门开启，广州的一家棉纺织厂率先引进了靛蓝牛仔布生产线，充分体现了棉纺织行业市场化发展的特征。

1983 年，全国纺织新产品展销会在北京举办。此次展销会成为由工业部门组织生产企业直接进入市场的成功尝试，是纺织企业从统购统销的生产计划型向开发新产品、开拓新市场的生产经营型转换的重要事件之一，有力地推动了中国纺织品服装的内需消费和外贸出口。同年，国务院宣布取消布票制度，中国告别了人民群众衣被供应短缺的历史。

2. 棉纺织工业积极与世界合作

1984 年 12 月，国务院召开第 55 次常务会议，决定制定并发出关于纺织品进出口问题的文件。这次会议决定的外贸体制改革内容，促进了纺织工业直接面向国际市场，了解国际市场，快速加大了出口的步伐。国产织机也迎来了发展，1984 年完成的新型 GA611、GA615 型系列自动换梭织机，运行效率和布面质量明显提高，机物料消耗显著减少。80 年代末，市场经济体制初步建立，极具代表性的乡镇纺织企业全面发展，成为当时我国经济发展的一道靓丽风景，这大大促进了棉织产业发展。

20 世纪 90 年代初，中国作为发展中国家，依靠成本优势不断扩大出口市场，不断推动纺织服装工业的发展和强大，纺织服装业成为出口依存度相当高的产业。1990 年棉织产品出口量达到 33.7 亿米，出口额 22.7 亿美元，比 1985 年分别增长了 40.4%和 68.1%。与此同时，出口面料要求档次高、质量好、批量小、花色品种多、交货及时，而当时的棉纺织工业装备技术已逐渐无法胜任。因此 1992 年，纺织工业部启动了“自动络筒机和无梭织机专项”引进技术总体方案，棉纺织技术装备更新改造拉开帷幕，为棉纺织技术进步踏上新台阶提供了良好的基础条件。到 2000 年，中国的自动络筒机和无梭织机占有率分别达到了 32.1%和 9.3%，比 1991 年分别提高了 28 个和 7.2 个百分点。

3. 棉纺织工业改革中的摸索

到 20 世纪 90 年代中后期，在充分利用市场化机制的同时，盲目投资和生产，结构性矛盾突出，为棉纺织工业的发展埋下了隐患，纺织行业面临产品积压、经济效益下滑，尤其是负担沉重的国有纺织企业连年亏损。在国务院和有关部门领导的支持下，以压锭为代表的三大突破口任务开始实施。至 2000 年纺织业三大突破口任务完成，共压缩棉纺落后产能 936 万锭，分流人员 116 万，全行业当年扭亏为盈，实现利润 290 亿元，其中最困难的棉纺行业，实现利润 79 亿元，棉织产品出口 54 亿米，创汇 42.5 亿美元，是 1985 年外贸体制改革初期出口量的 2.2 倍，出口额的 3.1 倍。自此，开启了新世纪中国棉纺织大国向强国迈进的征程。

随着改革开放的推进，市场经济迈开了步伐，市场因素成为棉织产能分布的驱动因素，到 2000 年，北京、上海、天津棉纺织产能逐渐退出，东部沿海地区成为主要的棉织产能地区，占比 64%；中部地区人口多，劳动力充足，内部市场大，吸引了 25%的棉织产能分，西部地区棉织产能则主要分布在陕西、四川、重庆、新疆等地。

（三）新常态下调整阶段，逐步实现纺织强国（2001～2019 年）

1. 入世推动快速发展

2001 年中国加入世贸组织，依靠成本优势，中国棉纺织工业对外开放进入了划时代的高速发展通道，连续六年对外贸易出口量和出口额逐年增加，年均增速保持在 25%以上，年均顺差增长 30%，2007 年底，棉纺织品服装实现贸易顺差 660 亿美元，占全国纺织工业贸易顺差的 44%，占全国工业贸易顺差的 25%，其中，棉织产品出口 62.5 亿米，出口额 73.9 亿美元贸易顺差 52.2 亿美元，对国家外汇贡献巨大。技术装备方面也取得了较大的进步，紧密纺设备达到 198 万锭，无梭织机比重超过 40%，精梳纱占比超过四分之一，无卷化率 40%以上，无结头纱比重超过一半。

2. 金融危机后的新发展

2008 年全球金融危机爆发，对出口依存度较高的纺织服装工业，受到很大的影响，棉制纺织品及服装出口增速首次出现负增长，企业经营信心下降。2009 年 4 月，国务院常务会通过《纺织工业调整和振兴规划》，明确了纺织工业是我国传统支柱产业、民生产业和国际竞争优势明显产业，提振了行业战胜金融危机的信心，为行业发展指明了方向。

经历了金融危机最困难的时期后，在国家支持和行业规划的指导下，纺织行业整装待发，开始了新一轮的发展。棉纺织企业抓准机遇，从原材料到设备、管理进行了全方位的升级。2010 年，棉纺产能达到历史最高位，为 1.35 亿锭，棉纱线产量超过 2000 万吨，织机 126 万台，产量近 800 亿米；棉织产品出口 78.8 亿米，出口额 108.06 亿美元；自动络筒机和无梭织机占有率也分别超过了 60%和 46%；原料的不断创新，使棉织物种类不断丰富，高速机电一体化的无梭织机取代传统有梭织机的步伐加快，提升了织物的质量和档次，企业采用织物 CAD 系统的进程加快，提高了织物的设计效率。

3. 迈入棉纺织强国

进入 21 世纪，随着国有经济体制改革的不断深入，东部沿海地区民营企业迅速壮大，产量占比急剧提升，中、西部地区由于政策及改革意识的差异及市场发展等因素，产业发展速度较为缓慢，棉织物产量比重不断下降，到 2019 年，东、中、西部地区棉织产能占比变为 73∶20∶7，东部浙江、江苏、山东分别占比 15%、17%、10%，中部地区以湖北为主，占比 12%。

以山东、江苏、浙江、广东为代表的沿海地区，逐渐形成了本地区的优势产品，如棉本色布主要分布在山东、浙江、江苏等地区，色织布主要分布在江苏、山东、广东地区，而牛仔布主要分布在广东、江苏、浙江等地区，到 2019 年江苏、山东、浙江及广东仍是我国的棉织物主产区，织物产量占 46%。改革开放后，我国棉织物产量在部分地区分布变化如图 1 所示。

中华人民共和国成立的 70 年间，棉织产业从 1949 年 6.7 万台老式有梭织机，年产 18.9 亿米棉织物发展到 2019 年以无梭织机为主的 110 万台织机，年产棉织物 560 亿米，产能产量分别增加了 16 倍、30 倍，织物样式多种多样；棉织物出口由 1985 年的 24.1 亿米发展到 2019 年的 79.3 亿米；劳动生产率大大提高，无梭织机百台用工平均 110 人以下，劳动生产率居世界前列；棉纺织面料产品档次高、技术含量高、附加值高，创新技术及产品均处于世界领先水平，中国已由棉纺织大国迈入棉纺织强国。

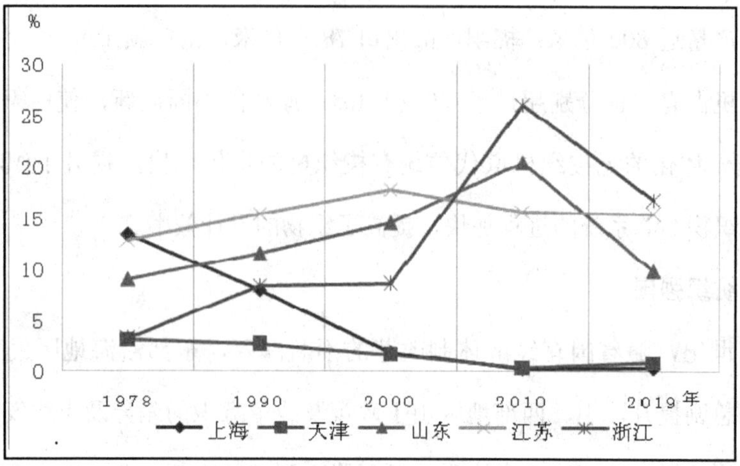

数据来源：国家统计局

图 1　1978～2019 年棉织物产量在部分地区分布变化

二、技术进步与创新

中华人民共和国成立的 70 年来，中国棉织行业取得了全方位、开创性的发展，随着原料种类的不断丰富和织造技术的日益提升，中国棉织产业在产品研发、装备水平及科技方面都取得了长足进步。

（一）原料种类不断丰富

纤维是纺织生产的基础原料，而纱线则是棉织物开发的基础，随着科学技术快速发展，纺织用纤维原材料得到了极大的丰富，各种新型纺织纤维材料不断涌现，为纺织纱线及织物产品的开发提供了广阔的发展空间。

1. 纤维原料日渐丰富

改革开放前，棉纺织生产基本以天然原料如棉、毛、麻及丝为主，20 世纪 70～80 年代前后开始使用化学短纤维。在科学技术快速发展的今天，纺织材料的推陈出新为棉型纱线的开发提供了新的发展空间。

1949 年初，我国纺织工业所使用的纺织纤维全部为棉纤维，从图 2 中可以看出，1970 年非棉纤维（指棉型化学等纤维，下同）用量占全部纤维加工量的比重不足 5%，改革开放之初的 1978 年，非棉纤维使用量占比约为 10%；随着市场需求的不断变化和纺织技术的发展，化学纤维用量随之增加，到 2000 年非棉纤维应用占比已经超过 35%；截至 2019 年，非棉纤维使用量占比超过 60%，非棉纤维为棉纺织品的开发提供了新的思路和空间。

棉纺织企业在加大非棉类纤维的使用量的同时，通过多品种、多组分、差异化产品的开发，提升企业自身竞争实力。

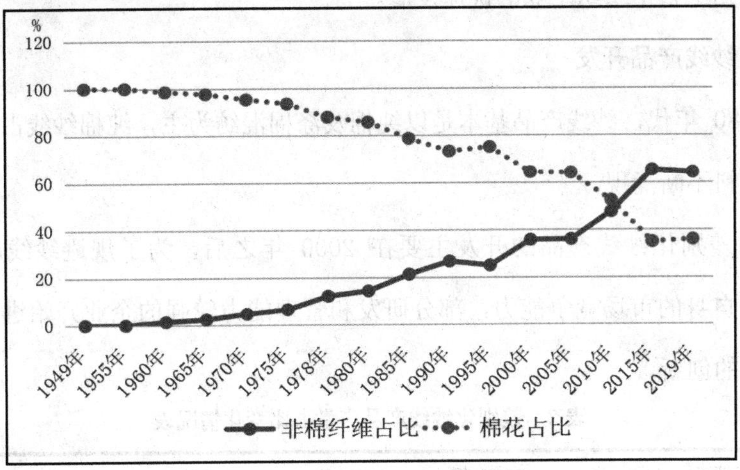

数据来源：中国棉纺织行业协会

图 2　1949～2019 年棉纺织行业纤维加工量变化情况

2. 纱线产量不断增长

纱线是棉织产品的基础性原料，纱线产量的增长为棉织产品的开发和生产提供了坚实的保障。

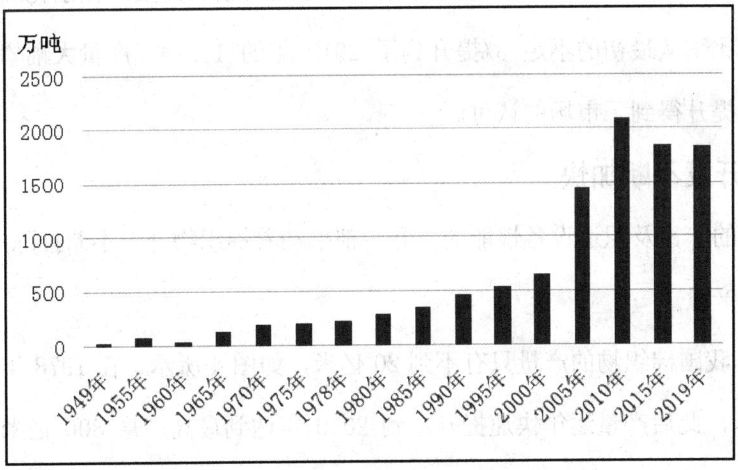

数据来源：国家统计局、中国棉纺织行业协会

图 3　1949～2019 年我国棉纱线产量情况

1949 年，我国棉纱线产量仅有 32.7 万吨，从图 3 可以看到，直到改革开放初期，棉纱线产量也只有 238.2 万吨，而 2019 年全国棉纱线产量超过 1800 万吨，比 1978 年增长了近 10 倍，是 1949 年的近 60 倍。在 2010 年纱线产量达到顶峰，之后逐步趋于稳定，推动了棉织产业乃至整个纺织工业的快速发展。

3. 差别化纱线产品开发

20 世纪 80 年代，纱线产品基本是以纯棉及涤棉混纺为主，纯棉纱线占九成以上。随着新型纤维原料不断涌现。

多组分的差别化纱线产品的开发主要在 2000 年之后，为了规避纱线产品同质化竞争，提升企业自身的市场竞争能力，部分研发和管理能力较强的企业开始进行多组份、差别化纱线产品的创新。

表 2　差别化纱线产品产量占比变化情况表

纱线类别	2005 年	2010 年	2015 年	2017 年	2019 年
差别化纱线占纱产量比重（%）	2.04	3.31	6.24	8.81	11.1

注：差别化纱线是指当期新技术、差别化纤维纱线、新结构纱线的合计。

数据来源：中国棉纺织行业协会

如表 2 所示，从 2005 开始，经过十余年间不断的创新开发，差别化纱线产品的产量占纱线总量的比重从最初的不足 3%提升到了 2019 年的 11.1%，产量大幅攀升，其次，产品性能指标的提升得到了市场的认可。

（二）产品开发不断加快

纱线原料的丰富及织造设备性能的提升，都推动着棉织物开发不断推陈出新。

1. 棉织物产量

1949 年，我国棉织物的产量只有不到 20 亿米，如图 4 所示，在 1978 年的改革开放时有 100 多亿米，此后产量逐年快速提升，到 2010 年达到最高产量 800 亿米。随着化纤长丝织物产量的不断增长，市场上面料产品结构发生了变化，此后棉织物产量趋于稳定，为下游服装、家纺产业提供了保障。

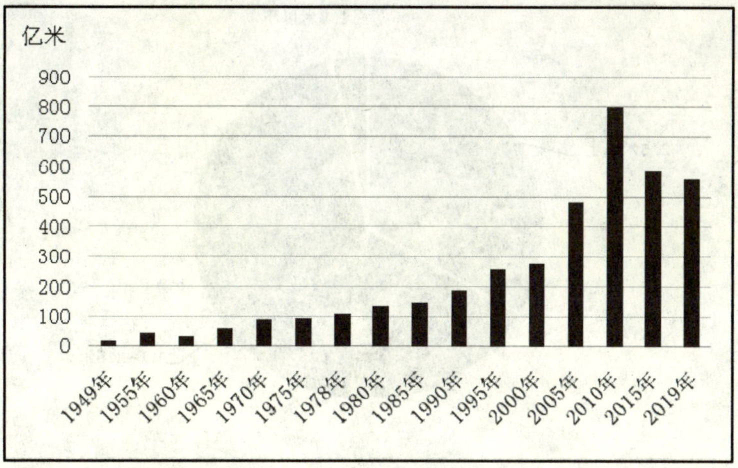

数据来源：国家统计局　中国棉纺织行业协会

图 4　1978～2019 年我国棉织物产量情况

2. 棉织技术进步

（1）按生产工艺分。棉织物按主要生产工艺可分为白坯布、色织布及牛仔布。从 1949 年到 1978 年的三十年间，棉织物以白坯布为主，直到 20 世纪 80 年代，色织布产量也不足梭织布产量的 1%，而此时我国并无牛仔布生产；牛仔布的生产要追溯到 1978 年后，随着改革开放大门的敞开，广东地区最先受到我国香港牛仔服饰流行风尚的影响，开始引进牛仔布生产线，并很快风靡全国，但产量不足 500 万米，占棉织物产量中的比重几乎可忽略不计。

进入 21 世纪，随着消费者对产品舒适度、功能性、环保及个性化方面的需求增加，色织、牛仔类织物所生产的衬衣等服装得到了市场的普遍欢迎，产量占比快速提升，2000 年后色织布、牛仔布合计产量占比长期稳定在 10%左右。

（2）按织物幅宽分。白坯按照最终用途的不同，有窄幅幅宽（1.6 米以下）、常规幅宽（1.6～2.5 米）和宽幅织物两大类（2.5 米以上）。宽幅织物主要应用于床上用品、窗帘及墙布等产品，随着人们对高品质家用纺织品需求的不断增加，极大地推动了家纺用宽幅织物产品的创新开发。

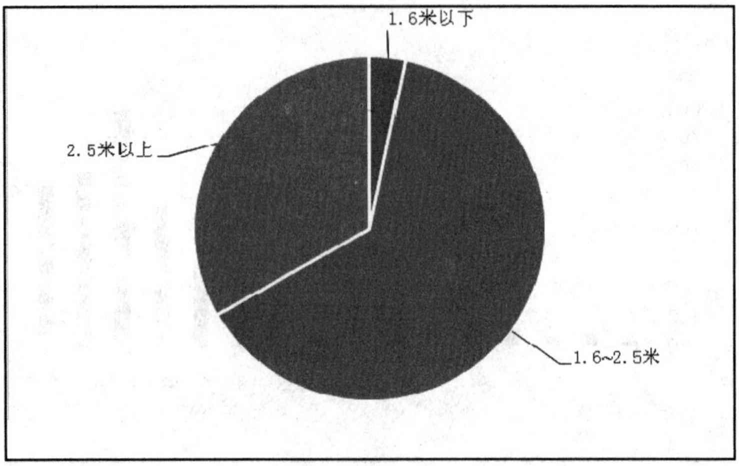

数据来源：中国棉纺织行业协会

图5　2019年各类主要幅宽棉织物产量比重

从图5也可以看出，截至2019年，我国棉织物的生产以常规幅宽为主，主要用于制作服装，其比重约占总产量的65%；近年来，用于制作家用纺织品类产品的宽幅织物的比重上升较快，从21世纪初的10%增长到2019年的三分之一，随着人们对美好生活追求不断提升，推动了家用纺织品及相关装饰类产品需求不断增长；窄幅织物占比较小，主要是满足制作民族特色服装，也有部分用于院校、医院、养老及军队用床单等。

（3）按有梭织造和无梭织造分。进入21世纪后，无梭织机大规模使用，无梭布产量占比快速提升。

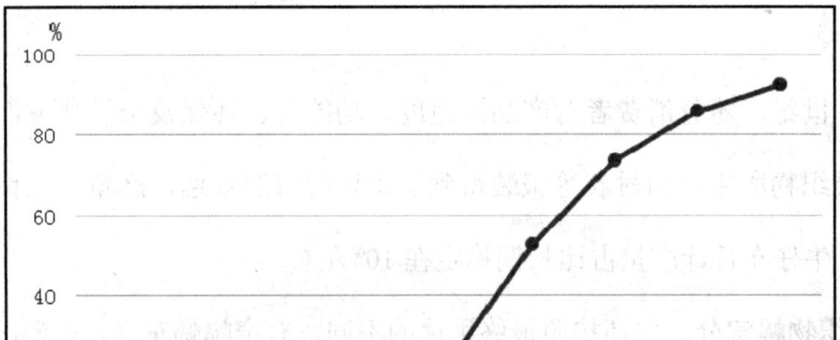

数据来源：中国棉纺织行业协会

图6 1980～2019年无梭布占比情况

自 1949 年到 1978 年，我国的棉织产品几乎都是有梭布，从图 6 中可以看出 1980 年无梭布占比还不足 5%，直到 20 世纪末，随着无梭织机的增加，无梭布的产量逐步上升。进入 21 世纪，形成了逐步淘汰、改造有梭织机及大量进口无梭织机的局面，无梭布占有率开始快速增长，截至 2019 年无梭布产量占比已超过 90%，代表国际先进织造技术水平。

（4）**按用途分类**。在棉织产品的加工过程中，根据下游客户的需要不同，赋予面料新的功能，也有一些企业根据市场需求开发和生产具有弹性或光边织物等产品。

弹性织物。弹性织物其服用性能较普通非弹性织物穿着更加舒适，附加值更高。根据市场需求，经纬双向弹力产品的开发也日渐成熟，此类织物生产难度和附加值都较高。我国棉型白坯弹性织物的生产能力集聚区主要分布在浙江省兰溪市、福建省石狮市及山东等地。

蜡印布。蜡印布主要是满足非洲的传统服装市场，产能主要集中在山东青岛、临清、滨州及潍坊等地区，合计产能超过全国的三分之二，产品多以纯棉类为主；浙江地区也有部分涤纶类仿蜡染布的产能，产量约占全国的 20%。

提花织物。大提花织物由于其花纹组织循环大且复杂，对生产工艺要求高，产品附加值也较高，也可配用不同的纤维种类、纱线支数和不同的经纬密，制成各种风格的提花织物。据统计，2019 年我国大提花织机主要分布情况如图 7 所示，山东省大提花织物产能约占全国一半，棉织大提花产品的应用较为广泛，多用于床上用品、服装及装饰产品中。

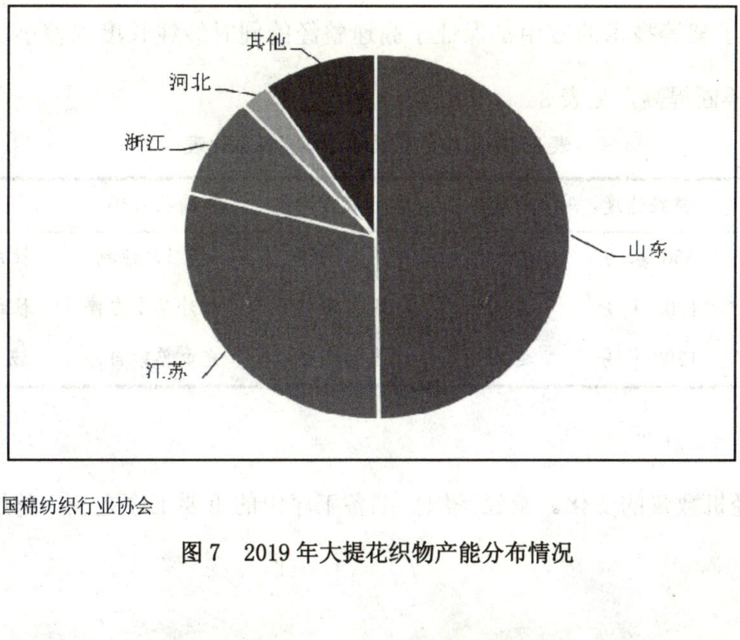

数据来源：中国棉纺织行业协会

图 7　2019 年大提花织物产能分布情况

（三）装备水平快速提升

随着科学技术的持续发展，我国织造技术也取得了长足的进步。各类相关生产设备性能极大提升，新工艺、新技术不断涌现，提升织物品质，增强市场竞争力。织造装备的更新换代是织造技术进步的重要标志，下文将主要从整经设备、穿经设备、浆纱设备及织造设备和验布设备等性能指标的变化来看相关的技术进步。在实际生产中，设备生产指标平均要低于设备性能技术指标值约 30%，不同管理水平的企业在发挥设备最佳性能方面也有差异。

1. 整经技术及装备

（1）**自动装筒技术**。自动装筒技术使用工业机器人替代人工，降低工人劳动强度，提高生产效率，解决了生产过程中筒纱的连接、流动的问题，从 2018 年问世以来，由于投资较大，纺织企业装备数量较少，合计约 30 台套左右，棉织企业占比不大，只有 10%。

（2）**整经技术进步**。经轴质量的好坏对后道织造工序的生产效率以及最终的产品质量都有着较大的影响，选择性能优良的整经机是获得优良经轴的先决条件。

在改革开放初期，整经机的整经速度只有 350 米/分，而且长度误差较大，筒子架纱线张力主要靠柱式张力器调节。进入 21 世纪，整经机相关技术快速发展，光电单纱检测、无张力筒子架等技术的应用都保证了高速整经的同时纱线长度误差小、张力低且一致，整经质量不断提高，见表 3。

表 3　分批整经机技术性能指标变化表

指 标	整经速度	长度差	单纱张力调整	断头自停	筒子架
改革开放初	350 米/分	≤0.5%	人工调整	停经片检测	柱式张力筒子架
21 世纪初	1000 米/分	≤0.2%	人工调整	红外集中自停	柱式张力筒子架
“十三五”末	1200 米/分	≤0.1%	自动调整	光电单纱自停	无张力筒子架

数据来源：ITMA 展会分析报告

（3）**整经机数量的变化**。整经是织前准备工序中的重要工序之一，整经机保证了经纱按规定的长度和宽度平行卷绕在经轴或织轴上供浆纱和穿经用。

从图 8 可以看出，整经机保有量不断发展壮大，其数量的增加主要是随着后道织机数量的变化而变化。目前调研显示，全国整经机保有量约 20000 台，整经工序已从初期的机械控制、人工操作向着自动化、智能化方向不断发展。

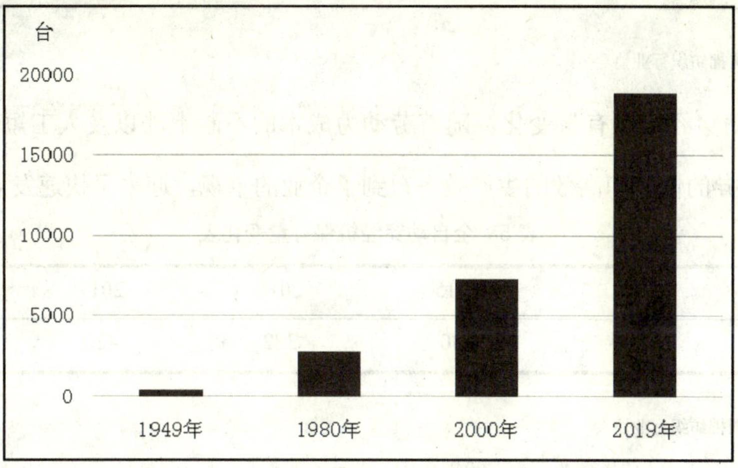

数据来源：中国棉纺织行业协会

图 8　1949～2019 年整经机保有量变化情况

2. 穿经技术及装备

织造准备工序的传统穿经工序通常以人工作业为主，速度慢、效率低，工作内容枯燥乏味，导致多数年轻人不愿意从事这项工作，并且人为因素也影响了产品质量的稳定性。

（1）**自动穿经技术进步。**自动穿经技术是集机械、光电、气动为一体的纺织技术，自动穿经机具有运行速度高、穿综准确的特点。随着织造速度的大幅提升，对穿经效率和精度有了更高的要求，而人工穿经效率低、周期长，自动穿经机的出现很好地解决了这个问题。

从 20 世纪 80 年代开始，自动穿经机以半自动的形式开始出现，总体生产效率和自动化程度不高，折算产量为 5 万根/24 小时。随着技术的不断进步，到“十三五”末，全自动穿经机的生产效率已经提升到 16 万根/24 小时，而且品种适应性也大大提升，为织造车间的现代化生产和管理提供了设备基础，具体参数指标见表 4。

表4　自动穿经机技术性能指标变化表

指　标	平均效率	筘齿密度	停经片排数	最大幅宽
改革开放初期	5万根/24小时	10齿/cm	2排	1600mm
21世纪初期	12万根/24小时	31齿/cm	6排	2300mm
“十三五”末	16万根/24小时	75齿/cm	6排	4200mm

数据来源：中国棉纺织行业协会

（2）**自动穿经机保有量变化。**随着劳动力成本的不断上涨以及人工短缺加剧，自动穿经机以其优异的性能和高效的生产效率得到了企业的重视，迎来了快速发展期。

表5　全自动穿经机保有量变化表

年份	2010	2015	2016	2017	2019
数量（台）	30	330	382	420	490

数据来源：中国棉纺织行业协会

自动穿经机在本世纪初才真正出现在人们的视野中，从表5中可以看出，全自动穿经机保有量从2010年后增长速度较快，全自动穿经机的使用极大地提高了生产效率，降低工人劳动强度。

据调查统计，我国色织布、牛仔布等生产企业采用自动穿经机较多，白坯布生产采用自动穿经机占比较低，自动穿经机投资较大影响了企业的积极性。国产穿经机的研发工作虽有所推进，但市场占有率不足10%，加快国产化率是提升自动穿经机应用普及的必要途径。

3. 浆纱技术及装备

（1）**新型浆纱技术。**20世纪90年代起，不用少用PVA的纺织上浆理念得到了业内肯定，基于不用、少用PVA基础上改进的低上浆率、预湿上浆及免浆等环保上浆工艺逐步推广。

（2）**浆纱机保有量的变化。**浆纱机是织前准备过程中的重要设备，其可靠性直接影响着后道的织造效率。从图9中可以看出，在1949年国内浆纱机装备数量不足百台，经过70年的发展，到2019年各类型浆纱机已有近万台。

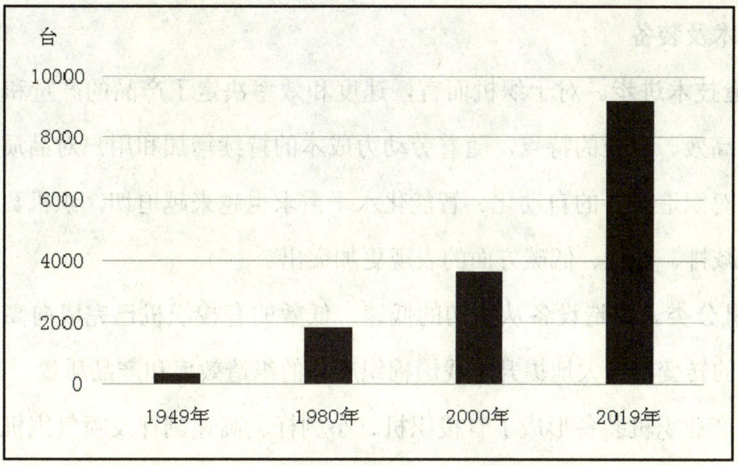

数据来源：中国棉纺织行业协会

图 9　中华人民共和国成立以来浆纱机保有量变化图

浆纱机保有量变化也反映出我国织造行业的发展与进步，改革开放前的织造设备以有梭织机为主，生产效率低下，一台浆纱机基本可以满足 300 台有梭织机的生产；而进入 21 世纪后，高速喷气织机大量替代有梭织机，浆纱机与织机的机台配比大幅下降，根据产品种类的不同有所差异，企业通常配比为 1∶120 左右。

（3）浆纱机性能提升。传统的浆纱机几乎没有在线监测设备，所有指标的控制掌握全靠浆纱工的经验。随着织造产品的不断创新，高档、宽幅家纺类产品的迅猛发展，浆纱机的技术升级以满足高支、高密、宽幅织物上浆为目的，解决因浆纱质量而引起的坯布品质及附加值低等问题。

改革开放初期，浆纱机的上浆速度在 50 米/分左右，而且采用边轴伞齿传动，多采用机械加压的技术，浆纱张力不易控制均匀。自 2000 年起，新型的国产浆纱机占有率不断上升，在浆纱速度效率提升的同时，智能化水平不断发展，具备可根据品种智能推荐浆纱参数、远程监控及诊断、变频电动机多单元传动，高精度、压浆力线性控制稳定性好、整机柔性变频系统控制等特点，极大地提升了浆纱质量。见表 6。

表 6　浆纱机技术性能指标变化表

指　标	浆纱车速	传动单元	突出特点
改革开放初期	50 米/分	边轴伞齿传动	重锤加压；差速毛毡卷绕
21 世纪初期	80 米/分	无级变速箱机械传动	液压气压加压；无极变速箱卷绕
“十三五”末	180 米/分	九单元变频马达传动	参数在线监测、诊断及数据管理

数据来源：中国棉纺织行业协会

4.织造技术及装备

（1）**织造技术进步**。对于织机而言，速度和效率决定了产品的产量和质量，无梭织机具有高速、高效、高质的特点，随着劳动力成本的持续增加和用户对品质要求的逐步提升，纺织企业对织造设备的自动化、智能化水平需求也越来越迫切，织机数控系统不断改进，在节能、减排、低耗、低碳方面的表现更加突出。

（2）**织机分类**。织造设备从最初的低速、低效的有梭织机已完成向高速、多品种的高速无梭织机的转变，极大地提升了我国棉织产品的织造效率和产品质量。

我国棉织产业织机装备形成了有梭织机、小剑杆、高速剑杆及喷气织机共存的局面。从图 10 中可以看出，2019 年数量占比较大的是国产简易剑杆织机（俗称小剑杆），其在淘汰、替代传统有梭织机方面发挥了重要作用；有梭织机的占比已经小于 20%，其主要用于满足一些特殊产品的生产需要；高速剑杆和喷气织机具有高速生产的优势，高速剑杆织机适用的品种极为广泛，喷气织机以其高质量、高效率和高自动监控水平成为无梭织机中发展最快的机型，纺织企业在设备改造或新建织造生产线时，喷气织机、剑杆织机等高速无梭织机已经成为首要的选择。

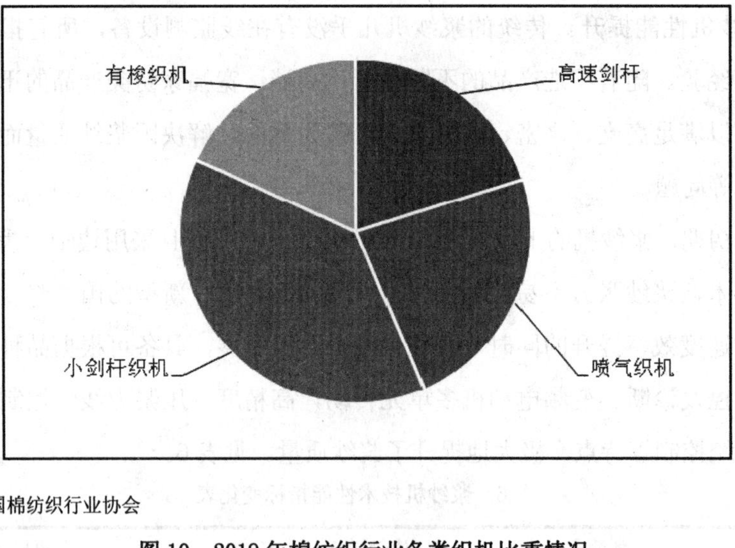

数据来源：中国棉纺织行业协会

图 10　2019 年棉纺织行业各类织机比重情况

（3）**织机性能指标变化**。以喷气织机为例，从表 7 中可以看出，经过 40 多年的发展，喷气织机入纬率提升近 3 倍，而且品种适应性更强，高速度、低振动、高效节能、电子开口、电子送经、电子卷取及智能故障自我诊断等都是新型高速织机的性能优势；在提高生产效率的同时，极大地改善了织物品质，进一步提高下机一等品率。

表7　喷气织机技术性能指标变化表

指 标	入纬率	监控	开口机构	可选纬数	送经与卷取
改革开放初期	900米/分	无	凸轮/多臂	2	张力感应机械传动送经；机械齿轮卷取
21世纪初期	1400米/分	有	多臂/提花	4	步进电动机电子直接送经；电动机差速卷取
“十三五”末	3200米/分	有	电子开口	8	变频电动机无级送经；电脑可调，变纬电动机直接卷取

数据来源：中国棉纺织行业协会

（4）织机保有量。织机是棉织工序中最重要的装备，经、纬纱线通过织机按照工艺设计交织成形后制成织物。

中华人民共和国成立之初，我国棉织设备不足10万台，从图11中可以看出，直到改革开放初期，我国棉织设备总规模刚超过50万台，且以有梭织机为主，无梭织机不足0.5万台，占比不足1%。

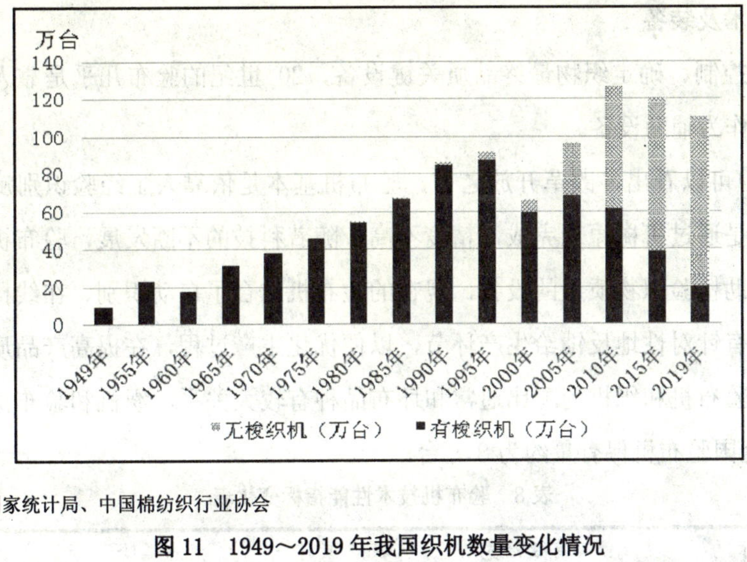

数据来源：国家统计局、中国棉纺织行业协会

图11　1949～2019年我国织机数量变化情况

进入21世纪后，随着我国加入世界贸易组织带来的重大利好，我国织造能力从2000年开始快速增长，十年间织机数量翻了一倍，而且高速无梭织机增长明显，有梭织机及国产小剑杆逐步被淘汰。

（5）**无梭织机占有率**。无梭织机占有率是反映织造行业设备先进程度的重要指标之一，从图 12 中可以看出，直到 20 世纪 80 年代无梭织机占有率也不足 1%。进入 2000 年后受织造技术进步及市场需求刺激，无梭织机装备快速发展，占有率不断上升，2019 年，我国棉纺织行业无梭织机占已超过 80%，处于世界领先水平。

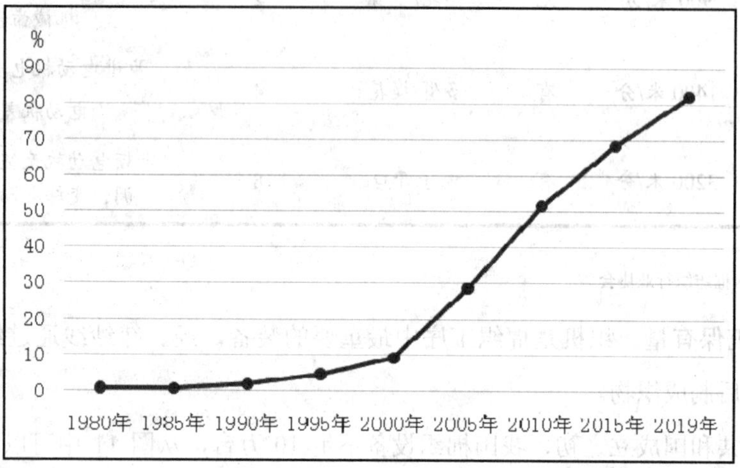

数据来源：国家统计局、中国棉纺织行业协会

图 12　1980～2019 年棉纺织行业无梭织机占有率情况

5. 验布技术及装备

验布机是控制、确定织物最终品质关键设备，20 世纪的验布几乎是靠人工经验来完成，验布机仅作为辅助设备。

从表 8 中可以看出，改革开放之初，验布机基本是依靠人工经验识别疵点，而且传动、计长等均是通过机械原理完成，精度不高。随着科技的不断发展，验布机已经不是传统意义上的辅助检验织物质量的设备，现在的验布机结合了自动识别、在线检测及信息分析等功能，并有针对性地反馈给生产环节，以便优化生产过程，在提高产品质量的同时提升验布效率。验布机和织机的配比通常和坯布品种有较大关系，织机和验布机配比一般为 15∶1，估算全国验布机保有量约为 8 万台。

表 8　验布机技术性能指标变化表

指标	有效幅宽	疵点识别	疵点漏验	计长方式
改革开放初期	1900mm	人眼识别	30%	机械计长
21 世纪初期	2900mm	人眼识别	20%	自动计长
“十三五”末	3600mm	自动识别	10%	电子计长

数据来源：中国棉纺织行业协会

6. 绿色织造技术

随着纺织企业环保意识的增强及科技的不断进步，棉织技术也向着环保、绿色、节能方向不断发展。

（1）**浆料消耗量**。预湿上浆、常温上浆和低上浆技术等新型上浆工艺都是基于不用、少用 PVA 的基础上进行的技术创新。PVA 的使用量在逐年下降，比重从 20 世纪末的三分之二下降到目前的 15%左右，而且浆料消耗总量自 2010 年起逐步减少。

如图 13 所示，进入 21 世纪后，棉织行业浆料的消耗量一直呈现下降趋势，“十三五”期间降幅明显，除梭织物产量变化导致浆料使用量减少这一因素外，上浆科技的不断进步也是推动浆料消耗量下降的主要原因。

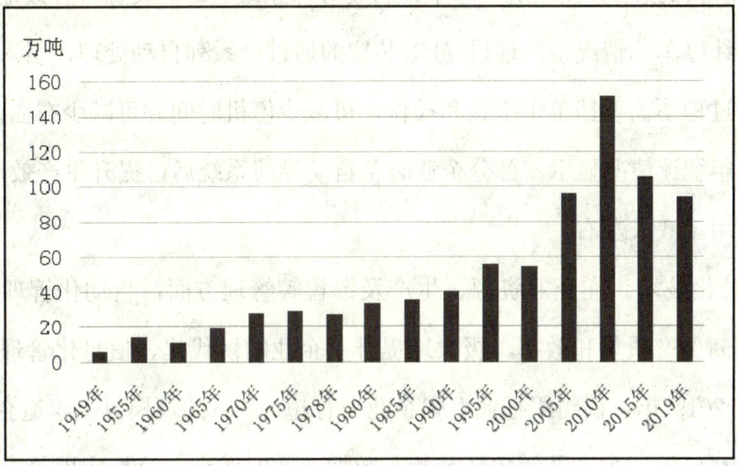

数据来源：中国棉纺织行业协会

图 13　1949～2019 年我国棉织产业浆料消耗量情况

（2）**环保上浆织物**。无 PVA 织物不管在下游印染废水的处理成本方面，还是在产品质量方面都有着非常明显的优势，据多次调研情况统计，全国棉织物中约有 50%（约 300 亿米）在浆纱过程中不添加 PVA 是可以生产的。但实际生产中，企业都或多或少地使用 PVA，导致含 PVA 的面料比例仍然很高，目前只有约 20%的织物完全不使用 PVA。这其中有下游市场激励机制的问题，也有保证织造生产稳定及成本影响等因素的考虑。

7. 连续化智能化生产

随着信息化和工业化“两化融合”持续深入，棉织产业的连续化、自动化生产水平也在不断提升，尤其在目前劳动力紧缺、招工难的形势下，缓解了企业用人压力，下面介绍棉织连续化智能化生产的几个主要亮点：

（1）**筒子纱数字化染色技术**。在染色智能化发展中，筒子纱数字化自动染色成套技术与装备通过染色工艺、装备、系统三大创新，研制出适合于筒子纱数字化自动染色的工艺技术、数字化自动染色成套装备及染色生产全流程的中央自动化控制系统。

截至 2019 年，该项系统已建成投产了 4 条生产线，年产 8 万吨纱线，从企业公布的实施情况来看，色差由原来 4 级提高到 4.5 级以上，染色一次合格率可达到 95%以上，从节能减排效果看，可实现吨纱节水、蒸汽超过 20%，节电超过 10%，减少污水排放近 30%。

（2）**自动寻纬技术**。在织造工序中，自动寻纬系统（APR 装置）有效地提升了织机的运效率。在断纬停车的情况下，通过 APR 装置的通过一系列自动处理，引入新纬纱恢复重新运转，整个过程不需要挡车工干预和操作，可减少停机时间并可减少布面残疵。

据 2019 年统计情况显示，部分企业装备自动寻纬系统后可提升生产效率约 3 个百分点，百台减少用工 6 人左右。

（3）**信息化技术**。在企业资源、生产及销售等管理方面，自动化管理软件应用相对较多，有效提高生产质量和效率，极大地提升了企业的现代化、信息化管理水平。据课题组统计，截至 2019 年，棉纺织行业百强企业中有超过 80%的规模以上织造企业采用了 ERP 管理系统，但在研发、生产及销售环节相关数据的实时融合、分析应用等方面还存在较大的提升空间。

8.科技成就

随着消费者需求的不断升级，梭织面料的产品开发不断创新，新产品层出不穷，功能化、时尚化及绿色低碳已经成为产品开发的方向。

（1）**“纺织之光”获奖项目**。从近十年棉织产业的纺织科技进步奖获奖情况来看，见表 9，超过 30%的奖项都与绿色、节能技术相关；在获奖项目中，新产品开发类占到 47%，也可以看出企业在产品创新方面的投入；色彩研究、智能化生产等方面的项目占比也近 20%，这些都体现出科技、时尚、绿色已经成为纺织行业新的定位和标签。

表 9　2009～2019 年“纺织之光”棉织类技术成果获奖情况

属性	奖项数量		合计
	一等奖	二等奖	
节能减排	2	5	7
智能制造	2	1	3
产品开发	2	8	10
色彩研究	1	0	1

数据来源：中国纺织科技网　中国棉纺织行业协会

从 2009 年到 2019 年间，棉纺织行业“纺织之光”科学技术奖棉织一、二等奖相关授奖项目 21 项，其中一等奖 7 项，二等奖 14 项，其中“筒子纱数字化自动染色成套技术与装备”获得 2014 年国家科学技术进步奖一等奖。企业在通过棉织类技术创新在提升企业竞争能力的同时，不断推动纺织产业科技进步。

（2）**专利授权。**专利是企业保护自身知识产权的利器，据不完全统计，截至 2019 年我国棉纺织百强企业中织造相关类合计授权专利近 2000 项，申请专利数量不断增长，反映了企业在科技创新方面的实力。

从棉织物生产中的专利授权情况来看，如图 14 所示，产品开发类授权数量占总专利授权的比重超过了三分之二，绿色制造类占比不足 10%，说明绿色节能生产技术方面提升空间还很大，设备配件类专利授权情况占总授权数量的 15%，可以看出企业在设备技改方面投入较多。

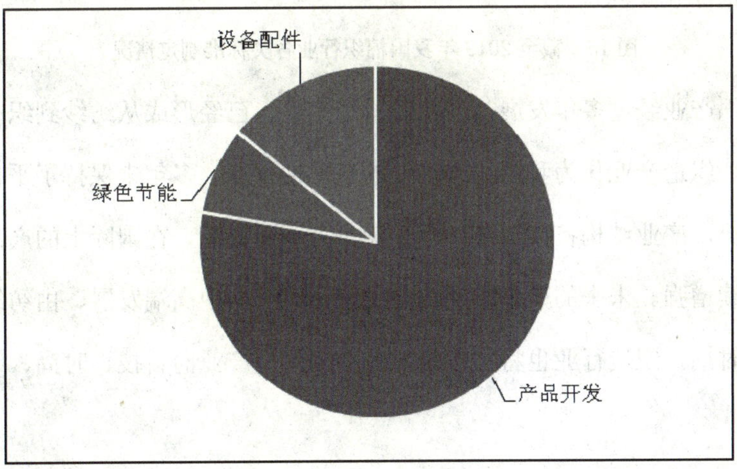

数据来源：中国棉纺织行业协会

图 14　2019 年棉织物生产相关专利授权占比情况

（3）**标准建设。**行业发展标准先行，标准化工作的修订和完善对促进棉织行业的健康有序发展,起着至关重要的作用。据中国棉纺织行业协会统计，自 1995 年起到 2019 年底，我国棉织行业已完成相关标准的制订工作 50 余项（重新修订标准未做重复计算），涉及本色布标准、色织布标准、基础方法标准及团体标准。

从图 15 中可以看出，在已经制订的棉织相关标准中，白坯布作为基础性产品，其标准占比较大，相关标准数量约占标准总数量的 50%；行业通用基础标准占标准总数量的三分之一，企业在行业基础性研究方面做了大量的工作；此外，色织布相关标准占标准总数量的五分之一，比重超过产量占比的 4 倍，也可以看出色织企业在标准制修订方面的创新远超白坯布等常规性产品。

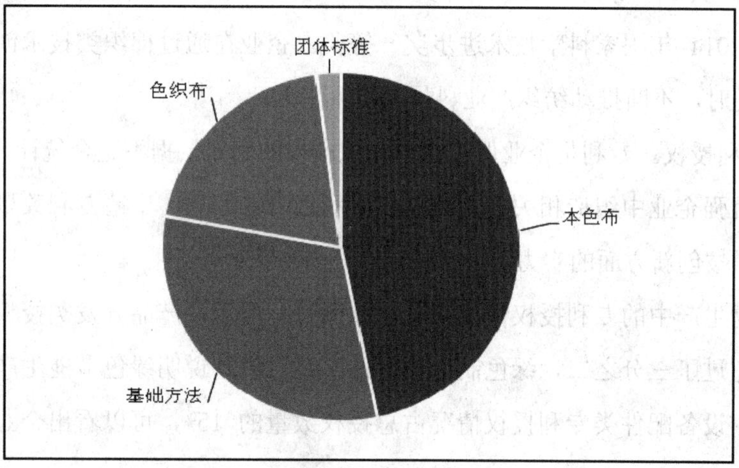

数据来源：中国棉纺织行业协会

图 15　截至 2019 年我国棉织行业各类标准制定情况

我国棉纺织产业经过多年发展，产业链日趋完整，已经形成从纺纱到织布、后整理完整的产业链条。织造产业作为我国纺织工业的基础性行业，多年来保持了平稳、健康、可持续的发展态势，产业结构持续改善，行业竞争力不断提高，在国际上的产品竞争力和行业影响力也持续增强。未来的一个时期，是中国纺织业向中高端发展、由纺织大国迈向纺织强国的关键时期，织造行业也将由传统的劳动密集型产业向科技、时尚、绿色产业不断健康发展。

三、棉织行业经营特点分析及成本简析

（一）棉织行业运行情况

新中国成立初期，我国纺织工业发展缓慢，改革开放后，坚持以经济建设为中心、以社会主义市场经济为目标的经济体制改革为中国纺织工业的发展创造了源源不断的推动力，国内市场日趋繁荣，对外开放持续扩大，纺织工业抓住机遇，逐渐发展成为世界上最大的纺织品生产国、消费国和出口国。下文将重点以棉织行业快速发展时期（改革开发以来）为时间节点，分析棉织行业的经营特点和巨大成就。

1.生产经营快速发展，效益显著提升

我国棉织产业在摸索中不断前行、迅速崛起。随着改革开放的推进，先进的纺织机械设备、生产技术及管理经验等逐渐应用到了棉织产业，棉织产品的附加值大幅增加，在国内外市场的拉动下，盈利能力及竞争力显著提高。国际纺联数据显示，2019 年我国织布产能产量均占世界的 45%以上。

（1）运行质效持续提升。据国家统计局数据，2019 年我国棉织造业主营业务收入 3578.0 亿元，是 1980 年 39.5 倍、1990 年的 31.2 倍，2000 年的 16.7 倍、2010 年的 2.1 倍，从 1980 年到 2019 年年均增长 9.9%。1990 年至 2010 年的 20 年是棉织造业主营业务收入的快速增长期，年均增长 14.3%，2010 年后，我国棉织造业的发展逐步向世界先进水平迈进,提升空间缩小，增速开始下降，但仍保持在年均 8.8%的水平（图 16）。

从利润看，2019 年我国棉织造业利润总额 137.2 亿元，是 1980 年的 82.6 倍，1990 年的 63.1 倍、2000 年的 17.7 倍、2010 年的 1.5 倍，从 1980 年到 2019 年年均增长 12.0%，增幅高于主营业务收入 2.1 个百分点，见图 16。从亏损企业亏损额的变化看，1980 年以来我国棉织造业亏损企业亏损额保持在 16 亿元以下，2019 年我国棉织造业亏损企业亏损额 27.2 亿元，占主营业务收入的 0.8%，分别较 1980 年和 2000 年下降 2.4 个和 0.2 个百分点。由以上数据可以看出，我国棉织产业的发展发生了翻天覆地的变化，充分表明了行业的经济效益比较稳定,经营能力较强。

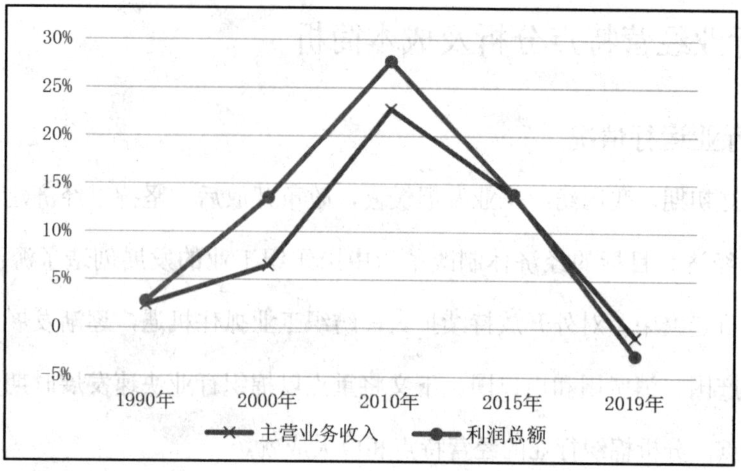

数据来源：国家统计局

图 16　1990～2019 年棉织造业主营业务收入、利润总额增速变化

（2）**棉织造业是纺织工业发展的中坚力量。**国家统计局数据显示，1980 年我国棉织造业主营业务收入、利润总额、亏损企业亏损额分别占纺织工业的 14.0%、19.2%和 7.6%，见图 17，利润占比高于主营业务收入，亏损占比较少，为纺织工业的发展做出了不可磨灭的贡献。从 1980 年棉织产品主要生产地区的情况看，山东、江苏、上海 3 省市棉织造主营业务收入和利润总额合计分别占全国的 88.1%和 67.2%，亏损企业亏损额合计仅占 25.4%，以绝对的优势领先于其他省市。

到 1990 年，纺织产业链各环节百花齐放，化纤、毛、麻、丝、印染等行业逐步发展，我国棉织造业主营业务收入、利润总额占纺织工业的比重均呈下降趋势，同时，亏损企业亏损额的占比也在下降。经过十年的发展，到 2000 年，主营业务收入、利润总额和亏损企业亏损额的占比分别为 4.5%、5.6%和 3.5%，对比 1990 年，主营业务收入占比下降了 4.2 个百分点，而利润总额占比增长了 1 个百分点，亏损企业亏损额占比下降了 3.5 个百分点，可见运行质效不断提升。

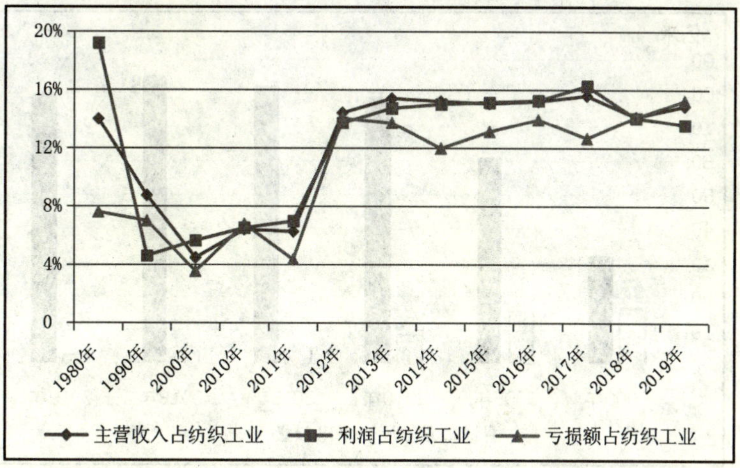

数据来源：国家统计局

图 17　1980～2019 年棉织行业主要经济指标额占比变化

2000 年以后，尤其是 2012 年以来，我国棉织造业保持较好的发展势头，主营业务收入、利润总额和亏损企业亏损额占纺织工业的比重平均基本都在 10%~15%，表明行业应对市场风险的自我调节能力不断增强，运行整体稳定向好。

2. 进出口规模扩大，贸易结构不断优化

纺织品服装贸易规模不断扩大，在 20 世纪 90 年代我国先后超越了美国、日本、德国等国家和地区，成为世界上最大的纺织品服装出口国，在世界贸易中的地位不容小觑。2019 年我国纺织品服装出口额 2807 亿美元，占我国对外出口商品总额的 11.2%，纺织品服装出口的持续稳定增长对保证我国外汇储备、稳定人民币汇率、解决社会就业及纺织业可持续发展等至关重要。

（1）出口量大幅增长，进口量逐年下降。我国棉织物的出口量远超进口量。据中国海关总署统计，2019 年我国出口棉织物 79.3 亿米，是 1985 年的 3.3 倍、1995 年的 1.6 倍、2005 年的 1.3 倍，以年均 3.6%的速度增长。随着我国棉织市场的逐渐成熟，棉织产品更加丰富多样，满足着消费市场的不同需求，进口棉织物的数量每年保持在 17 亿米以内且逐年减少，见图 18，2019 年我国进口棉织物 2.8 亿米，分别较 2000 年和 2010 年下降 83.0%和 67.3%，可见我国棉织物的竞争力日渐增强。

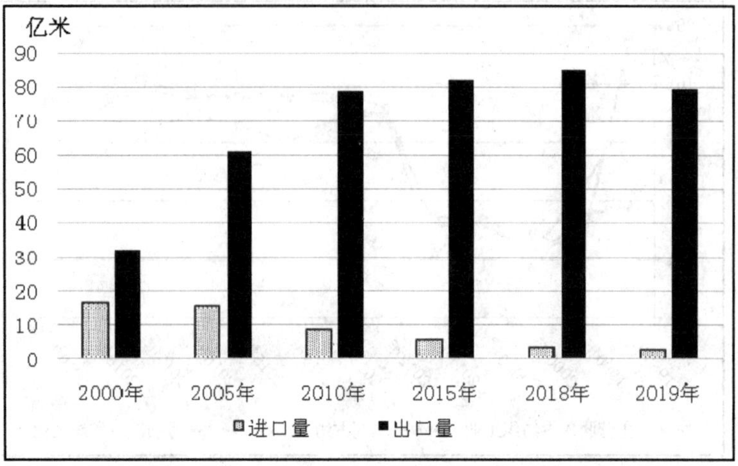

数据来源：中国海关总署

图 18　2000 年以来我国棉织物进出口量变化

分品种看，2019 年我国进口白坯布 1.2 亿米，色织布（含牛仔布）0.9 亿米，分别较 2000 年下降 68.9%和 83.7%，年均分别下降 6.0%和 9.1%；出口白坯布 9.9 亿米，较 2000 年下降 5.1%，出口色织布（含牛仔布）18.0 亿米,较 2000 年增长 77.7%，年均增长 3.1%，见图 19。由此可见，我国棉织物进出口结构也在发生变化，尤其是初级产品白坯布的出口比重减少，高中档、深加工的色织布产品比重增加，表明我国棉织造业经过 70 年的发展，深加工的色织、牛仔产品的研发生产已经具有较强的竞争力，不仅可以满足国内纺织产业的生产需求，还为世界其他国家和地区提供了丰富的产品，不断向高质量方向发展。

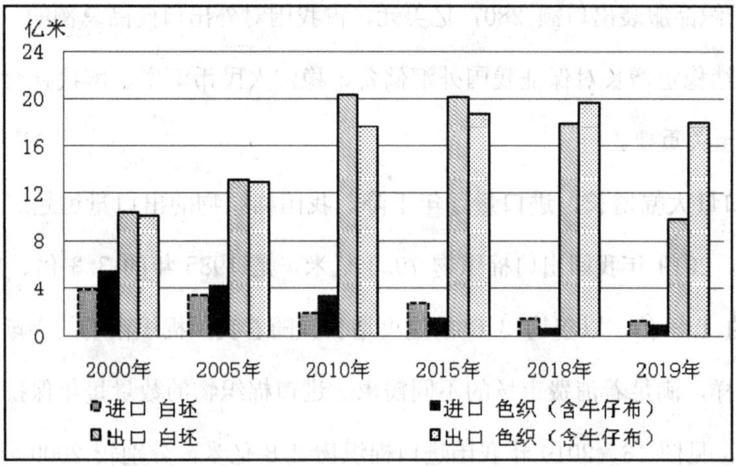

数据来源：中国海关总署

图 19　2000 年以来我国棉织物分品种进出口量变化

（2）**出口额增幅亮眼，进口棉织物均价较高。**据中国海关总署统计，2019 年我国棉织物进出口总额 131.7 亿美元，较 2000 年增长 114.8%，年均增长 4.1%，其中出口额 124.6 亿美元，是 1985 年的 9.2 倍、1995 年的 3.0 倍、2005 年的 1.8 倍，从 1985 年到 2018 年年均增长 6.8%，增幅高于出口量 3.2 个百分点，可见我国棉织物的附加值提高；进口额 7.1 亿美元，分别较 2000 年和 2010 年下降 67.2%和 58.3%，降幅均低于进口量的下降幅度，说明进口棉织物的档次高、价格贵，见图 20。

从棉织物进出口单价的变化也可见一斑。2019 年我国出口棉织物平均单价 1.6 美元/米，分别较 2000 年和 2010 年提高了 63%和 9%；进口棉织物平均单价 2.5 美元/米，分别较 2000 年和 2010 年上涨了 93%和 27%。可以看到，我国棉织物出口单价及其上涨幅度均低于进口单价，表明我国棉织物附加值与发达国家相比仍有差距，需要继续加快培育以技术、品牌、质量和研发为核心的优势。

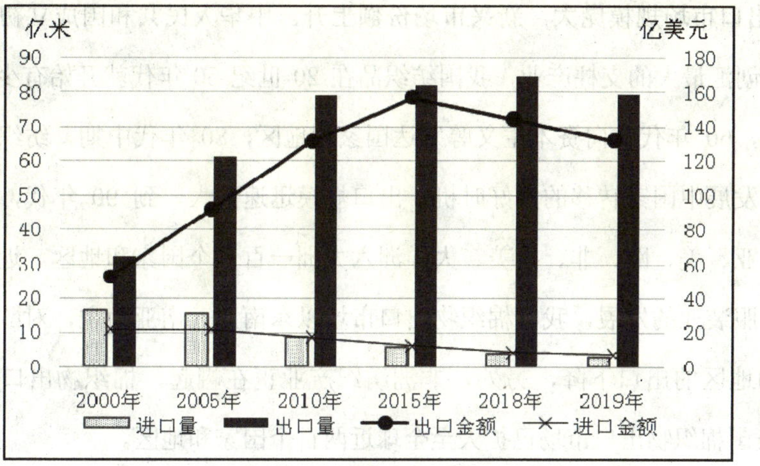

数据来源：中国海关总署

图 20　2000 年以来我国棉织物进出口数量、金额变化

从 2000 年以来我国棉织物进出口占比看，进口额占纺织品服装进口额的比重持续下降，见图 21，与我国棉织物进口量下降的趋势基本一致，2019 年其占纺织品服装进口额的比重为 2.9%，较 2000 年下降 10.0 个百分点；出口额占比 4.6%，较 2000 年下降 2.9 个百分点，由此可见，我国棉织物出口额占比高于进口额，反映出我国棉织物产品具有较强的国际竞争力，通过发挥自身及传统优势，有效满足着下游市场的需求，同时，随着下游家纺、服装等产业的快速发展，我国棉织物出口额占比有所下降。

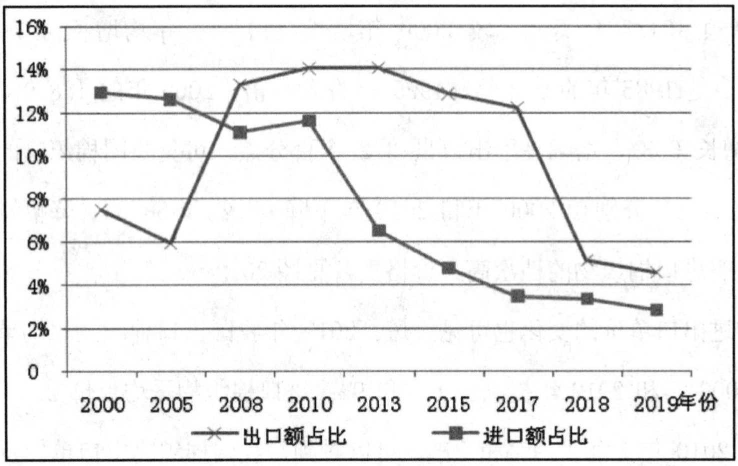

数据来源：中国海关总署

图 21　2000 年以来我国棉织物进出口额占纺织品服装进出口额比重变化

（3）**出口市场规模庞大，新兴市场份额上升。**中华人民共和国成立初期，纺织工业是我国出口创汇最大的支柱产业，我国纺织品在 20 世纪 50 年代就开始有少量出口至苏联和东欧国家，60 年代转向资本主义等发达国家和地区，80 年代中期，纺织工业抓住世界纺织工业向发展中国家转移的大好时机，出口规模迅速扩大，到 90 年代，我国纺织工业出口已遍及亚、美、欧、非、拉美、大洋洲六大洲一百多个国家和地区。近年来，随着东南亚等纺织服装业的发展，我国棉织物出口市场以东南亚、南亚为主，对欧盟、美国、日本等国家和地区的出口下降，另外，非洲纺织产业正在崛起，棉织物出口将迎来机遇。2019 年，我国棉织物出口市场已扩大至全球近两百个国家和地区。

中国海关总署统计数据显示，2010 年至 2019 年，我国棉织物出口市场主要分布在东南亚、南亚和非洲，从出口额排名前 15 位的国家和地区看，2019 年前 15 位国家和地区的出口额合计占我国棉织物出口总额的 70.0%，其中东南亚占前 15 个国家和地区出口额的 42.8%，南亚占 28.0%，分别较 2010 年增加 16.2 个、10.8 个百分点，非洲占 12.2%，较 2010 年下降 2.1 个百分点；合计占比 86.7%，较 2010 年增加 24.9 个百分点。我国棉织物出口市场的变化，是服装制造业转移及周边东南亚等低成本服装生产国由于产业链不完整对我国面料需求增大的结果。2019 年，孟加拉国、越南和菲律宾位列我国棉织物出口市场的前三位，棉织物出口额分别为 21.0 亿美元、16.5 亿美元和 8.1 亿美元，分别占我国棉织物出口额的 16.8%、13.2%和 6.5%，相比 2010 年，对孟加拉国、越南出口额占比分别增加 3.3 个和 2.2 个百分点，对菲律宾出口额占比下降 4.0 个百分点，见图 22。

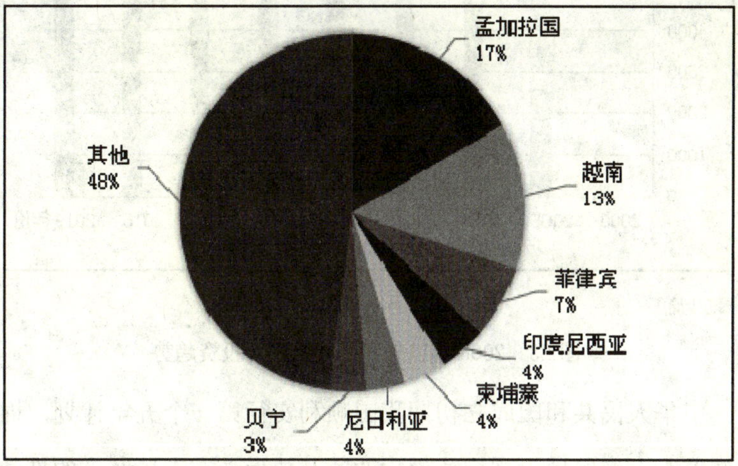

数据来源：中国海关总署

图 22　2019 年我国棉织物出口额分市场占比

3. 投资规模持续扩大，棉织产业遍地开花

新中国成立以来，我国棉织产业以国家政策和市场需求为导向，投资规模持续扩大。新中国成立初期我国棉织产业投资主要靠国有企业拉动，从产能的分布看，主要集中在东部沿海地区。改革开放后，民营企业加入到投资大军中，棉织产业遍地开花，成为拉动投资增长的重要力量，1980 年我国棉织产能在沿海地区的占比 55.2%。2000 年，我国棉织投资不足 50 亿元，2005 年投资 92.1 亿元，2013 年投资 451.8 亿元，之后以每年 9.7%的速度增长，2019 年投资 800 亿元左右，较 2000 年增长近 80 倍，占纺织工业投资额的 11.0%，较 2000 年上升 8 个百分点（图 23）。

棉织投资的增长除了受产能增加的影响外，还与企业投资的装备水平相关。随着经济的发展和织造技术的进步，分批整经机、自动穿经机、浆纱机及高速无梭织机等设备在织造行业中的应用越来越广，不仅拉动了产业经济的增长，也加快了棉织产业自动化和智能化的发展进程。

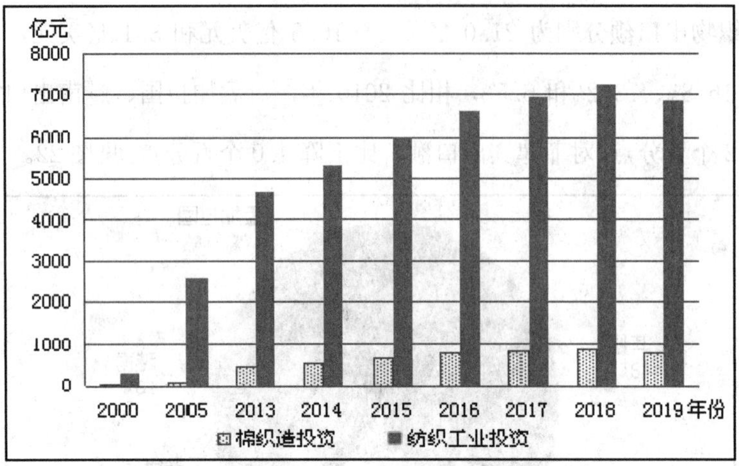

数据来源：国家统计局

图 23　2000 年以来我国棉织产业投资趋势

分省份看，中华人民共和国成立初期我国顺利实行第一个五年计划，棉织产业开始在辽宁、山东、江苏、上海等地大规模建设。改革开放后，在市场经济的推动及国家的统筹规划下，我国棉织生产的投资范围逐步扩大，在沿海地区出现了一些新的棉织生产基地，中西部地区也有零星分布。

1980 年，上海、江苏、山东、河北、河南、陕西、湖北、四川、辽宁 9 省市棉织产业投资额合计约占我国棉织产业投资总额的 69%，其中江苏、上海和山东 3 省市占比分别为 13% 、12%和 8%，合计占比 33%。之后的 20 年，随着我国社会经济的发展和经济体制改革的不断深入，各地棉织产业的建设发生了较大变化。2000 年，上述 9 省市棉织产业投资额合计占我国棉织产业投资总额的比重下降至 53%，其中上海市占比下降约 10 个百分点，江苏和山东两省分别上升了 5 个和 3 个百分点，在市场和资源的驱动下，棉织产业逐步向浙江、广东、安徽、江西、新疆等地发展并形成了各具特色的产业集群。

2019 年，从我国棉纺织产业集群的分布来看，大多集中在长江三角洲、环渤海经济带等地区，其中山东省、江苏省集群数量约占棉纺织产业集群数量的 50%以上，而棉织物的生产投资也大多集中在此，本色布投资主要集中在山东、浙江、江苏等地，色织布投资主要集中在江苏、山东、广东等地，牛仔布投资主要集中在广东、江苏、浙江等地。

4. 消费量不断增加，需求逐步升级

凭着自力更生、艰苦创业的奋斗精神，我国在 20 世纪 70 年代末基本建成了完整的纺织工业体系，基本满足了人民日益增长的衣着消费需求。改革开放后，纺织生产力得到进一步解放和发展。近 20 年来我国纤维消费量以年均 9%左右的速度增长，2019 年人均纤维消费量达到 20 公斤，已接近中等发达国家水平，成为全球总量最大、最具活力的纤维消费市场之一。

改革开放为我国纺织工业开辟了世界最大的国内市场。2019 年，我国规模以上纺织企业的出口交货值占销售产值的比重为 11.9%，内销比重比 2000 年的 67.0%增加了 21.1 个百分点。经济发展带动居民收入稳步增长，城镇居民人均衣着消费支出从 1981 年的 67.6 元上升到 2019 年的 1832 元，增长了 27 倍；农村居民人均衣着消费支出从 1978 年的 14.7 元上升到 2019 年的 713 元，增长了 49 倍，见图 24。1978 年到 2000 年，全国居民衣着消费支出年均增长 7.5%，高于同期生活消费年均增长 7.0%；2001 年中国人均 GDP 开始超过 1000 美元，中国开始进入衣着消费加速增长的新时期，2000 年到 2010 年，城市人口增长、乡村人口减少，全国居民衣着消费支出年均增长达到 14.7%，比同期生活消费支出年均增长 9.1%高出 5.6 个百分点；2010 年到 2019 年，人们对美好生活的需求促进消费加速升级，个人发展类（医疗保健、教育娱乐、交通通信）消费支出增长迅速，衣着消费支出年均增速有所下降，保持在 5.2%的水平。2019 年全国居民人均衣着消费支出 1338 元，占消费支出的比重为 6.2%。

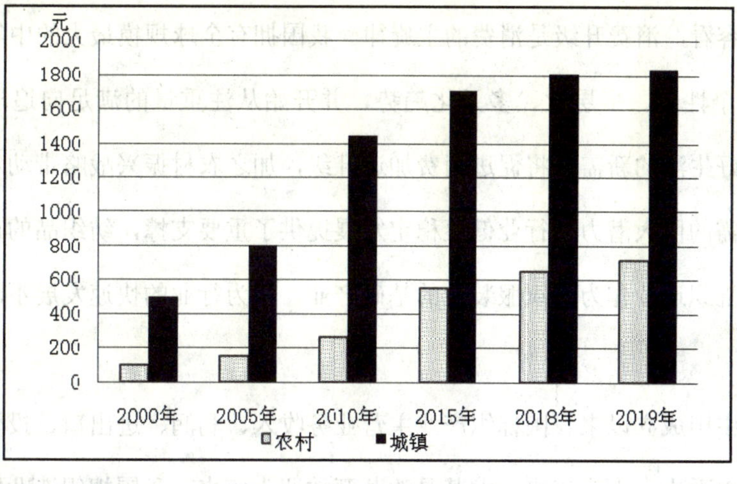

数据来源：国家统计局

图 24　2000 年以来我国城镇、农村居民衣着消费支出变化

随着人民生活质量的日益提高，衣着消费不仅在数量上不断增加，而且在质量上不断升级。2019 年全国限额以上服装鞋帽、针纺织品类商品零售额 13517 亿元，是 2010 年的 2.3 倍，2000 年的 13.9 倍，年均增长率在 15%左右，见图 25。同时，随着服装电商的不断优化，居民购买服装的途径越来越多，穿类商品网上零售额保持两位数的较快增长水平，2019 年同比增长 15.4%，成为衣着商品内销市场保持快速增长的第一驱动力。

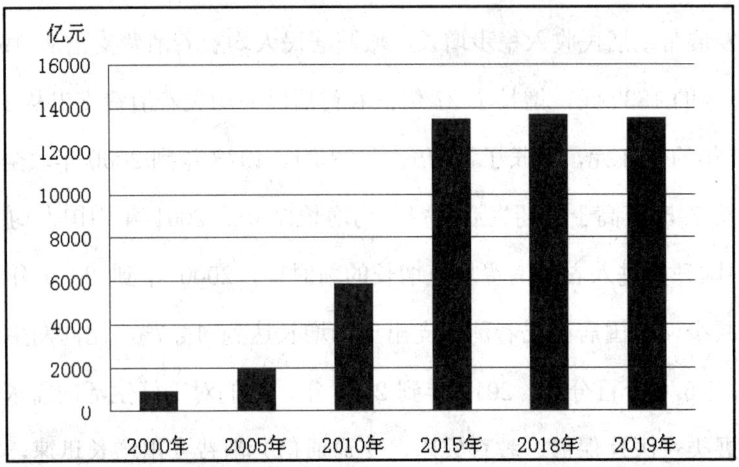

数据来源：国家统计局

图 25　2000 年以来我国限额以上服装鞋帽、针纺织品类商品零售额变化

从消费内容看，消费升级是消费的主旋律。我国拥有全球规模最大的中等收入群体，市场需求呈现个性化、多层次、多元化趋势，并开始从注重量的满足向追求质的提升转变。人们对美好生活的新需求将促进消费加速升级，加之农村振兴战略带动农村消费市场需求释放，内需的巨大潜力为行业健康稳定发展提供了重要支撑，纺织品的市场和应用领域不断扩张，棉织造业作为纺织服装业的基础产业，将为行业的快速发展不断创造新的有利条件。

通过对新中国成立以来我国棉织产业主营业务收入、利润、进出口、投资及消费等情况的梳理，可以看出，七十年来，尤其是改革开放四十年来，我国棉织造业取得了一系列远超预期的发展成就，在出口创汇、繁荣市场、拉动行业经济增长、保障行业平稳发展等方面发挥了重要作用。

（二）棉织造生产降低成本的途径

按照生产工艺不同我国棉织物主要为分白坯布、色织布（不含牛仔布）和牛仔布。企业不同的产能规模、管理水平、装备水平及人员素质都会对成本产生影响。为了更好地了解三类棉织物的生产成本构成情况，以问卷调查为基础，重点从纱线成本、人工成本、能源成本、浆染料（含助剂）成本和其他成本入手，分析了三类棉织物的生产成本构成情况，根据调查数据统计，三种类型织造企业主要成本构成的范围区间如表 10 所示。

表 10　三类棉织物生产成本平均构成情况

成本比例	白坯布	色织布	牛仔布
纱线（%）	65～75	40～55	55～65
人工（%）	8～12	10～15	7～11
能源（%）	7～13	8～12	6～10
浆染料（%）	2～3	5～8	7～11
其他（%）	7～13	10～14	6～10

数据来源：中国棉纺织行业协会

1. 纱线成本

根据调查显示，在棉织物的生产过程，纱线是棉织造生产成本中最主要的构成部分，绝大多数企业的成本占比均超过 50%，影响纱线成本占比最大的因素是纱线的价格，其次是生产工艺和棉织物单位面积用纱量（克重）。

（1）价格的影响。以生产规格为 JC40×40　133×72　72 英寸白坯布为例，当其他条件不变，采购的纱线价格越高，企业支付纱线的费用越高，占成本比重就越大，如图 26 所示。

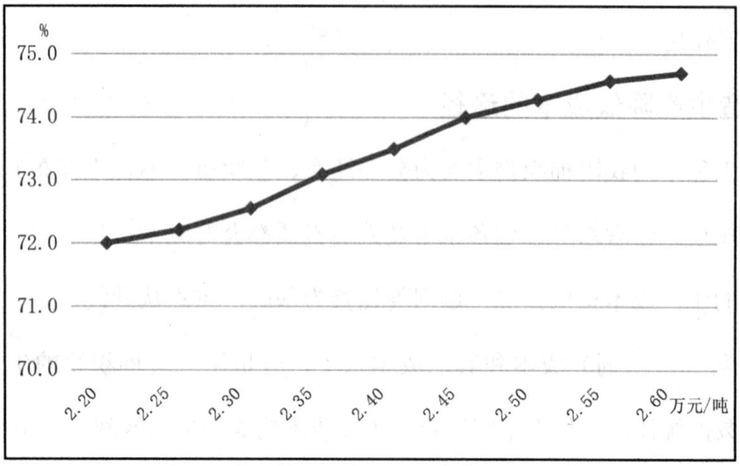

数据来源：中国棉纺织行业协会

图 26　原料价格变化对成本占比的影响

（2）**工艺的影响。**当纱线规格和价格相同的条件下，不同的工艺，成本占比也不同，见表 11。白坯布与色织布和牛仔布相比，生产工序短、工艺简单，没有染纱工序，纱线成本占生产成本最高，说明白坯布对纱线成本依赖较高。色织布使用的纱线的平均支数较高，不但纱线需要煮炼、漂白等前处理，而且染色后还要进行固色等后处理，生产工艺更加复杂，因此，色织布纱线占成本比例小于牛仔布。

（3）**单位克重的影响。**从单位产品重量（克重）来看，克重越大，经、纬纱耗用纱线的重量越多，纱线成本就越高，在其他生产条件一定的情况下，占生产成本比例就越大。表 12～表 14 显示，三类棉织物的纱线成本都随着单位克重的降低而逐渐下降。说明通常生产越轻薄的产品受纱线成本影响越小。从产品的平均单位克重看，牛仔布通常使用的纱线在 20 英支以下，单位面积的平均克重为 300g/㎡左右，色织布主要用途是衬衫面料，以轻薄为主，纱线在 40 英支以上为主，单位面积的平均克重为 140g/㎡左右，用纱量远低于牛仔布，这也是色织布纱线成本占比低于牛仔布的原因之一。

表 11　三类棉织物纱线成本占比成情况

产品工艺	白坯布	色织布	牛仔布
产品名称及规格	JC40×40　133×72 72 英寸	JC40×40　133×72 57/8 英寸	JC40×40　133×72 58/60 英寸
生产成本比例（%）	75	45	52

数据来源：中国棉纺织行业协会

表 12　单位克重对白坯布用纱线成本的影响

项目	单位	C20×20　61×58　72 英寸	C30×30　78×65　72 英寸	C40×40　96×72　72 英寸
纱支	英支	20	30	40
单位克重	g/m²	160	122	108
成本占比	%	83	75	72

数据来源：中国棉纺织行业协会

表 13　单位克重对色织布用纱线成本的影响

规格	单位	C30×30　78×65　57/8 英寸	C40×40　110×70　57/8 英寸	C60×60　170×100　57/8 英寸
纱支	英支	30	40	60
单位克重	g/m²	158	140	124
成本占比	%	46	42	40

数据来源：中国棉纺织行业协会

表 14　单位克重对牛仔布用纱线成本的影响

规格	单位	OEC7×7　72×46 58/60 英寸　13.5oz	OEC12×12　72×42 58/60 英寸　8.5oz	OEC16×16　78×56 58/60 英寸　6.5oz
纱支	英支	7	12	16
单位克重	g/m²	460	280	220
成本占比	%	69	64	56

数据来源：中国棉纺织行业协会

当纱线价格差异不大时，生产不同的产品纱线成本占比情况各异。以白坯布为例，由表 15 可见，宽幅产品，弹力产品，或者差异化的产品、提花产品都能不同程度的提高产品的附加值，降低了原料成本的占比。

表 15　不同的白坯布原料成本情况

面料	单位	纯棉	涤棉 65/35	弹力	差异化	纯棉	差异化
用途		服装	服装	服装	服装	床品	床品
纱线品种	英支	JC40	C40	JC40+40D	C40	C40	JC40
产品密度	根/英寸	133×72	133×72	133×72	88×170	133×100	133×100
产品幅宽	英寸	63	72	63	63	105	105
其他		平纹	平纹	平纹	平纹	提花	提花
产品售价	元/米	7.8	7.2	8.3	15	18	20
产品成本	%	75	74	73	65	68	65

数据来源：中国棉纺织行业协会

（4）**降低纱线成本的途径。**降低纱线成本是企业经营中的重中之重，以调查企业为例，企业降低纱线成本的主要做法如下：

一是提高研发能力。白坯布生产企业 A，每年研发费用占销售收入超过 3.5%，通过多项技术专利以及新型差别化纱线的运用、高支纱和不同结构的纱线应用，能够有效降低纱线成本占比；色织布生产企业 B，通过改变组织结构，在开发新品种上下工夫，丰富产品类别，通过不断增强科技创新能力，提高产品差别化水平，增加了产品附加值，提高了产品单价，实现了降低纱线成本占比。

二是把握采购时机，减小对单一原料依赖。一方面研究判断原料价格走势，把握好采购时机；另一方面通过研发广泛应用非棉及差别化纱线，减少对纯棉纱的依赖，在纱线的选择上有更多的空间，从而有效地把控和降低了纱线成本。

三是提高织布机单机的产量。白坯布生产企业 C，纱线成本在 75%左右，高于行业平均水平，则通过提高织机的生产效率，高速、少停台依靠走量，来获得利润，以生产 C30×C30 130×70/82 英寸为例，100 台织布机年产量 1100 万米。

四是加强纱线的管理。提高企业的管理水平，从工艺设计到大货生产，实现全流程在线监控，提高纱线利用率，降低单耗。

2. 人工成本

人工成本是棉织造生产的第二大成本构成。影响三类产品的人工成本占比的差异主要因素是单位产品支付每位工人的直接工资（包括工资、福利、劳保等费用）和百台织布机用工人数。

（1）不同工艺的影响。调查背景：当不同的企业之间工人的平均工资差异不大时，本文按照在三班两运转情况，企业每年支付每位工人的直接工资约为5万元。

从产能规模相同的三类产品支付的工资总额来看，不同工艺的产品用工量的差异造成了企业支付工人工资总额的不同，单位产品支付的工资不同，由表16可见，色织布产品单位工资最高，牛仔布居中，白坯布最低。

表16　三类棉织物单位产量及劳动工资情况

类别	单位	白坯布	色织布	牛仔布
100台产量	万米/年	800	650	900
平均工资	万元/（人•年）	5	5	5
员工总数	人/百台	100	200	180
工资总额	万元/年	500	1000	900
单位工资	元/米	0.63	1.53	1.00

数据来源：中国棉纺织行业协会

（2）用工人数的影响。

表17为实地调研情况，以100台织布机的产能所用的人工总数来看，生产色织布的工艺极为复杂，所用工人数量非常多且单位时间内的产量又极低，人工成本占比极高；牛仔布粗重，虽然单位时间内的产量高，但生产工艺比白坯布复杂，100台织布机用工量明显高于白坯布企业，综合因素下，用工成本占高于白坯布企业。

表 17　三类棉织物的 100 台织机产能用工总数情况

类别	单位	白坯布	色织布	牛仔布
产品名称及规格		JC40×J40 133×72/ 72 英寸	JC40×J40 133×72　57/8 英寸	OEC10×OE10 78×48　58/60 英寸
用工总数	人/百台	100	190	160
织机产量	万米/年	800	650	900
成本占比	%	7	14	9

数据来源：中国棉纺织行业协会

（3）**降低人工成本的途径。**以调查企业为例，企业降低人工成本的主要做法如下：

一是提高设备自动化水平。白坯布生产企业 D，采用先进的高速织机和自动穿经机，提高织机的车速（750 转/分），减少停机，较高生产效率，人均产值可达到 120 万元/（人·年）左右。

二是提高信息化管理水平。白坯布生产企业 E，生产管理基本全部实现了信息化，设备在线监控已经接入 ERP 管理系统，百台织机用人约为 89 人。牛仔布生产企业 F，采用先进的剑杆织机，自动化、信息化水平较高，生产设备联网率超过 90%，百台织布机产能的用工量仅为 160 人，用工少，低于行业平均水平。

三是不断技改，提高劳动者技能。通过对设备进行自动化改造，例如自动堆放、抓取装置的局部改造，可节省部分人工。劳动者技能水平的高低，能一定程度地影响人工成本，高技能的员工能生产高质量、高产量的产品。

四是提高单机产量。以表 17 中白坯布为例，百台织机产量提高 5%，单位人工费支出减少 0.03 元/米，全年工费少支出 24 万元。

3. 能源成本

能源成本是除原料和人工外第三大成本。织造企业生产中涉及的能源有电、蒸汽、水。调研了解，电是最主要的能源消耗项，占能源消耗总额的 70%左右。

（1）电价的影响。毫无疑问，较低的电价，有利于企业降低用电成本，表 18 为电费在 0.7 元/度情况下，调查了解到的不同产品的平均电费情况。

表 18　三类棉织物 100 台织布机产能电费支出情况

类别	单位	白坯布	色织布	牛仔布
织机产量	万米/年	800	650	900
单位电费	元/米	0.60	0.91	0.70
	度/米	0.85	1.3	1.0
电费总额	元/（万米•年）	480	591	630

数据来源：中国棉纺织行业协会

从表 18 可见，电费价格每度降低 1 分钱，每年每百台织机的产能可为企业减少电费支出约 6.5 万～9 万元。从企业角度，每米降低用电量 5%，每米可减少电费支出 0.03 元，全年可减少电费支出 24 万～31 万元。

（2）纬密度的影响。在其他条件相同或相似的情况下，对于织物生产而言，纬纱密度越大，生产单位长度的织物所用的时间越长，在织机额定输出功率下，耗能越高。调查显示，三类棉织物的平均纬纱密度中，色织布最高，白坯布次之，牛仔布最小。因此在能源成本占生产成本比例的大小依次为色织布、白坯布、牛仔布，见表 19。

表 19　三类棉织物平均纬纱密度情况

	类别	单位	白坯布	色织布	牛仔布
行业平均	坯布纬纱密度	根/英寸	60～80	70～90	40～60
实例	产品名称及规格		C30×30　78×65　72 英寸	J C 40×J C 40　133×72　57/8 英寸	OE C 10×OE10　78×48　58/60 英寸
	成本占比	%	6	13	5

数据来源：中国棉纺织行业协会

（3）降低能源成本的途径。一是持续技改升级。企业 G，每年的技改费用超过 2%，通过产品开发，加强技术改造，人均产值超过为 100 万元/（人·年）。企业 H，对车间的部分除尘机组主风机、空调自动控制系统进行改造、空压机热能回收、车间普通日光灯改 LED 节能灯等生产设备及辅助系统进行节能技术改造，降低了能源成本。

二是增加能源在线监控系统。牛仔布生产企业 I,有较高的信息化管理程度以及能源在线监控系统，具备浆染、织造、后整理、成检车间的数据自动采集能力，通过系统性改造实现节能减排，使能源消耗控制在较低水平；另外企业实现 CRM 与 ERP、MES、WMS 软件系统互联互通，使能源管理更加精细，能源利用率更高，进而有效降低了能源消耗。

三是加强节能减排的系统应用。有的企业加强了生产工艺的优化，研发用于废水处理的化学处理器、废水处理系统、低温染色等项目，有的企业在余热、浆料、液碱回收再利用方面成效显著，这些都能有效降低能源成本。

4. 浆、染料（含助剂）成本

为了提高纱线的可织性，织物的经纱在织造前都要经过上浆。牛仔布、色织布的纱线在上浆前还需染色，因此，染料、浆料在织物生产成本中也占有一定比重，如表 20 所示。

表 20　三类棉织物的浆染辅料对比

类别		单位	白坯布	色织布	牛仔布
行业	浆料助剂费用	元/米	0.2～0.3	0.2～0.3	0.2～0.3
	染料费用	元/米	0	0.2～1	0.2～1
实例	品种规格		C30×30　78×65 72 英寸	JC40×J C 40　133×72 57/8 英寸	OE C 10×10　78×48 58/60 英寸
	浆料费用	元/米	0.11	0.12	0.13
	染料费用	元/米	0	0.29	0.49
	占比	%	3	5.3	8.9

数据来源：中国棉纺织行业协会

在生产三类棉织物时，浆料费用取决于单位织物浆料耗用的用量和价格，由表 20 可见，三类棉织物每米布所用的浆料费用差异较小，说明在生产三类织物时，企业支出浆料的绝对费用大体相当。同时，白坯布生产过程不涉及染色环节，浆、染料占成本中占比最小。对于色织布和牛仔布而言，染料费用取决于染料价格和单位长度织物染料用量。据调查了解，2019 年色织用活性染料的平均价格与牛仔布用靛蓝染料平均价格相当，在染同等深度的织物时，由于牛仔布单位克重高于色织布，染料用量较多，因此，染料费高于色织布。

浆、染料是企业采购原材料中除纱线外的第二大支出，降低其成本也是非常重要的，优良的浆、染料可以提高染色的效果和织机的效率，不仅可以减少用量，还可以降低单位成本，但是一味地降低成本而忽略环保是不可取的做法。

5. 其他成本

其他生产成本主要包括设备折旧费、机物料等支出项目。行业间、企业间的这些支出项目差异较大，在不同程度上影响着企业的生产成本，能否控制得当，一定程度体现着企业的综合实力。

“降本增效”的核心并非片面地降低生产成本，而是更多的在企业长期的发展和定位中，考虑和权衡生产成本和效益回报，企业为提高效益，有针对性地从各方面降低生产成本，才能获得更多的利润，提升自身的竞争力。

结语

中华人民共和国成立以来,我国棉织产业经历了从小到大、从弱到强的发展过程,现已成长为具有产业链完整、装备水平高、研发能力强及产品结构较合理等特点的纺织工业体系的重要力量。

中国棉织产业将加快转型升级，走可持续发展道路。推进“两化”融合，不断提升产业科技水平，缓解劳动力不足，同时提升产品品质；完善企业管理体系，提高运转效率；加大研发投入，提高产品附加值和竞争力。我国棉织产业作为市场化程度较高的制造行业，还将面临国际贸易环境复杂多变、生产要素成本上涨、综合创新能力不高及环境监管不断强化等诸多困难，需要积极把握消费需求增长方式的变化趋势，利用科技创新不断增强自身竞争实力，努力实现我国棉织产业强国的目标。

执笔人：王耀、徐潇源、侯锋、李继国、朱北娜

大力推动高技能人才培养　助力棉纺织行业高质量发展

和圆圆　郑洁雯

摘要：新时代，制造业要实现智能制造，需要牢固确立人才引领发展的战略方针，全面聚集高技能人才，为推动产业创新发展提供强有力的智力支撑。本文从国家和行业角度强调了高技能人才队伍建设的必要性，总结了当前我国棉纺织行业高技能人才培养现状、存在问题及培养措施，并简要说明高技能人才对棉纺织行业高质量发展的重要作用。

一、高技能人才是行业发展的动力源泉

高技能人才主要指在生产、运输、服务等领域岗位一线的从业者，熟练掌握专业知识和技术，具备精湛的操作技能，在实践中能够解决关键技术和工艺操作性难题的人员；主要包括拥有国家职业资格高级工、技师和高级技师技能等级水平及相应职级的人员，是我国全行业广大职工的优秀代表，是技能人才队伍的骨干先锋。

（一）国家重视技能人才队伍建设

党和国家领导人在党的十九大报告中强调要提高职业培训质量，增强就业人员技能；要大规模开展职业技能培训，注重解决结构性就业矛盾；要建设知识型、技能型、创新型劳动者大军，弘扬劳模精神和工匠精神，营造劳动光荣的社会风尚和精益求精的敬业风气。报告为各行各业对新时代产业工人的培养做出了政策性引导。当前，我国正处于全面建成小康社会的决胜阶段，也是国家“十三五”发展规划的冲刺阶段，为适应我国经济高质量发展，培养经济发展新动能，推进制造强国建设，需要加大科技和人才的投入和加强

高技能人才队伍建设。

在 2019 年的政府工作报告中，党和国家领导人对实施职业技能提升行动作出部署，明确从失业保险基金结余中拿出 1000 亿元，用于 1500 万人次以上的职工技能提升和转岗转业培训。5 月，国务院办公厅印发了《职业技能提升行动方案（2019—2021 年）》（以下简称《方案》）。《方案》明确，2019 年至 2021 年持续开展职业技能提升行动，提高培训针对性实效性，全面提升劳动者职业技能水平和就业创业能力。大力推行终身职业技能培训制度，到 2021 年底技能劳动者占就业人员总量的比例达到 25%以上，高技能人才占技能劳动者的比例达到 30%以上。

由国家人力资源和社会保障部主办，地方政府承办的技能中国行活动已经走遍了我国各大省市。该活动旨在充分展示技能成果，全面宣传推广技能竞赛经验，全力搭建技能展示交流平台，深度聚焦高技能人才培养成果。技术能手们齐聚一堂，各显身手，展示绝活，营造了崇尚劳动、尊重技能、弘扬匠心的良好社会氛围。

（二）纺织工业发展需要大批高技能人才

纺织工业是我国传统支柱产业，也是重要民生产业。“十三五”以来，我国纺织工业在不断推进创新驱动发展，深化产业结构调整，加快转型升级，创造竞争优势。纺织产业属于劳动密集型产业，就业人数为 2000 万左右，七成以上为一线职工；纺织工业的发展急需大批行业创新型人才、一线职业技能型人才，更需要一批高素质、高技能的专业型人才队伍。人才队伍建设是《建设纺织强国纲要（2011—2020 年）》的核心内容之一，高技能人才的培养是纺织产业高质量发展的重要支撑。

2019 年 11 月，中国就业培训技术指导中心利用全国 102 个定点监测城市公共就业服务机构填报的人力资源市场招聘、求职数据，在全国层面首次汇总发布了《2019 年第三季度全国招聘求职 100 个短缺职业排行》（以下简称《排行》）；其中，有 36 个职业属于生产制造及有关人员，说明随着我国经济的不断发展，生产制造类职业在我国占有举足轻重的地位。此外，棉纺织行业的织布工、纺纱工、开清棉工等职业被列入该《排行》。

据中国棉纺织行业协会（以下简称中棉行协）调研了解，企业普遍反映人员成本较高，用工紧缺，青年员工流失较大，职工平均年龄偏高，技能型人才比较匮乏。织布工、纺纱工是棉纺织企业用工相对较多、对操作技能要求相对较高的职业，故该《排行》符合当前行业用工情况。随着棉纺织企业两化融合和设备改造升级的有序推进，生产过程不断实现数字化、自动化、智能化，年龄偏大的一线员工已不能胜任部分岗位，所以亟需一批具备专业知识的技能型人才来弥补岗位空缺。企业要提升核心竞争力，实现智能制造和创新发展，更需要高技能人才的培养和助力。

二、棉纺织行业技能人才培养基本情况

棉纺织行业的生产工艺流程一般大致分为两个部分：纺纱工序和织造工序；其中，纺纱工序主要包括配棉、清花、梳棉、并条、粗纱、细纱、络筒，织造工序主要包括整经、浆纱、穿经、织布、整理等。生产工艺流程相对较长，涉及工种较多，劳动力较密集。截至 2019 年，棉纺织行业规模以上企业职工为 200 多万，约占纺织行业就业总人数的十分之一。行业的发展需要科技的引领，科技的进步需要技术的创新，而技术革新与人才队伍建设密不可分。多年来，棉纺织行业内已涌现出一批批爱岗敬业、无私奉献、精益求精、一丝不苟、追求卓越的高素质、高技能人才，有力地推动了我国棉纺织行业的提质增效和科技创新。

（一）中棉行协推动行业高技能人才培养

1. 搭建技能交流平台

中棉行协历来重视行业技能人才的培养，自 2000 年以来，先后成功举办了 6 次全国职业技能竞赛；其中，细纱工职业技能竞赛 3 次（2003 年、2008 年、2016 年），织布工职业技能竞赛 1 次（2006 年），粗纱工职业技能竞赛 1 次（2011 年），穿经工职业技能竞赛 1 次（2014 年）（图 1）。通过举办职业技能竞赛活动，为行业一线职工搭建了技术交流平台，实现以赛促学、以赛促训、以赛促技；还选拔出一批批棉纺织行业高技能人才，

授予他们国家级或行业级荣誉称号，并按程序晋升职业技能资格等级，提高了一线职工的认同感、成就感和荣誉感；此外，也激发了行业广大职工的学习新知识、掌握新技能、创造新业绩热情，引导了全体职工努力钻研提升技能，走技能成才之路，营造了“劳动光荣、技能宝贵、创造伟大”的行业氛围。

2. 开展推优学优活动

多年来，中棉行协连续不断地在行业内开展推优学优活动，为行业技能人才营造良好的成长环境，树立行业典范，助力行业人才队伍建设，为行业向高质量发展提供强大的技能人才支撑。

（1）棉纺织行业高技能人才数量在纺织行业内占比相对较大。根据相关规定，自 1999 年以来，人力资源和社会保障部（以下简称人社部）改为每两年在全国范围内评选表彰中华技能大奖获得者、全国技术能手，并通报表扬国家技能人才培育突出贡献单位、国家技能人才培育突出贡献个人。中华技能大奖获得者是国家对各产业技能人才的最高奖励，由各行业机构推荐，最终经评选获得表彰。他们是所属行业技能人才的杰出代表，是所属工种高技能人才的领军人物。据统计，截至目前，我国纺织行业中华技能大奖获得者有 7 名，其中棉纺织行业占 6 名，约占获奖总人数的 86%（表 1）。

图 1　全国纺织行业“魏桥-经纬杯”细纱工职业技能竞赛

全国技术能手奖励主要通过两种渠道获得，分别为参加职业技能竞赛并取得优异成绩和根据有关通知由行业协会推荐至人社部。据统计，自 2003 年以来，当前我国纺织行业的全国技术能手有 84 名，其中职业技能竞赛类的有 69 名，推荐并获评选表彰的有 15 名，职业技能竞赛类占比 82%，而棉纺织行业占 27 名，约占 32%。见图 1。由此表明，国家和行业都比较重视职业技能竞赛在技能人才培养中的重要作用，希望通过职业技能竞赛活动等多种方式全面提高职工整体技能水平。

表 1　纺织行业历届中华技能大奖获得者

时间	获奖届次	获奖单位	获奖人
1996 年	第二届	济南成通纺织有限责任公司	王静侠
2000 年	第五届	辽宁丹东化学纤维（集团）有限公司	李永军
2006 年	第八届	黑牡丹(集团)股份有限公司	邓建军
2008 年	第九届	天津天纺投资控股有限公司	刘生友
2010 年	第十届	陕西五环实业(集团)有限责任公司	孙金艳
2012 年	第十一届	石家庄常山纺织股份有限公司	杨　普
2018 年	第十四届	德州恒丰纺织有限公司	王晓菲

（2）棉纺织行业高技能人才层出不穷。一直以来，中棉行协积极推荐行业技能人才和会员企业参加中国纺织工业联合会（以下简称中纺联）开展的全国纺织行业劳动技能竞赛等活动。该活动是在全国纺织行业内评选出全国纺织行业技术能手、全国纺织行业技能人才培育突出贡献奖单位。据统计，中纺联表彰了 300 名“全国纺织行业技术能手”，其中，棉纺织行业有 51 名，占比为 17%。

由中国纺织工业联合会主办、纺织之光科技教育基金会协办的“纺织之光”2019 年度中国纺织工业联合会科技教育奖励大会在人民大会堂隆重召开。会上，由中棉行协推荐的张学明等 6 位棉纺织行业高技能人才被授予“全国纺织行业技术能手”荣誉称号（表 2）。同时，“鲁泰纺织股份有限公司”作为全国纺织行业技能人才培育突出贡献单位被通报表扬。此外，中棉行协常务理事单位福建金源纺织有限公司张学明代表全国纺织行业技术能手做获奖发言。

3. 大力弘扬工匠精神

（1）传承技艺，匠心永存。潮流周而复始，匠心方能永恒。我国棉纺织产业历史悠久，贯穿华夏五千年，工匠精神一脉相传。为响应国家号召，大力培育和弘扬棉纺织行业工匠精神，营造崇尚技能和创造的行业氛围，传承棉纺织行业悠久文化内涵，经理事会提案倡议，中棉行协组织开展了“传承大工匠”命名宣传活动；该活动命名了 119 名技艺高超、爱岗敬业、无私奉献、精益求精的棉纺织“传承大工匠”。获得命名的同志全部是来自各棉纺织企业从事基层工作的精英和骨干，他们以打造“最优质的产品”为目标，将敬业、精益、专注、创新的“工匠精神”融入企业生产、设计、研发、经营的每一个工序和环节。通过在行业内树立先进典型，强化模范引领作用，激励行业职工身怀匠心，乐于传承技艺，勇于追求卓越，见图 2。

表 2　2019 年全国纺织行业技术能手获得者名单（棉纺织行业）

序号	姓名	企业名称
1	张学明	福建金源纺织有限公司
2	宋蕾蕾	魏桥纺织股份有限公司
3	章美华	浙江金梭纺织有限公司
4	罗洪伟	福建长源纺织有限公司
5	王文辉	石家庄常山北明科技股份有限公司
6	阿娜古丽·吐热克	新疆鲁泰纺织有限公司

图 2　中国棉纺织行业“传承大工匠”代表合影

（2）梦桃精神代代相传。在中华人民共和国成立 70 周年前夕，咸阳纺织集团有限公司的赵梦桃小组全体成员给党和国家领导人写信汇报了小组的发展历程和近年来的工作成绩，表达不忘初心、将“梦桃精神代代相传”的决心和扎实做好班组建设与生产工作的信心。党和国家领导人对赵梦桃小组亲切勉励，希望大家以赵梦桃为榜样，在工作上勇于创新、甘于奉献、精益求精、争做新时代的最美奋斗者，把梦桃精神一代一代传下去。这不仅是对赵梦桃小组的勉励，更是对全国纺织行业广大职工和劳动者的鼓舞。我们棉纺织行业职工要学习和发扬梦桃精神，做新时代长征路上的奋斗者，为推动新时代行业高质量发展增添强大精神动力。

4. 参与国家纺织行业职业技能标准的制定修订

人社部在 2018 年印发了国家职业技能标准制定修订计划，并启动了“国家职业资格目录”中 198 个技能类职业的标准修订开发工作。其中，涉及棉纺织行业的职业有五个，分别为纤维梳理工、并条工、纺纱工、整经工、织布工。为确保高质量完成国家职业技能标准的制定修订工作，中棉行协全力协助纺织行业职业技能鉴定指导中心对上述五个国家职业技能标准进行开发，邀请行业不同地域骨干企业的技术专家参与制定和评审。在人社部职业技能鉴定中心的指导下，标准编写组根据《国家职业技能标准编制技术规程（2018 年版）》要求，结合当前行业发展和技改现状，经过起草、预审、初审、征求意见、修改、终审等环节，历时一年多，最终于 2019 年底由人社部发布颁布通知。这些国家职业技能标准是引导和规范棉纺织行业职业教育培训和职业技能评价的基础，将对促进行业从业人员技能提升等方面发挥重要作用。

（二）棉纺织企业注重高技能人才培养

技能人才的成长与企业的辛勤培育密不可分。在棉纺织行业内，许多企业非常注重公司职工技能的培训和高技能人才的培养，采取多种方式为职工提供成才通道，不仅为职工提供了展示自我和实现价值的舞台，还带动了企业全体职工的积极性和创造性，储备了一批高素质、高技能人才，提升了企业综合竞争力。

魏桥纺织股份有限公司（以下简称魏桥纺织）是集纺织、染整、服装、家纺等产业于一体的大型企业，在业内占有举足轻重的地位，其主营业务收入连续多年居于棉纺织行业首位，拥有员工近 6 万人。魏桥纺织非常重视高技能人才的培养，坚持职工教育培训，积极开展竞赛活动，加大人才激励力度，完善人才成才机制，实现人尽其才、才尽其用。据了解，该公司每年春秋两季开展操作、设备、工艺技术比武大赛，比赛项目齐全面广。如该公司举办的 2019 年春季比武大赛共设 23 个工序、44 个项目，有 882 名选手进入决赛，最终评选出一、二、三等奖 360 名，破公司纪录奖 41 项。通过多年的赛训和培育，魏桥纺织打造了一支爱岗敬业、技术精湛、和谐稳定的高技能高素质人才队伍，如十九大党代表刘庆庆、全国技术能手訾敏、中国纺织大工匠刘娟、全国纺织行业技术能手宋蕾蕾等等，其中刘庆庆于 2020 年初被中国劳动关系学院劳模学院录取，见图 3。

图 3　魏桥纺织股份有限公司 2019 年春秋季技能比武

鲁泰纺织股份有限公司为强化人才队伍建设已连续多年开展技术比武活动。据了解，在该企业 2019 年的第二十九届技术比武活动中，有 51 个单位、近 830 个工种、12900 余人参加，最终评选出 10 名“单项技能冠军”、204 名 “技术标兵”、4973 名部门技术优胜者。企业通过系统开展技术比武、技工评聘、工匠评选等活动，不断提升全体员工的知识、技能、素养，为公司未来发展培育知识型、技能型、创新型人才队伍。2019 年，鲁泰纺织股份有限公司被山东省人力资源社会保障厅确定为山东省首批企业技能人才自主评价试点单位，可根据有关评价方案，自主对本企业职工开展技能人才评价，自行发放职业技能等级证书；颁发职业技能等级证书的合格人员信息，按程序录入山东省技能人才数据库，享受相关待遇，见图 4。

德州恒丰集团经过十余年的发展，已成为我国纺织行业新型纤维纱线研发、创新、生产的领军企业，其以独特的“商业模式”在行业内创造了令人瞩目的“恒丰速度”，这与德州恒丰集团浓厚的企业文化密切相关。恒丰文化的核心理念为“恒丰仁和，仁和恒丰”，育人目标是“生产了不起的产品，培育了不起的员工”。2018 年底，德州恒丰集团培育的高技能人才王晓菲荣获由人社部评选表彰的中华技能大奖，并作为民营企业代表、唯一的纺织职工在国务院新闻发布会上亲手演示操作技能。德州恒丰集团还被中纺联授予“全国纺织行业技能人才培育突出贡献单位”称号。2019 年，为深入推进国家高技能人才振兴计划和高技能人才培养特色载体建设工程，企业成立了“王晓菲技能大师工作室”，并依托该工作室开展了系列技能培训，使企业员工得到更系统更科学的培训，也为企业持续稳健发展提供了智力资源，见图 5。

图 4　鲁泰纺织股份有限公司第二十九届技术比武活动

图 5　德州恒丰集团技能培训开班仪式

三、棉纺织行业高技能人才培养的思考

（一）棉纺织行业高技能人才培养存在的问题

1. 对高技能人才培养工作投入不够

目前，我国棉纺织行业的高技能人才无论从数量还是结构上尚无法满足行业高质量发展的需要，主要原因是对高技能人才培养工作投入不够。高技能人才的培养是一项成本较高、专业性强、周期较长的工作，需要系统化、规范化、科学化开展。企业是高技能人才培养的主体，也是最为直接的受益者。行业内一些有条件的企业在高技能人才培养方面做了大量工作，但由于外来员工较多、人员流动较大、培养过程漫长、培养能力欠缺等诸多因素，部分企业对技能人才存在重使用轻培养现象，培养工作落实不到位，致使企业人才队伍建设工作相对滞后。

2. 对高技能人才的价值重视不足

虽然政府等相关机构已在全行业内倡导重视技能人才、崇尚技能创新、提升技工待遇等社会氛围，但由于受环境、传统思维观念的影响，大部分高技能人才的社会地位还不够高，薪酬及待遇偏低，职业发展通道不畅，技能价值被忽略，甚至出现高超技艺和绝活无人传承的现象，工作仅视为谋生手段而非事业追求。如此，越来越多青年人纷纷投入服务行业不愿加入技工行列，企业技能人才流失和招工难现象将更为凸显。

3. 高技能人才培养机制有待完善

针对高技能人才的培养，一些企业尚未形成一套规范和行之有效的管理体系、管理制度和实施办法，有关技能人才选拔机制、激励政策和必要制度还不健全，从而无法更好引导员工岗位成才和充分发挥高技能人才的引领带动作用。

（二）棉纺织行业高技能人才培养措施

1. 营造崇尚技能的良好氛围

高技能人才是行业科技创新的智能动力，也是企业重要的人力资源。有关机构要引导社会舆论，努力营造尊重劳动、崇尚技能的行业氛围，加大宣传高技能人才典范力度，提升高技能人才的社会认可度。企业应加强高技能人才的培养，提高技能培训能力，全面推广岗位成才和技能成才的观念，尊重高技能人才，重视高技能人才的价值，优化高技能人才的成长环境。

2. 深化高技能人才的培养和激励机制

在高技能人才培养方面，企业要丰富培养模式，线上线下相结合，加强校企联合培养，规范培训体系，定期开展技术更新培训，提高培训质量，创建平台聚集高技能人才参与技术革新项目，引导他们向创新型、复合型人才全面发展；制定人才竞相成长各展其能的激励机制，坚持人才使用与培训考核相结合，待遇与业绩相联系；科学设计薪酬体系，提升高技能人才薪资待遇，实施技能人才津贴制度，真正实现技高者多得、多劳者多得，增强技能人才获得感。

3. 广泛开展技能竞赛活动，发挥传帮带作用

企业可建立健全技能人才脱颖而出的选拔机制，广泛开展岗位练兵和技能竞赛活动，提高技能竞赛活动的科学化、规范化水平，隆重召开技能表彰奖励大会，树立先锋模范，弘扬工匠精神，激发全员学先进、练技能。完善导师带徒和结对子制度，创建高技能人才工作室，充分发挥高技能人才的价值，以点带面，实现精湛技术的传承。

4.完善职业技能鉴定体系

职业技能鉴定是企业技能人才成长发展的快速通道，也是评价其技能水平最直接的方法。避免一考定终身的评价模式，激励技能人才与时俱进，不断适应和推动行业的发展。通过完善职业技能鉴定体系，拓展技能人才评价渠道，推进职业技能等级认定的广泛性和社会化，全面体现技能人员的技术水平，提高技能人才的认同感和积极性。

5.发挥企业高技能人才培养主体作用

企业需坚持技能人才人尽其才的使用机制，打破身份界限，破除论资排辈，畅通技能人才发展通道。在政策引导与资金支持相结合情况下，充分发挥企业人才培养主体作用，对职工培训和高技能人才培养做得好的企业，给予税收减免等更大的政策支持。

四、高技能人才助力棉纺织行业高质量发展

目前，我国棉纺织行业已进入经济发展新常态，人口红利已不复存在，用工荒、招工难、用工贵的问题也日渐凸显，尤其是技能人才结构已无法与产业发展需求相匹配。所以，人才队伍建设工作和高技能人才培养是棉纺织行业实现高质量发展的有力保障。

（一）高技能人才加快产业转型升级

为增强市场竞争力，棉纺织企业坚持以市场为导向，以客户为中心，深化供给侧结构性改革，加快产业转型升级。在不断调整产品结构过程中，企业需要相关专业技术人员对工艺设计进一步优化，更需要生产一线的高技能人才根据产品特性实施相应的操作方法和设备调试方案，以确保生产顺利进行，提升产品质量。

目前，行业内一些企业由于自身发展需要扩大产能规模，布局智能化数字化生产线，推进信息化和工业化深度融合，以智能制造加快转型升级。然而，转型升级不仅仅包括设备和技术的升级，还要包括人才素质和技能的升级。在高技能人才的带领下，企业要激发技术骨干和中坚力量的活力，鼓励职工积极参与设备改造和技术革新，为企业推动新旧动能转换和实现科技创新驱动发展培养更多的高素质、高技能、创新型、复合型人才。

（二）高技能人才促进行业绿色发展

绿色发展是我国新发展理念的重要内容之一，也是棉纺织行业实现可持续发展的有效途径。在国家环保政策日益趋严的形势下，企业要提升环保意识，注重节能、降耗、减排，切实将绿色发展理念贯穿各个生产环节。据了解，高技能人才的技术创新和发明不仅能使企业实现节能降耗，还可实现创效降本，可为企业节省几十万，甚至上百万的能源成本支出。所以，高技能人才是企业实现绿色发展不可或缺的智能动力。

“一带一路”步伐中，我国棉纺行业发展的机遇与挑战

贺文婷　李　杰

摘要：“一带一路”倡议作为我国目前重要的发展战略，正引领着棉纺行业一场新的变革。一些棉纺企业利用海外劳动力资源、区位与市场优势、贸易便利政策，快速进行国际化布局，提升国际竞争力。本文结合棉纺企业海内外发展现状，探讨了“一带一路”背景下我国棉纺行业发展的机遇和挑战。

一、“一带一路”倡议背景下，我国国际贸易面临的形势

为了顺应世界多极化、经济全球化、文化多样化、社会信息化的潮流，秉持开放的区域合作精神，维护全球自由贸易体系和开放型世界经济，2013 年，党和国家领导人提出“共建丝绸之路经济带、共建 21 世纪海上丝绸之路”重大倡议。“一带一路”有助于实现多边贸易合作，使参与国互惠互利，增加就业机会，对经济发展起到促进作用。

2019 年，中国货物贸易进出口总值 31.54 万亿元，继续保持着全球货物贸易大国的地位。然而，中国的国际贸易地位日益显著的同时也面临着诸多挑战，国内企业对外贸依存度较高，同时，全球范围内出口贸易增速持续降低，各国外贸增速明显放缓，中国在经过了多年的持续增长后，在世界出口中的占比也将不可避免地会下降。

中国是世界最大的纺织品生产国和出口国，作为传统的劳动密集型产业，在国内方面，中国纺织业面临产业升级、结构调整的严峻形势，在国际方面，又面临着贸易摩擦、资源重新配置的复杂局面，产业升级任务紧迫。在这样的时代背景下，既要加快内部经济增长方式的转变，也要大力拓展纺织对外贸易的广度和深度，重视与其他国家的贸易并且增加贸易产品的多样性。为此，中国企业持续积极响应“一带一路”倡议，展开多元化的国际化合

作，实现企业自身发展跨越的同时，推动中国经济的持续高质量发展。截至 2020 年 1 月底，中国已经与 138 个国家和 30 个国际组织签署 200 份共建“一带一路”合作文件。

二、纺织行业是“一带一路”国际产能合作的先行者

2013 年“一带一路”倡议以来，中国纺织业紧抓发展机遇，快速成为“一带一路”倡议的先导和示范性产业，在“一带一路”沿线合作的成绩斐然。

（一）倡议背景下，中国与“一带一路”国家双边贸易形势向好

2013 年至 2019 年中国纺织品服装出口总额如表 1 所示。受国际主要出口市场经济及产业转移等因素影响，我国纺织品服装在传统出口市场的份额呈波动性平稳发展。受惠于“一带一路”相关政策（部分国家出台的优惠政策见附件），出口贸易健康平稳。2019 年，中美贸易摩擦给我国纺织业出口带来一定压力，但对“一带一路”沿线国家的出口情况延续了较好的发展态势。据中国海关总署数据统计，2019 年我国对“一带一路”沿线国家和地区出口纺织品服装的金额同比增长 3.7%，而同期对美国、日本和欧盟出口金额同比分别减少 6.6%、4.6%和 4.4%。由此可见，在国家政策推动下“一带一路”沿线国家正在成为外贸新热点，对我国纺织业进出口贸易产生了积极影响。

表 1　2013~2019 年我国纺织品服装出口总额

年份	单位	2013 年	2014 年	2015 年	2016 年	2017 年	2018 年	2019 年
出口额	亿美元	2839.9	2984.3	2794.9	2630.0	2669.5	2767.3	2807

数据来源：中国海关总署

（二）“一带一路”倡议，加速我国纺织业国际化发展进程

中国纺织业对外投资需求与国家提出的“一带一路”倡议正相契合，纺织企业的国际化发展进程明显加快，对外投资几乎涵盖了全产业链，从上游的棉花、浆粕、麻等原材料，到产业链中游的棉纺、毛纺、化纤等制品，再到终端的服装、家纺产品和纺织机械等都有涉及，且分布在 100 多个国家和地区，涵盖东南亚、非洲、欧洲、北美、澳洲等重点

区域。据不完全统计，截至 2019 年，中国纺织业对外投资存量超过 100 亿美元。

2003 年至 2019 年中国纺织业对外投资额见图 1。总结其中特点，分为三个阶段，第一阶段为 2013 年至 2014 年，中国纺织企业纷纷响应“一带一路”倡议，此时为对外投资的试水考察期；第二阶段为 2015 年至 2016 年，先行走出去的企业已打下一定基础，与所在国建立了沟通渠道，开始逐步带动供应商抱团转移，此时为转移迈步期；第三阶段为 2017 年至 2019 年，此阶段纺织业对外投资进入调整期，面对日趋错综复杂的外部环境，在推进“一带一路”建设和继续扩大对外开放思想指引下，中国纺织行业及时调整国际布局战略，2019 年全行业整体对外投资增长“由负转正”。

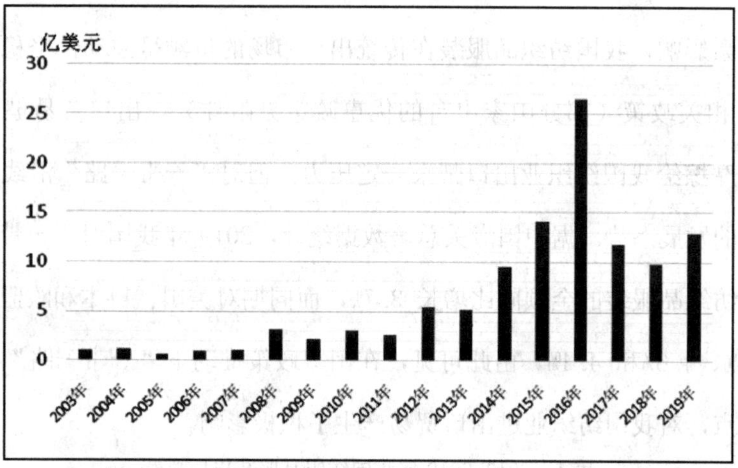

数据来源：商务部

图 1 中国纺织业对外投资额

三、“一带一路”倡议下，我国棉纺行业国际化发展特点

自 2013 年以来，在国家的鼓励与支持下，在市场的拉动下，一些棉纺企业信心倍增，紧抓发展契机，快速进行国际化布局。据不完全统计，截至 2019 年底，中国棉纺企业在海外已投产的纺纱产能约 430 万锭。其中，棉纺企业在东南亚的投资产能超过 350 万锭，约占棉纺海外投资总产能的 83%。东南亚国家中，越南凭借地理及投资环境相对成熟，成为承接棉纺产业转移最多的新兴纺织国家，在越南投资的中国棉纺企业，中资产能

约占越南纺纱总产能的 50%左右。中亚是中国棉纺企业投资的另一热门区域，据不完全统计，已有超过 30 万纱锭产能投产。棉纺企业主要投资区域占比如图 2 所示。中国棉纺企业国际化布局呈现以下特点：

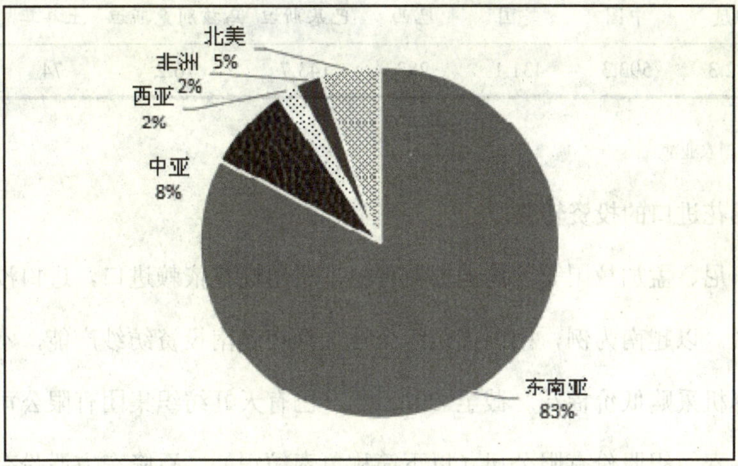

数据来源：中国棉纺织行业协会

图 2　主要投资区域产能占比

（一）以棉花资源为导向

棉花是我国棉纺织行业重要的原料之一，且棉花成本占纺纱生产成本的 70%左右。中国的棉花种植成本较高。从降低成本、生产配棉以及提升产品附加值要求出发，国内对进口棉一直有较强的需求量，但棉花进口受配额的限制，企业无法按需进口棉花，通过棉纺产能的海外转移，可实现便利采购棉花的同时控制原料成本，提高产品竞争力。

1. 临近棉花产区的投资转移

如表 2 所示为 2019/2020 主要种棉国棉花产量情况。美国是全球第三大产棉国，是世界上的主要优质产棉区之一，美国农业部数据显示，2019 年，美国棉花产量约 440 万吨，其中 80%出口。中亚棉花产量丰富，出口大于自用，位于中亚的乌兹别克斯坦是全球第六大产棉国，乌兹别克斯坦年产棉花约为 80 万吨；非洲棉花产量约占全球的 6%，棉花年产量超 135 万吨。上述三个国家或地区中，美国有“再工业化”的需求，尽管劳动力成本较高，但能源成本较低，适合转杯纺用工少和单位产能用棉大的棉纺产能发展。中亚和非洲国家为促进经济发展、解决就业、吸引外商投资，也积极为当地纺织企业营造良好投资、经营环境，目前已有金昇集团入驻乌兹别克斯坦、中泰集团入驻塔吉克斯坦、无锡一棉纺织集团有限公司（以下简称无锡一棉）入驻埃塞俄比亚。

表2　2019/2020主要种棉国棉花产量情况

单位	印度	中国	美国	巴西	巴基斯坦	乌兹别克斯坦	土耳其	其他	合计
万吨	642.3	593.3	431.1	283	143.7	76.2	74	403.7	2647.4

数据来源：美国农业部

2. 便利棉花进口的投资转移

越南、印尼、孟加拉国等国均无棉花种植，所用棉花依赖进口，进口没有配额限制，且享受零关税。以越南为例，中国棉纺织企业选择在越南投资纺纱产能，不仅可降低原料成本，还能择机采购低价棉花。截至2019年，已有天虹纺织集团有限公司（以下简称天虹纺织）、鲁泰纺织股份有限公司（以下简称鲁泰纺织）、百隆东方股份有限公司、华孚时尚股份有限公司、河北新大东纺织有限公司、江苏裕纶纺织集团有限公司等投资越南，产能超330余万纱锭。

（二）以生产要素资源为导向

“一带一路”沿线国家大多是发展中国家，GDP水平普遍较低，其国内劳动力成本、水电价格都具有较明显的优势。

1. 从劳动力资源看

东南亚、非洲等地处于人口红利释放期，拥有大量年轻劳动力，且劳动力价格低廉，适合棉纺等劳动力密集型产业发展。以越南为例，越南青壮劳动力大约5440万人，2019年纺织行业人均工资2100元/月，为中国纺织业人均工资的47%。埃塞俄比亚青壮劳动力大约5400万人，纺织行业人均工资670元/月，仅是中国纺织业人均工资的15%。乌兹别克斯坦青壮劳动力大约1850万人，纺织行业人均工资1250元/月，为中国纺织业人均工资的28%。

2. 从用电成本看

东南亚国家电力成本略低于中国。埃及发电能力在非洲及中东地区居首位，电网基本覆盖全境，平均工业电价 0.49 元/度，为中国电价的 70%。埃塞俄比亚平均工业电价 0.14～0.28 元/度，为中国电价的 30%。乌兹别克斯坦平均工业电价 0.25～0.28 元/度，为中国电价的 37%。

表 3　部分国家生产要素对比

国家	工资（元/月）	电价（元/度）	水价（元/m^3）
中国	4500	0.7	4.1
埃及	1000~1700	0.49	17.5~33.7
埃塞俄比亚	670	0.14~0.28	0.6~4
柬埔寨	1400	1.05	1.33
肯尼亚	1050	0.45~0.91	3.63~4.4
缅甸	900~1050	0.35~0.63	7.0
孟加拉国	400~560	0.49~0.9	2.7
乌兹别克斯坦	1250	0.25~0.28	1.8
越南	2100	0.43~0.75	3.2
马来西亚	1800	0.35~0.9	1.4~6.3
印度尼西亚	600~800	0.62~0.65	3.225

备注：1 美元=6.9859 元人民币

数据来源：中国纺织工业联合会

（三）以目标市场为导向

欧洲、美国、日本等国家是中国主要的出口市场，同时也是终端纺织品的重要消费市场，靠近目标市场，能够快速掌握最新的市场形势和消费需求，当前国内棉纺织企业以目标市场为导向的海外转移，主要表现为向欧美日等国家及地区转移，或以注资、合资的方式，在这些国家设立企业的设计、研发以及市场推广等部门，从多方面吸收发达国家先进的技术和创意。如山东如意科技集团有限公司在英国、法国、意大利、日本设立设计研发平台；鲁泰纺织在美国、意大利、日本成立办事处和展示间，以加强产品研发、市场信息收集和售后服务；山东岱银纺织集团股份有限公司（以下简称岱银集团）在美国、加拿大成立分公司，实现“雷诺”自主品牌的国外直销。另外，当直接进入目标市场有困难或存在局限时，采取曲线进入或间接接近的方法也同样有效。墨西哥自 2019 年首次取代中国，跻身美国最大的贸易伙伴，2019 年 3 月，天虹纺织在墨西哥筹建北美纱线生产基地，涉及产能 7 万纱锭。

（四）以分摊风险为导向

世界发展格局变幻莫测，各地区均存在不同程度的投资优势，但同时存在诸多不确定因素，“不把鸡蛋放在同一个篮子里”是常青企业的重要策略之一。例如，溢达集团将总部设在中国香港，以可持续发展的模式经营在中国内地、马来西亚、毛里求斯、斯里兰卡及越南的生产设施，中美贸易摩擦升级以来，溢达集团通过调整其全球各生产基地的订单，有效规避了加税风险。

四、“一带一路”倡议下，我国棉纺行业发展的挑战

海外布局是我国棉纺企业在转型调整中的一项重大决策，尽管海外市场有极具吸引力的优惠条件和政策支持，但在海外投资过程中，要克服大量的困难。

（一）产业配套不完善

纵观全球，许多新兴纺织国家发展水平参差不齐，且仅拥有产业链某些或某个环节，未形成完整的纺织产业链，因此，产品价值传导未形成闭环，或原材料短缺，或下游需求市场未形成，经营风险较大。例如越南、柬埔寨、印度尼西亚等东南亚国家纺织原料、坯布面料等进口依赖性很大；中亚地区下游纺纱、织造均处于萌芽阶段，需要投入大量资本向下游延伸；非洲纺织工业基础更加薄弱。

（二）基础设施建设落后

一些欠发达国家的工业基础设施落后，缺水、短电，交通不便利等，企业在建厂和生产过程中都面临不少问题。如非洲国家交通运输欠发达，缺少高效的物流和便利的贸易港口，配套服务落后，厂房建设所需的建材、物资也需要进口；东南亚国家如越南、孟加拉

国，虽然其国内电力成本较低，但都存在供电不稳定，甚至供应严重不足的情况。还有一些国家如中亚的乌兹别克斯坦，水资源十分短缺。

（三）文化差异

“一带一路”沿线国家的多民族、多文化、多语言和多宗教信仰，挑战着中国棉纺企业的海外项目运营能力。如埃及文化及宗教等人文环境融入存在困难，女工婚后工作稳定性难以保障；越南、柬埔寨、缅甸劳资矛盾频发。棉纺企业到一个工业发展环境、制度等尚未成熟的国家和地区投资，所遇到的问题比欧美日韩等发达国家要多。

（四）红利周期与回收成本周期间的较难预测

各地的投资优惠政策往往标有年限，且呈现递减趋势，企业投资前需充分评估好投资地政策人口红利的释放周期内是否能实现成本收回。纵观全球，大多数新兴国家体量有限，随着资本的不断入注，承载力将很快饱和，随之而来的可能就是各项成本的快速上涨，红利的锐减。表 4 为部分国家劳动力工资水平与生产效率对比。以越南为例，近年来承接了国内许多棉纺产业，但用工成本年增幅高于国内，据了解，越南劳动力成本正以每年 15%左右的幅度增长，已出现招工困难的情况。柬埔寨员工的涨薪也很快，尤其到每五年一次的大选，必定伴随工人工资大涨，但生产效率却没有跟工资同步增长。

表 4 劳动力工资水平与生产效率对比

项目	越南	柬埔寨	缅甸
劳动力工资水平	约为中国工人的 50%	约为中国工人的 30%	约为中国工人的 20%
生产效率	约为中国工人的 80%	为中国工人的 50%～65%	约为中国工人的 30%

数据来源：中国纺织工业联合会

（五）金融环境薄弱

一些投资目的国的金融环境多变，对外商的支持不够。如越南外汇管制问题突出，在越南使用美元受到较大限制，当地政府鼓励企业和个人持有越南盾，以提高越南盾的市场地位，但是越南盾汇率并不稳定，容易给企业资金安全带来风险。

五、投资案例

随着“一带一路”倡议的推进，越来越多的棉纺企业将新增产能和目标市场一并作为全球布局的先决条件，以利于企业保持国际竞争优势，下文为几个棉纺织企业海外产业布局简况。

（一）投资亚欧美三大洲的天虹纺织

天虹纺织是国内最早一批挺进越南的纺织企业，自 2006 年开始多次在越南投资，在“一带一路”政策带动下，天虹纺织紧抓几个重要的机遇期，收获了海外拓展的红利，国际化经营力度持续加大。天虹纺织利用越南的进口棉花、劳动力红利等优势，已在越南形成 160 万纱锭、400 台织机的生产能力，此外天虹纺织在墨西哥、尼加拉瓜、土耳其也有产能布局。

（二）整合全球范围内优势资源的鲁泰纺织

作为中国棉纺织行业的龙头企业，鲁泰纺织自 2013 年开始走国际化道路，在中国、美国、意大利、日本、印度、越南、柬埔寨、缅甸等国家，充分整合吸收国际化的生产成本、市场渠道等资源优势，海外布局覆盖了纺纱、漂染、织布、后整理、成衣加工、品牌营销等环节，将鲁泰成功打造为世界级的纺织服装全产业链品牌企业。

（三）借道非洲出口全球的无锡一棉

2019 年是无锡一棉成立 100 周年，也是无锡一棉布局全球的起航之年。2019 年 10 月，无锡一棉投资埃塞俄比亚项目投产试运行，2020 年 2 月，一期 10 万纱锭实现全面投产。无锡一棉依托品牌、技术、管理优势，利用埃塞俄比亚充沛的劳动力资源、低价的能源成本以及当地政府的支持政策，实现了由内向型向外向型的转换，在拓展海外中端市场的同时，助推无锡一棉转型升级。

（四）20 年坚持探索“走出去”的岱银集团

岱银集团也是行业“走出去”的先行者。自 1999 年开始，岱银集团陆续在斯里兰卡、美国、马来西亚等多个国家布局，利用海外劳动力资源、区位与市场优势以及贸易便利政策，做强做大企业、树立企业国际化形象，实现较好的回报，与此同时有效带动了中国纺织机械设备出口，对中国纺机工业“走出去”起到积极的促进作用。

六、结语

总体来看，我国棉纺企业在“走出去”方面已经取得了一定的成绩，但海外布局并非一帆风顺，更不是水到渠成，有太多的障碍和困难需要去克服和解决。

目前，我国棉纺行业面临国内外复杂且严峻的发展形势，但从总体上看，机遇大于挑战。随着“一带一路”倡议的推进，以及各国工业发展的不断完善，我国棉纺企业在沿线国家的各种风险将会进一步降低，同时也将挖掘更多的贸易潜力，企业国际化成长的环境将变得更为有利。已“走出去”的棉纺企业要注重协同合作、抱团取暖，避免单打独斗，只有互相合作才能最大程度发挥行业优势。届时中国棉纺织行业的国际化步伐也将更稳健、更顺畅。

附录：

部分“一带一路”国家出台的优惠政策

国家	优惠政策
埃及	埃及部分地区的工业新项目，暂免征5年公司所得税 自由区内企业的货物和服务贸易享受免增值税优惠 出口美、欧等国享受进口零关税优惠
埃塞俄比亚	进入工业园的外商享受8～10年的所得税减免，特定的进口货物免征关税及其他税收 用于投资项目的资本货物可免征进口关税；用于制造出口产品的原材料进口关税和进口货物税收可予以返还 享受美国和欧盟等多国的免关税和免配额政策，出口印度享受优先市场准入待遇
柬埔寨	对特定项目，投资后可享受3～8年的免利润税 对生产外贸服装的纺织设备免征增值税 对部分投资项目，免征其生产设备、建筑材料、零配件和原材料等进口关税，产品出口免征出口税 享受欧盟、日本等主要发达经济体给予的免关税进口待遇，与中国贸易零关税
肯尼亚	出口加工区的企业，前十年免征企业所得税 享受关税返还 对用于生产出口产品的原材料免征关税和增值税 出口美国、欧盟免关税和享受关税减让，不受配额限制
缅甸	投资者在特定区域按时间享受所得税减免优惠政策 投资项目所得利润用于再投资同类项目时，所得税可减免 用于投资项目建设以及生产出口产品而进口的原材料、半成品和设备等，可享受进口关税适当减免 享受欧盟普惠制及多国免税待遇
孟加拉国	对进入园区的企业最长可以有10年的所得税优惠期 进口原材料、建筑材料、资本机械、成品等免征关税 享受欧盟普惠制及多国免关税市场准入待遇
乌兹别克斯坦	在乌投资的服装及服饰企业可享受除增值税以外的所有税费减免优惠 进口非乌生产的原材料、辅料以及设备及零部件，免关税 自欧盟进口商品，享受关税优惠
越南	不同类型项目享有不同的税率和减免期限优惠 对外开放程度高，签署多项自贸协定，出口发达国家市场具备关税优势
马来西亚	投资政策开放。对一定时期内的所得税进行部分或全部减免；部分免除进口税、销售税或消费税等 良好的经贸环境。自由贸易协定13个，涉及市场人口27亿人。与澳大利亚、日本、新西兰、印度、智利、巴基斯坦、土耳其7个国家签署了双边自由贸易协定
印度尼西亚	市场化程度较高，金融市场较为开放

数据来源：中国纺织工业联合会

新疆棉花与棉纺产业协同发展竞争力分析（节选）

新疆棉纺产业发展研究课题组

摘要：2014 年以来，在国家和新疆维吾尔自治区的大力支持下，新疆纺织服装产业得到快速发展，棉纺产业作为前端环节在促进就业、带动地区经济发展等方面取得了阶段性成果。棉花与棉纺密不可分。随着新疆棉花产业主导地位的确立，新疆棉纺产能不断增长、区位优势初步形成，进而产业在发展过程中，暴露了一些问题。为了更好地在资源配置上、在上下游产业配套及协作上、在政策制定及前后衔接上推进新疆棉花、棉纺产业的协同发展，充分发挥新疆棉花、棉纺产业优势，实现产业可持续和高质量发展，本文在《新疆棉花、棉纺产业协同发展竞争力》课题中节选了一部分，供大家参阅。

一、新疆棉花与棉纺产业发展现状

新疆作为我国最大的棉花产区，具有得天独厚的自然环境适合棉花生长，始终保持了一定数量的棉花产量，随着国家政策引导以及市场环境的变化，新疆棉花产业在全国乃至全球的地位越来越显著，发挥着为下游纺织产业提供原料保障的关键作用。

中华人民共和国成立初期，新疆棉纺产业规模仅占全国 1%左右，随着新疆棉花产业的蓬勃发展也带动了棉纺产业在新疆的集聚，2014 年以后，国家以及新疆维吾尔自治区大力扶持纺织服装产业以推进就业，自此新疆棉纺产业进入了发展的快车道。

（一）新疆棉花产业发展现状

1. 产业规模主导地位确定

新疆棉花产业形成当前的规模，经历过两次跨越式发展，第一次是在 1995 年，国家实施优质棉基地建设，新疆棉花产量占全国比重从之前的 3%上升到 30%，第二次是 2014

年新疆开始实施棉花目标价改革政策，对棉农实施价格补贴，新疆种植优势凸显，新疆棉产量占比维持在全国 80%以上，成为名副其实的国内棉花主产区。2019/2020 年度，据统计局数据新疆棉花产量达到 500.2 万吨，占全国的 84.9%。见图 1。

2. 棉花品质基本稳定

一直以来，新疆棉花品质享有良好的口碑，受到下游纺织企业青睐。2011 年起，连续三年的“临时收储政策”，使得农民更看重棉花产量不顾质量，给棉纺织企业生产带来阵痛一击，国际竞争力大大下降。2014 年，国家开始在新疆实行棉花目标价格改革，对稳定新疆棉花产量，提升新疆棉花质量发挥了重要作用。

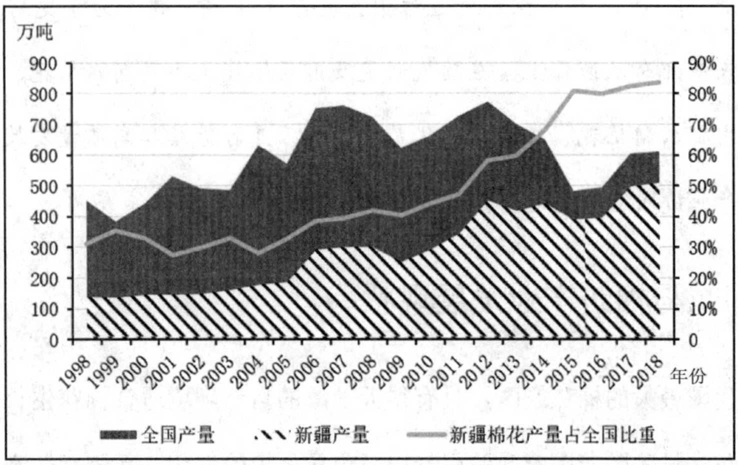

数据来源：国家统计局

图 1　1998～2018 年全国及新疆棉花产量情况

从表 1 中可以看出，棉花目标价格改革后，新疆棉花质量的变化表现为：新疆棉花平均单产水平稳定在 140 千克/亩左右；新疆的棉花质量指标整体呈上升趋势，28mm 以上长度细绒棉比重在 2016 年后超过 93%，平均长度达到 29mm 左右，断裂比强度整体呈上升趋势。

表 1　棉花目标价格试点改革前后棉花生产及质量情况

项目	年份	2011	2014	2016	2017	2018
面积	全国（万亩）	8122	6115	4130	5114	4903
	新疆（万亩）	2924	3184	2742	3632	3680
单产	全国（千克/亩）	90	106	120	118	125
	新疆（千克/亩）	117	139	144	137	140
总产	全国（万吨）	728	650	494	605	611
	新疆（万吨）	343	444	395	498	514
新疆细绒棉指标	白棉（%）		95	96	97	97
	长度 28mm 以上（%）	87	87	93	93	96
	长度平均值（mm）	28.78	28.71	29.1	29	29.14
	断裂比强度平均值（cN/tex）	28.35	27.84	27.8	28	28.37
	长度整齐度（%）	82.78	82.73	83	82.5	82.51

数据来源：中国棉花协会 中国纤维检验局

2010 年起，新疆围绕纺织服装产业发展需求，不断优化棉花区域布局和品种结构，大力推广机采棉，发展适度规模经营，机采棉面积快速增长，据新疆发改委统计，2019 年新疆棉花机采率约 49.8%，北疆主要棉区机采率已超过 80%，其中一些县市机采率接近 100%，但南疆和东疆地方棉区机采面积较小。

3. 新疆化纤产业发展现状

新疆化纤产业的发展是自 2009 年以粘胶产业为起步，2014 年以后，发展迅速，以粘胶短纤为主要产品，涤纶项目正在规划中。2018 年，新疆粘胶短纤年产量为 76 万吨，其中 53%用于本地纺纱企业；粘胶短纤的消费量占棉纺用纤维消费总量的 15%左右。从图 2 可以看出，新疆粘胶短纤产量除 2015 年由于受市场影响波动较大，整体呈稳步增长趋势，占我国粘胶短纤的产量比重在 20%左右。见图 2。

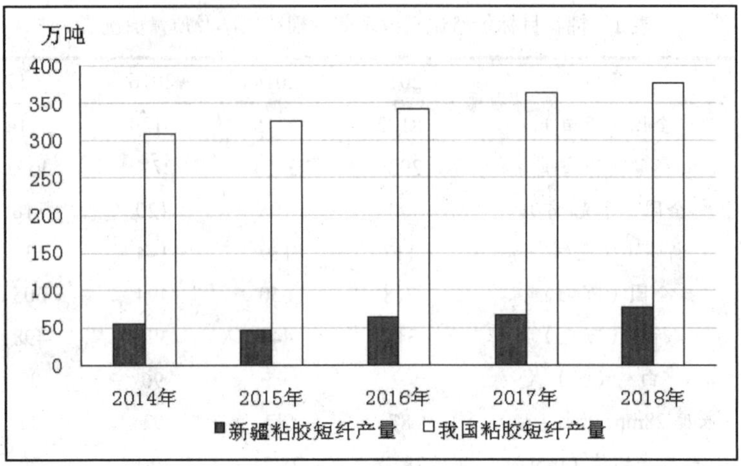

数据来源：中国化学纤维工业协会

图2　新疆及全国粘胶短纤产量

（二）新疆棉纺产业发展现状

1. 产业规模形成集聚效应

2014 年以前，新疆棉纺产业发展较为平缓，1998 年前后新疆棉纺产能稳定在 200 万锭左右。2014 年以后，在国家发布支持纺织服装产业在疆发展以扩大就业，新疆维吾尔自治区人民政府出台了《关于发展服装产业带动就业的意见》以及《发展纺织服装产业带动就业规划（2014—2023 年）》，棉纺行业作为前端环节，首先开始了大规模发展，多项支持政策吸引了大量内地企业进疆投资。

2016 年新投产产能快速释放，产能破千万锭，至 2018 年 3 月产能达 1446 万锭。当月，自治区人民政府发布《关于严格控制棉纺产业无序发展的紧急通知》（新政办明电〔2018〕41 号），自此，随着产业政策的调整，棉纺产业在疆投资、建设进程开始放缓。见图 3。

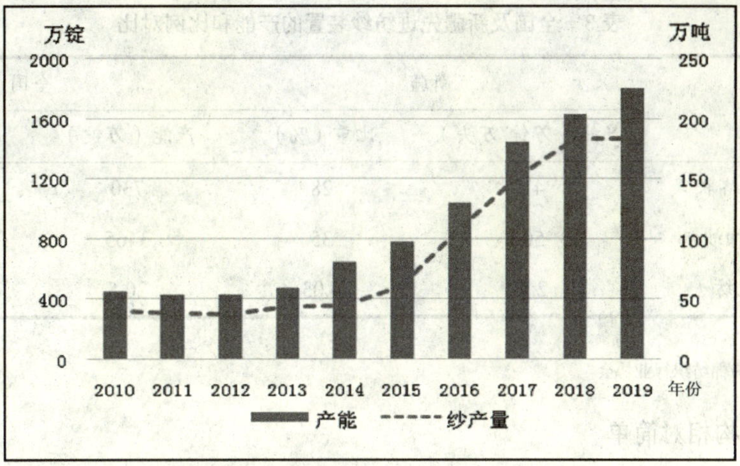

数据来源：新疆维吾尔自治区纺织工业行业管理办公室

图 3　1998～2018 年新疆棉纺产能及产量情况

2. 先进装备占比超全国平均水平

截至 2018 年 3 月，据中国棉纺织行业协会统计，新疆转杯纺产能共计 52.3 万头，占全国比重超过 20%。从装备调查数据来看（表 2），由于转杯纺装备的投入产出率高，新疆转杯纺装备比重明显高于全国；而先进的喷气涡流纺纱装备占比高于全国 0.5 个百分点。新疆棉纺产业约 70%左右的纺纱产能为 2014 年后新投资建设，企业更倾向于选择连续化、自动化、信息化方面水平较高的装备，以弥补用工不足，同时能够充分利用新疆的电力优势，提升生产效率。见表 3。

表 2　全国及新疆纺纱方式占比情况

项目	总产能（万锭）	环锭纺占比（%）	转杯纺占比（%）	喷气涡流纺占比（%）
2018 年全国	11600	80	16.5	3.5
2018 年新疆	1446	60	36	4

数据来源：中国棉纺织行业协会

表3　全国及新疆先进纺纱装置的产能和比例对比

项目	新疆		全国	
	产能（万锭/万头）	比重（%）	产能（万锭）	比重（%）
粗细联+细络联	410	28	730	6
带自落长车细纱机	500	35	3465	30
喷气涡流纺	2.92	4.03	20.5	3.50

数据来源：中国棉纺织行业协会

3. 产品结构相对简单

根据新疆维吾尔自治区统计局数据显示，2018 年新疆纱产量 185 万吨，其中纯棉纱 138 万吨，粘胶纱 40 万吨，布产量 3.03 亿米。从产量情况看，新疆纯棉纱产量占全国比重较大，布产量占全国比重很低，新疆棉纺织行业的核心竞争产品仍以纱线为主。见表 4。

表4　2018 年全国及新疆纱布产量及占比情况

项目	纱产量（万吨）	纯棉纱（万吨）	粘胶纱（万吨）	布产量（亿米）
全国	1914	421	220	600
新疆	185	138	40	3.03
新疆占全国比重（%）	9.67	32.78	18.18	0.51

数据来源：新疆维吾尔自治区统计局　中国棉纺织行业协会

新疆纱线结构分布如表 5 所示，产品主要以中低支纱为主，以 2017 年为例，新疆纱以 60 英支以下为主，32 英支以下次之，60 英支以上纱线比重很低，只占 1%，整体低于全国 5 个百分点。

表5　2017 年出疆纱线纱支分布比例

项目	支数分布占比	<32 英支	32～60 英支	>60 英支
自治区	%	68.77	29.71	1.52
兵团	%	30.38	69.62	0
全疆	%	48	51	1

数据来源：新疆维吾尔自治区有关部门

4. 员工文化素质低于全国水平

2014～2018 年，纺织服装产业累计新增就业人口 46.49 万人，加上存量的约 13 万人，纺织服装产业吸纳就业约 59.5 万人，新疆棉纺的发展也拉动了建筑、流通以及餐饮等产业的发展，间接增加就业人数约 10 万人，为新疆产业结构调整、就业、脱贫攻坚和社会稳定做出了积极贡献。

根据课题组对新疆棉纺织企业人才情况统计，如表 6 所示，新疆纺企大专及以上管理人员占比低于全国 33 个百分点，生产人员中高中及以下学历占比高于全国 22 个百分点，可见新疆管理水平低于全国平均水平，一线工人的整体文化素质也低于全国。

表 6 新疆与全国纺纱企业人员学历结构对比

项目	新疆			全国	
	单位	高中及以下	大专及以上	高中及以下	大专及以上
管理人员占比	%	48	52	15	85
生产人员占比	%	97	7	75	15

数据来源：中国棉纺织行业协会

5. 贸易以转口为主

新疆棉纺织产品进出口贸易以棉织物出口、棉纱进口为主。2017 年，新疆棉织物出口量为 8097 万米，占全国比重 0.9%；进口棉纱线数量为 1.5 万吨，占全国棉纱数量的 0.75%。据新疆海关统计，新疆约 80%以上的纺织品服装出口到周边的中亚五国，但其中约有 75%是内地从新疆过境出口。

6. 企业在疆经营特点显著

课题组对新疆 70%左右的纺纱产能进行了调查问卷分析，尽管企业规模、经济效益设备状况、产品结构以及经营管理水平的不同，但仍然能反映出新疆棉纺企业的经营质效情况，主要分为以下几种情形，见表 7。

整体上看，对于大中型企业，在正常生产的前提下，管理规范、经营稳健，在各项政策能落实到位的情况下，可以较好地弥补了生产成本，保障企业的良性运转；对于一些规模较小的企业，因其自身以及市场、环境等因素，尽管生产正常，补贴能弥补部分成本，但效益一般；对于一些生产经营及管理存在问题的企业，不仅产品产出不稳定，政策落实延迟，企业面临亏损。

表7 在疆纺纱企业经营状况对比

规模	20万锭以上	10万锭左右	5万锭左右
在疆时间	5年以上	90年代在疆企业	5年以内
用工	拥有生产和管理经验丰富的人才队伍，万锭用工为45人左右（不含培训待岗人员），流动性低	万锭用工在80人左右（不含培训待岗人员）	万锭用工50人左右（不含培训待岗人员），人员流动性大
装备	以环锭纺纱居多，设备维护和技改状况良好	80、90年代的环锭纺为主，维护保养较好	以转杯纺为主，有内地转移过来的产能，也有新的设备
生产	产品中高支纱，有稳定的下游订单	产品以32英支、40英支等中支纯棉纱为主	产品32英支以下为主，需要拓展产品订单、优化人员结构，偶有开工不足
效益	经营稳定，净利润率在5%~10%	2014年以前基本处于薄利甚至负利润状态，随着各项支持政策的实施，利润有所增长，大多由负转正，净利润在5%以下	净利润率在5%以下甚至亏损

二、新疆棉花与棉纺产业的发展潜力

（一）新疆棉纺产业发展优势

1. 新疆纺纱产业的原料资源

（1）丰富的棉花资源。棉纺企业在新疆能够就近使用原料，有效节约了采购成本。目前，新疆棉花质量整体处于较好水平，新疆细绒棉能够满足大多数国内纺织生产需求，2018年，全国纺纱企业中使用新疆棉的企业数量占80%左右，其存在的主要问题是异纤，不能满足包漂白和包染色的用棉需求，兵团棉花在采摘上对异纤的控制较为严格，好于地方。此外，新疆长绒棉享誉全球，是国内高档纺织品服装的重要原料之一。

（2）**粘胶短纤供应量充足。**新疆粘胶短纤产量快速增长，表现的特点包括：①以国内大型粘胶生产企业为核心的先进技术进驻新疆，具有较强的资金和生产研发优势；②利用新疆丰富的棉短绒，发挥企业资源一体化生产优势；③以先进的绿色环保技术为引领，结合新疆区域特点，推进纤维绿色制造；④充分利用新疆优惠政策，向下游的纺纱生产延伸，提高企业的效益。

2.新疆棉纺产业政策优势

2010 年以来，全国对口援疆工作正式实施，2013 年，中央第四次对口援疆工作会议提出，把发展纺织服装产业促进就业作为推进新疆跨越式发展和长治久安的一项重要举措，新疆维吾尔自治区党委按照中央安排进行部署，即力争到 2023 年，推动新疆棉纺产能达到 2000 万纱锭。努力将新疆建设成为我国重要的优质棉纺织品生产基地、新兴纺织服装产业基地、纺织品服装国际商贸物流中心和全国纺织服装产业可持续发展示范区，同时形成带动百万人就业的支撑产业，为实现这一目标相继推出一系列支持政策。

3.新疆具有一定的产业发展基础

在政策扶持下，棉纺产业最先投资发展，短短三年多，新疆的棉纺产能翻了一番，以内地大企业投资为主，设备先进且自动化、智能化程度高，生产效率高，新疆作为全国棉纺生产基地已经基本建成，产品规模等优势逐渐显现，新疆纱“品牌”逐步建立。从经济指标看，2010～2014 年，新疆纺织服装产业发展平稳，主营收入保持在 200 亿～250 亿元之间，利润总额在 1 亿元左右；2014 年以后，主营收入和利润总额快速攀升；2016 年主营收入较 2014 年增长了 57.5%，利润总额 2016 年较 2014 年增长了 151%。此外，新疆具有丰富的劳动力，但就业率仅为 38%左右，仍有巨大的劳动力资源供纺织服装产业的发展所需，然而，职工人员受教育水平和技能培训是未来挖掘这部分劳动力资源的关键。

4.有较大的消费潜力

根据国家统计局数据显示，截至 2017 年底，新疆全区衣着类消费支出约为 400 亿元，按照年均增长 15%估算，到 2023 年，新疆衣着类消费市场容量将超过 1000 亿元。此外，新疆周边的五省衣着类消费总额合计接近 1000 亿元，约占国内消费总量的 6%左右。这意味着，新疆及周边省份的居民衣着类消费支出拥有较大的增长空间。不仅如此，新疆地处亚欧大陆核心地带，是亚太和欧洲两大经济圈的重要节点和枢纽，辐射 40 多个国家，直接连通国内国际约 30 亿人口的大市场。

（二）新疆棉花、棉纺成本分析

1. 新疆棉花产业种植成本

棉花种植成本上升是趋势。新疆棉花成本主要包括物质与服务成本（包括种子化肥、农药农膜、租赁、畜力、燃动力、技术工具、维修以及固定资产折旧、保险费、管理费、财务及销售等）、人工成本和土地成本三大部分。从成本构成看，见图 4，人工成本占比最大在 40%以上，且增长速度快，但是自 2014 年以来，人工成本增速放缓，甚至个别年份出现下降，这主要是得益于机采棉的大力推广。

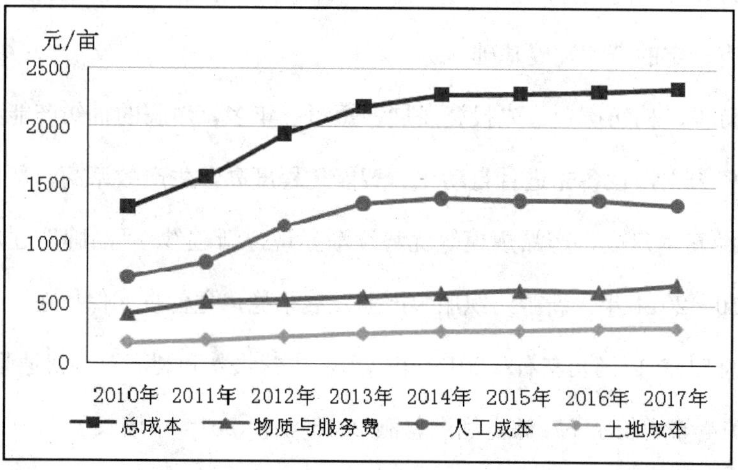

数据来源：中国棉花协会

图 4　2010～2017 年新疆棉花生产总成本及其构成

随着人工成本的快速增长，发展机采棉成为必然趋势。以 2017 年、2018 年度抽样调查的数据为例（表 8），对比新疆手摘棉（南疆）和机采棉（北疆）成本情况看，最大的差异在于人工成本，从棉花种植环节了解到，机械化采摘能降低约 30%的人工成本。

表 8　南疆和北疆棉花种植成本对比情况

项目	2017 年		2018 年	
	南疆	北疆	南疆	北疆
物质与服务费（元/亩）	1028	1110	1047	977
手摘棉（元/亩）	600	—	—	—
采棉机机采费（元/亩）	—	160	245	145
其他各项费用（元/亩）	655	604	654	405
合计（元/亩）	2283	1874	1946	1527

数据来源：中国棉花协会

稳定发展长绒棉是趋势。长绒棉是棉花中的“黄金”，中国仅在新疆有种植，年均产量约为 10 万吨，中国每年纺纱需求量约 20 万吨，不足部分需进口，进口的长绒棉基本为美国皮马棉和埃及长绒棉。以 2017 年成本数据为例（表 9），长绒棉单产低于细绒棉 10.6%，种植成本高于细绒棉 17%，但长绒棉产值超过细绒棉 40%。从树立中国长绒棉品牌角度，从提高产品附加值树立高档纺织品牌角度，保障新疆长绒棉一定量的发展十分必要。

表 9　2017 年新疆细绒棉和长绒棉成本对比

项目	纤维长度（毫米）	亩均产出（千克/亩）	用工（人/亩）	种植成本（人/亩）	亩均产值（元/亩）
细绒棉	28	120	10	2115	2159
长绒棉	33 及以上	108	9	2473	3053

数据来源：新疆农业厅

我国棉花在种植成本上国际竞争力不足，但在品质、产量等方面具有一定的优势，然而中国棉花生产成本增长幅度最快，相较之下，美国、澳大利亚的棉花质量优、出口量大，巴西棉的性价比正在快速提升，乌兹别克斯坦棉花的产量和品质也在不断提高。因此，有针对性地降低生产成本，提升棉花品质及稳定性十分重要。见图 5。

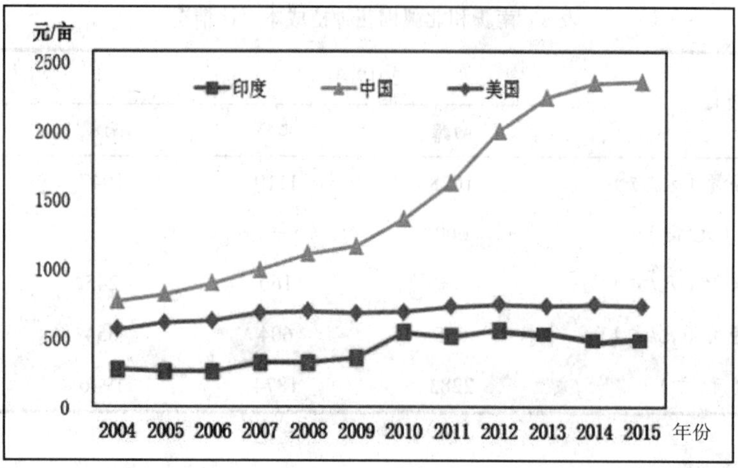

数据来源：农业农村部经济研究中心

图 5　中国和印度、美国棉花生产成本对比情况

2. 新疆棉纺产业生产成本

纺纱生产成本主要包括原料、电力、人工三大部分，与棉花生产的区别在于原料价格波动大、成本难以把握，相同的是纺纱人工成本呈快速上升趋势。课题组对新疆 70%左右的纺纱产能进行了成本的调查，重点对用电、用工以及运输成本进行了对比和分析。

（1）**电力成本优势较明显。**电费是纺纱生产的重要成本要素，新疆纱与内地纱成本中最显著的差异在于电费。在优惠政策下，新疆纺织企业支付 0.35 元/度，较内地纺织企业电费平均水平（0.7 元/度）低 50%。在其他因素相同的情况下，以 32 英支纯棉纱为例，折合吨纱用电成本，新疆纱每吨要比内地低 500～800 元/吨。当企业应用的设备有差异时，管理水平不同时，吨纱成本略有差异。2015 年以来，新疆纺纱企业产品结构以及设备状况比较稳定，吨纱用电成本基本稳定。

（2）**用工成本高于内地。**在用工方面，新疆纺纱工人平均工资水平高于内陆地区，主要是员工熟练程度、工作效率、预备员工人数参差不齐所致；同时，许多由内地在疆投资的企业，需要引进许多内地熟练工、技术人员以及管理人员，并常年有一部分待岗培训人员，这部分用工成本支出较大。北疆、东疆部分地区工资水平要略高于南疆。根据调查数据，新疆平均万锭用工人数为 70 人左右（含待岗培训人员），高于全国平均水平（60

人/万锭）。鉴于此，新疆实际吨纱用工成本高于内地。由此可见，与内地相比，新疆纺织用工不具备竞争力，一定程度上对冲了电力成本优势。

（3）**运输成本随季节性波动。**中国纺织服装主要消费市场在沿海城市，新疆地处我国西北部，距离我国东部沿海城市平均运距达到 4000 千米，公路运输时间长达两天左右。据课题组了解，如以奎屯为起点，近三年奎屯至江苏棉花运费为 757 元/吨左右，棉纱运费为 1135 元/吨左右。

运输方式方面，铁路运输以运载农产品为主，在大量农产品上市期，为确保这些季节性农产品及时运出疆，会大幅度挤占棉纱出疆的运力，尽管铁路运输成本低于公路运输，但从市场化灵活度方面考虑，70%的棉纺企业选择公路运输。从企业调研数据看，根据运距的长短，棉纱出疆的运费成本在 1000～1200 元/吨之间；在出疆高峰和冬季时期，运费成本偏高，淡季则成本相对降低。随着公路管理的限速、限载及人工、油价等因素的上涨，运费也呈上涨趋势。

三、新疆棉花与棉纺产业协同发展的思考与建议

新疆棉花、棉纺产业协同发展，需要考虑产业链上下游的供需结构、资源配套等问题，共同实现产业的高质量发展。

（一）棉花高质量发展问题

1.新疆棉花种子问题

新疆棉花种子存在“多、乱、杂”的问题，导致棉花品质一致性较差。随着机采棉迅速发展，适合机采棉采摘方式和质量要求的棉种有待研发并推广。

2.新疆棉花异纤问题

在新疆棉花的种植、采摘和收购过程中，棉花易混入地膜碎片等异纤，异纤的存在导致染色不均形成布面疵点，使面料降等降级，容易引起索赔和纠纷，导致订单丢失。新疆棉花异纤问题极大影响了新疆棉花品牌和质量。

3. 新疆长绒棉生产问题

新疆长绒棉价值高但种植效率低，在推广长绒棉种植上，种子研发和机采装备研发投入不够，在政策支持上，目标价格补贴对长绒棉支持力度不够，最终导致棉农种植积极性不高，长绒棉产量和价格不稳定。

4. 深化棉花体制改革问题

新疆作为我国棉花主产区，积极推进棉花体制改革显得更为重要。第一，要解决宏观调控与市场化发展的矛盾，包括棉花供应非市场化手段中的配额制度和储备棉管理，由市场决定棉花价格；第二，解决棉花目标价格补贴政策主要与面积、产量挂钩的问题，将棉花“优质优价”信息有效传导给棉花生产环节，使植棉者更加重视棉花内在品质；第三，推进机采棉品种选育、种植管理与采摘加工等技术相配套，提升机采棉品质；在棉花公检环节，增加异纤和短绒指标；第四，棉花流通环节的与时俱进，改革皮棉经营主体，促进棉花产业健康发展，改变收购方式、消除棉花混等混级等现象。

（二）棉纺产业定位问题

1. 原料的供应及其结构性矛盾

新疆原料供给存在结构性矛盾，对下游棉纺产品的差异化和多元化发展有一定限制。主要表现为三个方面：一是，新疆纺纱原料相对单一，以棉花和粘胶为主，涤纶纤维以及差别化纤维少，需要从内地采购；二是，棉花结构不合理，企业使用进口棉、国储棉等，则需要从疆外采购，大大增加了企业的用棉成本；三是，新疆棉花异纤相对较多，影响纺纱企业的竞争力，另外中低等级棉比重较低，不利于转杯纺纱的生产，潜在经营风险较大。

2. 产品同质化和高质量发展的矛盾问题

（1）新疆纱线生产以常规产品为主，同质化竞争较为明显。从纱支水平看，2018 年新疆纯棉纱产量占全部纱线的 78%，其中 32～60 英支纱线产量约占 50%以上，与进口纱品种接近，形成较大竞争。从纺纱方式看，新疆纱线多以转杯纺纱为主。新疆气流纺（包括转杯纺、涡流纺）产能占全疆的 42%，占全国 25%左右。由于远离终端消费市场，疆内企业获得的市场需求信息相对滞后，对新工艺、新产品的接受程度较内地缓慢，服装、家纺产品的时尚创意度也远不及沿海城市。

（2）高品质原料与设备、工艺的匹配度不够。新疆有高品质的棉花原料，有先进的纺纱装备。但产品附加值不高，主要凭借产能规模及优惠政策参与市场竞争，原料、设备优势没有得到高效利用。

3. 设备陈旧与产业升级问题

新疆仍有少部分陈旧设备在运转，尽管部分器材进行了更新、改造，但该类型设备仍存在生产效率低下、耗能大的问题，这些陈旧的设备不能充分利用新疆优质棉花资源和电力资源，产品质量偏低，很难得到市场的认可，企业应在市场的作用下进行淘汰，积极投入技改，保证设备水平能够跟上市场的需求。

4. 新疆自营产品出口少的问题

新疆棉纺织产品进出口贸易以转口贸易为主，其中以棉织物出口、棉纱进口为主。据新疆海关统计，新疆约 80%以上的纺织品服装出口周边的中亚五国，但其中约有 75%是内地从新疆过境出口的。

（三）新政策执行力度有待加强

根据《新疆关于发展纺织服装带动就业的意见》（新政发〔2014〕50 号），新疆出台纺织服装产业十大支持政策，内容包含运输、电费、金融、税收等多个方面。此后进行了多次调整和修改，与 2014 年相比，2018 年对新疆棉纺织行业的支持力度减弱，最直接的变化是对企业的优惠政策的标准下调，棉纺织企业竞争力受到直接影响。

从十项政策落实情况来看，仅电费优惠政策仍在执行且比较到位，运费优惠政策尽管仍在执行，但力度下降，与劳动就业相关的岗前培训、社保、一次性新增就业等政策很难达到获取标准，税收、金融、地产棉方面的政策难落实或者已不存在。

五年多来，从政策调整的调整趋势看，从弱到强，再到调控收缩，调控方向主要表现为以下几个特点：①从纺织服装产业链看，新上项目、贷款贴息、用工补贴向服装、家纺、针织等下游产业倾斜；②从疆内区域看，南疆与北疆政策逐步差异化，在资金安排、项目布局上向南疆地区倾斜；③从出疆运费补贴的标准来看，标准简单，且在执行过程中“打折扣”，补贴未体现高质量发展要求。

在政策的调整以及产业发展过程中，显现出了新问题、新现象，使得在如何助推产业优良发展、如何合理进行资源配置等方面存在争议。

调整过程中，出疆运费补贴打折对企业影响最为明显，以生产 32 英支纯棉普梳纱为例，按照 1∶1.2 的耗棉比计算，生产 1 吨棉纱，如果按照 80%核算补贴额，运费补贴为 800×80%=640 元，和内地使用新疆棉花的纺纱企业相比，新疆的棉纺企业仅获得 40 元/吨的运费补贴，大大削弱了新疆棉纺织企业的竞争力。

（四）从业人员文化素质总体偏低，流动性大

新疆人口结构复杂，富余劳动力丰富，但是能够为产业所用的人力资源十分有限。一是，员工流动性大是极为突出的问题；二是，培训难、培训效率低十分普遍；三是缺乏纺织专业人才和管理人员。

（五）发展方向与建议

1. 明确战略地位，统筹产业发展

（1）从国家层面高度重视新疆棉花产业的发展。国家及各层面应高度关注新疆棉花产业的发展动向，由国家有关部门牵头，每年在新疆召开棉花工作会议，促进新疆棉花产业的发展。

（2）从战略层面上明确新疆棉纺地位。随着新疆棉纺产能规模的不断壮大，也迫切需要明确新疆棉纺产业的发展定位，以“全国一盘棋”为总原则，利用好新疆多方面优势，科学规划，有序引导，推进新疆棉纺产业的高质量发展，树立新疆纺织品牌。

2. 提高棉花产业竞争力

（1）提升新疆棉花品质。继续实行棉花目标价格补贴政策，扩大补贴与质量挂钩试点，制定等级差价并实行差异化补贴，实行优质优补。对特殊地区如南疆四地州特殊考

虑。加大对长绒棉的补贴力度，保证一定数量的长绒棉。第二，培育并鼓励使用符合纺织需求的棉种，解决新疆棉种多乱杂的问题，提高棉花品质的一致性。推广机采棉种植，探索适合机采棉的种植、采收模式和加工新技术、新工艺，改善棉花异纤状况。

（2）加快棉花配套政策改革。及时出台新疆棉花目标价格改革方案，发挥储备棉动态调控功能，明确投放原则，同时合理规划储备棉的布局，建立棉花供需的市场化机制，支持棉纺织企业充分用好国际国内两种资源。

3. 坚定棉纺产业高质量发展

在政策引导方面，要巩固第一个五年成果，使棉纺企业留在新疆，自主造血，扎根新疆，安居乐业。鼓励企业高质量发展，生产高品质纱线、使用绿色生产设备和环保工艺，对符合高质量发展的产品进行差异化补贴。

4. 多举措破解运输困境

根据运输市场变化调整运费补贴标准，打造棉纺商贸功能区，打通新疆纺织服装产品向西出口。利用电子商业平台，缩短与市场的空间距离。

5. 加快政策鼓励下的人才队伍培养

鼓励在新疆建立“产学研”中心，把劳动力资源的普遍性培训，与管理、技术骨干人才的教育培养相结合。要打造一大批本土化的管理和技术骨干人才队伍，形成新疆纺织服装产业发展的核心力量。

执笔（按姓氏笔画排序）：
朱北娜、李杰、杨秋蕾、吴永萍、欧阳夏子
赵婧、郭占军、郭晓雪、谢青、董景玲

中国棉纺织行业
“十四五”发展规划问卷调查解析

“十四五”发展指导意见研究课题组

导读：“十三五”期间，我国棉纺织行业牢固树立并切实贯彻创新、协调、绿色、开放、共享的五大发展理念，落实“智能制造”“三品战略”“一带一路”等发展战略，在技术进步、产能及产品结构调整、产业布局优化等诸多方面取得长足的进步。面对未来的机遇和挑战，行业、企业与从业者积极布局，谋划“十四五”的发展，希望此分析能为棉纺织行业及相关企业提供有益的参考。

注：下文中未注明数据来源图表数据均为问卷数据

一、总体情况

（一）问卷调查目的

新年伊始，新冠肺炎疫情突然爆发，党中央率全国之力抗击新冠肺炎疫情。棉纺织企业及相关单位积极参与到抗击疫情的战役中，努力恢复生产，积极应对疫情对经济发展带来的影响。在此背景下，为了更准确、客观地分析“十三五”期间我国棉纺织行业取得的成就和存在的问题，明确“十四五”的发展方向和目标，中国棉纺织行业协会（以下简称中棉行协）组织了相关内容的调研问卷活动，得到了企业的积极反馈。

（二）参与企业基本情况

本次调查共收到有效问卷 843 份，其中，纺纱企业占 45%，织造企业占 7%，纺织企业（纺纱和织造均有）占 32%，其他相关单位（包含各地协会，院校，服装、印染、纺机、贸易等类型企业）占 16%（图 1）。

为便于统计，本次问卷针对纺纱和织造产能数量进行了统一折算，纺纱产能均折算为环锭纺（转杯纺 1∶10 折算，喷气涡流纺 1∶20 折算），织造产能均折算为高速织机（有梭织机 4∶1 折算、小剑杆 3∶1 折算），参与问卷调查的企业（以下简称参与企业）纺纱产能合计超过全国总产能的 75%，织造产能合计超过全国总产能的 20%，参与企业的纺纱和织造总产值超过全行业的 50%以上，有较强的行业代表性。

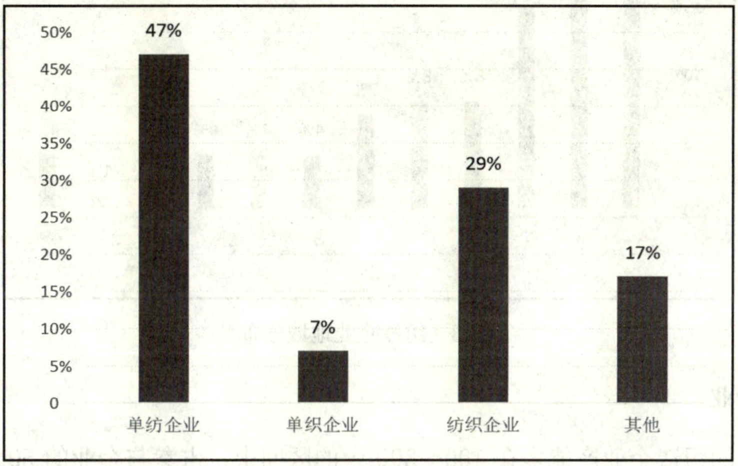

图 1　参与企业类型分布

1. 纺纱企业

调查显示，参与企业中纺纱企业产能多在 30 万锭以下，其中 5 万～10 万锭之间占比最高，为 41%；年营业收入主要集中在 2000 万～50 亿元区间内，其中 42%在 1 亿～4 亿元之间，与行业实际分布情况基本相符。具体情况如下（图 2）。

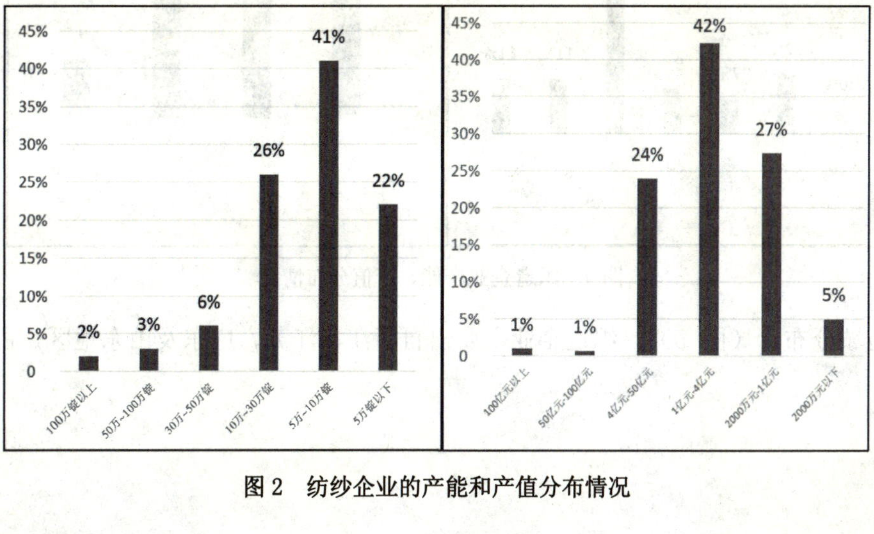

图 2　纺纱企业的产能和产值分布情况

从地域分布看，参与的纺纱企业主要出自江苏、山东、河南、浙江及新疆等地区，占到参与企业总数的 70%以上，具体情况如下（见图 3）。

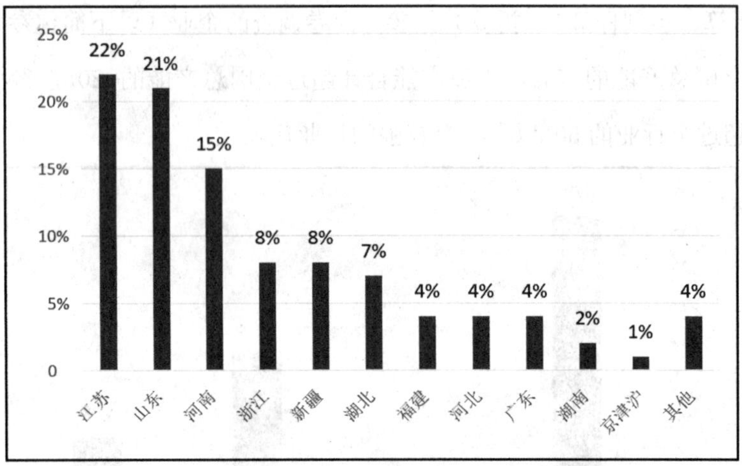

图 3　纺纱企业地域分布

2. 织造企业

参与调查的织造企业产能多在 100～300 台的区间中，占参与企业的 50%，年营业收入主要集中在 1 亿～50 亿元区间范围内。具体状况如下（图 4）。

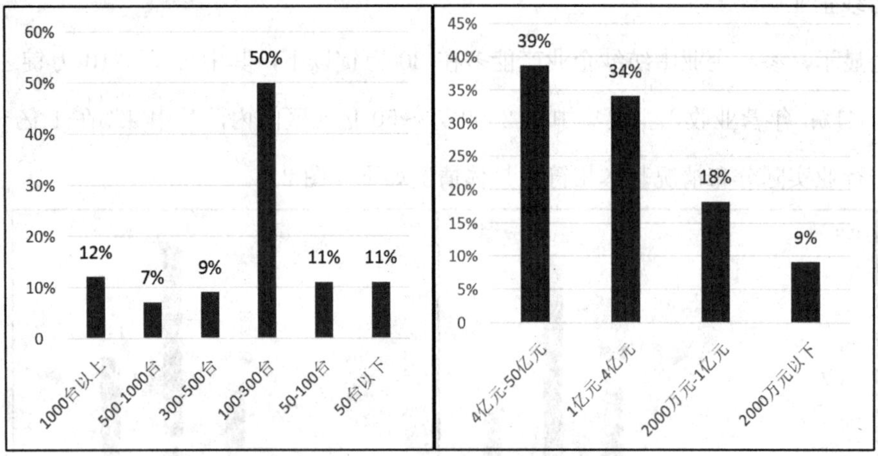

图 4　织造企业产能、产值分布情况

从地域分布看（图 5）。织造企业主要出自浙江、江苏、广东及山东地区，占 80%以上。

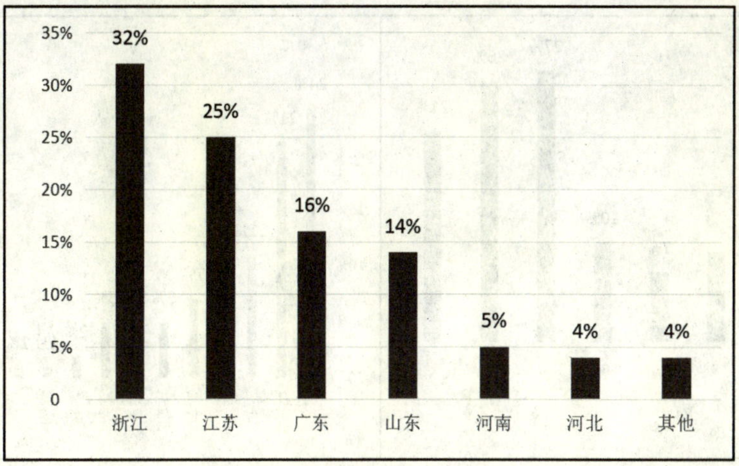

图 5　织造企业地域分布

3. 纺织企业

参与的纺织企业产能分布情况如图 6 所示。根据纺织企业及纺纱、织造企业的产能分析，纺织企业的纺纱产能约占参与企业纺纱总产能的 65%，可以看出，大部分企业选择纺纱与织造配套经营。

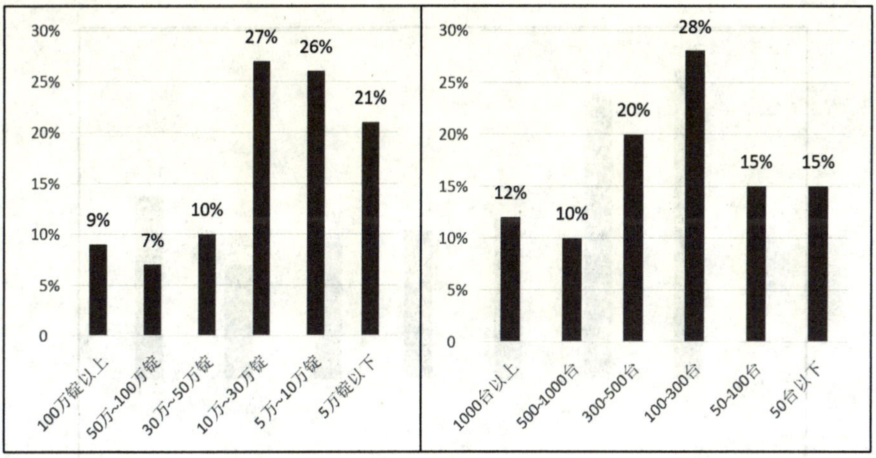

图 6　纺织企业产能分布情况

参与的纺织企业年营业收入主要集中在 2000 万～50 亿元区间内，主要分布在山东、江苏、河南及浙江等地区，占 60%以上，具体情况如下（图 7）。

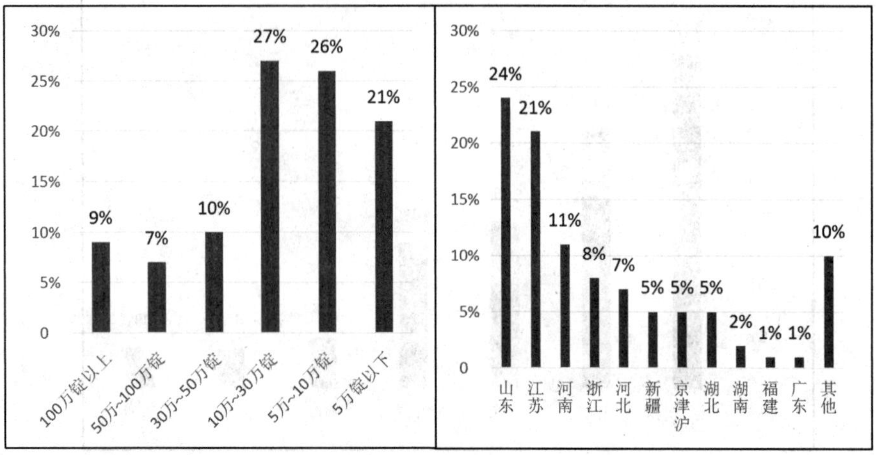

图 7 纺织企业产值和地域分布情况

4. 其他相关单位情况

除棉纺织生产型企业外，参与问卷调查的还包括各地协会、院校、纺机、器材、印染、原料、服装、贸易等单位（图 8）。可见，棉纺织行业的发展，得到了上下游相关单位的极大关注。

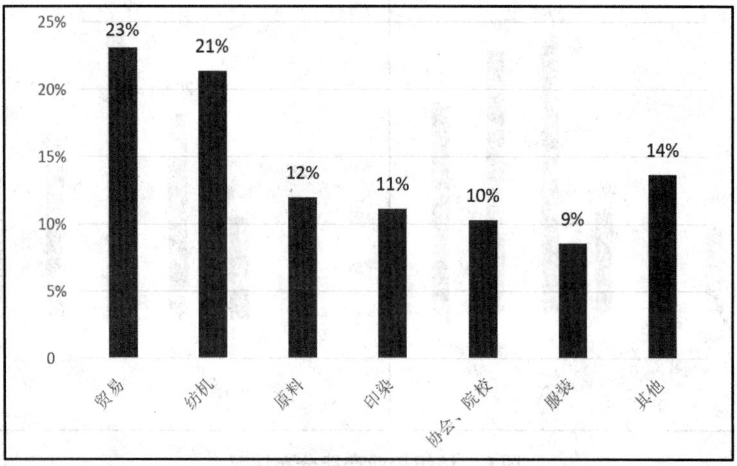

图 8 其他相关单位的填报情况

本报告广泛听取了棉纺织生产企业和相关单位的意见，针对行业普遍关注的问题，以棉纺织产业发展现状与调研结果相结合的方式进行分析。

二、“十三五”棉纺织行业发展现状

（一）总体概况

1. 总量情况和产业发展

“十三五”期间，我国棉纺织行业逐渐向高质量发展迈进，在供给侧结构性改革的推动下，产业结构不断调整优化，转型升级步伐加快，主要表现在以下四个方面。

一是产能质与量的调整。截至 2019 年底，我国纺纱、织造产能分别占到全球的 50%和 45%以上。在政策引导和市场竞争的作用下，我国棉纺织行业在经历了“十一五”“十二五”时期的快速发展后，规模逐渐趋于稳定。据中棉行协统计，进入“十三五”以来，棉纺织行业积极顺应市场变化，逐渐淘汰落后产能，年均减少约 2%（表 1）。

表 1　我国棉纺织产能发展趋势

项目	单位	2010 年	2015 年	2019 年
纺纱产能	万锭	13500	12000	11200
织造产能	万台	126	118	110

数据来源：中国棉纺织行业协会

从表 1 中可见，无论是纺纱还是织造产能均在市场的作用下进行了调整，但在此次问卷调查中，仍有 66.63%的参与企业认为我国棉纺织产能过剩（图 9）。结合近年棉纺织行业的生产经营情况来看，终端市场对棉纺织品的需求基本稳定，以大企业为主导的产品基本平稳发展，产品质量、竞争力以及市场集中度提升，而市场占有率较低、实力较弱的中小企业，面临生产成本提高、产品价格下降、利润降低的压力，从侧面反映出产能过大带来的发展困扰。

二是投资发展步入新格局。鉴于我国制造业综合成本持续上升，成本优势逐步被削弱，我国棉纺织行业投资更加理性化，投资增速放缓，投资重心逐渐从扩大产能向设备升级改造转移；产业布局更具竞争力，在政策导向、劳动力及电力成本的驱动下，“十三五”期间国内有部分纺纱产能投入新疆，东南亚、中亚和非洲也成为我国棉纺织企业的投资热土。

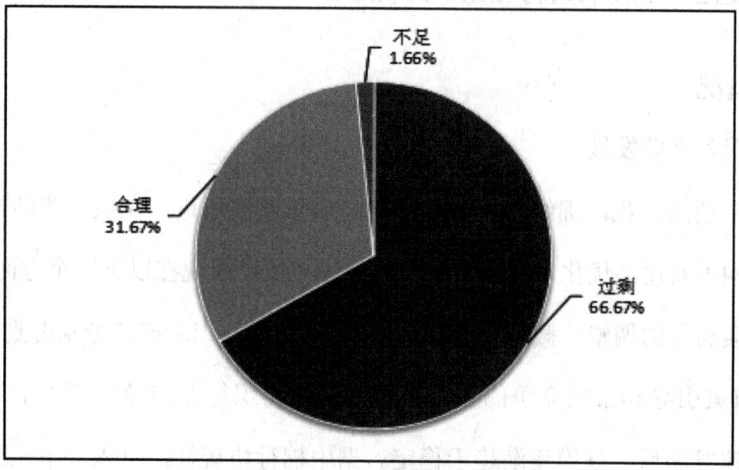

图 9　对产能规模现状的调查情况

对于“十三五”期间我国棉纺织行业固定资产投资力度的看法（图 10），超过 74%的参与企业认为处于中高水平，其中 22.06%认为处于较高水平，52.08%认为处于中等水平，说明企业认为我国棉纺织行业对固定资产的投资仍有提升空间，也表明企业对棉纺织行业未来的发展充满信心。

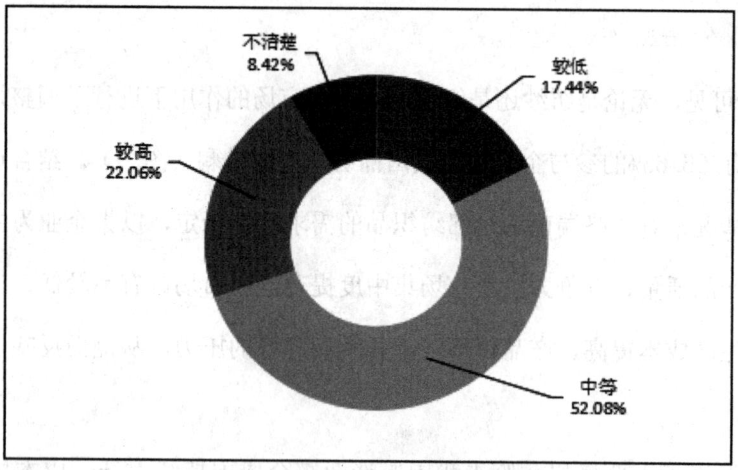

图 10　对固定资产投资力度的调查情况

近年来，受资源区域优势和市场环境影响，我国棉纺织行业投资结构更趋合理，规模膨胀型投资明显缩小，智能创新、绿色环保型投资力度进一步增强。

三是产业及产品结构不断优化。产能、产量、效益继续向优势企业集中，自动化、智能化装备的大量应用推动企业科技进步明显加快。在市场需求的推动下，非棉纤维的应用量不断增加（表 2），通过产品研发、新型原料应用，新产品层出不穷，优化和丰富了我国棉纺织产品结构。同时，产品档次整体稳步提升，纯棉高支产品、差别化、功能性产品、色纺产品等在研发方面取得较大突破并得到市场认可。

表 2　我国棉纺织原料应用情况

项目	单位	“十一五”平均	“十二五”平均	“十三五”平均
棉花	万吨	1120	825	729
非棉纤维	万吨	743	1198	1255

数据来源：中国棉纺织行业协会　中国化学纤维工业协会

四是运行质效平稳。“十三五”期间，我国棉纺织行业主要经济指标保持稳定（表 3）。与“十二五”时期对比，在市场环境及竞争的压力下，主营业务收入、利润总额、出口交货值等年均增速下降或放缓，但棉纺织工业作为纺织工业的基础产业，通过加快推动产业转型升级，积极应对国内外风险挑战明显上升的复杂局面，努力克服发展压力，为下游产业的发展打下了坚实的基础。

表 3　我国棉纺织行业主要经济指标同比变化情况

项目	2015 年	2016 年	2017 年	2018 年	2019 年
主营业务收入	3.8%	4.4%	5.7%	4.2%	-1.3%
利润总额	15.1%	7.1%	2.5%	4.3%	-11.0%

数据来源：中国棉纺织行业协会

产品定位方面，如图 11 所示，仅 6.88%的企业认为“十三五”期间我国棉纺织行业经营情况在纺织服装产业链中处于较高水平，大部分企业（47.45%、42.59%）认为处于中等或较低水平。由此可以看出，较多的棉纺织企业以生产常规产品为主，追求“以量获利”的经营方式。

从多年来纱线及坯布产品的平均价格来看，整体利润率处于较低水平，提高产品附加值是棉纺织企业提高利润率的有效途径，也是应对成本上升及国际竞争加剧的主要方式。

结合企业在品牌及市场推广等方面的资金投入情况可以看出，棉纺织企业对品牌及市场推广的重视程度明显提升，这有利于拓宽企业的营销渠道，打造品牌的知名度，提升产品的附加值。

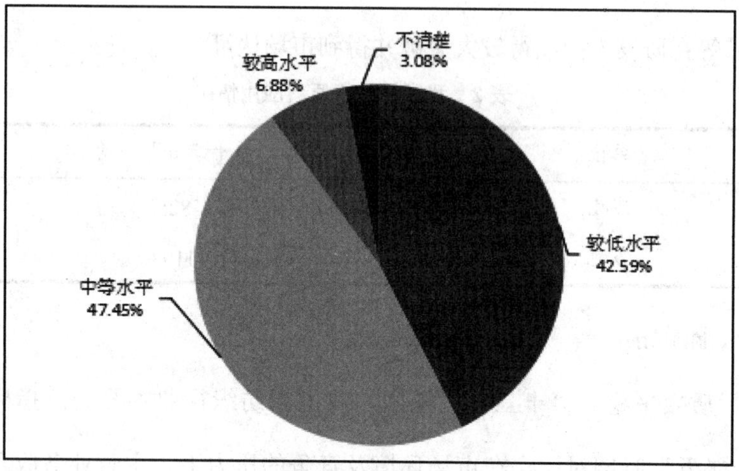

图 11　对在产业链中处于何种水平的调查情况

2. 主要发展成就

“十三五”期间，我国棉纺织行业牢固树立并切实贯彻创新、协调、绿色、开放、共享的五大发展理念，以提高发展质量和效益为中心，以推进供给侧结构性改革为主线，以增品种、提品质、创品牌的“三品战略”为重点，不断增强创新能力，推进智能制造和绿色制造，在结构调整、科技进步、市场开拓、节能减排及效益提升等方面取得了一系列的发展成就。

在棉纺织行业取得成就方面，参与企业有 54.51%认为在科技创新方面取得的进步最大，其他依次是节能环保、信息化建设、原料保障，持上述观点的企业占比分别为 47.98%、42.04%、40.26%（图 12）。

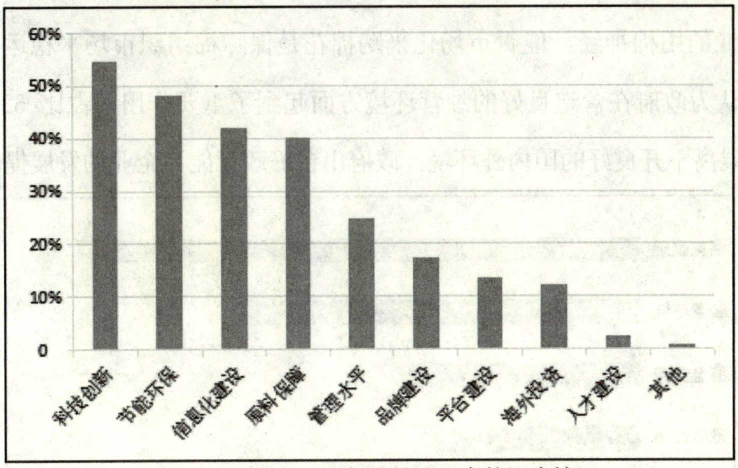

图 12　对各方面取得成就认可度的调查情况

整体来看，棉纺织行业在四个方面成绩显著：一是行业研发、生产、经营的基础设施与配套服务不断完善，新型纤维、智能制造、绿色制造等相关技术的研发与应用速度加快；二是环保及社会责任意识增强，淘汰落后产能，发展清洁生产，绿色节能环保成为科技创新不懈追求的目标，实现了材料、工艺与装备方面的绿色环保技术新突破，逐步落实可持续发展路线图；三是信息化建设取得了一定的突破，自动化、智能化水平不断提升，依托先进的技术装备打造了更多的全流程数字化工厂，并进一步提高了劳动生产率；四是可应用的原料更加丰富，棉花体制改革的深化，基本保障了企业的用棉需求，尤其是基于化纤工业持续不断的技术进步，新型纤维不断涌现，棉纺织行业应用非棉纤维的积极性与实际效果不断提升。

3. 政府作用

“十三五”期间，棉纺织行业的发展进步离不开政府的引导和支持，政府部门对行业各个方面的发展起着举足轻重的作用，包括棉花政策、经营环境、资金支持、降低成本、海外投资等。

对于上述方面，以多选题的方式进行了调查，结果如图 13 所示。参与企业认为政府部门在棉花政策方面发挥的作用最明显，持上述观点的企业占比 75.42%。原料是棉纺织企业经营中最重要的一环，原料成本占企业生产成本的 70%左右，棉花政策是否能接地气，是保障我国棉花价格和供给稳定的支撑点，2001 年以来的棉花进口配额管理，一直牵动着我国棉纺织企业的用棉神经，能否市场化采购棉花是保障棉纺织市场平稳运行的基础。其次，参与企业认为政府在营造良好的经营环境方面起到了重要作用，占比 52.38%。不可否认，企业的发展离不开良好的国内外环境，政府出台好政策能为企业的发展提供有力保障。

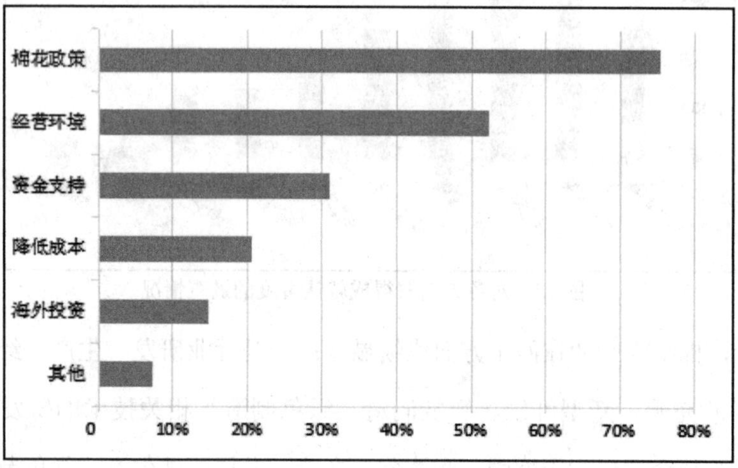

图 13　对政府发挥作用的调查情况

（二）贸易与产业布局

1. 竞争力对比

目前，中国是世界第二大经济体，也是全球货物贸易第一大国，自中华人民共和国成立 70 年来，中国棉纺织行业快速发展，并取得了巨大的成绩。从规模上，中国棉纺织行业年产纱线近 2000 万吨，梭织面料近 600 亿米。此外，中国从纤维原料到纺纱织造，再到印染直至终端服装、家纺、产业用纺织品，拥有完整且较为牢固的产业链体系。从制造水平上，中国拥有全球先进的棉纺织装备，生产智能化程度高，生产的高支纱、紧密纺纱、赛络纺纱等纱线产品品质优异，差异化、功能性纱线和面料也不断创新。从贸易量上，中国棉制纺织品和服装年出口贸易额达 800 亿美元，出口市场遍布全球，“中国制造”纺织产品的国家品牌逐渐形成。针对产品竞争力的调查显示，有 58.48%的参与企业认为，“十三五”期间，中国棉纺织产品处于中高档甚至高档水平，这表明大部分企业对中国棉纺织企业生产的产品品质有充分信心。但也有 37.84%的参与企业认为目前仅处于中低档或者低档水平，这反映出中国棉纺织产品在附加值、创新性等方面仍有较大提升空间（见图 14）。

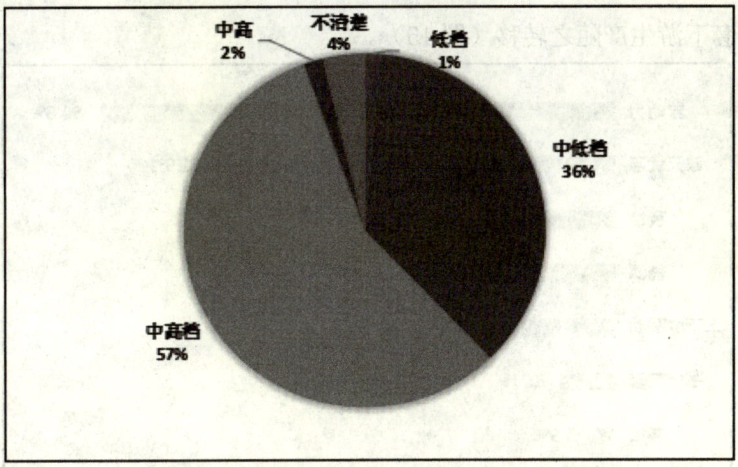

图 14　对中国棉纺织产品国际竞争力的调查情况

2. 产业转移

“十三五”期间，全球消费需求放缓，国际贸易形势复杂多变，中国经济发展由高速向中高速转变，产业发展也进入深度调整期。国内方面，纺织工业面临产能相对过剩、产业结构欠合理、综合成本持续上升、资源环境约束紧张、核心竞争力不强等问题。国际方面，纺织工业发展面临发达国家“再工业化”和发展中国家加快推进工业化进程的双重挤压，东盟及非洲等一些劳动力成本洼地国家，正在逐步成为全球未来的纺织业制造基地。

在这样的背景下，中国棉纺织行业面临更为紧迫的调结构、转方式、促增长的任务，产业转移则成为国内棉纺织企业“趋利避害”的重要途径之一。

一是对于投资转移的驱动因素，80.55%的参与企业认为劳动力成本高是影响我国棉纺织行业产业转移的首要因素。据中棉行协调研了解，棉纺织企业工人工资水平每年的增幅约在 10%以上，“十三五”末，东部地区棉纺织工人工资水平基本超过 5000 元/月左右，中部地区大约为 3000 元/月；而一些东南亚、非洲国家的工人工资水平仅为国内东部地区的 20%～30%，有 61.92%的参与企业认为产业转移的第二大因素为政策优惠驱使，例如工厂建设、促进就业、产品运输等方面的补贴政策；有 39.74%的参与企业选择了税赋，如招商地区给予的贷款贴息、土地税费减免、优惠关税等；33.45%的参与企业选择能源，如在有些地区工业园内可享受优惠电价；17.2%选择了上下游联动，由于产业链下游转移的缘故，上游为配套下游生产随之转移（图 15）。

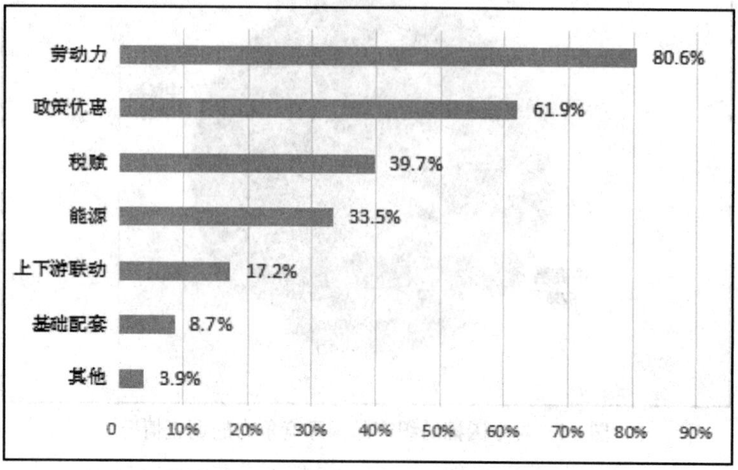

图 15　对棉纺织产业投资转移主要的驱动因素调查情况

二是国内投资转移情况。在推动区域协调发展方面，国家“十三五”发展规划纲要中提出，实施西部开发、东北振兴、中部崛起和东部率先的区域发展总体战略，深入推进西部大开发，大力推动东北地区等老工业基地振兴，促进中部地区崛起，支持东部地区率先发展，健全区域协调发展机制。根据国家发改委《产业结构调整指导目录》的要求，中国棉纺织产能有序“内移”，主要表现为向中西部的新疆、宁夏等地区发展，增加的纺纱产能超过 1300 万锭，其中新疆增加的纺纱产能超过 1000 万锭；向中部的江西、湖南、湖北、四川等地区发展，这些地区的劳动力资源相对丰富且廉价；承接地政府为吸引投资，给予企业可享受更低的能源和融资成本，为棉纺织产能中西部转移创造了条件。

三是国际投资布局情况。在推进国际区域合作方面，国家“十三五”发展规划提出，以“一带一路”建设为统领，深入推进国际产能合作。中国棉纺织行业以此为契机，综合拟投资国要素成本、原料供给、下游需求、税赋和其他优惠政策等因素，进行产业的国际化布局。“十三五”期间，中国棉纺织产能在对外开放政策的引导下，投资转移方向集中在“一带一路”沿线国家，包括越南等东盟国、中亚以及非洲国家，并且以国内龙头骨干企业为主，走出国门。据中棉行协统计，自“十二五”以来，棉纺企业在东南亚的投资产能超过 350 万锭，约占棉纺海外投资总产能的 83%，如果说“十二五”是国内棉纺织企业海外转移的萌芽期，主要表现为以对东南亚投资转移为主，那么“十三五”就是中国棉纺织产能向“一带一路”沿线国家的发展期。

对于中国棉纺织“十三五”期间产能海外布局力度情况的调查中，有 49.23%的参与企业认为海外布局处于正常、合理范围（图 16）。由此反映出，棉纺织产能海外布局是符合市场规律的行为，也是企业发展到一定阶段、实施转型升级的战略选择，同时还是企业树立国际形象、彰显实力的体现。然而，海外转移速度过快或过慢都对产业的平稳健康发展产生影响，海外布局过快、过大，将对产业安全、就业稳定造成威胁，也反映出国内市场环境对企业发展存在制约；布局缓慢则表明国内企业的发展相对缓慢与保守，还不具备应对国际市场风险进行国际化的实力。

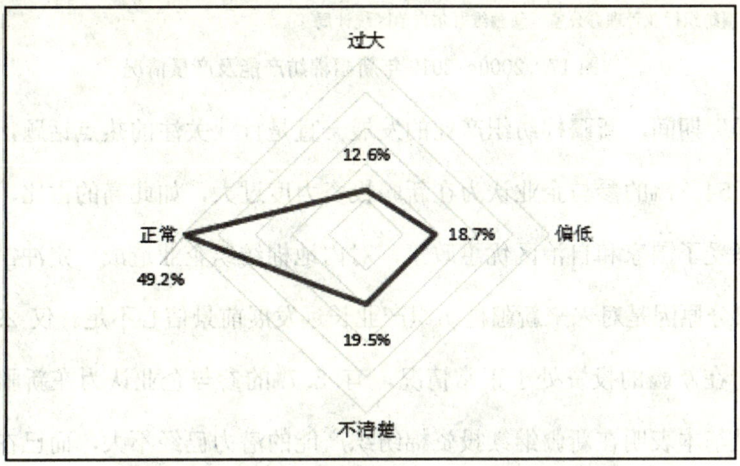

图 16　对棉纺织产业海外转移力度的调查情况

3. 新疆投资

“十三五”期间，在国家及新疆维吾尔自治区政策鼓励与支持下，新疆大力发展纺织服装行业促进就业，较多的棉纺织产能在新疆落地，成为棉纺织行业中西部投资转移的主要增长点。

2014 年以来，为吸引内地投资带动就业，国家及新疆维吾尔自治区出台了一系列优惠政策，包括优惠电价、出疆运费补贴以及其他就业类补贴等。一批有实力的棉纺织企业积极响应号召，将新疆作为企业布局发展的主要版图之一，新疆纺纱产能从 2014 年的约 700 万锭迅速增至 2019 年的 1800 万锭左右（图 17）。随着新疆维吾尔自治区相关政策及文件的陆续出台，“十三五”末，新疆的棉纺产能增速开始放缓。

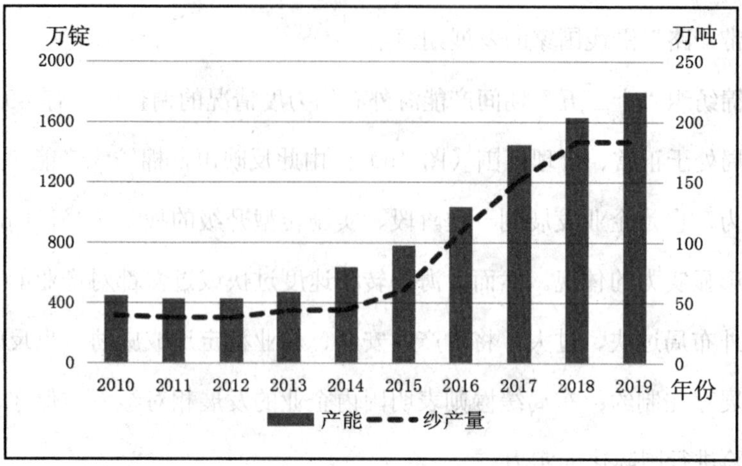

数据来源：新疆纺织行业管理办公室　新疆维吾尔自治区统计局

图17　2000～2019年新疆棉纺产能及产量情况

“十三五”期间，新疆棉纺织产业的发展一直是行业关注的热点话题，调查显示（见图18），有54.87%的参与企业认为在新疆投资力度过大，如此高的占比，不仅反映出新疆纺纱企业享受了国家和自治区优惠政策，对内地棉纺织企业造成一定冲击的观点一直存在，还有一部分原因是对未来新疆棉纺织产业长远发展前景信心不足。仅29.81%的参与企业则认为当前在新疆的投资处于正常情况，有5.7%的参与企业认为在新疆的投资力度偏低。上述结果基本表明在新疆继续投资棉纺织产能的潜力已经不大，而已在新疆投资的纺织企业的共同呼声是，优惠政策要落实到位。

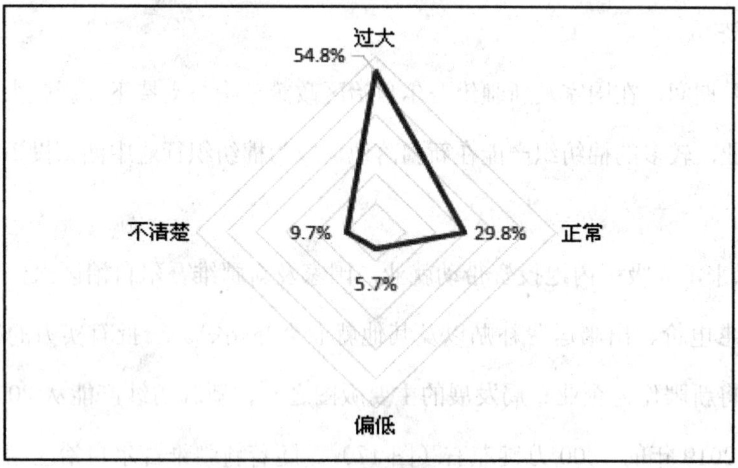

图18　对新疆投资转移力度的调查结果

（三）原料保障

1.基本情况

“十二五”期间，我国棉纺织行业原料年均用量约 2023 万吨，其中棉花的平均比重占到 41%，年均用量 825 万吨；非棉纤维平均占比 59%，年均用量约 1198 万吨。“十三五”期间，我国棉纺织行业原料用量和“十二五”期间相比有了小幅调整，其中棉花平均比重下降 4 个百分点，为 37%，年均用量 729 万吨；非棉纤维年均用量约 1255 万吨，年平均增加 57 万吨。非棉纤维用量最大的涤纶短纤、粘胶短纤占全部非棉纤维的比重接近 97%，年均用量分别约为 900 万吨和 330 万吨。“十三五”期间，非棉纤维在棉纺中的应用比重明显大于棉花，且有进一步增长的趋势（图 19）。

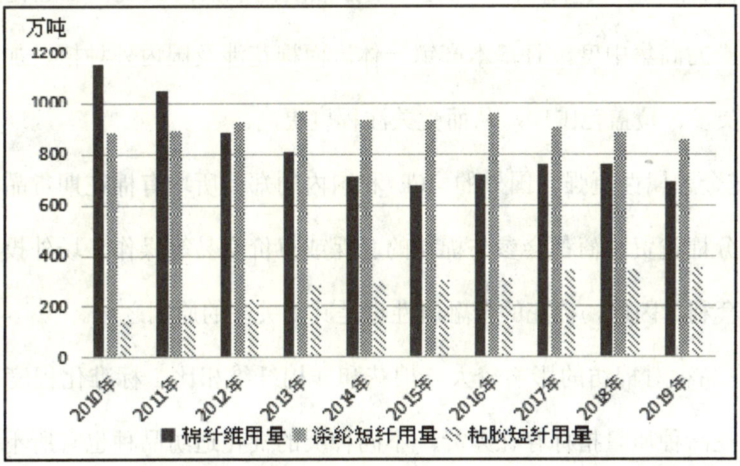

数据来源：中国棉纺织行业协会

图 19　近十年棉纺主要原料用量情况

虽然非棉纤维用量比重较大，但参与企业更关注棉花的保障作用，原因可归纳为以下几方面。

（1）棉花产需存在缺口，而非棉纤维国内供应充足。“十三五”期间我国纺织用棉花产需缺口在 250 万～400 万吨左右，储备棉投放和进口配额成为企业用棉缺口的主要补充，数量见表 4，非棉纤维绝大部分靠国内供给，且供应充足。

表 4　储备棉成交量及配额发放数量

项目	单位	2016 年	2017 年	2018 年	2019 年
储备棉成交量	万吨	265.92	322.36	251.03	99.62
配额数量	万吨	89.4	89.4	169.4	169.4
合计	万吨	355.32	411.76	420.43	269.02

数据来源：全国棉花交易市场　国家发改委

（2）棉花受政策影响较大，非棉纤维市场化程度高。棉花目标价格、收放储和进口配额均为国家调控政策，对棉花的价格、产量和消耗都有较大影响，非棉纤维主要靠市场调节，因此用棉及相关企业更加关注政策的走向。

（3）非棉纤维供应相对集中，棉花产销分散度高。国内大规模工业化生产决定了国内非棉纤维生产的高集中度，且基本产销一体。而棉花涉及国内外种植、加工、销售多个环节，涉及人员多、覆盖范围广，从而受关注程度更高。

（4）棉花金融属性更强。国外的 ICE 和国内的郑商所均有棉花期货品种，且参与机构众多，大部分棉花贸易商都会参与棉花的套保或点价交易等操作，场外投机资金也不时会参与炒作与套利。因此，棉花的金融属性也是其受关注的原因之一。

（5）棉花品种对棉纺的影响较大。棉花和非棉纤维相比，标准化程度不高，各个国家或地区的棉花品种质量指标存在差异，不同种类的棉花适纺品种也有所不同，即使同一地区，不同的年份质量指标、价格等也可能存在差异，因此用棉花作为原料的企业，也会更加关注棉花。

对棉纺织原料保障发挥较大促进作用的因素调查情况见图 20。

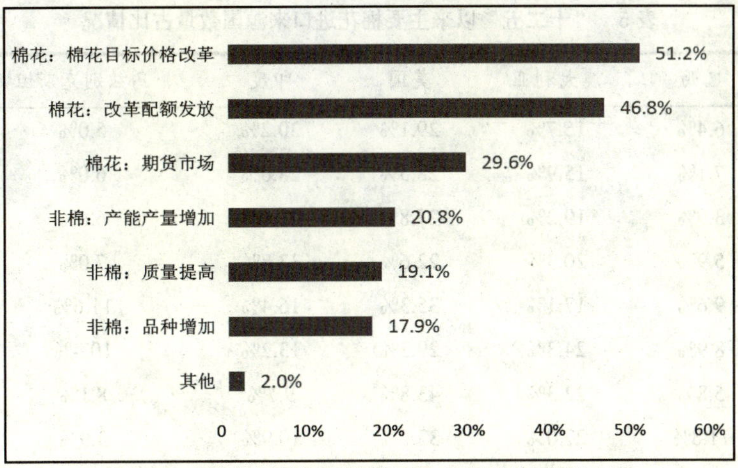

图 20　对棉纺织原料保障发挥较大促进作用的因素

2. 棉花

“十三五”期间，棉花收放储、棉花目标价格改革及棉花配额改革等三项政策措施对保障我国棉纺织用棉需求的数量和质量、稳定棉花价格、保证国内外棉花价差处于合理水平发挥了重要作用。

进口棉花是棉花用量缺口的重要补充。我国进口棉花来源主要为美棉、巴西棉、澳大利亚棉、印度棉和乌兹别克斯坦棉，从该五国合计进口量占我国进口总量的 80%～90%，详见表 5。“十二五”前期，从印度进口量最大，随着对棉花品质需求的提升，自 2015 年开始，美棉凭借质量优势、较高的性价比和充足的供应反超印度，成为棉花进口量占比最大的来源国，在 2017 年达到顶峰，占我进口棉的比重达到 43.8%。随着中美贸易摩擦的加剧，加征关税后的美棉不具备价格优势，巴西棉进口量大增，成为最大进口市场。澳棉是高品质棉花的代表，我国对于以澳棉为代表的高品质棉花需求仍然很大，但澳棉产量较低，价格较高，进口量有限。印度棉虽然产量很大，但由于棉花质量指标相对较低，且本国棉纺业迅速发展，对棉花需求增长，在我国进口棉中比重逐渐变低。我国棉纺织行业的高质量发展，对棉花的品质要求也在逐渐提升。

表5 “十二五”以来主要棉花进口来源国数量占比情况

年份	巴西	澳大利亚	美国	印度	乌兹别克斯坦	合计
2011	6.4%	15.7%	29.1%	30.2%	5.0%	86.4%
2012	7.1%	15.9%	28.5%	28.0%	6.0%	85.6%
2013	3.9%	19.2%	27.8%	28.8%	6.6%	86.2%
2014	5.9%	20.3%	22.6%	33.8%	7.0%	89.6%
2015	9.6%	17.1%	35.3%	16.4%	11.6%	90.1%
2016	8.9%	24.3%	29.3%	13.2%	10.4%	86.1%
2017	5.8%	22.3%	43.8%	9.7%	8.1%	89.7%
2018	11.8%	27.0%	33.6%	10.9%	3.9%	87.3%
2019	27.3%	21.5%	19.5%	11.1%	4.2%	83.6%

数据来源：中国海关总署

3. 非棉纤维

“十三五”期间，非棉纤维对我国棉纺织行业原料保障发挥着较大促进作用，市场化程度较高，受政策影响较小，在数量和质量方面有一定的优势。

涤纶短纤属于合成纤维，纤维强度大，耐磨性强，所制织物挺阔性好，尺寸稳定，改性后的涤纶短纤能够具有阻燃、吸湿排汗等功能性。相比棉花和粘胶短纤，涤纶短纤凭借较高的性价比成为“十三五”期间棉纺行业用量最大的纤维品种。除少量功能性的改性涤纶短纤品种需要进口，我国常规涤短完全能够满足产业需求。

粘胶短纤属于再生纤维素纤维的一种，在棉纺行业，用量最多再生纤维素纤维是普通粘胶短纤，约占 90%以上，其次是莫代尔纤维、莱赛尔纤维、竹纤维等品种。粘胶短纤在棉纺应用快速发展，主要有三个原因：一是，人们生活水平不断提高，对纺织原材料性能需求增加，一定程度上能够作为棉花的替代和补充；二是，技术及装备的全面进步和快速发展，单线产能逐渐提高；三是，再生纤维素纤维不受配额限制，纤维标准化程度高，企业可以通过随买随用来降低资金压力。

4. 新疆棉花

“十三五”和“十二五”时期相比，新疆棉花发展有以下特点。

（1）占全国比重提升。新疆棉花产量占全国的比重由60%左右上升到80%以上。

（2）单产提升。皮棉单产由约130千克/亩上升到约140千克/亩。

（3）质量指标提升。28 mm 以上纤维比重由平均 80%上升到 90%以上，长度平均值由28～29 mm 之间上升到 29 mm 以上，断裂比强度平均值由 27～28 cN/tex 上升到 28 cN/tex 以上。

（4）机采棉种植比例大幅提升，植棉效率提高，人工成本降低。新疆棉花在保障我国棉花供应的同时也带来一些隐忧。

（5）面临的压力。2019 年美国参众两院通过“涉疆法案”，试图由此通过对品牌商对中国使用新疆棉花的纺织品生产企业施压，限制纺织产品出口。

在我国棉花发展历程中，长江流域和黄河流域的棉花种植一度占有重要地位。随着一系列棉花政策向新疆倾斜，在市场化作用下内地棉花种植者更愿意种植其他作物，内地棉花种植面积逐渐萎缩。调查情况如图 21 所示，半数以上参与企业认为我国棉花在新疆的种植高度集中对产业安全有或多或少的影响。

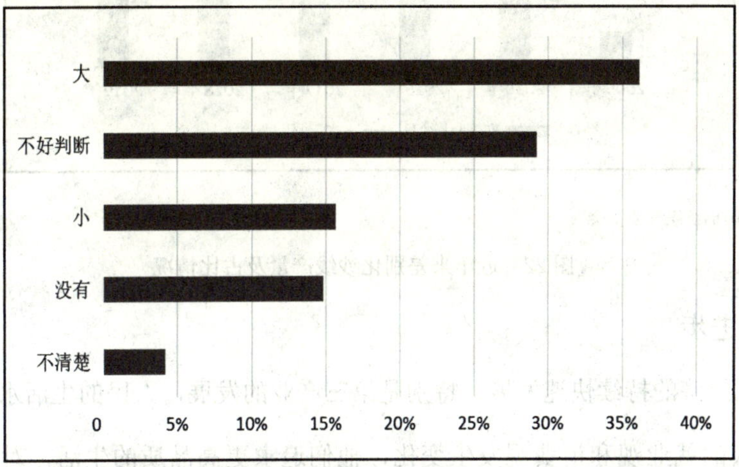

图 21　棉花种植在新疆高度集中对产业安全影响的调查情况

5. 新型纤维

新型纤维材料在棉纺织行业的应用，是棉纺织产品创新的重要基础和发展方向，能够赋予纱线和面料新的功能性、时尚性和穿着体验。随着各类新纤维应用量的增加，新型差别化纤维纱线（主要包括细旦及超细旦纤维、非常规再生纤维素纤维、功能性纤维、新型纤维纯纺和混纺纱）的总产量也在不断提升，近些年棉纺织行业差别化纱线产量来看，如图 22 所示，新型纤维在棉纺织的应用呈稳步增长趋势，“十三五”期间新纤维的应用比重增长了约 10 个百分点。

调查显示，有 40.62%的参与企业认为我国棉纺织行业应用新型纤维、新材料的比重合理，有 35.39%的参与企业认为较低。多数企业认为我国棉纺织行业还应加大新型纤维、新材料的应用力度，通过新型纤维带动新产品的创新将是我国棉纺织高质量发展的重要内容。令人遗憾的是，也有 10.21%的参与企业不清楚新型纤维相关产品或信息的发展情况。

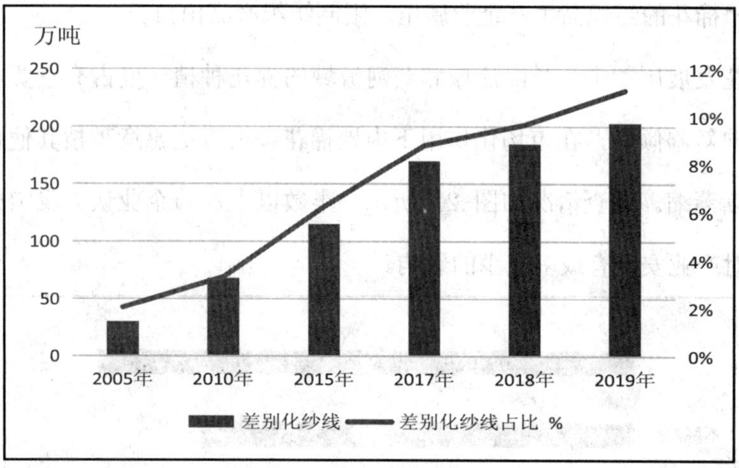

数据来源：中国棉纺织行业协会

图 22　近年来差别化纱线产量及占比情况

（四）科技进步

随着我国经济的持续快速发展，特别是第三产业的发展，人民的生活水平快速提升，新一代年轻人的就业观和消费观发生变化，他们追求更高品质的生活，对工作也更加挑剔，导致国内制造业企业普遍面临招工难的问题。为了能适应环境的变化，应对工人短缺等一系列问题，企业普遍通过研发创新、技术改造和信息化建设等方式，努力保持市场竞争优势。

1. 企业经营水平全方位提升

（1）生产向智能化方向发展。“十三五”期间，为了应对劳动力紧缺、在职员工年龄偏大带来的用工成本大幅上升的问题，结合制造业发展趋势，有实力的棉纺织企业进行了大量的以智能化为最终目的相关技术改造。主要的亮点是装备的自动化改造，调查情况如图 23 所示，有 79%的参与企业进行了不同程度的设备自动化改造，39%和 28%的参与企业分别进行了设备的数字化和连续化改造。

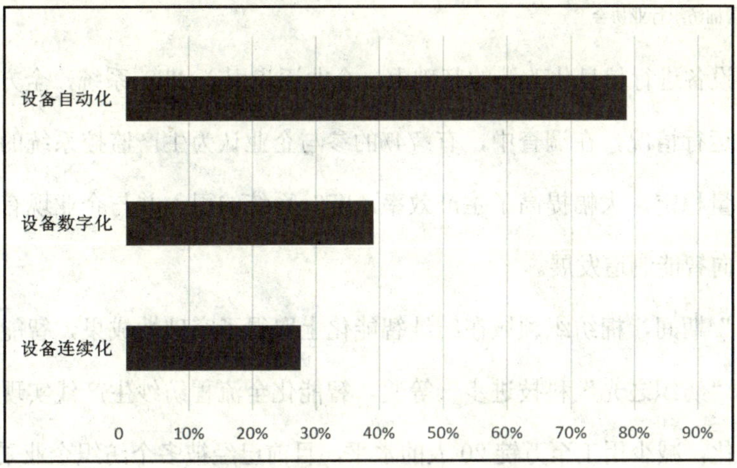

图 23　棉纺织企业技术改造的调查情况

纺纱领域的最大亮点是粗细联、细络联以及自动打包系统的连续化改造，截至 2019 年末我国粗细联、细络联数量已经达到了 940 万锭。2017 年，中棉行协对原有设备的数字化、自动化改造的调查显示，竞争力百强棉纺织企业各个工序数字化设备占比在 50%以上，该占比继续呈上升趋势。

根据中棉行协最新的统计数据，新型转杯纺、喷气涡流纺、环锭纺自动落纱长车等先进设备的使用量大幅提升，自动络筒机占比从 2015 年的 85%到 2019 年的 98.5%。织造领域最大的亮点是整经自动装筒、浆纱自动调浆、自动穿综以及自动验布机等装备的自动化改造，同时，喷气织机的占比由“十二五”末的 68%提升到 2019 年的 82%。棉纺织关键设备发展情况详见表 6。

表6　棉纺织关键设备发展情况

主要设备	单位	2010年	2015年	2019年
喷气涡流纺	万头	7.95	13	22.4
细纱长车	万锭	470	2486	3760
新型转杯纺	万头	33	85	160
自动穿经机	台	30	330	450
喷气织机	万台	16.4	68.2	81.8

数据来源：中国棉纺织行业协会

在棉纺织设备进行信息化改造的基础上，企业逐步引入MES系统，全方位地实时监控整个生产线的运行情况，在调查中，有74%的参与企业认为生产监控系统的使用，能有效地保障产品质量稳定，大幅提高了生产效率。MES系统的引入并与企业现有管理系统的结合，推动企业向智能制造发展。

“十三五”期间，棉纺织领域在纺纱智能化上取得了突破性成果，智能化全流程纺纱生产线获得了“纺织之光”科技进步一等奖。智能化全流程纺纱生产线实现了纺纱全流程自动化、智能化，减少用工至万锭20人的水平，目前已经被多个纺织企业采用。

（2）**管理向信息化方向发展。**“十三五”期间，棉纺织行业“两化融合”快速推进，一些企业通过引入互联网技术改造提升自身的各项管理系统，发挥其信息传递及时、准确的优势，如还有的企业通过销售、生产与仓储系统的信息融合，有效地提升了生产管理效率。行业内多家企业被工信部授予“两化融合试点单位”。调查情况如图24所示，“十三五”期间，参与企业认为在ERP系统的应用上取得的成就最大，之后依次是网络营销和产品信息溯源系统的应用。另外从不同类型企业反馈情况看，织造企业对ERP系统的认可度高达73%，比纺纱企业高20个百分点，而纺纱企业对于产品信息溯源系统的应用认可高于织造企业12个百分点，可见纺纱与织造企业在“十三五”期间信息化建设的侧重点也有所差异。

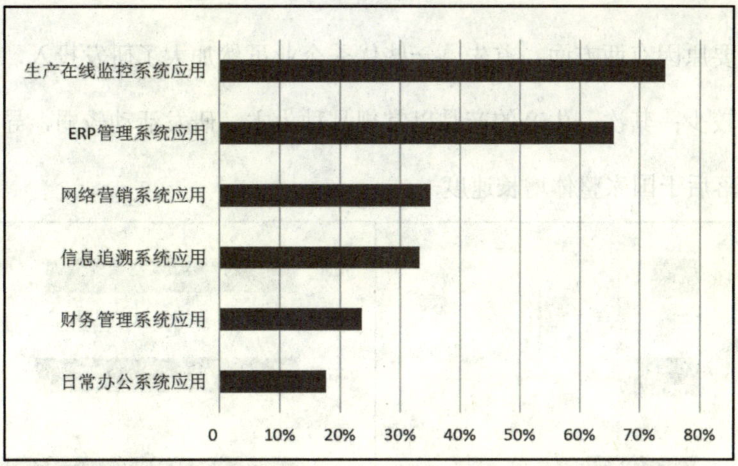

图 24　棉纺织行业信息化建设成就的调查情况

2. 研发创新取得佳绩

科技是第一生产力，创新是引领发展第一动力。近年来，我国纺织企业的技术创新意识不断增强，能力不断提升，同时，国家通过加强制造业创新体系建设、推动重点领域创新突破、促进科技创新成果应用、优化创新创业政策环境等四个方面推动创新，效果显著。国家统计局公布数据显示，2010 年我国研发投入强度为 1.76%，到 2015 年提高到 2.07%，最新的 2018 年数据为 2.19%。在“十三五”期间，棉纺织行业在转型升级过程中，研发创新对棉纺织行业设备综合水平大幅提升、新产品大量涌现、产品生产效率提升等进步都起到了关键的推动作用，调查中有 54.57%的参与企业对行业在科技创新方面的成就表示认可。主要体现在以下几方面（图 25）。

一是，企业更加重视研发的投入。调查显示，有 91%的参与企业“十三五”期间研发投入有所增长，其中有 33%的企业增长超过一倍。投入的不断增加使行业在创新体系建设、硬件提升、人才培养方面取得较好的成绩，相应的行业内省级研发中心的数量也不断上升。中棉行协跟踪企业数据显示，当前企业的平均研发投入强度为 0.8%左右，较“十二五”末年均增长 8.25%，其中重点企业、推荐品牌企业 2019 年的研发投入达到了 3.5%，高于棉纺织行业整体水平 2 个百分点以上。本次参与企业研发投入占比在 2%以上和以下的企业各占 50%左右。虽然棉纺织行业研发投入不断增加，但与国家平均研发投入水平差距仍较大，其主要原因有两方面，首先，一些优秀企业虽然加大了研发投入，但这些企业在行业中的占比较少；其次，生产的产品以常规品种为主，研发活动较弱，导致整个行业的研发投入水平落后于国家整体增长速度。

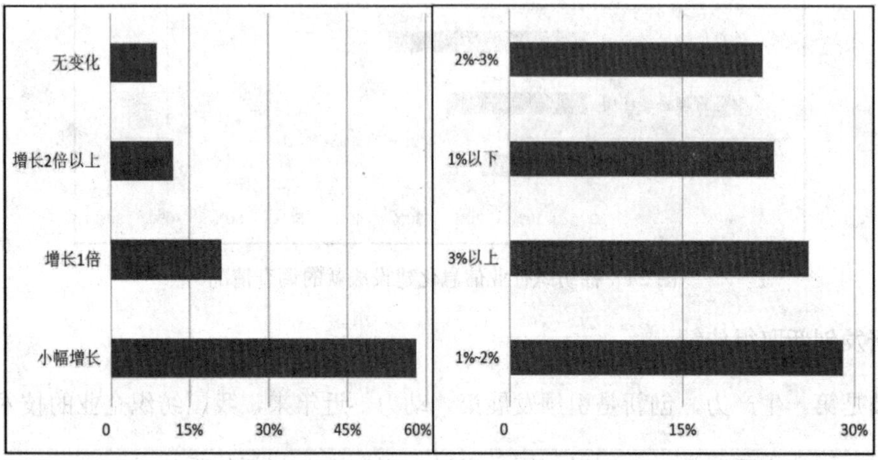

(a) 研发投入增加情况　　(b) 研发投入占比情况

图 25　企业研发投入增加及占比情况

二是，创新方式发生改变。企业通过产业链协同研发、产学研合作等方式提升企业的整体创新能力，在新产品的创新研发、生产系统改造研究等方面有突破性进展。以新产品为例，“十三五”期间，新型纱线产量占比由 2015 年的 11.5%，上升到了 2019 年的 24.5%。调查中，有 70%的参与企业认可差别化产品开发取得的成绩。

三是，企业更加重视创新成果的保护。“十三五”期间，棉纺织企业申请了大量的发明、实用新型和外观设计专利。以行业内百强企业为例，“十二五”期间年均发明专利申请量为 216 项，“十三五”期间上升到 233 项，截至 2019 年百强企业专利申请有效量累计达 6000 余项，其中发明专利授权累计 610 多项。在科技奖项方面，中棉行协会员企业累计获得国家科技进步一等奖 2 项、二等奖 3 项，“十三五”期间，获得“纺织之光科技进步奖”一等奖 5 项，二等奖 16 项，较“十二五”期间的一等奖 3 项，二等奖 2 项有明显提升。

（五）可持续发展

1.“三品战略”

在 2016 年 5 月，国务院正式发布《关于开展消费品工业“三品”专项行动营造良好市场环境的若干意见》，部署开展消费品工业增品种、提品质、创品牌“三品”专项行动，营造良好市场环境，更好地满足和创造消费需求，不断增强消费拉动经济的基础作用，促进消费品工业迈向中高端。

棉纺织企业是中国最早一批走向市场化运营的企业，一些大中型企业一直以重视品种开发为己任，在增品种、提品质、创品牌方面也做了大量工作。

（1）产品开发。从棉纺织行业产品研发成果认可度调查情况（图 26）来看，有超过三分之一的参与企业认为差别化、功能性产品是“十三五”期间企业最为重视的产品开发方向，有 21%和 12%的参与企业分别认为纯棉高支纱线产品和新型涡流纺纱引领了纱线产品开发方向；此外有 14%的参与企业认为色纺纱产品在“十三五”期间的亮点突出。

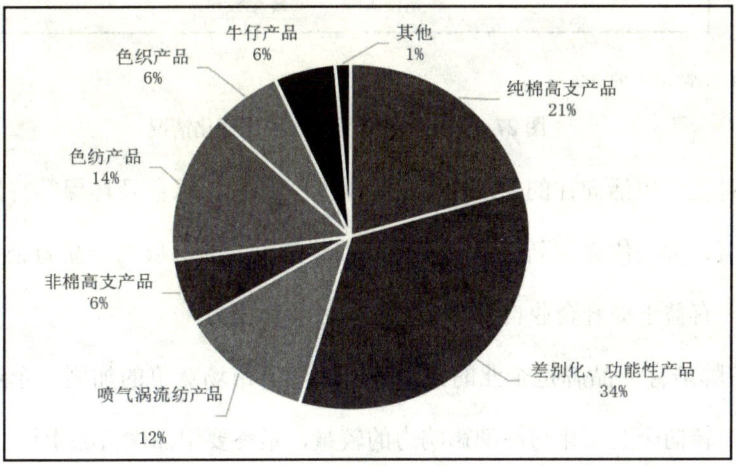

图 26　棉纺织行业产品研发成果认可度的调查情况

产品开发作为增强竞争实力的主要手段一直以来都被企业所重视，随着新型纤维的不断应用，“十二五”末以来，差别化纱线的产量不断增加，其占纱线总量的比重从 2015 年的 6.4%上升到 2019 年的 11.1%，差别化纱线的研发为下游织物产品的开发提供了新的思路和空间。

（2）**品质提升。**无接头纱和无梭布的占比是棉纺织先进生产水平的重要指标，也代表棉纺织产品质量水平。伴随着自动络筒机的普及，纱线已基本实现无接头生产，无接头纱的比重在“十三五”末已超过 98.5%；而无梭织机的大规模使用，推动了无梭布的产量占比快速提升，在“十三五”期间，无梭布占比超过 92%，比“十二五”末提高了 6 个百分点，产品品质也稳步提升（图 27）。

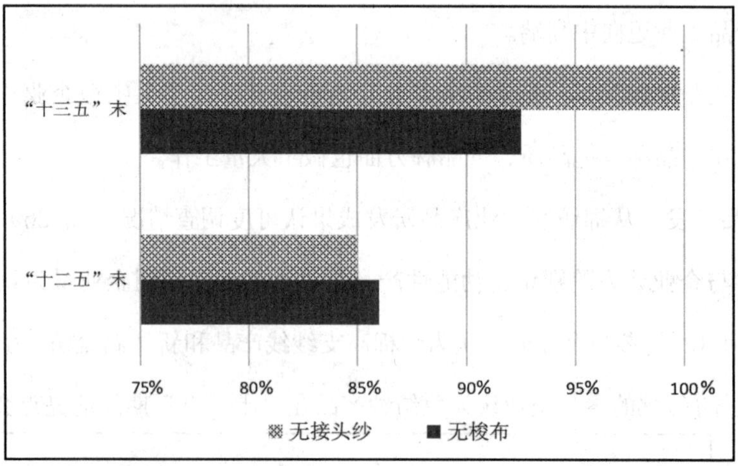

数据来源：中国棉纺织行业协会

图 27　无接头纱及无梭布占比变化情况

在人们对美好生活向往的需求驱动下，具有功能性、绿色及环保等特性的优质产品的市场需求旺盛，棉纺织企业新产品研发力度继续加大。高品质的产品为企业树立了良好的口碑和形象，有益于提升企业自身的品牌影响力和竞争力。

（3）**品牌培育。**品牌是企业的无形资产，随着市场竞争的加剧，企业的竞争由产品数量与质量，转向企业文化与品牌影响力的较量，最终要用品牌占领市场。

从调查情况来看，超过一半的参与企业在“十三五”期间加大了在品牌及市场推广方面的资金投入，投入持平的企业也超过了三分之一（图 28）。可见，企业在品牌培育及市场推广方面的重视程度不断提升。

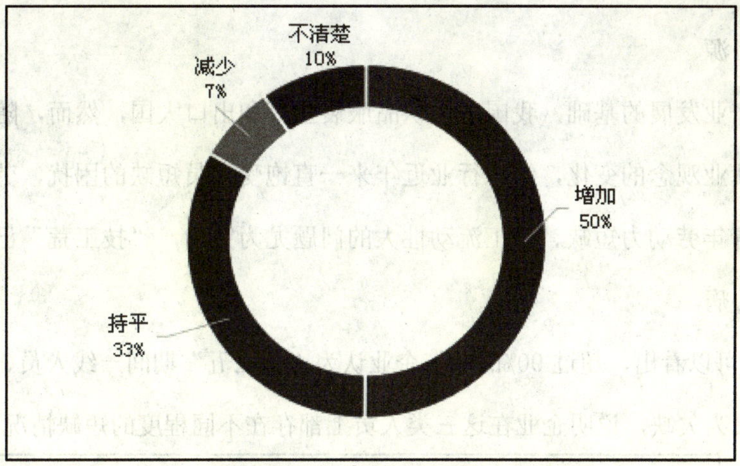

图 28　企业在品牌及市场推广资金投入调查情况

从推荐品牌企业“十三五”与“十二五”的经营效益对比情况看，具有三个明显特点（图 29）：一是品牌产品销售占比提升近 5 个百分点；二是研发费用投入占比也有所增加；三是向优秀客户供应品牌产品的比重提升明显，从 20%提升至 35%。这说明越来越多的企业重视品牌建设，品牌产品带来的效益显著，下游终端市场的选择也更加丰富。同时也说明中棉行协与企业共同进行品牌培育效果显现，品牌优势提升了企业核心竞争力，有助于企业良性发展。

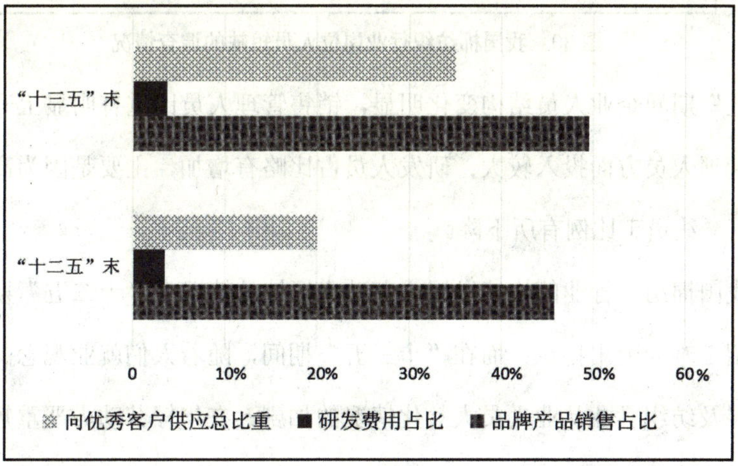

数据来源：中国棉纺织行业协会

图 29　推荐品牌企业对比情况

2. 人力资源

人才是产业发展的基础，我国是纺织品服装生产和出口大国，然而，随着我国人口老龄化加剧及就业观念的变化，纺织行业近年来一直饱受人员短缺的困扰，劳动力无法满足生产需求，青年劳动力短缺、员工流动性大的问题尤为突出，“技工荒”已成为行业、企业多年来的心病。

从图 30 可以看出，超过 90%的参与企业认为“十三五”期间一线人员、研发人员及技术管理人员最为欠缺，说明企业在这三类人员上都存在不同程度的短缺情况。

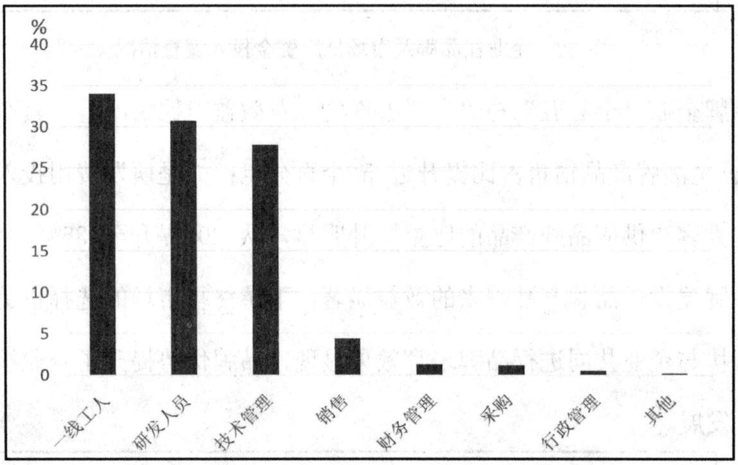

图 30　我国棉纺织行业岗位人员短缺的调查情况

“十三五”期间企业人员结构变化明显，销售管理人员比重有明显上升，说明企业在培养营销、管理人员方面投入较大；研发人员占比略有增加，主要是因为高级技术人员培养难度较大；一线员工比例有所下降。

伴随着我国棉纺织行业的快速发展，劳动力短缺的情况在“十二五”期间比较明显，以一线员工招工难为突出特点；而在“十三五”期间，随着人们就业观念的转变、第三产业的快速发展及纺织行业从业人员大龄化情况的加剧，在年轻劳动力严重短缺的同时，研发及技术管理人员的流动性也在加速。

一线技术工人的短缺和不稳定，势必影响企业的生产效率与产品质量；企业的创新能力的提升，离不开研发人员及技术管理人员的努力，人员短缺束缚了企业的发展，进一步限制行业发展。造成这种局面的主要原因包括：企业对高技能人才培养工作投入不够、对高级人才的价值重视不足及企业人才培养机制还有待完善等，如何培养、留住技术工人、研发人员及技术管理人员是行业当前乃至中长期亟需解决的问题。

从调查情况看（图 31），大多数纺纱企业用工降幅明显，有近 30%的参与企业其万锭用工减少 20 人以上；织造企业百台织机用工减少不足 10 人的比重超过参与企业的一半，这反映出，近年来纺纱领域的连续化、智能化生产水平的提升较快，而织造领域在连续化生产方面的提升空间还很大。

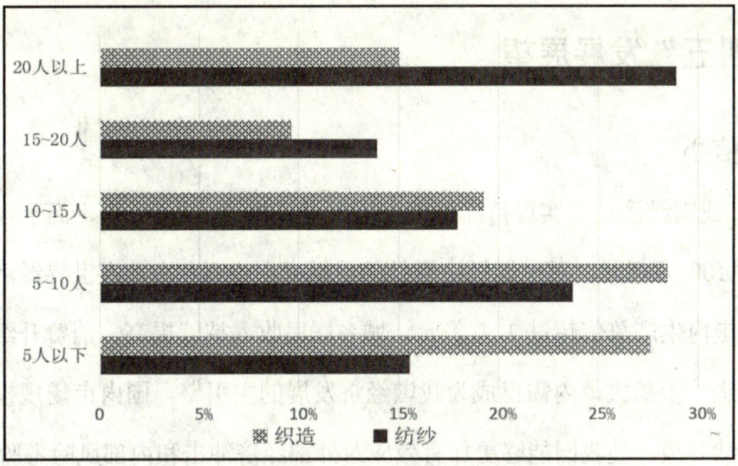

图 31　企业用工人数减少情况的调查结果

随着纺织行业连续化、自动化及智能化生产水平的不断提升，“十三五”期间，我国棉纺织企业用工总人数减少。纺纱和织布一线用工人数年均下降 3%左右，生产设备速度及效率的稳步提高，单位产出用工减少，人均产值得到不同程度的提升。

3. 节能减排

在“十二五”末，我国棉纺织行业提出了坚持走清洁生产和资源综合利用的路线，注重节能降耗和污水排放，控制能源消耗总量，有效落实企业节能减排规划。

在环保政策不断升级的形势下，“十三五”期间，企业不断通过纺织装备技术改造推动节能减排工作，采用新工艺、新技术及新材料以减少废水的排放，如采用浆、染新工艺和环保助剂降低水及蒸汽等能源的消耗；通过设备改造、能源管理减少能源消耗，如装备伺服电机或节能电机、节能空调风扇及节能灯等方式降低企业生产用电，在设备升级的同时进行节能降耗改造。

“十三五”期间，随着新型浆料的使用和上浆工艺改进，浆料的消耗总量和 PVA 的使用量逐年下降，PVA 等难以降解的浆料产品使用比重从“十二五”末的 20%下降到 2019 年来的 15%左右，浆料总消耗量也比“十二五”末减少 10 万吨。同时，随着染色新工艺应用及新型染料的研发，色织布及牛仔布耗用染料总量不断下降，减排效果明显。

目前，可持续发展的棉纺织生产运营体系基本建立，棉纺织企业在整体环境下节能降耗举措切实有效。

三、“十四五”发展展望

（一）发展信心

2019 年，我国经济社会实现持续健康发展，经济增速达到 6.1%，高于全球平均水平，经济总量接近 100 万亿元，对世界经济增长的贡献率在 30%左右，在世界经济中的重要性不断提升。人均国内生产总值超过 1 万美元，城乡居民收入持续提高，消费升级进入新阶段，国内市场规模进一步扩大，内需已成为我国经济发展的主引擎。国内市场规模不断扩大和居民消费结构持续升级，使我国能够更加有效应对外部经济冲击和内部风险考验。

2020 年初，新冠病毒肺炎疫情在全球范围内爆发，对世界经济造成显著冲击，全球经贸环境更加严峻，不确定性急剧升高，世界各国的工业生产均受到严重影响，日趋融合的全球产业链也迎来挑战。疫情之下，危机也是契机，国内外市场环境的变化孕育着新的发展机遇，疫情过后，人们将更加拥抱生命健康的新生活、消费升级的新经济、科技创新与人工智能的新模式，中国经济也将迎来新的、系统性的结构升级。

“十四五”时期是我国全面开启社会主义现代化强国建设新征程的重要机遇期，棉纺织行业也将进入高质量发展的新阶段，“十三五”时期我国棉纺织工业积累了高质量发展的良好基础，已经形成了完整的产业体系和产业配套，有利于各类新技术、新模式创新发展，这些都将进一步增强我国棉纺织产业的韧性、活力和可持续性，巩固和提升行业在全球供应链、产业链、创新链及价值链中的地位。

问卷针对“十四五”期间乃至未来 10 年我国棉纺织行业的发展趋势进行了调查，参与企业的主要判断如下。

1. 经济长期向好的基本面不会变

对行业发展趋势的调查结果显示（图 32），有 68%的参与企业认为未来我国棉纺织行业的发展趋势平稳向好，有 28.23%的参与企业则不太看好，经调查，这些企业之所以不太看好，主要是出于对国内外复杂多变的经济形势、国际竞争加剧以及生产成本上升等方面的担忧。

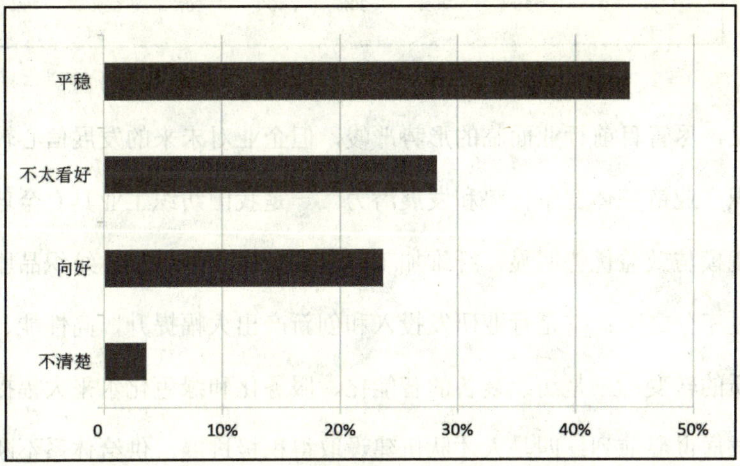

图 32　对行业发展趋势的调查情况

展望未来，当今世界正处于大发展、大变革、大调整时期，国际形势正发生着极为深刻复杂的变化。中美贸易摩擦、新冠肺炎疫情爆发等给我国经济和行业的发展带来了不确定性，行业增速放缓，但影响是暂时的，我国经济长期向好的基本面不会改变，在科技、时尚、绿色的新定位下，行业将不断推进高质量发展，迎接复杂多变的外部环境和挑战，为行业创新、可持续发展做出积极的努力和贡献。

2. 竞争优势依存

对于我国棉纺织行业在与国外同行竞争中将处于何种地位的调查，有 75%的参与企业认为具有优势，其中 15.08%的参与企业认为处于优势地位，59.86%的参与企业认为有一定优势，另外还有 15%左右的参与企业认为存在劣势（图 33）。

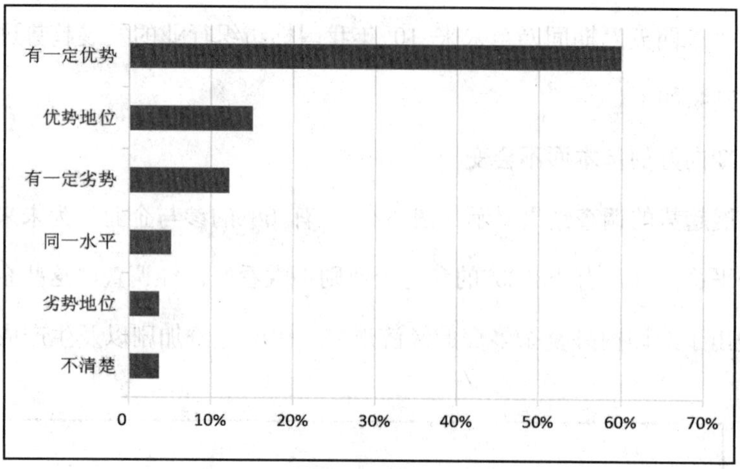

图 33　对与国外同行竞争的调查情况

由此可见，尽管目前行业面临的形势严峻，但企业对未来的发展信心较足，这些信心源自我国纺织产业链整体竞争优势和发展潜力。一是我国纺织工业具有全球最大最完备的产业体系，规模与效益优势明显，纤维加工总量占全球一半以上，纺织品服装出口额占全球的比重超过三分之一；二是行业研发投入和创新产出大幅提升，高性能、功能性纤维实现了从量到质的转变；三是纺织装备的智能化、服务化和绿色化水平大幅提高，整体水平和制造能力位居世界前列；四是人才队伍建设取得积极进展，供给体系不断改善，涌现出一批具有国际视野和专业能力的优秀企业家及技能人才；五是可持续发展实践正在加快落地，履行社会责任成为行业发展共识，产业体系向生态化、绿色化的方向加快转变。

3. 发展充满挑战

从未来企业发展可能遇到的问题和挑战来看，对于“十四五”期间乃至未来 10 年企业发展可能遇到的问题，国际竞争激烈、人才短缺和国内宏观环境排在前列，持上述三种观点的参与企业占比均在 50%左右，产品开发、市场需求和资金紧随其后。对于“十四五”期间乃至未来 10 年我国棉纺织行业面临的最大挑战，超过 50%的参与企业认为运行成本和国际竞争压力最大，宏观经济环境、行业内部竞争、环境保护等方面也存在较大的挑战（图 34 和图 35）。

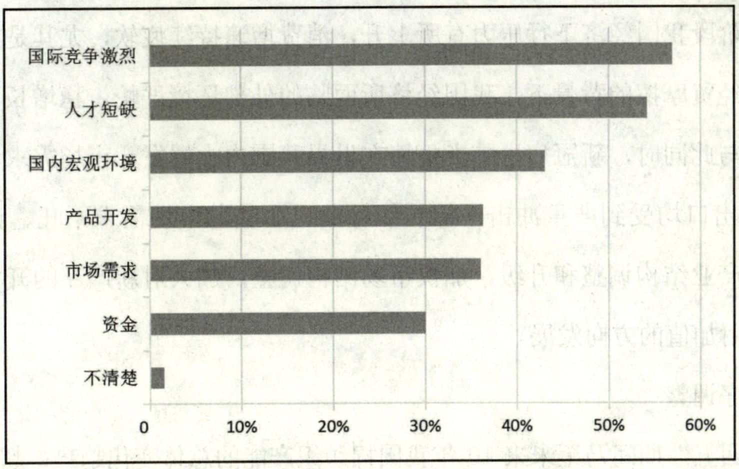

图 34　对发展遇到的主要问题的调查情况

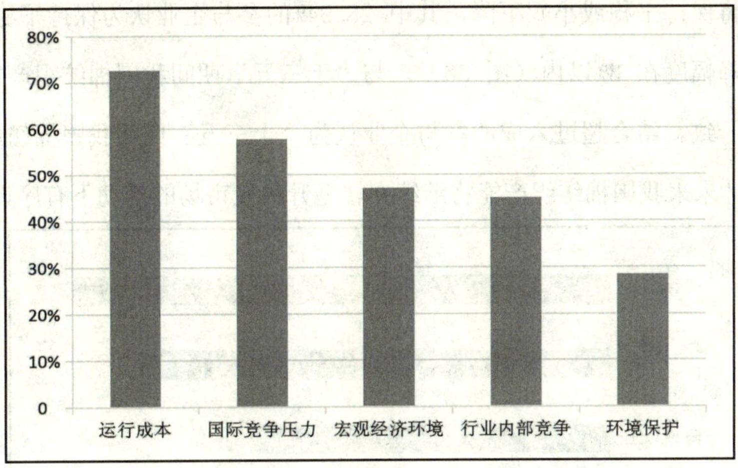

图 35　对行业面临挑战的调查情况

一方面，随着经济全球化的深入发展，各国经济联系不断加强的同时，国际竞争也日渐激烈，贸易摩擦成为当今国际经济交往的常态。受中美贸易摩擦影响，我国纺织行业的出口竞争力和企业的经济效益在一定程度上受损，海外订单转移将不可避免造成新增产能的转移，同时也将加速我国纺织服装的出口结构调整以及产业链向东南亚等地转移。

另一方面，随着我国人口红利逐渐消失，我国棉纺织产业发展已经失去了劳动力资源和成本的优势，青年一代的择业观念也发生了很大变化，年轻人大多不愿意从事纺织行业，致使我国纺织行业人才结构性短缺问题突出，尤其是一线高级技能人才短缺，影响了企业的生产效率与产品质量，束缚了企业生产力的提升和转型升级。

此外，现阶段我国经济下行压力有所上升，消费增速持续疲软，尤其是在逆全球化主义抬头、中美经贸摩擦的背景下，我国经济所面临的外部环境严峻，稳增长、防风险的难度持续加大。与此同时，新冠病毒肺炎疫情在世界范围内大爆发，市场需求和生产骤降，投资、消费、出口均受到严重冲击，棉纺织行业也面临着市场需求不旺、订单下降的挑战，需要加快产业结构调整和升级，加快市场结构调整，加大对新产品的开发力度，逐渐向高品质、高附加值的方向发展。

4. 产能有序调整

对于“十四五”期间乃至未来 10 年我国棉纺织产能的总体变化趋势，超过 60%的参与企业认为产能将保持平稳或小幅下降，其中 28.94%的参与企业认为保持平稳，33.1%的参与企业认为下降幅度在 3%以内（图 36），与“十三五”期间我国棉纺织产能年均下降约 2%的趋势基本一致。结合超过六成的参与企业认为“十三五”期间我国棉纺织产能规模过剩的看法，预计未来我国棉纺织产能将继续在转型升级及市场的推动下有序调整。

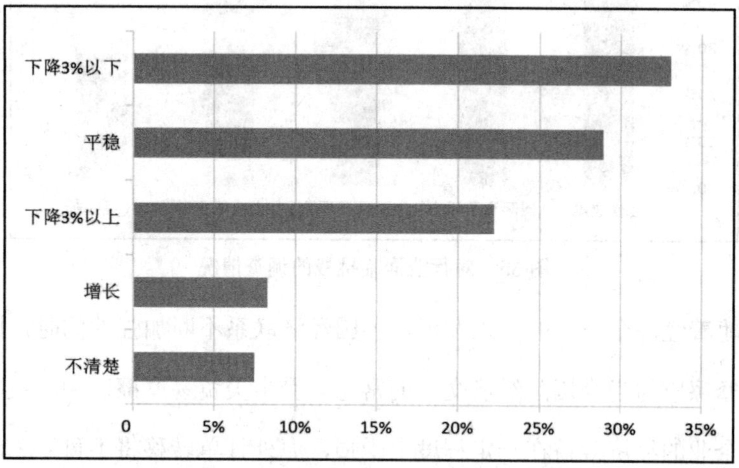

图 36　对棉纺织产能发展变化的调查结果

若以“十三五”期间我国棉纺织产能年均下降约 3%的幅度测算，预计“十四五”时期我国棉纺织行业纺纱产能将下降至 9500 万锭左右，织造产能将下降至 95 万台左右。棉纺织产能的调整是淘汰落后产能、产业转型升级的过程，自动化、智能化的生产设备取而代之，虽然整体产能下降，但生产效率及产品质量得以提升，产业及产品结构不断优化，助力我国巩固纺织强国的地位。

（二）竞争潜力

“十四五”期间，全球贸易形势复杂多变，国内产业发展挑战与机遇并行。针对“十四五”期间以及未来更长时间企业与行业面临的挑战，有 56.89%的参与企业认为国际竞争激烈将是企业面临的最紧迫问题，有 57.84%的参与企业则认为国际竞争将是影响行业健康平稳运行的关键。另外，有 46.86%的参与企业认为“十四五”期间，纱线进口量将增加，28.71%的参与企业认为与“十三五”持平，这表明国内对纱线的需求量保持稳中有升，同时也说明国际新兴市场纱线竞争力在增强。

“十四五”期间，行业仍需警惕“中美贸易”形势变化，与此同时，在国家“一带一路”倡议下，国际化产业布局也将呈现新的特点，而新兴国家对中国纺织行业的冲击也不容忽视。另外，国内产业向中西部、向新疆转移也将影响行业投资新形势。

1.海外布局趋势

基于当前棉纺织产业面临的国内外环境，“十四五”期间行业的海外布局趋势又将如何？据调查情况，如图 37 所示，有 53.62%的参与企业认为布局速度将加速，表明这些企业认为国内竞争激烈，导致发展受限，而国外一些地区发展棉纺织产业仍有潜力，对“走出去”有信心，也侧面印证了多数企业认为的“十四五”期间进口纱数量将呈增长趋势，这是由于多数中国纺纱企业海外转移后，纱线仍以销往中国市场为主；而有 23.53%的参与企业则认为会放缓，这表明对行业发展预期不明，产能的海外扩张存在风险，持谨慎态度。

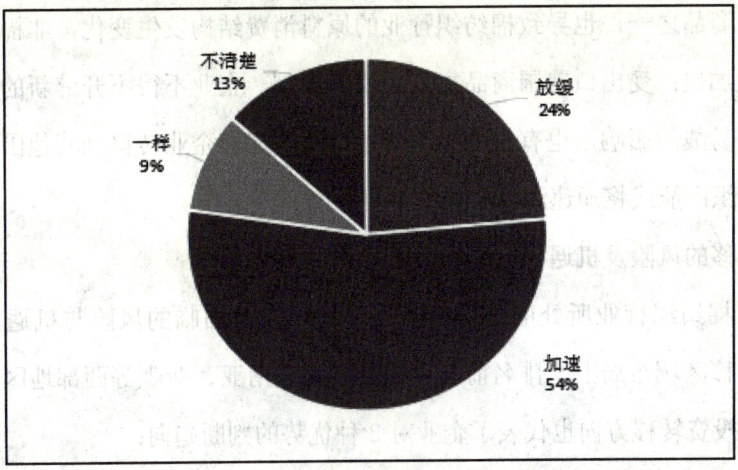

图 37 “一带一路”投资转移速度的调查结果

2. 中美贸易战下的布局新形势

“十三五”期间，受中美贸易摩擦的影响，棉纺织行业进出口贸易受到一定影响，有65.56%的参与企业认为“中美贸易”的影响将长期存在，有17.93%的参与企业认为这种影响将持续 3～5 年（图 38）。这项调查反映出棉纺织企业面对国际贸易风险和不稳定因素的影响有了较充分的思想准备，有利于及早防范风险，做好应对措施，同时也有利于企业对中国乃至全球贸易形势做出清晰的认识与判断，进而尽早明确发展规划。

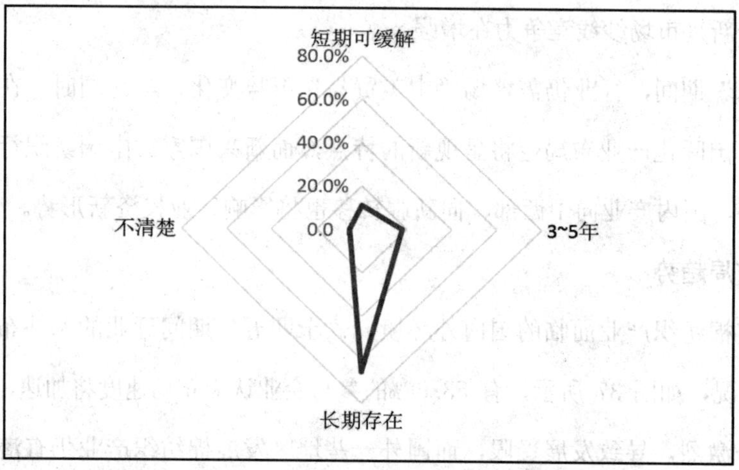

图 38　中美贸易影响程度的调查结果

在这样的背景下，棉纺织行业的发展也呈现一些新的特点：进口美棉加征 25%的关税，美国曾连续多年位列我国棉花进口市场第一，其位置被巴西替代；棉花作为受中美贸易摩擦牵连的商品之一，也导致棉纺织行业的原料消费结构发生变化，非棉纤维产品的生产与研发进程加快；受出口美国商品加征关税的限制，企业不得不开辟新的国内外市场；为规避中美贸易战的影响，也有企业主动或被动跟随配套企业转移到其他国家和地区，这也是国内棉纺织产能或将加速海外布局的重要原因之一。

3. 产业转移的风险及机遇

基于我国棉纺织行业所处的国内外发展环境，以及面临的风险与机遇，调查数据显示，在产业转移区域布局上，排名前三位的分别是东南亚、新疆等西部地区以及非洲（图39）。这 3 个投资转移方向也代表了企业对 3 种优势的判断趋向：

一是，区位优势。据参与企业表示，东南亚国家临近中国，与中国的贸易往来十分密切，且享受零关税等贸易政策，除此以外，一些东南亚国家有一定的工业基础与配套，且生产成本较低，因此东南亚是投资转移综合条件最优的选择。

二是，政策优势。新疆等西部地区是国家鼓励的转移方向，承接地会对投资转移企业承诺提供优惠条件，会吸引较大规模的产能转移与投资。

三是，成本优势。非洲大部分为欠发达国家，劳动力等资源丰富，工人工资、水电费等价格低廉，在非洲国家布局产能，能够提高部分产品的国际竞争力。

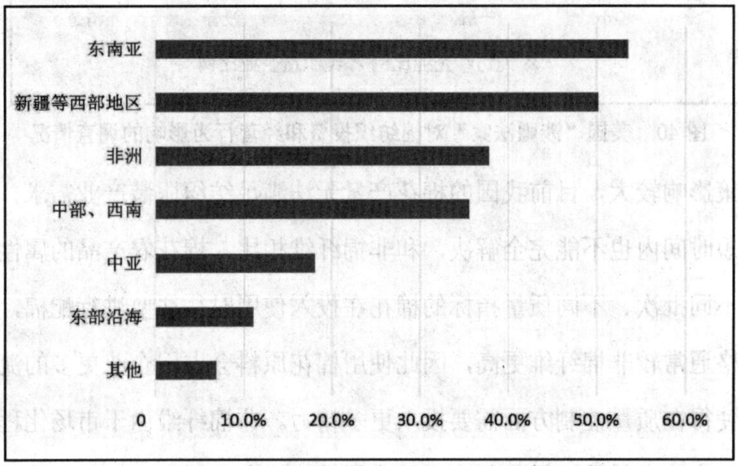

图 39　未来产业转移方向的调查结果

（三）新疆发展

2019 年，美国试图利用“涉疆法案”对相关品牌商施压，限制我国使用新疆棉、在新疆生产的相关纺织企业产品出口，以削弱我国纺织服装业在国际产业供应链中的作用和竞争地位。在此之前，由于种种原因部分企业表示不清楚该情况。但从问卷调查情况看（图 40），认为美国“涉疆法案”对棉纺织行业影响大的参与企业中，织造企业占比高出纺纱企业约 10 个百分点，认为影响小的比例也比纺纱企业低 5.5 个百分点。由此可见，越是接近下游，和终端品牌接触合作也更多，受到品牌订单的影响更加明显，整体来看，美国“涉疆法案”对织造企业投资和经营行为的影响较纺纱企业更大。我国棉纺织行业处于整个产业链的中上游，通过下游的传导受到的间接影响更大，产品间接出口的企业受到影响更为明显，企业应根据自身情况及时调整应对策略，以降低影响。有企业认为，在“十四五”时期，适当鼓励提高内地棉花种植，分散产业风险是需要考虑的重点问题。

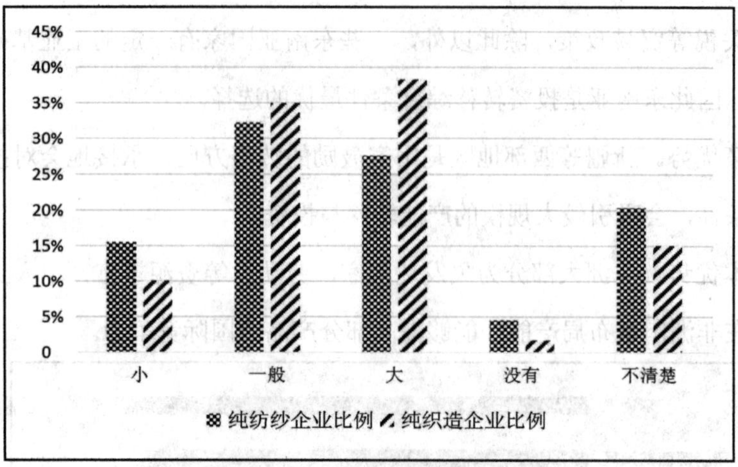

图 40　美国“涉疆法案”对棉纺织投资和经营行为影响的调查情况

棉花受政策影响较大，目前我国的棉花产量无法满足纺织服装产业需求，棉花异纤等关键指标的问题短时间内也不能完全解决，和非棉纤维相比，棉花农产品的属性决定了其标准化程度较低，不同批次、不同质量指标的棉花在投入使用时往往要进行配棉，需要储备更多棉花，棉花价格通常较非棉纤维更高，因此使用棉花原料会占用企业更多的流动资金。棉花的非标准化也使得在质量控制方面需要投入更多精力。非棉纤维由于市场化程度高，研发及应用发展迅速，产能产量能够最大程度满足我国棉纺织市场需求。随着非棉纤维规模化的生产，其绝对价格更低，性价比凸显，且标准化程度高，原料批次之间更加稳定。近年来，非棉纤维在棉纺织行业的应用量已经远多于棉纤维，且有进一步增长的趋势。从问卷情况看出，多数企业认为“十四五”期间，棉花在原料的比重将减少或持平（图 41）。

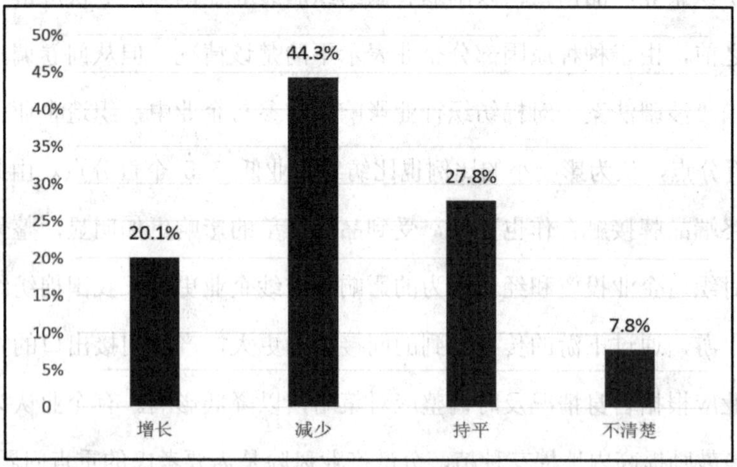

图 41　“十四五”棉纤维消耗比重较“十三五”变化的调查情况

（四）科技与创新

“十四五”期间，棉纺织行业将继续按国家制造业高质量发展战略要求，从智能制造、绿色制造、产品升级等方面，全面推进行业转型升级，通过科技创新应对和解决目前行业所面临的问题，以保持国际竞争优势。调查发现，智能制造、产品创新和科技进步将是未来行业在创新发展方面的重点方向，以此来解决行业人工成本增加、利润偏低等问题（图 42）。

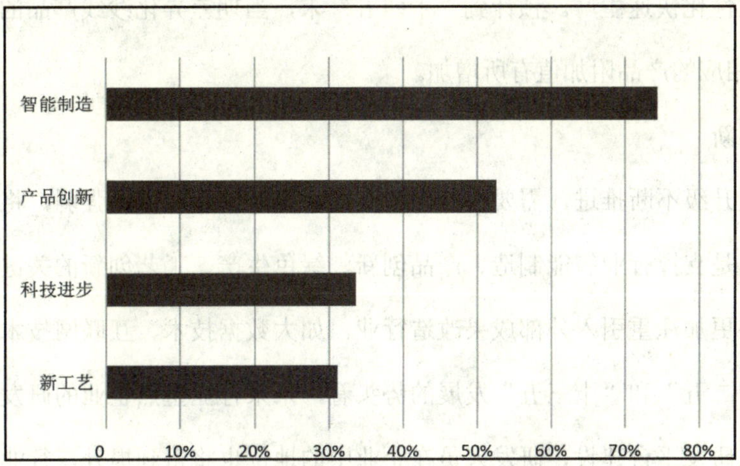

图 42 未来行业发展创新方向的调查情况

1. 智能制造

在“十三五”期间，企业大范围的设备与信息化改造给行业向智能制造发展奠定了坚实的硬件基础。“十四五”期间行业的技改和信息化建设将继续加快，同时，随着目前行业中各项智能制造技术趋于成熟，会有越来越多的企业开始进行智能化建设，调查也显示有 75%的参与企业认为智能制造是行业未来的发展方向。从“十三五”发展的情况看，预计“十四五”期间，年均将有 200 万锭以上粗细联、自动打包和 3 万台喷气织机的增长量，到“十四五”末，行业采用 MES 系统的企业数量将达到 60%以上。行业整体产能会随着各类高效设备的比重增加而向下逐步调整，但整个行业的生产效率大幅提升，用工也将持续减少。

2.产品升级

产品是企业创新成果最直接的体现。未来，消费者对于纺织品服装更加个性化的消费需求，使得产品品类更加多样，数量也更加分散，棉纺织行业作为服装、家纺行业的前道供应商，需要适应趋势变化给整个产业链带来的影响。企业需要增强自身的各项能力，对产品的原料、结构、功能、绿色生产等方面进行更深入的研究，努力实现产品的快速有效定向开发和柔性化快速生产。预计到“十四五”末，当期差异化纱线产品的比例将保持在15%左右，但相应的产品附加值有所增加。

3.科技创新

行业转型升级不断推进，需要科技创新支撑。企业创新能力的强弱，将直接决定其市场竞争力，也是支撑行业智能制造、产品创新、绿色生产、工艺创新的关键力量。未来，棉纺织行业将更加注重引入外部成果改造行业，如大数据技术、互联网技术、材料加工技术等。从“十二五”和“十三五”发展的势头看，未来行业重点企业的研发投入将持续增大，更加重视研发平台建设，研发人员在企业中的地位也将得到提升，行业平均研发投入水平向将超过1.1%，相应的科研成果，如专利等数量也将持续增加，质量也将持续增强。

4.保障措施

为了实现“十四五”行业发展目标，必须创造良好的科技创新环境。行业相关方需共同努力、多方推进，政府主管部门应加大力度推出更多的创新扶持政策，同时加强知识产权保护，企业应加强对创新的投入和提升创新认识，研究机构与企业应探索更适合行业现实的产学研合作机制，专业院校与行业机构需要探索专业创新研发人员培养方式等。调查显示，对于“十四五”行业创新的保障措施，50%的参与企业认为产学研攻关、产业协同推广是未来创新的重点。当然，企业最为重视的还是创新人才短缺问题，61%的参与企业认为人才是“十四五”科技创新发展最关键的要素（图43）。

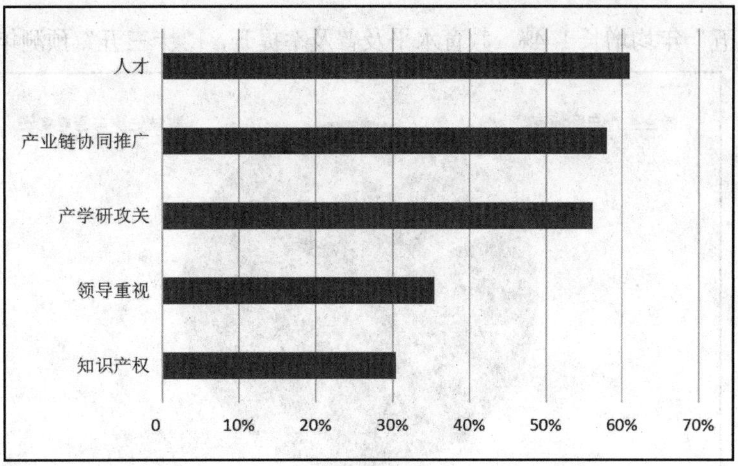

图 43　行业创新影响因素重要性排序的调查情况

（五）可持续发展的方向和动力

“十三五”期间，我国纺织工业将“科技、时尚、绿色”作为产业新的定位和新标签，在未来一段时间内，棉纺织行业也必将向着这个方向努力实现转型和提升。

对于未来 10 年我国棉纺织行业发展的主要方向和动力的调查情况（图 44），有近一半的参与企业认为科技进步和智能制造是未来的发展方向，也有超过三分之一的参与企业表示时尚消费和产品创新是未来发展的动力，还有近 20%的参与企业认为绿色生产是产业未来新的增长亮点。

1.科技进步与智能制造

我国棉纺织产业在过去的五年中，随着科技的不断进步，行业生产水平持续提升，尤其是智能化纺织生产取得了较大成绩，粗细络联、自动落纱及智能纱库等基于无人值守的智能纺纱关键技术迅速发展；织造技术方面，包括整经自动装筒、浆纱自动调浆及织造自动寻纬等技术也得以在部分企业产业化应用。

智能制造在提升纺织行业科技水平、推动产业升级的同时，在吸引人才、解决招工难等问题提供更加有效的方案，将是我国棉纺织产业未来的发展方向。智能化生产水平不断提升，用工将持续下降，预计“十四五”期间，棉纺织行业从业人员年均将减少 2%左右；同时对从业人员知识水平要求逐步提高，预计大专及以上学历员工比例年均将增长约 3%，“十二五”到“十三五”年均增长1.4%，教育水平及普及率提升，“十三五”预测年均2%。

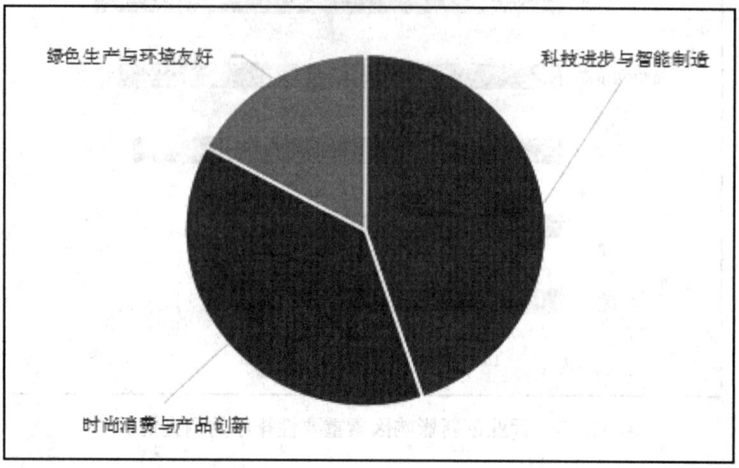

图44　未来10年我国棉纺织行业发展的主要方向和动力的调查情况

2. 时尚消费与产品创新

产品创新是企业得以生存和持续发展的内在动力，是提升市场竞争力的重要途径，纺织企业需要适应和引领消费升级的需求，积极开发个性化、时尚化及功能化的纺织品，提高产品科技含量和附加值，才能在市场竞争中赢得有利地位。

随着“千禧一代”逐渐成为消费主力军，他们的消费习惯正发生着变化，希望与众不同、追求品牌个性与时尚及支持国货等消费理念带来的消费升级，都给纺织产业的发展带来了新的机遇，迎合市场需求的产品开发都是未来推动产业持续发展的动力。下游终端对时尚、品牌的追求将推动行业品牌培育工作的不断提升，预测“十四五”期间，行业品牌企业向优秀客户供应品牌产品的比重年均将提升2%左右。

3. 绿色生产与环境友好

随着全球消费者环保意识的增强，纺织材料的生态属性以及绿色生产已逐渐成为社会与企业的关注热点之一，绿色生产、绿色消费是大势所趋。

从人体健康和环境友好考虑，绿色生产是最基本的要求，需要节能、降耗、减污，使污染物的产生量最小化，这必将会催生新的技术，棉纺织行业在未来一段时间也必将以绿色生产、循环应用为抓手。企业节能减排力度不断提升，预计“十四五”期间，纱布综合能耗年均下降1%左右，在推动行业绿色可持续发展的同时，带来新的增长点。

我国经济已经进入了新的中低速发展周期，棉纺织产业在下一个五年甚至更长的一段时期内，需要面对劳动力紧缺、原材料价格波动及环境保护等方面的压力。只有通过科技创新，不断提升智能制造水平，提高产品品质，培育自主品牌，迎合新的消费需求；只有加快产业转型升级，更好参与国际市场竞争和全球产业分工，才能持续推动我国棉纺织行业健康、可持续发展。

四、小结

通过一系列对比分析，可以对“十三五”期间我国棉纺织行业发展情况、企业发展动向、取得的发展成就以及暴露出的新问题有了更深层次的了解，为“十四五”发展规划的编制奠定了基础。综合行业发展及问卷调查情况，小结如下。

生产运营方面，“十三五”期间我国棉纺织产能仍处于高位，各企业综合实力良莠不齐，产品整体档次定格在中高档、中低档的位置，盈利水平、风险控制、金融环境在整个纺织服装产业链中处于中低水平。从全球来看，我国棉纺织行业仍处于优势位置，综合实力不可替代，但从国内情况看，行业“洗牌”特征愈发明显，企业实力开始向两极分化。

投资布局方面，“十三五”期间，部分企业选择开启产业国际布局或向中西部地区进行产业转移。我国棉纺织企业国际布局步伐尚处于合理范围内，而新疆棉纺织产能已接近饱和，继续承载的潜力不大。“十四五”期间，有进一步开启国际布局计划的企业，应采取更深层次的评估，避免跟风操作；新疆棉纺织产业已具备一定规模，下一步发展应从“产能优势”逐步向“产业优势”过渡。

原料保障方面，“十三五”期间，在政策与市场的双重调节下，棉花市场持续平稳运行，但我国棉花生产向新疆高度集中的发展势态引发行业对原料安全的担忧。非棉纤维为棉纺织行业缓解原料用量、价格压力、优化产品与功能发挥了巨大作用，预计应用结构及比重将会更加优化，新型纤维的发展为棉纺织产品创新奠定基础。

科技进步方面，“十三五”期间，棉纺织行业设备自动化、智能化水平以及企业管理信息化程度明显提高，在节能减排方面的投入不断加大，对产品研发、专利申请、科技奖项申报、产学研联动也更加关注，技术水平明显提高，产品创新速度不断加快。下一个五年应持续深化科技进步的应用范畴，以智能、绿色、创新作为发展准则，将更多附加值留在本环节。

可持续发展方面，“十三五”期间，棉纺织产业积极践行“三品战略”，取得的成绩有目共睹，但一线技术人才短缺、国际竞争压力日益增大的问题愈加凸显。要加大给予一线员工更高关注度，加强对技术人才的吸引力及培养力度。与此同时，我国棉纺织行业需进一步寻求新的产品定位，将竞争优势由中低档转向较高档次产品上，辩证看待“危”与“机”，加快转型升级。

总的来说，“十四五”期间，我国棉纺织行业应继续以提升企业竞争力为根本，引导企业结合实际情况合理规划企业发展方向，顺应并引导市场发展。从科技创新、产品研发、运营优化、品牌建设、绿色发展、人才培养、文化内涵等多角度出发提高产业综合实力，为实现棉纺织行业优质、可持续发展的目标贡献力量。

此次问卷参与企业还对中棉行协的工作服务进行了评价，96.7%的参与企业对中棉行协的工作表示满意。本协会今后将继续以搭建行业桥梁为己任，始终保持对棉纺织事业的热忱，继续完善工作上的不足，感谢各位棉纺织同仁的支持！

执笔（按姓氏笔画排序）：

王耀、朱北娜、李杰、杨秋蕾、范轩云鹏

欧阳夏子、徐潇源、郭占军、景慎全

中泰集团
ZHONGTAI GROUP

新疆中泰纺织集团简介

新疆中泰纺织集团

新疆中泰纺织集团有限公司（以下简称“中泰纺织集团”）于2019年8月6日由新疆富丽达纤维有限公司更名而成。公司成立于2007年8月6日，注册资本23.79亿元人民币，2016年4月由新疆维吾尔自治区国有一类大型企业新疆中泰（集团）有限责任公司全额收购，现为国有全资公司，法人代表冯文军。公司位于库尔勒经济技术开发区218国道东侧、库塔干渠北侧，占地面积约200公顷，主要从事纤维素短纤维及差别化、功能化纤维素短纤维的生产、销售及技术开发。主导产品有棉型漂白、中长漂白、细旦漂白、毛型漂白等各规格纤维素短纤维，及其它各种不同纤度、长度的特种及有色纤维素短纤维。

中泰纺织集团现已形成从绿色制浆、再生木浆制造、纤维素短纤维生产、高端纺纱的发展模式，发展成为年产38万吨纤维素短纤维、9万吨浆粕、30万吨硫酸，配套76MW动力站，资产总额100亿元，2100名员工的大型企业。

展望未来，“一带一路”建设将为集团带来更好的发展机遇。中泰纺织集团将依托新疆得天独厚的资源优势、差别化政策优势以及自身的人才、技术、市场等优势，牢牢树立绿色生态发展理念，打造全产业链生产能力，力争在“十三五”期间建设成为世界领先的纤维素纤维生产企业，为新疆社会稳定、长治久安和经济发展做出积极贡献。

中泰集团
ZHONGTAI GROUP

新疆中泰纺织集团

新疆富丽震纶棉纺有限公司简介

新疆富丽震纶棉纺有限公司是由新疆中泰化学股份有限公司全资子公司新疆中泰纺织集团有限公司与苏州震纶棉纺有限公司于2015年共同投资组建的新型纺纱项目。

项目总投资40亿元人民币，占地面积1500亩，总建筑面积52.7万平方米，分两期建设，一期项目12个生产车间已于2017年底全部投产，并形成120万锭产能，年产各类气流纺、涡流纺、环锭纺、赛络紧密纺等高品质粘胶纱线18余万吨。

苏州震纶棉纺有限公司是一个专业生产各类高品质再生纤维素纤维纱线的现代化企业，拥有超过50万纱锭的生产能力，致力于为广大服装及面料企业，提供各种新型、时尚、环保的再生纤维素纤维纱线，年产各类高品质纱线8万余吨。

面对复杂多变的市场环境，公司坚持以市场为导向，紧紧围绕“优质、高效、低消耗”的工作方针，紧贴国家、自治区产业政策，按照高质量发展要求，深化供给侧结构性改革，加大新产品研发力度，加快实施产业智能化、数字化改造，致力打造成全疆乃至全国领先的纺纱企业。

巴州金富特种纱业有限公司简介

巴州金富特种纱业有限公司（简称“巴州金富”）是中泰集团下属上市公司中泰化学（股票代码002092）的全资子公司。公司成立于2013年3月19日，是全国最大的气流纺生产基地之一。公司位于新疆库尔勒经济技术开发区富丽达路1758号，占地面积为840亩，总建筑面积53.5万平方米，是库尔勒经济技术开发区1000万纱锭纺织服装城的重要组成部分。注册资金14.73亿元，总投资28亿元，采用国际先进的工艺技术和设备，现建有199台气流纺纱机和76台涡流纺纱机（折环锭纺150万纱锭），现有职工总数1300人。

公司凭借中泰集团的资本优势、管理优势及新疆的成本优势，发展迅猛，规模增长迅速。

2019年主要产品纱线产量15.5万吨，实现营业收入18.92亿元，实现利润总额2701万元，缴纳各项税费3009.19万元；公司负债率30.63%；纱线质量优一等品及以上合格率达99.8%，产品质量稳步提升，品牌认知度明显提高。

中泰纺织销售总公司
地址：新疆乌鲁木齐经济技术开发区阳澄湖路39号
电话：0991-3928870
杭州办公室：400-999-6700　苏州办公室：400-838-5777
The sales company of Zhongtai Textile Group
ADD:No.39 Yangchenghu road,Urumqi,Xinjiang Province, China
TEL:0991-3928870
Hangzhou Office Tel:400-999-6700　Suzhou Office Tel:400-838-5777

政策篇

关于坚持农业农村优先发展做好“三农”工作的若干意见

今明两年是全面建成小康社会的决胜期，“三农”领域有不少必须完成的硬任务。党中央认为，在经济下行压力加大、外部环境发生深刻变化的复杂形势下，做好“三农”工作具有特殊重要性。必须坚持把解决好“三农”问题作为全党工作重中之重不动摇，进一步统一思想、坚定信心、落实工作，巩固发展农业农村好形势，发挥“三农”压舱石作用，为有效应对各种风险挑战赢得主动，为确保经济持续健康发展和社会大局稳定、如期实现第一个百年奋斗目标奠定基础。

做好“三农”工作，要全面贯彻党的十九大和十九届二中、三中全会及中央经济工作会议精神，紧紧围绕统筹推进“五位一体”总体布局和协调推进“四个全面”战略布局，牢牢把握稳中求进工作总基调，落实高质量发展要求，坚持农业农村优先发展总方针，以实施乡村振兴战略为总抓手，对标全面建成小康社会“三农”工作必须完成的硬任务，适应国内外复杂形势变化对农村改革发展提出的新要求，抓重点、补短板、强基础，围绕“巩固、增强、提升、畅通”深化农业供给侧结构性改革，坚决打赢脱贫攻坚战，充分发挥农村基层党组织战斗堡垒作用，全面推进乡村振兴，确保顺利完成到 2020 年承诺的农村改革发展目标任务。

一、夯实农业基础，保障重要农产品有效供给

(一)稳定粮食产量。毫不放松抓好粮食生产，推动藏粮于地、藏粮于技落实落地，确保粮食播种面积稳定在 16.5 亿亩。稳定完善扶持粮食生产政策举措，挖掘品种、技术、减灾等稳产增产潜力，保障农民种粮基本收益。发挥粮食主产区优势，完善粮食主产区利益补偿机制，健全产粮大县奖补政策。压实主销区和产销平衡区稳定粮食生产责任。严守 18 亿亩耕地红线，全面落实永久基本农田特殊保护制度，确保永久基本农田保持在 15.46 亿亩以上。建设现代气象为农服务体系。强化粮食安全省长责任制考核。

(二)完成高标准农田建设任务。巩固和提高粮食生产能力，到 2020 年确保建成 8 亿亩高标准农田。修编全国高标准农田建设总体规划，统一规划布局、建设标准、组织实

施、验收考核、上图入库。加强资金整合，创新投融资模式，建立多元筹资机制。实施区域化整体建设，推进田水林路电综合配套，同步发展高效节水灌溉。全面完成粮食生产功能区和重要农产品生产保护区划定任务，高标准农田建设项目优先向“两区”安排。恢复启动新疆优质棉生产基地建设，将糖料蔗“双高”基地建设范围覆盖到划定的所有保护区。进一步加强农田水利建设。推进大中型灌区续建配套节水改造与现代化建设。加大东北黑土地保护力度。加强华北地区地下水超采综合治理。推进重金属污染耕地治理修复和种植结构调整试点。

(三)调整优化农业结构。大力发展紧缺和绿色优质农产品生产，推进农业由增产导向转向提质导向。深入推进优质粮食工程。实施大豆振兴计划，多途径扩大种植面积。支持长江流域油菜生产，推进新品种新技术示范推广和全程机械化。积极发展木本油料。实施奶业振兴行动，加强优质奶源基地建设，升级改造中小奶牛养殖场，实施婴幼儿配方奶粉提升行动。合理调整粮经饲结构，发展青贮玉米、苜蓿等优质饲草料生产。合理确定内陆水域养殖规模，压减近海、湖库过密网箱养殖，推进海洋牧场建设，规范有序发展远洋渔业。降低江河湖泊和近海渔业捕捞强度，全面实施长江水生生物保护区禁捕。实施农产品质量安全保障工程，健全监管体系、监测体系、追溯体系。加大非洲猪瘟等动物疫情监测防控力度，严格落实防控举措，确保产业安全。

(四)加快突破农业关键核心技术。强化创新驱动发展，实施农业关键核心技术攻关行动，培育一批农业战略科技创新力量，推动生物种业、重型农机、智慧农业、绿色投入品等领域自主创新。建设农业领域国家重点实验室等科技创新平台基地，打造产学研深度融合平台，加强国家现代农业产业技术体系、科技创新联盟、产业创新中心、高新技术产业示范区、科技园区等建设。强化企业技术创新主体地位，培育农业科技创新型企业，支持符合条件的企业牵头实施技术创新项目。继续组织实施水稻、小麦、玉米、大豆和畜禽良种联合攻关，加快选育和推广优质草种。支持薄弱环节适用农机研发，促进农机装备产业转型升级，加快推进农业机械化。加强农业领域知识产权创造与应用。加快先进实用技术集成创新与推广应用。建立健全农业科研成果产权制度，赋予科研人员科技成果所有权，完善人才评价和流动保障机制，落实兼职兼薪、成果权益分配政策。

(五)实施重要农产品保障战略。加强顶层设计和系统规划，立足国内保障粮食等重要农产品供给，统筹用好国际国内两个市场、两种资源，科学确定国内重要农产品保障水平，健全保障体系，提高国内安全保障能力。将稻谷、小麦作为必保品种，稳定玉米生产，确保谷物基本自给、口粮绝对安全。加快推进粮食安全保障立法进程。在提质增效基础上，巩固棉花、油料、糖料、天然橡胶生产能力。加快推进并支持农业走出去，加强“一带一路”农业国际合作，主动扩大国内紧缺农产品进口，拓展多元化进口渠道，培育一批跨国农业企业集团，提高农业对外合作水平。加大农产品反走私综合治理力度。

二、发展壮大乡村产业，拓宽农民增收渠道

（一）实施数字乡村战略。深入推进“互联网+农业”，扩大农业物联网示范应用。推进重要农产品全产业链大数据建设，加强国家数字农业农村系统建设。继续开展电子商务进农村综合示范，实施“互联网+”农产品出村进城工程。全面推进信息进村入户，依托“互联网+”推动公共服务向农村延伸。

（二）促进农村劳动力转移就业。落实更加积极的就业政策，加强就业服务和职业技能培训，促进农村劳动力多渠道转移就业和增收。发展壮大县域经济，引导产业有序梯度转移，支持适宜产业向小城镇集聚发展，扶持发展吸纳就业能力强的乡村企业，支持企业在乡村兴办生产车间、就业基地，增加农民就地就近就业岗位。稳定农民工就业，保障工资及时足额发放。加快农业转移人口市民化，推进城镇基本公共服务常住人口全覆盖。

（三）支持乡村创新创业。鼓励外出农民工、高校毕业生、退伍军人、城市各类人才返乡下乡创新创业，支持建立多种形式的创业支撑服务平台，完善乡村创新创业支持服务体系。落实好减税降费政策，鼓励地方设立乡村就业创业引导基金，加快解决用地、信贷等困难。加强创新创业孵化平台建设，支持创建一批返乡创业园，支持发展小微企业。

三、全面深化农村改革，激发乡村发展活力

（一）巩固和完善农村基本经营制度。坚持家庭经营基础性地位，赋予双层经营体制新的内涵。突出抓好家庭农场和农民合作社两类新型农业经营主体，启动家庭农场培育计划，开展农民合作社规范提升行动，深入推进示范合作社建设，建立健全支持家庭农场、农民合作社发展的政策体系和管理制度。落实扶持小农户和现代农业发展有机衔接的政策，完善“农户+合作社”、“农户+公司”利益联结机制。加快培育各类社会化服务组织，为一家一户提供全程社会化服务。加快出台完善草原承包经营制度的意见。加快推进农业水价综合改革，

健全节水激励机制。继续深化供销合作社综合改革，制定供销合作社条例。深化集体林权制度和国有林区林场改革。大力推进农垦垦区集团化、农场企业化改革。

(二)深化农村土地制度改革。保持农村土地承包关系稳定并长久不变，研究出台配套政策，指导各地明确第二轮土地承包到期后延包的具体办法，确保政策衔接平稳过渡。完善落实集体所有权、稳定农户承包权、放活土地经营权的法律法规和政策体系。在基本完成承包地确权登记颁证工作基础上，开展“回头看”，做好收尾工作，妥善化解遗留问题，将土地承包经营权证书发放至农户手中。健全土地流转规范管理制度，发展多种形式农业适度规模经营，允许承包土地的经营权担保融资。总结好农村土地制度三项改革试点经验，巩固改革成果。坚持农村土地集体所有、不搞私有化，坚持农地农用、防止非农化，坚持保障农民土地权益、不得以退出承包地和宅基地作为农民进城落户条件，进一步深化农村土地制度改革。在修改相关法律的基础上，完善配套制度，全面推开农村土地征收制度改革和农村集体经营性建设用地入市改革，加快建立城乡统一的建设用地市场。加快推进宅基地使用权确权登记颁证工作，力争 2020 年基本完成。稳慎推进农村宅基地制度改革，拓展改革试点，丰富试点内容，完善制度设计。抓紧制定加强农村宅基地管理指导意见。研究起草农村宅基地使用条例。开展闲置宅基地复垦试点。允许在县域内开展全域乡村闲置校舍、厂房、废弃地等整治，盘活建设用地重点用于支持乡村新产业新业态和返乡下乡创业。严格农业设施用地管理，满足合理需求。巩固“大棚房”问题整治成果。按照“取之于农，主要用之于农”的要求，调整完善土地出让收入使用范围，提高农业农村投入比例，重点用于农村人居环境整治、村庄基础设施建设和高标准农田建设。扎实开展新增耕地指标和城乡建设用地增减挂钩节余指标跨省域调剂使用，调剂收益全部用于巩固脱贫攻坚成果和支持乡村振兴。加快修订土地管理法、物权法等法律法规。

(三)深入推进农村集体产权制度改革。按期完成全国农村集体资产清产核资，加快农村集体资产监督管理平台建设，建立健全集体资产各项管理制度。指导农村集体经济组织在民主协商的基础上，做好成员身份确认，注重保护外嫁女等特殊人群的合法权利，加快推进农村集体经营性资产股份合作制改革，继续扩大试点范围。总结推广资源变资产、资金变股金、农民变股东经验。完善农村集体产权权能，积极探索集体资产股权质押贷款办法。研究制定农村集体经济组织法。健全农村产权流转交易市场，推动农村各类产权流转交易公开规范运行。研究完善适合农村集体经济组织特点的税收优惠政策。

(四)完善农业支持保护制度。按照增加总量、优化存量、提高效能的原则，强化高质量绿色发展导向，加快构建新型农业补贴政策体系。按照适应世贸组织规则、保护农民利益、支持农业发展的原则，抓紧研究制定完善农业支持保护政策的意见。调整改进“黄箱”政策，扩大“绿箱”政策使用范围。按照更好发挥市场机制作用取向，完善稻谷和小麦最低收购价政策。完善玉米和大豆生产者补贴政策。健全农业信贷担保费率补助和以奖代补机制，研究制定担保机构业务考核的具体办法，加快做大担保规模。按照扩面增品提标的要求，完善农业保险政策。推进稻谷、小麦、玉米完全成本保险和收入保险试点。扩大农业大灾保险试点和“保险+期货”试点。探索对地方优势特色农产品保险实施以奖代补试点。打通金融服务“三农”各个环节，建立县域银行业金融机构服务“三农”的激励约束机制，实现普惠性涉农贷款增速总体高于各项贷款平均增速。推动农村商业银行、农村合作银行、农村信用社逐步回归本源，为本地“三农”服务。研究制定商业银行“三农”事业部绩效考核和激励的具体办法。用好差别化准备金率和差异化监管等政策，切实降低“三农”信贷担保服务门槛，鼓励银行业金融机构加大对乡村振兴和脱贫攻坚中长期信贷支持力度。支持重点领域特色农产品期货期权品种上市。

《产业结构调整指导目录（2019 年本）》（纺织类）

《产业结构调整指导目录（2019 年本）》已经 2019 年 8 月 27 日第 2 次委务会议审议通过，现予公布，自 2020 年 1 月 1 日起施行。《产业结构调整指导目录（2011 年本）（修正）》同时废止。有关纺织的内容摘取如下：

第一类　鼓励类

二十、纺织

1. 差别化、功能性聚酯（PET）的连续共聚改性[阳离子染料可染聚酯（CDP、ECDP）、碱溶性聚酯（COPET）、高收缩聚酯（HSPET）、阻燃聚酯、低熔点聚酯、非结晶聚酯、生物可降解聚酯、采用绿色催化剂生产的聚酯等]；阻燃、抗静电、抗紫外、抗菌、48 相变储能、光致变色、原液着色等差别化、功能性化学纤维的高效柔性化制备技术；智能化、超仿真等功能性化学纤维生产；原创性开发高速纺丝加工用绿色高效环保油剂

2. 聚对苯二甲酸丙二醇酯（PTT）、聚萘二甲酸乙二醇酯（PEN）、聚对苯二甲酸丁二醇酯（PBT）、聚丁二酸丁二酯（PBS）、聚对苯二甲酸环己烷二甲醇酯（PCT）、生物基聚酰胺、生物基呋喃环等新型聚酯和纤维的开发、生产与应用

3. 采用绿色、环保工艺与装备生产新溶剂法纤维素纤维（Lyocell）、细菌纤维素纤维、以竹、麻等新型可再生资源为原料的再生纤维素纤维、聚乳酸纤维（PLA）、海藻纤维、壳聚糖纤维、聚羟基脂肪酸酯纤维（PHA）、动植物蛋白纤维

4. 高性能纤维及制品的开发、生产、应用[碳纤维（CF）（拉伸强度≥4200MPa，弹性模量≥230GPa）、芳纶（AF）、芳砜纶（PSA）、超高分子量聚乙烯纤维（UHMWPE）（纺丝生产装置单线能力≥300 吨/年，断裂强度≥40cN/dtex，初始模量≥1800cN/dtex）、聚苯硫醚纤维（PPS）、聚酰亚胺纤维（PI）、聚四氟乙烯纤维（PTFE）、聚苯并双噁唑纤维（PBO）、聚芳噁二唑纤维（POD）、玄武岩纤维（BF）、碳化硅纤维（SiCF）、聚醚醚酮纤维（PEEK）、高强型玻璃纤维（HT-AR）、聚（2,5-二羟基-1,4-苯撑吡啶并二咪唑）（PIPD）纤维等]

5. 符合环保要求的特种动物纤维、麻纤维、桑柞茧丝、彩色棉花、彩色桑茧丝类天然

纤维的加工技术与产品

6. 建立智能化纺纱工厂，采用智能化、连续化纺纱成套装备（清梳联、粗细联、细络联及数控单机及喷气涡流纺、高速转杯纺等短流程先进纺纱设备），生产高品质纱线；采用高速数控无梭织机、自动穿经机、全成形电脑横机、高速电脑横机、高速经编机等新型数控装备，生产高支、高密、提花等高档机织、针织纺织品

7. 采用数字化智能化印染技术装备、染整清洁生产技术（酶处理、高效短流程前处理、针织物连续平幅前处理、低温前处理及染色、低盐或无盐染色、低尿素印花、小浴比气流或气液染色、数码喷墨印花、泡沫整理等）、功能性整理技术、新型染色加工技术、复合面料加工技术，生产高档纺织面料；智能化筒子纱染色技术装备开发与应用

8. 采用非织造、机织、针织、编织等工艺及多种工艺复合、长效整理等新技术，生产功能性产业用纺织品

9. 智能化、高效率、低能耗纺织机械，关键专用基础件、计量、检测仪器及试验装备开发与制造

10. 高档地毯、抽纱、刺绣产品生产

11. 数字化、网络化、智能化服装生产技术和装备开发、应用

12. 纺织行业生物脱胶、无聚乙烯醇（PVA）浆料上浆、少水、无水节能印染加工、“三废”高效治理与资源回收再利用技术的推广与应用

13. 废旧纺织品回收再利用技术、设备的研发和应用，利用聚酯回收材料生产涤纶工业丝、差别化和功能性涤纶长丝、非织造材料等高附加值产品

第二类　限制类

十三、纺织

1. 单线产能小于 20 万吨/年的常规聚酯（PET）连续聚合生产装置

2. 常规聚酯的对苯二甲酸二甲酯（DMT）法生产工艺

3. 半连续纺粘胶长丝生产线

4. 间歇式氨纶聚合生产装置

5. 常规化纤长丝用锭轴长 1200 毫米及以下的半自动卷绕设备

6. 粘胶板框式过滤机

7.单线产能≤1000 吨/年、幅宽≤2 米的常规丙纶纺粘法非织造布生产线

8.25 千克/小时以下梳棉机

9.200 钳次/分钟以下的棉精梳机

10.5 万转/分钟以下自排杂气流纺设备

11.FA502、FA503 细纱机

12.入纬率小于 600 米/分的剑杆织机，入纬率小于 700 米/分的喷气织机，入纬率小于900米/分的喷水织机

13.采用聚乙烯醇浆料（PVA）上浆工艺及产品（涤棉产品，纯棉的高支高密产品除外）

14.吨原毛洗毛用水超过 20 吨的洗毛工艺与设备

15.双宫丝和柞蚕丝的立式缫丝工艺与设备

16.绞纱染色工艺

17.亚氯酸钠漂白设备

18.普通涤纶载体染色

第三类　淘汰类

注：条目后括号内年份为淘汰期限，淘汰期限为 2020 年 12 月 31 日是指应于 2020 年 12 月 31 日前淘汰，其余类推；有淘汰计划的条目，根据计划进行淘汰；未标淘汰期限或淘汰计划的条目为国家产业政策已明令淘汰或立即淘汰。

（十三）纺织

1.使用时间达到 30 年的棉纺、毛纺、麻纺设备、机织设备

2.辊长 1000 毫米以下的皮辊轧花机，锯片片数在 80 以下的锯齿轧花机，压力吨位在 400 吨以下的皮棉打包机（不含 160 吨、200 吨短绒棉花打包机）

3.ZD647、ZD721 型自动缫丝机，D101A 型自动缫丝机，ZD681 型立缫机，DJ561 型绢精纺机，K251、K251A 型丝织机等丝绸加工设备

4.Z114 型小提花机

5.GE186 型提花毛圈机

6.Z261 型人造毛皮机

7.未经改造的 74 型染整设备

8.蒸汽加热敞开无密闭的印染平洗槽

9.R531 型酸性粘胶纺丝机

10.4 万吨/年及以下粘胶常规短纤维生产线

11.湿法氨纶生产工艺

12.二甲基甲酰胺（DMF）溶剂法氨纶及腈纶生产工艺

13.硝酸法腈纶常规纤维生产工艺及装置

14.常规聚酯（PET）间歇法聚合生产工艺及设备

15.常规涤纶长丝锭轴长 900 毫米及以下的半自动卷绕设备

16.使用年限超过 15 年的国产和使用年限超过 20 年的进口印染前处理设备、拉幅和定形设备、圆网和平网印花机、连续染色机

17.使用年限超过 15 年的浴比大于 1∶10 的棉及化纤间歇式染色设备

18.使用直流电机驱动的印染生产线

19.印染用铸铁结构的蒸箱和水洗设备，铸铁墙板无底蒸化机，汽蒸预热区短的 L 型退煮漂履带汽蒸箱

20.螺杆挤出机直径小于或等于 90mm，2000 吨/年以下的涤纶再生纺短纤维生产装置

关于促进制造业产品和服务质量提升的实施意见

提高制造业产品和服务质量水平，是深化供给侧结构性改革，满足人民日益增长的美好生活需要的重要举措，是促进我国产业迈向全球价值链中高端的必然要求。为深入贯彻落实《中共中央 国务院关于开展质量提升行动的指导意见》，加快提升制造业产品和服务质量，推动制造业高质量发展，现提出以下意见。

一、总体要求

（一）指导思想

坚持全面贯彻党的十九大和十九届二中、三中全会精神，牢固树立新发展理念，坚持以供给侧结构性改革为主线，以提高制造业质量和效益为目标，落实企业质量主体责任，增强质量提升动力，优化质量发展环境，培育制造业竞争新优势，为实施制造强国、质量强国战略奠定坚实基础。

（二）基本原则

坚持质量提升与满足需求相结合。以增强制造业竞争力和满足人民群众日益增长的美好生活需要作为出发点和落脚点，加强全面质量管理，推进质量文化和品牌建设，增强人民群众获得感。

坚持企业主体与营造环境相结合。推动企业落实质量主体责任，严守质量底线，提高质量水平，扩大优质产品和服务供给。优化质量发展环境，加强标准引领，加快人才培养，强化专业支撑，推动优质优价，激发企业质量提升动力。

坚持技术创新与管理创新相结合。提升技术创新能力，引导创新要素向关键共性技术、中高端产品和服务集聚，提高产品的安全性、可靠性和环境适应性。促进质量管理创新，推广先进质量管理方法和工具，提高质量管理的水平。

坚持全面推进与分业施策相结合。完善覆盖全产业链、产品全生命周期的质量提升协作机制。聚焦行业质量突出问题，精准施策，提升原材料供给质量，增强装备制造质量竞争力，加快消费品提质升级，推动信息技术产业迈向中高端。

（三）主要目标

到 2022 年，制造业质量总体水平显著提升，质量基础支撑能力明显提高，质量发展环境持续优化，行业质量工作体系更加高效。建设一批国家标准、行业标准与团体标准协调配套的标准群引领行业质量提升，推动不少于 10 个行业或领域建立质量分级工作机制，完善重点产品全生命周期的质量追溯机制，提高企业质量和品牌的竞争力。

二、落实企业质量主体责任

（四）健全质量责任体系。企业法定代表人或主要负责人是质量第一责任人。企业要建立质量安全控制关键岗位责任制，严格实施企业岗位质量规范和质量考核制度。严格执行强制性标准，主动对产品和服务质量进行声明，接受社会监督。执行重大质量事故报告及应急处理制度，增强质量安全风险防控能力。履行缺陷产品召回等法定义务，严格落实产品修理、更换、退货责任规定，依法承担质量损害赔偿责任，建立健全产品全生命周期质量追溯机制。

（五）加强全面质量管理。明确企业质量方针目标，建立覆盖全员、全过程的质量管理体系，持续提高质量管理体系运行的有效性，确保持续稳定地提供满足法律法规和顾客需求的产品和服务，优化顾客体验，提高顾客满意度。加强供应链质量管理，建立完善第二方质量审核制度，对重要供应商的质量、技术、工艺、设备和人员等进行指导和监督。积极应用卓越绩效模式、六西格玛管理、精益生产等方法，开展质量风险分析与控制、质量成本管理、质量管理体系升级等活动，全面提高企业质量管理能力。

（六）推进质量文化建设。树立质量为先、信誉至上的诚信经营理念，强化全员质量意识，提升员工岗位技能，把质量诚信落实到企业生产经营的全过程。大力弘扬优秀企业家精神和工匠精神，加强企业社会责任建设，培育精益求精、追求卓越的质量文化。鼓励设立首席质量官，积极组织开展质量管理小组、班组管理、质量攻关、合理化建议等群众性质量活动，加强优秀质量成果的内部推广和外部交流，持续改进质量管理。

三、增强质量提升动力

（七）发挥标准带动作用。发挥标准对行业质量提升的支撑与引领作用，提高上下游产业标准的协同性和配套性，推动建立覆盖全产业链和产品全生命周期的标准群。加快重点领域质量安全标准、绿色设计与生产标准制定，推动标准实施。鼓励地方结合本地区自然条件等特殊要求组织制定地方标准，服务地方特色产业发展。鼓励企业和社会团体制定满足多层次市场需求和创新需求的标准，支持具有创新性、先进性和国际性的团体标准应用示范，支持地方开展标准领航质量提升工作，支持行业和企业参与国际标准化工作，与国际先进水平对标，推动行业高质量发展。

（八）强化技术支撑作用。鼓励企业技术创新，开展个性化定制、柔性生产，丰富产品种类，满足差异化消费需求。推广数字孪生、可靠性设计与仿真、质量波动分析等技术的开发应用，提升产品质量设计和工艺控制能力。持续推进两化融合管理体系贯标，推动云计算、大数据、人工智能等新一代信息技术在质量管理中的应用，支持建立质量信息数据库，开发在线检测、过程控制、质量追溯等质量管理工具，加强质量数据分析，推动企业建立以数字化、网络化、智能化为基础的全过程质量管理体系。

（九）发挥品牌促进作用。引导企业建立以质量为基础的品牌发展战略，丰富品牌内涵，提升品牌形象。鼓励行业协会、专业机构建立健全品牌培育专业化服务体系，制定宣贯品牌培育管理体系标准，完善品牌培育成熟度评价机制，以品牌培育推动企业从“质量合格”向追求“用户满意”跃升。推动产业集群区域品牌建设，引导集群内企业标准协调、创新协同、业务协作、资源共享，发挥龙头企业带动作用，推动产业链提质升级。加强品牌宣传推广，引领消费需求，增强消费信心，促进企业加快质量升级。

四、优化质量发展环境

（十）倡导优质优价。鼓励行业协会和专业机构围绕产品性能、技术能力、用户需求等制定质量分级标准，运用检验检测、合格评定、满意度调查等手段，对重点产品试点开展质量分级评价，建立质量分级发布机制。以机械、钢铁、石化、建材、轻工、电子等行业专业化质量分级为试点，推动建立质量分级、应用分类的市场化采信机制。加大政府采购的引导作用，推动发布优质采购目录，鼓励在重大装备和重点工程中使用优质产品。

（十一）优化市场环境。加强质量诚信体系建设，建立消费者投诉、产品召回等信息共享机制，引导行业对共性质量问题进行警示和改进。配合有关部门打击侵犯知识产权和制售假冒伪劣商品行为，联合惩戒严重质量违法失信行为，推动构建公平、公正、开放、有序的市场竞争环境。引导地方和行业制定区域、行业质量提升计划，积极开展质量兴业、质量比对、品牌培育等工作，总结中国优秀工业设计、单项冠军、质量标杆、专精特新“小巨人”、产业集群区域品牌建设等各类活动中的好经验好做法，加大宣传推广力度。

（十二）夯实服务支撑。加强质量基础能力建设，发挥各类公共服务平台作用，加大面向中小企业的质量和品牌服务供给。发挥国家、省级制造业创新中心作用，攻克一批关键共性技术并推广应用，提高企业质量技术水平。支持专业机构加强质量控制和技术评价能力建设，鼓励为企业服务。加快发展研发设计、工业设计、知识产权、标准验证、质量诊断、检测认证等生产性服务业，加强国际交流与合作，提高专业化服务水平。推动行业检验检测实验室向公众开放，提高全民质量意识。

五、加快重点产业质量提升

（十三）提高原材料工业供给质量。深入实施《原材料工业质量提升三年行动方案（2018-2020 年）》。加快钢铁、水泥、电解铝、平板玻璃等传统产业转型升级，推广清洁高效生产工艺，实施绿色化、智能化改造，鼓励研发应用全流程质量在线监测、诊断与优化系统。加快高端材料创新，支持航空、核能、发动机等关键领域材料的生产应用示范平台建设，促进新材料应用验证及推广，形成高性能、功能化、差别化的先进基础材料供给能力。加快稀土功能材料创新中心和行业测试评价中心建设，支持开发稀土绿色开采和冶炼分离技术，加快稀土新材料及高端应用产业发展。支持开展重点原材料产品用户满意度调查，以用户为中心不断提升原材料供给质量。

（十四）增强装备制造业质量竞争力。积极落实《促进装备制造业质量品牌提升专项行动指南》。实施工业强基工程，着力解决基础零部件、电子元器件、工业软件等领域的薄弱环节，弥补质量短板。加快推进智能制造、绿色制造，提高生产过程的自动化、智能化水平，降低能耗、物耗和水耗。按照《工业企业技术改造升级投资指南》规划，梳理产业质量升级亟需的新技术、新装备、新工艺目录，积极引导产业基金及社会资金支持，提高装备制造业的质量水平。

（十五）促进消费品工业提质升级。贯彻落实《关于开展消费品工业“三品”专项行动 营造良好市场环境的若干意见》。制定发布升级和创新消费品指南，推动轻工纺织等行业的创新产品发布。培育壮大个性化定制企业和平台，推动企业发展个性定制、规模定制、高端定制。持续开展纺织服装创意设计园区（平台）试点示范工作，提高创意设计水平，推动产品供给向“产品+服务”转变，促进消费升级。支持重点产品与国外产品质量及性能实物对比，支持临床急需药品先进技术应用和质量提升，开展婴幼儿配方乳粉等关键领域质量安全追溯体系建设，提供信息实时追溯和查询服务，让消费者放心消费。

（十六）推动信息技术产业迈向中高端。支持集成电路、信息光电子、智能传感器、印刷及柔性显示创新中心建设，加强关键共性技术攻关，积极推进创新成果的商品化、产业化。加快发展 5G 和物联网相关产业，深化信息化和工业化融合发展，打造工业互联网平台，加强工业互联网新型基础设施建设，推动关键基础软件、工业设计软件和平台软件开发应用，提高软件工程质量和网络信息安全水平。发展超高清视频产业，扩大和升级信息消费。规范对智能终端应用程序的管理，改善信息技术产品和服务的用户体验。

六、保障措施

（十七）加强组织落实。坚持企业主体、政府引导、社会共治的原则，加强部门协同。地方工业和信息化主管部门要督促企业严格执行质量、标准、计量、认证认可、特种设备安全等法律法规，加强质量管理和队伍能力建设，结合实际制定本地区促进质量提升的相关配套政策和激励措施。鼓励行业协会持续深入推进群众性质量活动，建立本行业先进质量管理经验的长效宣传推广机制，弘扬质量先进。

（十八）加快人才培养。以企业需求为导向，系统推进制造业的质量人才培养。依托高校、科研院所推进质量和品牌相关专业学科和课程建设，支持设立质量研究院、品牌研究院，培养高端质量和品牌人才。支持行业协会、专业机构加强专业技能和质量品牌人才培训，提高行业质量意识和专业素质水平。鼓励企业提升员工质量素质，培养知识型、技能型、创新型的质量骨干和技术能手。

（十九）加强宣传引导。加强质量和品牌建设宣传的总体策划和系统推进，引导企业坚持质量为先，追求卓越质量，关注绿色低碳、可持续发展、消费友好等新需求，不断提升产品和服务的质量，提高履行社会责任的能力。组织开展质量品牌主题宣传和交流活动，报道企业质量提升的丰富实践、重大成就、典型经验，讲好中国品牌故事，塑造中国制造质量新形象，增强国际竞争力。

关于深化增值税改革有关政策的公告

为贯彻落实党中央、国务院决策部署，推进增值税实质性减税，现将2019年增值税改革有关事项公告如下：

一、增值税一般纳税人（以下称纳税人）发生增值税应税销售行为或者进口货物，原适用16%税率的，税率调整为13%；原适用10%税率的，税率调整为9%。

二、纳税人购进农产品，原适用10%扣除率的，扣除率调整为9%。纳税人购进用于生产或者委托加工13%税率货物的农产品，按照10%的扣除率计算进项税额。

三、原适用16%税率且出口退税率为16%的出口货物劳务，出口退税率调整为13%；原适用10%税率且出口退税率为10%的出口货物、跨境应税行为，出口退税率调整为9%。

2019年6月30日前（含2019年4月1日前），纳税人出口前款所涉货物劳务、发生前款所涉跨境应税行为，适用增值税免退税办法的，购进时已按调整前税率征收增值税的，执行调整前的出口退税率，购进时已按调整后税率征收增值税的，执行调整后的出口退税率；适用增值税免抵退税办法的，执行调整前的出口退税率，在计算免抵退税时，适用税率低于出口退税率的，适用税率与出口退税率之差视为零参与免抵退税计算。

出口退税率的执行时间及出口货物劳务、发生跨境应税行为的时间，按照以下规定执行：报关出口的货物劳务（保税区及经保税区出口除外），以海关出口报关单上注明的出口日期为准；非报关出口的货物劳务、跨境应税行为，以出口发票或普通发票的开具时间为准；保税区及经保税区出口的货物，以货物离境时海关出具的出境货物备案清单上注明的出口日期为准。

四、适用13%税率的境外旅客购物离境退税物品，退税率为11%；适用9%税率的境外旅客购物离境退税物品，退税率为8%。

2019年6月30日前，按调整前税率征收增值税的，执行调整前的退税率；按调整后税率征收增值税的，执行调整后的退税率。

退税率的执行时间，以退税物品增值税普通发票的开具日期为准。

五、自2019年4月1日起，《营业税改征增值税试点有关事项的规定》（财税〔2016〕36号印发）第一条第（四）项第1点、第二条第（一）项第1点停止执行，纳税人取得不动产或者不动产在建工程的进项税额不再分 2 年抵扣。此前按照上述规定尚未抵扣完毕的待抵扣进项税额，可自 2019 年 4 月税款所属期起从销项税额中抵扣。

六、纳税人购进国内旅客运输服务，其进项税额允许从销项税额中抵扣。

（一）纳税人未取得增值税专用发票的，暂按照以下规定确定进项税额：

1. 取得增值税电子普通发票的，为发票上注明的税额；

2. 取得注明旅客身份信息的航空运输电子客票行程单的，为按照下列公式计算进项税额：

航空旅客运输进项税额=（票价+燃油附加费）÷（1+9%）×9%

3. 取得注明旅客身份信息的铁路车票的，为按照下列公式计算的进项税额：

铁路旅客运输进项税额=票面金额÷（1+9%）×9%

4. 取得注明旅客身份信息的公路、水路等其他客票的，按照下列公式计算进项税额：

公路、水路等其他旅客运输进项税额=票面金额÷（1+3%）×3%

（二）《营业税改征增值税试点实施办法》（财税〔2016〕36 号印发）第二十七条第（六）项和《营业税改征增值税试点有关事项的规定》（财税〔2016〕36 号印发）第二条第（一）项第 5 点中“购进的旅客运输服务、贷款服务、餐饮服务、居民日常服务和娱乐服务”修改为“购进的贷款服务、餐饮服务、居民日常服务和娱乐服务”。

七、自 2019 年 4 月 1 日至 2021 年 12 月 31 日，允许生产、生活性服务业纳税人按照当期可抵扣进项税额加计 10%，抵减应纳税额（以下称加计抵减政策）。

（一）本公告所称生产、生活性服务业纳税人，是指提供邮政服务、电信服务、现代服务、生活服务（以下称四项服务）取得的销售额占全部销售额的比重超过 50%的纳税人。四项服务的具体范围按照《销售服务、无形资产、不动产注释》（财税〔2016〕36 号印发）执行。

2019 年 3 月 31 日前设立的纳税人，自 2018 年 4 月至 2019 年 3 月期间的销售额(经营期不满 12 个月的，按照实际经营期的销售额)符合上述规定条件的，自 2019 年 4 月 1 日起适用加计抵减政策。

2019 年 4 月 1 日后设立的纳税人，自设立之日起 3 个月的销售额符合上述规定条件的，自登记为一般纳税人之日起适用加计抵减政策。

纳税人确定适用加计抵减政策后，当年内不再调整，以后年度是否适用，根据上年度销售额计算确定。

纳税人可计提但未计提的加计抵减额，可在确定适用加计抵减政策当期一并计提。

（二）纳税人应按照当期可抵扣进项税额的 10%计提当期加计抵减额。按照现行规定不得从销项税额中抵扣的进项税额，不得计提加计抵减额；已计提加计抵减额的进项税额，按规定作进项税额转出的，应在进项税额转出当期，相应调减加计抵减额。计算公式如下：

当期计提加计抵减额=当期可抵扣进项税额×10%

当期可抵减加计抵减额=上期末加计抵减额余额+当期计提加计抵减额-当期调减加计抵减额

（三）纳税人应按照现行规定计算一般计税方法下的应纳税额（以下称抵减前的应纳税额）后，区分以下情形加计抵减：

1. 抵减前的应纳税额等于零的，当期可抵减加计抵减额全部结转下期抵减；

2. 抵减前的应纳税额大于零，且大于当期可抵减加计抵减额的，当期可抵减加计抵减额全额从抵减前的应纳税额中抵减；

3. 抵减前的应纳税额大于零，且小于或等于当期可抵减加计抵减额的，以当期可抵减加计抵减额抵减应纳税额至零。未抵减完的当期可抵减加计抵减额，结转下期继续抵减。

（四）纳税人出口货物劳务、发生跨境应税行为不适用加计抵减政策，其对应的进项税额不得计提加计抵减额。

纳税人兼营出口货物劳务、发生跨境应税行为且无法划分不得计提加计抵减额的进项税额，按照以下公式计算：

不得计提加计抵减额的进项税额＝当期无法划分的全部进项税额×当期出口货物劳务和发生跨境应税行为的销售额÷当期全部销售额

（五）纳税人应单独核算加计抵减额的计提、抵减、调减、结余等变动情况。骗取适用加计抵减政策或虚增加计抵减额的，按照《中华人民共和国税收征收管理法》等有关规定处理。

（六）加计抵减政策执行到期后，纳税人不再计提加计抵减额，结余的加计抵减额停止抵减。

八、自 2019 年 4 月 1 日起，试行增值税期末留抵税额退税制度。

（一）同时符合以下条件的纳税人，可以向主管税务机关申请退还增量留抵税额：

1. 自 2019 年 4 月税款所属期起，连续六个月（按季纳税的，连续两个季度）增量留抵税额均大于零，且第六个月增量留抵税额不低于 50 万元；

2. 纳税信用等级为 A 级或者 B 级；

3. 申请退税前 36 个月未发生骗取留抵退税、出口退税或虚开增值税专用发票情形的；

4. 申请退税前 36 个月未因偷税被税务机关处罚两次及以上的；

5. 自 2019 年 4 月 1 日起未享受即征即退、先征后返（退）政策的。

（二）本公告所称增量留抵税额，是指与 2019 年 3 月底相比新增加的期末留抵税额。

（三）纳税人当期允许退还的增量留抵税额，按照以下公式计算：

允许退还的增量留抵税额=增量留抵税额×进项构成比例×60%

进项构成比例，为 2019 年 4 月至申请退税前一税款所属期内已抵扣的增值税专用发票（含税控机动车销售统一发票）、海关进口增值税专用缴款书、解缴税款完税凭证注明的增值税额占同期全部已抵扣进项税额的比重。

（四）纳税人应在增值税纳税申报期内，向主管税务机关申请退还留抵税额。

（五）纳税人出口货物劳务、发生跨境应税行为，适用免抵退税办法的，办理免抵退税后，仍符合本公告规定条件的，可以申请退还留抵税额；适用免退税办法的，相关进项税额不得用于退还留抵税额。

（六）纳税人取得退还的留抵税额后，应相应调减当期留抵税额。按照本条规定再次满足退税条件的，可以继续向主管税务机关申请退还留抵税额，但本条第（一）项第 1 点规定的连续期间，不得重复计算。

（七）以虚增进项、虚假申报或其他欺骗手段，骗取留抵退税款的，由税务机关追缴其骗取的退税款，并按照《中华人民共和国税收征收管理法》等有关规定处理。

（八）退还的增量留抵税额中央、地方分担机制另行通知。

九、本公告自 2019 年 4 月 1 日起执行。

特此公告。

关于实施小微企业普惠性税收减免政策的通知

为贯彻落实党中央、国务院决策部署，进一步支持小微企业发展，现就实施小微企业普惠性税收减免政策有关事项通知如下：

一、对月销售额10万元以下（含本数）的增值税小规模纳税人，免征增值税。

二、对小型微利企业年应纳税所得额不超过100万元的部分，减按25%计入应纳税所得额，按20%的税率缴纳企业所得税；对年应纳税所得额超过100万元但不超过300万元的部分，减按50%计入应纳税所得额，按20%的税率缴纳企业所得税。

上述小型微利企业是指从事国家非限制和禁止行业，且同时符合年度应纳税所得额不超过300万元、从业人数不超过300人、资产总额不超过5000万元等三个条件的企业。

从业人数，包括与企业建立劳动关系的职工人数和企业接受的劳务派遣用工人数。所称从业人数和资产总额指标，应按企业全年的季度平均值确定。具体计算公式如下：

季度平均值＝（季初值＋季末值）÷2

全年季度平均值＝全年各季度平均值之和÷4

年度中间开业或者终止经营活动的，以其实际经营期作为一个纳税年度确定上述相关指标。

三、由省、自治区、直辖市人民政府根据本地区实际情况，以及宏观调控需要确定，对增值税小规模纳税人可以在50%的税额幅度内减征资源税、城市维护建设税、房产税、城镇土地使用税、印花税（不含证券交易印花税）、耕地占用税和教育费附加、地方教育附加。

四、增值税小规模纳税人已依法享受资源税、城市维护建设税、房产税、城镇土地使用税、印花税、耕地占用税、教育费附加、地方教育附加其他优惠政策的，可叠加享受本通知第三条规定的优惠政策。

五、《财政部 税务总局关于创业投资企业和天使投资个人有关税收政策的通知》（财税〔2018〕55号）第二条第（一）项关于初创科技型企业条件中的“从业人数不超过200人”调整为“从业人数不超过300人”，“资产总额和年销售收入均不超过3000万元”调整为“资产总额和年销售收入均不超过5000万元”。

2019 年 1 月 1 日至 2021 年 12 月 31 日期间发生的投资，投资满 2 年且符合本通知规定和财税〔2018〕55 号文件规定的其他条件的，可以适用财税〔2018〕55 号文件规定的税收政策。

2019 年 1 月 1 日前 2 年内发生的投资，自 2019 年 1 月 1 日起投资满 2 年且符合本通知规定和财税〔2018〕55 号文件规定的其他条件的，可以适用财税〔2018〕55 号文件规定的税收政策。

六、本通知执行期限为 2019 年 1 月 1 日至 2021 年 12 月 31 日。《财政部 税务总局关于延续小微企业增值税政策的通知》（财税〔2017〕76 号）、《财政部 税务总局关于进一步扩大小型微利企业所得税优惠政策范围的通知》（财税〔2018〕77 号）同时废止。

七、各级财税部门要切实提高政治站位，深入贯彻落实党中央、国务院减税降费的决策部署，充分认识小微企业普惠性税收减免的重要意义，切实承担起抓落实的主体责任，将其作为一项重大任务，加强组织领导，精心筹划部署，不折不扣落实到位。要加大力度、创新方式，强化宣传辅导，优化纳税服务，增进办税便利，确保纳税人和缴费人实打实享受到减税降费的政策红利。要密切跟踪政策执行情况，加强调查研究，对政策执行中各方反映的突出问题和意见建议，要及时向财政部和税务总局反馈。

环境保护效果持续显现　生态文明建设日益加强

新中国成立特别是改革开放以来，全社会对环境保护和生态文明建设的认识不断深化，环境保护事业有序发展，污染治理成效不断显现；生态文明理念逐步确立，生态环境状况持续好转，生态文明建设扎实推进。党的十八大以来，党中央高度重视生态文明建设，把生态文明建设作为统筹推进“五位一体”总体布局的重要内容，环境保护和生态文明建设进入了新的历史发展时期。

一、环境保护意识不断强化，生态文明理念开始确立

70 年来，随着经济发展和工业化的加速推进，我国的环境问题逐渐累积显现，党和政府对此高度重视，及时确立了环境保护的基本国策，建立并不断完善生态环境保护政策制度体系，环境保护意识不断增强，环境法制建设不断完善，走出了一条生态文明建设的中国特色道路。

（一）20 世纪 70 年代后，环境保护理念初步形成

我国环境保护事业从新中国成立后开始孕育，20 世纪 70 年代正式拉开帷幕。1973 年，国务院召开第一次全国环境保护会议，审议通过了《关于保护和改善环境的若干规定》，将环境保护工作纳入各级政府的职能范围，成为我国环境保护事业的第一个里程碑。1978 年，全国人大五届一次会议通过了《中华人民共和国宪法》，首次将“国家保护环境和自然资源，防治污染和其他公害”写入宪法，为我国环境法制建设和环境保护事业的发展奠定了基础。

（二）改革开放到世纪之交，环境保护政策和制度不断完善

从 20 世纪 70 年代末到 21 世纪初，随着工业生产和城市发展规模扩大，我国生态环境日益严峻，社会各界对环境问题愈发重视，国家及时制定出台了一系列环境保护政策和制度，环境保护事业步入有序发展时期。“六五”期间，环境保护首次被纳入国民经济和社会发展计划。1983 年召开的第二次全国环境保护会议，正式把环境保护确定为我国的一项基本国策。“七五”期间，我国发布首个五年环境规划——《“七五”时期国家环境保护计划》，从此环境保护成为国民经济与发展计划的重要组成部分。“八五”期间，我国

提出了《环境与发展十大对策》，明确指出走可持续发展道路是中国的必然选择。“九五”期间，国务院相继发布了《关于环境保护若干问题的决定》《污染物排放总量控制计划》《跨世纪绿色工程规划》，我国环境保护事业进入快速发展时期。“十五”期间，党中央提出树立科学发展观，构建和谐社会的重大战略思想，颁布了一系列环境保护方面的法律法规和规范性文件。2002 年第一部循环经济立法《中华人民共和国清洁生产促进法》制定出台，标志着我国污染治理模式由末端治理开始向全过程控制转变。“十一五”期间，为深入贯彻落实科学发展观，国家提出要建设资源节约型、环境友好型社会，大力发展循环经济，加大自然生态和环境保护力度，强化资源管理，建立了节能降耗、污染减排的统计监测及考核体系和相关制度。

（三）21 世纪以来，生态文明理念日益深入人心

“十二五”期间，环境保护事业得到前所未有的重视，特别是党的十八大以来，以高度的理论自觉和实践自觉，把生态文明建设纳入中国特色社会主义事业“五位一体”总体布局中。党和国家领导人着眼于世界文明形态的演进、中华民族的永续发展、党的宗旨责任、人民群众的民生福祉以及构建人类命运共同体的宏大视野，围绕生态文明建设提出了一系列新理论、新战略，推动形成了新时代中国特色生态文明思想。体现了人与自然和谐共生的科学自然观、坚持绿水青山就是金山银山的绿色发展观、良好生态环境是最普惠的民生福祉的基本民生观、山水林田湖草系统治理的整体系统观、用最严格制度最严密法治保护生态环境的严密法治观和世界携手共谋全球生态文明的共赢全球观，构成了生态文明思想的理论内核，是新时代推进我国生态文明建设的根本遵循。

生态文明思想的学习、宣传和贯彻有力推动了我国生态文明事业发展实现历史性、转折性、全局性变化，污染治理力度之大、制度出台频度之密、监管执法尺度之严、环境质量改善速度之快前所未有。《关于加快推进生态文明建设的意见》和《生态文明体制改革总体方案》相继出台，40 多项涉及生态文明建设的改革方案制定落实，《大气污染防治行动计划》《水污染防治行动计划》和《土壤污染防治行动计划》（以下分别简称“大气十条”“水十条”“土十条”）颁布实施，《中华人民共和国环境保护法》修订施行，开启了生态文明建设新篇章。

党的十九大立足生态文明建设取得的阶段性成果，着眼未来，进一步将“坚持人与自然和谐共生”作为新时代坚持和发展中国特色社会主义的十四条基本方略之一，强调“必

须树立和践行绿水青山就是金山银山的理念，坚持节约资源和保护环境的基本国策”，作出了加快生态文明体制改革、建设美丽中国的战略部署。2018 年，中共中央、国务院印发《关于全面加强生态环境保护坚决打好污染防治攻坚战的意见》，对加强生态环境保护、打好污染防治攻坚战作出了全面部署，推动我国生态文明建设进入新时代。

二、环境保护扎实推进，生态状况逐步改善

70 年来，随着环境保护理念的深化，国家不断加大自然生态系统和环境保护力度，开展水土流失综合治理，加大荒漠化治理力度，扩大森林、湖泊、湿地面积，加强自然保护区保护，实施重大生态修复工程，逐步健全主体功能区制度，推进生态保护红线工作，生态保护和建设不断取得新成效，生态状况显著改善。

（一）环境保护投入跨越式增长

伴随着经济快速发展和环境状况变化，我国环境保护投入不断增长，特别是从“十五”时期开始，国家积极拓宽环境保护投资渠道，提高资金保障水平，加强环境监管能力建设，有力推动了环境保护工作全面开展。

环境污染治理投资大幅提升。80 年代初期，全国环境污染治理投资每年为 25 亿~30 亿元，到 80 年代末期年度投资总额超过 100 亿元，“九五”期末投资总额达到 1010 亿元，占同期国内生产总值的比重首次突破 1%。“十五”期末，投资总额达到 2565 亿元，占同期国内生产总值的 1.37%；“十一五”期末，投资总额达到 7612 亿元，占同期国内生产总值的 1.84%；“十二五”期末，投资总额达到 8806 亿元，占同期国内生产总值的 1.28%。

2017 年，我国环境污染治理投资总额为 9539 亿元，比 2001 年增长 7.2 倍，年均增长 14.0%。其中，城镇环境基础设施建设投资 6086 亿元，增长 8.3 倍，年均增长 14.9%；工业污染源治理投资 682 亿元，增长 2.9 倍，年均增长 8.9%；当年完成环境保护验收项目环境保护投资 2772 亿元，增长 7.2 倍，年均增长 14.1%。

（二）林业生态建设效果显著

林业投资持续增加。2017 年，全国林业投资完成额为 4800 亿元，比 2012 年增长 43.6%。其中，生态建设与保护投资 2016 亿元，增长 25.7%；林业支撑与保障投资 614 亿元，增长 175.6%；林业产业发展投资 2008 亿元，增长 144.6%。

植树造林工作成果丰硕。2018 年，全国完成造林面积 707 万公顷，比 2000 年增长

38.5%；其中，人工造林面积 360 万公顷，占全部造林面积的 50.9%。2019 年 2 月英国《自然·可持续发展》杂志上发表的一篇论文指出，从 2000 年到 2017 年全球新增的绿化面积中，约四分之一来自中国，居全球首位，其中的贡献主要来自于中国巨大的人工造林面积。

森林覆盖率不断提高。根据第八次全国森林资源清查（2009~2013 年）结果，全国森林面积 2.1 亿公顷，森林覆盖率 21.6%，森林蓄积 151.4 亿立方米。与第一次全国森林资源清查（1973～1976 年）相比，森林面积增加 0.9 亿公顷，森林覆盖率提高 8.9 个百分点，森林蓄积增加 64.8 亿立方米。

（三）自然生态保护不断加强

自然保护区迅速增加。2017 年，全国自然保护区达 2750 个，比 2000 年增加 1523 个；自然保护区面积 14717 万公顷，比 2000 年增长 49.9%。

湿地保护体系逐步形成。我国已初步建立了以湿地自然保护区为主体，湿地公园和自然保护小区并存，其他保护形式为补充的湿地保护体系。2013 年第二次全国湿地资源调查结果显示：全国湿地总面积 5360 万公顷，湿地率 5.6%。纳入保护体系的湿地面积 2324 万公顷，湿地保护率达 43.5%。与 2003 年首次湿地资源调查结果同口径相比，湿地面积减少 340 万公顷，减少 8.8%；受保护湿地面积增加 526 万公顷，湿地保护率提高 13.0 个百分点。

水土流失治理力度持续加大。2017 年，全国累计水土流失治理面积 12584 万公顷，比 2000 年增加 4488 万公顷；新增水土流失治理面积 590 万公顷，比 2003 年增长 6.5%。

荒漠化沙化趋势逐年好转。根据第五次全国荒漠化和沙化土地监测结果，截至 2014 年，全国荒漠化土地面积 261.2 万平方公里，占国土面积的 27.2%；沙化土地面积 172.1 万平方公里，占国土面积的 17.9%。与 1999 年完成的第二次全国荒漠化和沙化土地监测结果相比，全国荒漠化土地面积减少 6.2 万平方公里，沙化土地面积减少 2.2 万平方公里。自 2004 年第三次全国荒漠化和沙化土地监测以来，连续三次监测结果均显示荒漠化沙化面积呈持续缩减趋势。

三、污染防治强力推进，治理成效日益彰显

70 年来，我国污染防治意识逐步加强，特别是进入新世纪以来，陆续制定并出台了一系列促进主要污染物减排的制度、政策和措施，环境污染防治力度不断加大，防治成效日

益显现，大气、水、土壤等环境质量恶化趋势得到有效遏制和明显改善。

（一）主要污染物减排效果不断显现

污染减排既是调整经济结构、转变发展方式、改善民生的重要目标，也是改善环境质量、彻底解决环境问题的重要手段。1986 年国家出台了《关于防治水污染技术政策的规定》，明确提出“对流域、区域、城市、地区以及工厂企业污染物的排放要实行总量控制”，成为我国污染总量控制制度的起源。“九五”期间，首次制定了《污染物排放总量控制计划》，对 12 项污染物指标实行排放总量控制，并层层分解落实，以排污申报登记制度、环境影响评价制度、“三同时”制度、排污许可证制度、排污收费制度等为抓手，大力推动总量控制计划的全面实施。

“十五”期间，污染减排形势十分严峻。我国开始将主要污染物总量控制指标纳入我国经济社会发展规划纲要，对二氧化硫、化学需氧量等 6 种主要污染物排放提出了控制目标。2005 年，全国二氧化硫排放总量 2549 万吨，比 2000 年增长 27.8%。

“十一五”规划纲要提出了单位国内生产总值能耗降低 20%左右，化学需氧量和二氧化硫两项主要污染物排放总量减少 10%的约束性指标，我国节能减排工作进入了新阶段。各地区各部门认真贯彻落实党中央、国务院的决策部署，大力推进工程减排、结构减排和管理减排三大措施，加快建设城市污水处理厂和燃煤电厂脱硫设施等治污减排工程，加快淘汰落后产能，实施污水处理收费、脱硫电价等有效政策措施，污染减排工作取得显著成效。2010 年，全国二氧化硫排放总量 2185 万吨，化学需氧量排放总量 1238 万吨，比 2005 年分别下降 14.3%和 12.5%，超额完成“十一五”规划目标。

“十二五”规划纲要中将实施总量控制的污染物扩大至化学需氧量、氨氮、二氧化硫、氮氧化物四种主要污染物，提出四项主要污染物排放总量分别减少 8%、10%、8%、10%的约束性目标。2015 年，全国化学需氧量排放量 2224 万吨，氨氮排放量 230 万吨，二氧化硫排放量 1859 万吨，氮氧化物排放量 1851 万吨，分别比 2010 年下降 12.9%、13.0%、18.0%和 18.6%，均超额完成排放总量控制目标。

“十三五”规划纲要继续将化学需氧量、氨氮、二氧化硫、氮氧化物四种主要污染物排放总量下降列为约束性指标。2018 年，全国化学需氧量、氨氮、二氧化硫和氮氧化物排放量分别比 2017 年下降 3.1%、2.7%、6.7%和 4.9%，均完成 2017 年排放总量降低目标。

（二）大气污染防治提速发力

2013 年，国务院印发“大气十条”，提出了 10 条 35 项综合治理措施，重点行业整治、产业结构调整、能源结构优化、机动车污染治理等全面推行。“十三五”规划纲要提出，到 2020 年地级及以上城市空气质量优良天数比率达到 80%以上，细颗粒物（PM2.5）未达标地级及以上城市浓度累计下降 18%。随着污染防治攻坚战的全面开展，“大气十条”目标全面完成，全国环境空气质量进一步提高，蓝天保卫战成效显著。

全国空气质量逐年提高。2018 年，全国 338 个地级及以上城市中，有 121 个城市环境空气质量达标，占 35.8%，比 2015 年提高 14.2 个百分点。338 个城市平均优良天数比例 79.3%，比 2015 年提高 2.6 个百分点；重污染及以上天数比例为 2.2%，比 2015 年降低 1.0 个百分点。

城市颗粒物浓度逐步下降。2018 年，全国 338 个城市可吸入颗粒物（PM10）年平均浓度为 71 微克/立方米，比 2015 年下降 18.4%；PM2.5 年平均浓度为 39 微克/立方米，比 2015 年下降 22.0%；PM2.5 未达标城市（基于 2015 年 PM2.5 年平均浓度未达标的 262 个城市）年平均浓度 43 微克/立方米，比 2017 年下降 10.4%。

重点区域细颗粒物浓度显著下降。2018 年，京津冀、长三角和珠三角地区 PM2.5 平均浓度分别比 2013 年下降了 48%、39%和 32%。北京市 PM2.5 大幅下降，从 89.5 微克/立方米下降到 51 微克/立方米，下降 43%。

温室气体排放大幅降低。2018 年，中国单位 GDP 二氧化碳排放较 2005 年降低 45.8%，提前完成 2020 年单位 GDP 二氧化碳排放降低 40%～45%的目标，为实现中国 2030 年左右碳排放达峰并争取尽早达峰奠定了坚实基础。

酸雨区面积明显减少。酸雨污染主要分布在长江以南-云贵高原以东地区。2018 年，全国酸雨区面积约 53 万平方千米，占国土面积的 5.5%，比 2013 年降低 5.1 个百分点，酸雨区面积呈逐年减小趋势。

（三）水污染防治稳步推进

中华人民共和国成立以来，国家陆续颁布了《水污染防治法》《污水综合排放标准》《地表水环境质量标准》等一系列法规和标准，制定并实施重点流域水污染防治计划，发布“水十条”，出台《重点流域水污染防治规划（2016-2020 年）》，切实加大水污染防治力度。通过水陆统筹、河海兼顾，系统推进水污染防治、水生态保护和水资源管理，水污染防治工作进展良好。

地表水水质总体向好。2018 年，全国地表水 1935 个水质断面（点位）中，Ⅰ～Ⅲ类比例为71.0%，比2016年上升3.2个百分点；劣Ⅴ类比例为6.7%，比2016年下降1.9个百分点。

河流水质不断改善。2017年，全国24.5万千米的河流水质状况评价结果显示，全年Ⅰ～Ⅲ类水质河长占78.5%，Ⅳ～Ⅴ类水质河长占13.2%，劣Ⅴ类水河长占8.3%。其中，Ⅰ～Ⅲ类水质河长比例比2016年上升2.1个百分点，劣Ⅴ类水质河长比例下降1.5个百分点。

湖泊水质有所改善。2017年，全国123个湖泊共3.3万平方公里水面水质评价结果显示，全年总体水质为Ⅰ～Ⅲ类的湖泊有32个，Ⅳ～Ⅴ类湖泊67个，劣Ⅴ类湖泊24个，分别占评价湖泊总数的26.0%、54.5%和19.5%。其中，Ⅰ～Ⅲ类水质湖泊占比较2016年上升0.9个百分点。

近岸海域水质稳中向好。2018年，全国近岸海域417个海水水质监测点中，达到国家一、二类海水水质标准的监测点占74.6%，三类海水占6.7%，四类、劣四类海水占18.7%。其中，一、二类海水占比较2016年上升1.2个百分点，四类、劣四类海水占比上升2.4个百分点。

（四）土壤污染防治逐步开展

土壤污染防治政策陆续发布。2016年，国务院印发“土十条”，是我国土壤污染治理的首个纲领性文件，对今后一个时期我国土壤污染防治工作作出了全面部署，之后陆续出台了《污染地块土壤环境管理办法》《农用地土壤管理办法（试行）》《工矿用地土壤环境管理办法（试行）》等。2018年颁布了《中华人民共和国土壤污染防治法》，推进土壤污染综合防治先行区建设，认真实施土壤污染治理与修复技术应用试点项目，并规定每十年至少组织开展一次全国土壤污染状况普查。

首次土壤污染状况调查全面开展。2005年4月至2013年12月，我国开展了首次全国土壤污染状况调查。调查结果显示，全国土壤环境状况总体不容乐观，全国土壤总的超标率为16.1%，部分地区土壤污染较重，耕地土壤环境质量堪忧，工矿业废弃地土壤环境问题突出。

土壤污染防治措施大力实施。全面禁止洋垃圾入境，2018年，全国固体废物进口总量2263万吨，较上年减少46.5%；严厉打击固体废物及危险废物非法转移和倾倒行为，“清废行动2018”挂牌督办的1308个突出问题中1304个完成整改；推进生活垃圾焚烧处理设施建设和垃圾焚烧发电行业达标排放，存在问题的垃圾焚烧发电厂在 2018 年全部完成整改，净土保卫战有序稳步推进。

四、环境基础设施建设持续推进，城乡生活环境质量不断提升

70 年来，我国城乡环境基础设施建设经历了从零起步到迅速发展的过程。特别是改革开放以来，随着城镇化进程的不断加快，环境污染治理和生态保护力度的持续加大，城乡环境基础设施建设加速推进，城乡人居环境日益改善。

（一）城市环境基础设施水平显著提升

环境基础设施投资[1]快速增长。2017 年，我国城镇环境基础设施建设投资 6086 亿元，比 2001 年增长 8.3 倍。其中，燃气投资 567 亿元，增长 5.9 倍；集中供热投资 778 亿元，增长 7.6 倍；排水投资 1728 亿元，增长 6.1 倍；园林绿化投资 2390 亿元，增长 12.2 倍；市容环境卫生投资 623 亿元，增长 9.8 倍。

环境基础设施水平持续提高。2017 年，城市污水处理率为 94.5%，比 2000 年提高 60.2 个百分点；生活垃圾无害化处理率为 97.7%，提高 39.5 个百分点[2]；用水普及率 98.3%，提高 34.4 个百分点；燃气普及率 96.3%，提高 50.9 个百分点；集中供热面积 83.1 亿平方米，增长 6.5 倍；建成区绿化覆盖率为 40.9%，提高 12.7 个百分点；人均公园绿地面积 14.0 平方米，增长 2.8 倍。

（二）农村人居环境逐步改善

近年来，国家积极推进农村基础设施建设和城乡基本公共服务均等化，推进农村饮水安全工程，开展村庄环境整治，重点治理农村垃圾和污水，推动农村家庭改厕，农村人居环境日益得到改善。

2017 年，全国建制镇污水处理率 49.4%，生活垃圾无害化处理率 51.2%，供水普及率 88.1%，燃气普及率 52.1%。全国乡污水处理率 17.2%，生活垃圾无害化处理率 23.6%，供水普及率 78.8%，燃气普及率 25.0%。全国农村卫生厕所普及率 81.7%，比 2000 年提高 36.9 个百分点。

中华人民共和国成立以来，在党中央国务院的正确领导下，在全国人民的不懈努力奋斗下，环境保护和生态文明建设取得了突出成绩和长足进步，但必须清醒地认识到，环境保护工作面临的形势依旧严峻，仍然存在诸多问题和挑战，生态文明建设正处于关键期、

攻坚期和窗口期，我们一定要全面落实生态文明思想，坚持生态兴则文明兴，坚持人与自然和谐共生，树立和践行绿水青山就是金山银山的理念，坚决打好打胜污染防治攻坚战，加快建设美丽中国，开创社会主义生态文明新时代。

注：[1]城镇环境基础设施投资包括城市和县城环境基础设施投资。

[2]城市生活垃圾无害化处理率与 2001 年相比，提高 39.5 个百分点。

注：本文选自《新中国成立 70 周年经济社会发展成就系列报告》

能源发展实现历史巨变 节能降耗唱响时代旋律

中华人民共和国成立 70 年来，我国能源事业沧桑巨变。建国初期，我国能源生产水平很低，供求关系紧张，存在严重的结构性问题。70 年后的今天，随着我国经济的快速发展和社会生产力的显著增强，我国能源领域发生了翻天覆地的变化，取得了举世瞩目的伟大成就，能源生产不断攻坚克难，实现跨越式发展，能源消费不断提高水平，实现历史性改善。党的十八大以来，全国上下深入贯彻落实新发展理念，充分把握新时代对能源事业发展的新要求，不断强化各项节能降耗政策落实，我国能源事业取得新进展，能源结构显著优化，节能降耗成效巨大。

一、中华人民共和国成立以来能源政策不断完善，有力推动我国能源事业飞跃发展

能源是人类生存和发展的重要物质基础，是现代社会发展不可或缺的基本条件，攸关国计民生和国家安全，对国家繁荣发展、人民生活改善、社会长治久安至关重要。

中华人民共和国成立初期，我国能源基础十分薄弱。20 世纪 50～70 年代，能源发展得到重视。从“一五”计划至“五五”计划，国家对电力、煤矿、石油等能源工业发展作出了具体部署，同时提出节约使用电力、煤炭、石油等。改革开放以来，在不断加强能源资源开发和基础设施建设的基础上，我国更加注重能源发展质量和效率，从“六五”计划到“十五”计划，逐步提出提高经济效益和能源效率，坚持节约与开发并举，把节约放在首位，优化能源结构，积极发展新能源，推动能源技术发展，提高能源利用效率。

进入 21 世纪后，面对资源制约日益加剧、生态环境约束凸显的突出问题，我国坚持节约资源和保护环境的基本国策，积极转变经济发展方式，不断加大节能力度，将单位 GDP 能耗指标作为约束性指标连续写入“十一五”“十二五”和“十三五”国民经济和社会发展五年规划纲要，相继出台了能源发展“十一五”“十二五”“十三五”规划和《能源发展战略行动计划（2014—2020 年）》《能源生产和消费革命战略（2016—2030）》等纲领性文件，以及《能源技术革命创新行动计划（2016—2030 年）》《可再生能源发展“十三五”规划》等专项文件。党的十八大以来，面对国际能源发展新趋势、能源供需格

局新变化，党中央高瞻远瞩，坚持绿色发展理念，大力推进生态文明建设，提出“能源革命”的战略思想，为我国能源发展指明了方向、明确了目标，推动能源事业取得新进展。

二、能源生产实现跨越式发展，基础性保障作用持续增强

中华人民共和国成立初期，我国能源生产能力不足、水平不高。1949 年，能源生产总量仅为 0.2 亿吨标准煤。经过 70 年的快速发展，我国能源生产逐步由弱到强，生产能力和水平大幅提升，一跃成为世界能源生产第一大国，基本形成了煤、油、气、可再生能源多轮驱动的能源生产体系，充分发挥了坚实有力的基础性保障作用。2018 年，能源生产总量达 37.7 亿吨标准煤[1]，比 1949 年增长 157.8 倍，年均增长 7.6%。

主要能源品种生产全面发展。原煤产量 1949 年仅为 0.3 亿吨，2018 年达到 36.8 亿吨，比 1949 年增长 114.0 倍，年均增长 7.1%；原油产量 1949 年仅为 12.0 万吨，2018 年达到 1.9 亿吨，增长 1574.9 倍，年均增长 11.3%；天然气产量 1949 年仅为 0.1 亿立方米，2018 年达到 1602.7 亿立方米，增长 22894.7 倍，年均增长 15.7%；发电量 1949 年仅为 43.0 亿千瓦小时，2018 年达到 71117.7 亿千瓦小时，增长 1652.9 倍，年均增长 11.3%。

三、能源消费保持较快增长，用能条件和水平不断改善

中华人民共和国成立 70 年来，随着我国经济快速发展、人民生活水平不断提高，能源消费整体呈现较快增长态势。1953 年，我国能源消费总量仅为 0.5 亿吨标准煤，2018 年达到 46.4 亿吨标准煤，比 1953 年增长 84.8 倍，年均增长 7.1%。

人均用能水平显著提高。1953 年，我国人均能源消费量仅为 93 千克标准煤，2018 年达到 3332 千克标准煤，比 1953 年增长 34.8 倍，年均增长 5.7%。

能源消费弹性系数[2]不断下降。1954 年，我国能源消费弹性系数高达 3.54，2018 年为 0.50，比 1954 年弹性系数低 3.04，比 1954～2005 年、2006～2017 年平均弹性系数分别低 0.49、0.01。

四、能源结构大幅优化，清洁低碳化进程不断加快

中华人民共和国成立 70 年来，随着我国能源总量不断发展壮大、用能方式加快变

革，能源结构持续大幅优化改善，清洁低碳化进程不断加快。

生产结构逐步向清洁化转变。受我国能源资源禀赋“多煤少油缺气”特点影响，中华人民共和国成立初期，原煤占能源生产总量的比重高达 96.3%，其他品种原油仅占比 0.7%，水电占比 3%。70 年来，原煤占比在波动中持续下降，2018 年下降到最低的 69.3%；原油占比稳步提高到 1976 年最高的 24.8%后逐步下降，2018 年下降到 7.2%；天然气、一次电力及其他能源等清洁能源占比总体持续提高，天然气由 1957 年最低的 0.1%提高到 2018 年最高的 5.5%，一次电力及其他能源由 1949 年的 3.0%提高到 2018 年最高的 18.0%。

消费结构持续优化改善。受资源禀赋特点影响，煤炭占我国能源消费总量比重始终保持第一，但总体呈现下降趋势，由 1953 年的 94.4%下降到 2018 年最低的 59.0%；石油占比在波动中提高，由 1953 年最低的 3.8%提高到 2018 年的 18.9%；天然气、一次电力及其他能源等清洁能源占比总体持续提高，天然气由 1957 年最低的 0.1%提高到 2018 年最高的 7.8%，一次电力及其他能源由 1953 年的 1.8%提高到 2018 年最高的 14.3%。

五、能效水平显著提升，单位 GDP 能耗不断下降

中华人民共和国成立 70 年来，随着我国能源科技创新能力不断提升，能源技术装备突飞猛进发展，自动化、智能化、数字化推动能源系统不断优化，能效水平得到显著提升，2018 年单位 GDP 能耗比 1953 年降低 43.1%，年均下降 0.9%。从单位 GDP 能耗指标值（GDP 按 2018 年价格计算）来看，由 1953 年的 0.91 吨标准煤/万元逐步上升到 1960 年最高的 2.84 吨标准煤/万元后逐步下降，70 年代开始又逐步上升后，基本呈现稳步下降态势，2018 年下降到最低的 0.52 吨标准煤/万元；从单位 GDP 能耗降低率来看，在改革开放之前波动较大，多数年份为上升，改革开放之后基本保持下降态势。

六、“十一五”以来能源发展进入新阶段，节能降耗取得巨大成效

“十一五”以来，我国高度重视节能降耗工作，陆续出台多项节能降耗政策措施，不断加强节能减排体制、机制、法制和能力建设，切实推进工业、建筑、交通等重点领域节能降耗，通过加快产业调整、淘汰落后产能、优化能源结构和推进节能型社会建设等方式，促使我国能源发展进入新阶段，节能降耗取得巨大成效。

能源生产由传统能源加速向新能源转变。“十一五”以来，我国能源生产发生巨大变革，发展动力由传统能源加速向新能源转变，能源结构由原煤为主加速向多元化、清洁化转变。原煤、原油等传统能源生产增速明显放缓，占比大幅下降：2005～2018 年，原煤产量年均增长 3.5%，比 1949～2005 年年均增速回落 4.5 个百分点，占能源生产总量比重 2018 年比 2005 年下降 8.1 个百分点；原油产量年均增长 0.3%，年均增速回落 13.7 个百分点，占比下降 4.1 个百分点。天然气、水电、核电、新能源（风电、太阳能及其他能源）等清洁能源加速发展，占比不断提高：天然气产量年均增长 9.5%，占比提高 2.6 个百分点；一次电力及其他能源产量年均增长 10.2%，占比提高 9.6 个百分点。

能源消费过快增长势头得到有效控制，清洁低碳化趋势加快。“十一五”以来，我国能源消费革命不断深化，用能方式不断变革，清洁低碳化进程显著加快，品种结构继续优化，利用效率高、污染小的清洁能源消费比重进一步提高，能源消费得到有效控制。2005～2018 年，能源消费总量年均增长 4.5%，比 1980～2005 年年均增速回落 1.5 个百分点。煤炭、石油等传统能源消费增速减缓：煤炭消费年均增长 3.7%，年均增速回落 2.0 个百分点，占能源消费总量比重 2018 年比 2005 年下降 13.4 个百分点；石油消费年均增长 5.0%，年均增速回落 0.4 个百分点，占比提高 1.1 个百分点。天然气、水电、核电、新能源（风电、太阳能及其他能源）等清洁能源消费高速增长，占比大幅提高：天然气消费年均增长 14.8%，年均增速加快 9.9 个百分点，占比提高 5.4 个百分点；一次电力及其他能源消费年均增长 9.9%，年均增速加快 1.2 个百分点，占比提高 6.9 个百分点。

节能降耗取得巨大成效。“十一五”以来，在各项节能降耗政策措施的大力推动下，经过全社会的共同努力，我国单位 GDP 能耗整体呈现下降态势，2005～2018 年累计降低 41.5%，年均下降 4.0%，比 1952～2005 年年均降幅扩大 3.9 个百分点，节能降耗取得巨大成效。“十一五”时期，单位 GDP 能耗 2010 年比 2005 年降低目标为 20%左右，实际下降 19.3%；“十二五”时期，单位 GDP 能耗 2015 年比 2010 年降低目标为 16%以上，实际下降 18.4%；“十三五”时期，单位 GDP 能耗 2020 年比 2015 年降低目标为 15%，2018 年比 2015 年已下降 11.4%。

当前，世界能源格局深刻调整，应对气候变化提上议程，能源治理体系加速重构，新一轮能源革命蓬勃兴起。随着我国经济发展步入新常态，能源转型变革任重道远，传统能源产能结构性过剩问题仍较突出，发展质量和效率亟待提升，节能降耗面临阶段性压力，有效控制能源消费总量和完成“十三五”单位 GDP 能耗降低 15%的目标，仍需继续努力。“十三五”时期是全面建成小康社会的决胜阶段，也是推动能源革命的蓄力加速期，我们必须深入贯彻落实党的十九大精神，牢固树立创新、协调、绿色、开放、共享的发展理念，遵循能源发展“四个革命、一个合作”战略思想，深入推进能源革命，着力推动能源高质量发展，建设清洁低碳、安全高效的现代能源体系，推动生态文明建设迈上新台阶。

注：[1]本文中 2018 年数据为初步核算数。

[2]能源消费弹性系数=能源消费增长速度/GDP 增长速度。

注：本文选自《新中国成立 70 周年经济社会发展成就系列报告》

职业技能提升行动方案（2019—2021年）

为贯彻落实党中央、国务院决策部署，实施职业技能提升行动，制定以下方案。

一、总体要求和目标任务

（一）总体要求。全面贯彻党的十九大和十九届二中、三中全会精神，把职业技能培训作为保持就业稳定、缓解结构性就业矛盾的关键举措，作为经济转型升级和高质量发展的重要支撑。坚持需求导向，服务经济社会发展，适应人民群众就业创业需要，大力推行终身职业技能培训制度，面向职工、就业重点群体、建档立卡贫困劳动力（以下简称贫困劳动力）等城乡各类劳动者，大规模开展职业技能培训，加快建设知识型、技能型、创新型劳动者大军。

（二）目标任务。2019年至2021年，持续开展职业技能提升行动，提高培训针对性实效性，全面提升劳动者职业技能水平和就业创业能力。三年共开展各类补贴性职业技能培训5000万人次以上，其中2019年培训1500万人次以上；经过努力，到2021年底技能劳动者占就业人员总量的比例达到25%以上，高技能人才占技能劳动者的比例达到30%以上。

二、对职工等重点群体开展有针对性的职业技能培训

（三）大力开展企业职工技能提升和转岗转业培训。企业需制定职工培训计划，开展适应岗位需求和发展需要的技能培训，广泛组织岗前培训、在岗培训、脱产培训，开展岗位练兵、技能竞赛、在线学习等活动，大力开展高技能人才培训，组织实施高技能领军人才和产业紧缺人才境外培训。发挥行业、龙头企业和培训机构作用，引导帮助中小微企业开展职工培训。实施高危行业领域安全技能提升行动计划，化工、矿山等高危行业企业要组织从业人员和各类特种作业人员普遍开展安全技能培训，严格执行从业人员安全技能培训合格后上岗制度。支持帮助困难企业开展转岗转业培训。在全国各类企业全面推行企业新型学徒制、现代学徒制培训，三年培训100万新型学徒。推进产教融合、校企合作，实现学校培养与企业用人的有效衔接。鼓励企业与参训职工协商一致灵活调整工作时间，保障职工参训期间应有的工资福利待遇。

（四）对就业重点群体开展职业技能提升培训和创业培训。面向农村转移就业劳动者特别是新生代农民工、城乡未继续升学初高中毕业生（以下称“两后生”）等青年、下岗失业人员、退役军人、就业困难人员（含残疾人），持续实施农民工“春潮行动”“求学圆梦行动”、新生代农民工职业技能提升计划和返乡创业培训计划以及劳动预备培训、就业技能培训、职业技能提升培训等专项培训，全面提升职业技能和就业创业能力。对有创业愿望的开展创业培训，加强创业培训项目开发、创业担保贷款、后续扶持等服务。围绕乡村振兴战略，实施新型职业农民培育工程和农村实用人才带头人素质提升计划，开展职业农民技能培训。

（五）加大贫困劳动力和贫困家庭子女技能扶贫工作力度。聚焦贫困地区特别是“三区三州”等深度贫困地区，鼓励通过项目制购买服务等方式为贫困劳动力提供免费职业技能培训，并在培训期间按规定通过就业补助资金给予生活费（含交通费，下同）补贴，不断提高参训贫困人员占贫困劳动力比重。持续推进东西部扶贫协作框架下职业教育、职业技能培训帮扶和贫困村创业致富带头人培训。深入推进技能脱贫千校行动和深度贫困地区技能扶贫行动，对接受技工教育的贫困家庭学生，按规定落实中等职业教育国家助学金和免学费等政策；对子女接受技工教育的贫困家庭，按政策给予补助。

三、激发培训主体积极性，有效增加培训供给

（六）支持企业兴办职业技能培训。支持各类企业特别是规模以上企业或者吸纳就业人数较多的企业设立职工培训中心，鼓励企业与职业院校（含技工院校，下同）共建实训中心、教学工厂等，积极建设培育一批产教融合型企业。企业举办或参与举办职业院校的，各级政府可按规定根据毕业生就业人数或培训实训人数给予支持。支持企业设立高技能人才培训基地和技能大师工作室，企业可通过职工教育经费提供相应的资金支持，政府按规定通过就业补助资金给予补助。支持高危企业集中的地区建设安全生产和技能实训基地。

（七）推动职业院校扩大培训规模。支持职业院校开展补贴性培训，扩大面向职工、就业重点群体和贫困劳动力的培训规模。在院校启动“学历证书+若干职业技能等级证书”制度试点工作，按《国务院关于印发国家职业教育改革实施方案的通知》（国发〔2019〕4 号）规定执行。在核定职业院校绩效工资总量时，可向承担职业技能培训工作的单位倾斜。允许职业院校将一定比例的培训收入纳入学校公用经费，学校培训工作量可

按一定比例折算成全日制学生培养工作量。职业院校在内部分配时，应向承担职业技能培训工作的一线教师倾斜，保障其合理待遇。

（八）鼓励支持社会培训和评价机构开展职业技能培训和评价工作。不断培育发展壮大社会培训和评价机构，支持培训和评价机构建立同业交流平台，促进行业发展，加强行业自律。民办职业培训和评价机构在政府购买服务、校企合作、实训基地建设等方面与公办同类机构享受同等待遇。

（九）创新培训内容。加强职业技能、通用职业素质和求职能力等综合性培训，将职业道德、职业规范、工匠精神、质量意识、法律意识和相关法律法规、安全环保和健康卫生、就业指导等内容贯穿职业技能培训全过程。坚持需求导向，围绕市场急需紧缺职业开展家政、养老服务、托幼、保安、电商、汽修、电工、妇女手工等就业技能培训；围绕促进创业开展经营管理、品牌建设、市场拓展、风险防控等创业指导培训；围绕经济社会发展开展先进制造业、战略性新兴产业、现代服务业以及循环农业、智慧农业、智能建筑、智慧城市建设等新产业培训；加大人工智能、云计算、大数据等新职业新技能培训力度。

（十）加强职业技能培训基础能力建设。有条件的地区可对企业、院校、培训机构的实训设施设备升级改造予以支持。支持建设产教融合实训基地和公共实训基地，加强职业训练院建设，积极推进职业技能培训资源共建共享。大力推广“工学一体化”“职业培训包”“互联网+”等先进培训方式，鼓励建设互联网培训平台。加强师资建设，职业院校和培训机构实行专兼职教师制度，可按规定自主招聘企业技能人才任教。加快职业技能培训教材开发，规范管理，提高教材质量。完善培训统计工作，实施补贴性培训实名制信息管理，探索建立劳动者职业培训电子档案，实现培训评价信息与就业社保信息联通共享，提供培训就业一体化服务。

四、完善职业培训补贴政策，加强政府引导激励

（十一）落实职业培训补贴政策。对贫困家庭子女、贫困劳动力、“两后生”、农村转移就业劳动者、下岗失业人员和转岗职工、退役军人、残疾人开展免费职业技能培训行动，对高校毕业生和企业职工按规定给予职业培训补贴。对贫困劳动力、就业困难人员、零就业家庭成员、“两后生”中的农村学员和城市低保家庭学员，在培训期间按规定通过就业补助资金同时给予生活费补贴。符合条件的企业职工参加岗前培训、安全技能培训、

转岗转业培训或初级工、中级工、高级工、技师、高级技师培训，按规定给予职业培训补贴或参保职工技能提升补贴。职工参加企业新型学徒制培训的，给予企业每人每年 4000 元以上的职业培训补贴，由企业自主用于学徒培训工作。企业、农民专业合作社和扶贫车间等各类生产经营主体吸纳贫困劳动力就业并开展以工代训，以及参保企业吸纳就业困难人员、零就业家庭成员就业并开展以工代训的，给予一定期限的职业培训补贴，最长不超过 6 个月。

（十二）支持地方调整完善职业培训补贴政策。符合条件的劳动者在户籍地、常住地、求职就业地参加培训后取得证书（职业资格证书、职业技能等级证书、专项职业能力证书、特种作业操作证书、培训合格证书等）的，按规定给予职业培训补贴，原则上每人每年可享受不超过 3 次，但同一职业同一等级不可重复享受。省级人力资源社会保障部门、财政部门可在规定的原则下结合实际调整享受职业培训补贴、生活费补贴人员范围和条件要求，可将确有培训需求、不具有按月领取养老金资格的人员纳入政策范围。市（地）以上人力资源社会保障部门、财政部门可在规定的原则下结合实际确定职业培训补贴标准。县级以上政府可对有关部门各类培训资金和项目进行整合，解决资金渠道和使用管理分散问题。对企业开展培训或者培训机构开展项目制培训的，可先行拨付一定比例的培训补贴资金，具体比例由各省（区、市）根据实际情况确定。各地可对贫困劳动力、去产能失业人员、退役军人等群体开展项目制培训。

（十三）加大资金支持力度。地方各级政府要加大资金支持和筹集整合力度，将一定比例的就业补助资金、地方人才经费和行业产业发展经费中用于职业技能培训的资金，以及从失业保险基金结余中拿出的 1000 亿元，统筹用于职业技能提升行动。各地拟用于职业技能提升行动的失业保险基金结余在社会保障基金财政专户中单独建立“职业技能提升行动专账”，用于职工等人员职业技能培训，实行分账核算、专款专用，具体筹集办法由财政部、人力资源社会保障部另行制定。企业要按有关规定足额提取和使用职工教育经费，其中 60%以上用于一线职工培训，可用于企业“师带徒”津贴补助。落实将企业职工教育经费税前扣除限额提高至工资薪金总额 8%的税收政策。推动企业提取职工教育经费开展自主培训与享受政策开展补贴性培训的有机衔接，探索完善相关机制。有条件的地区可安排经费，对职业技能培训教材开发、师资培训、教学改革以及职业技能竞赛等基础工作给予支持，对培训组织动员工作进行奖补。

（十四）强化资金监督管理。要依法加强资金监管，定期向社会公开资金使用情况，加强监督检查和专项审计工作，加强廉政风险防控，保障资金安全和效益。对以虚假培训等套取、骗取资金的依法依纪严惩，对培训工作中出现的失误和问题要区分不同情况对待，保护工作落实层面干事担当的积极性。

五、加强组织领导，强化保障措施

（十五）强化地方政府工作职责。地方各级政府要把职业技能提升行动作为重要民生工程，切实承担主体责任。省级政府要建立职业技能提升行动工作协调机制，形成省级统筹、部门参与、市县实施的工作格局。各省（区、市）要抓紧制定实施方案，出台政策措施，明确任务目标，进行任务分解，建立工作情况季报、年报制度。市县级政府要制定具体贯彻落实措施。鼓励各地将财政补助资金与培训工作绩效挂钩，加大激励力度，促进扩大培训规模，提升培训质量和层次，确保职业技能提升行动有效开展。

（十六）健全工作机制。在国务院就业工作领导小组框架下，健全职业技能提升行动工作协调机制，充分发挥行业主管部门等各方作用，形成工作合力。人力资源社会保障部门承担政策制定、标准开发、资源整合、培训机构管理、质量监管等职责，制定年度工作计划，分解工作任务，抓好督促落实。发展改革部门要统筹推进职业技能培训基础能力建设。教育部门要组织职业院校承担职业技能培训任务。工业和信息化、住房城乡建设等部门要发挥行业主管部门作用，积极参与培训工作。财政部门要确保就业补助资金等及时足额拨付到位。农业农村部门负责职业农民培训。退役军人事务部门负责协调组织退役军人职业技能培训。应急管理、煤矿安监部门负责指导协调化工、矿山等高危行业领域安全技能培训和特种作业人员安全作业培训。国资监管部门要指导国企开展职业技能培训。其他有关部门和单位要共同做好职业技能培训工作。支持鼓励工会、共青团、妇联等群团组织以及行业协会参与职业技能培训工作。

（十七）提高培训管理服务水平。深化职业技能培训工作“放管服”改革。对补贴性职业技能培训实施目录清单管理，公布培训项目目录、培训和评价机构目录，方便劳动者按需选择。地方可采取公开招投标等方式购买培训服务和评价服务。探索实行信用支付等办法，优化培训补贴支付方式。建立培训补贴网上经办服务平台，有条件的地区可对项目制培训探索培训服务和补贴申领告知承诺制，简化流程，减少证明材料，提高服务效率。

加强对培训机构和培训质量的监管，健全培训绩效评估体系，积极支持开展第三方评估。

（十八）推进职业技能培训与评价有机衔接。完善技能人才职业资格评价、职业技能等级认定、专项职业能力考核等多元化评价方式，动态调整职业资格目录，动态发布新职业信息，加快国家职业标准制定修订。建立职业技能等级认定制度，为劳动者提供便利的培训与评价服务。从事准入类职业的劳动者必须经培训合格后方可上岗。推动工程领域高技能人才与工程技术人才职业发展贯通。支持企业按规定自主开展职工职业技能等级评价工作，鼓励企业设立首席技师、特级技师等，提升技能人才职业发展空间。

（十九）加强政策解读和舆论宣传。各地区、各有关部门要加大政策宣传力度，提升政策公众知晓度，帮助企业、培训机构和劳动者熟悉了解、用足用好政策，共同促进职业技能培训工作开展。大力弘扬和培育工匠精神，落实提高技术工人待遇的政策措施，加强技能人才激励表彰工作，积极开展各类职业技能竞赛活动，营造技能成才良好环境。

关于进一步扩大农产品增值税进项税额核定扣除试点行业范围有关事项的公告

为进一步推进农产品增值税进项税额核定扣除试点工作，根据《财政部 国家税务总局关于扩大农产品增值税进项税额核定扣除试点行业范围的通知》（财税〔2013〕57 号）的规定，现将我区进一步扩大农产品增值税进项税额核定扣除试点行业范围有关事项公告如下：

一、自 2019 年 7 月 1 日起，将下列一般纳税人（以下简称试点纳税人）纳入农产品增值税进项税额核定扣除试点范围。

（一）以购进农产品为原料生产销售皮棉、棉纺产品；

（二）以购进农产品为原料生产销售毛条、麻纱、生丝；

（三）以购进农产品为原料生产销售果汁、蔬菜汁制品；

（四）以购进玉米为原料生产销售调味品、发酵制品。

试点纳税人购进农产品无论是否用于生产上述产品，均按照《财政部 国家税务总局关于在部分行业试行农产品增值税进项税额核定扣除办法的通知》（财税〔2012〕38 号，以下简称《通知》）的规定抵扣增值税进项税额。纳入试点的纳税人行业代码按照国民经济行业分类 GB/T 4754—2017 中的代码小类确定：0514 农产品初加工服务（棉花加工收购企业）；1461 味精制造；1469 其他调味品、发酵制品制造；1523 果菜汁及果菜汁饮料制造；1711 棉纺纱加工；1721 毛条和毛纱线加工；1722 毛织造加工；1731 麻纤维纺前加工和纺纱；1732 麻织造加工；1741 缫丝加工；1742 绢纺和丝织加工。

未按行业登记但实际从事上述行业生产的纳税人也属于试点范围。

二、试点纳税人购进农产品不再凭增值税扣税凭证抵扣增值税进项税额，购进除农产品以外的货物、应税劳务和应税服务，仍按现行有关规定抵扣增值税进项税额。

三、试点纳税人应采用《通知》附件 1《农产品增值税进项税额核定扣除试点实施办法》（以下简称《实施办法》）第四条第一项中的“成本法”核定农产品增值税进项税额。

四、根据《实施办法》第九条规定，试点纳税人应对截至 2019 年 6 月 30 日的库存农产品以及半成品、产成品所耗用的农产品增值税进项税额于 2019 年 7 月申报期结束前作转出处理，形成应纳税款的应于当期缴纳入库。对进项税额转出形成的应纳税款一次性缴纳入库确有困难的试点纳税人，应按照《中华人民共和国税收征收管理法》第三十一条关于延期缴纳税款的相关规定执行。

五、每年的 2 月 15 日前，主管税务机关根据试点纳税人上年实际对已抵扣的农产品增值税进项税额进行纳税调整，重新核定上一年度的农产品耗用率，逐级上报新疆税务局农产品增值税进项税额扣除标准核定小组核定后，作为本年度的农产品耗用率。

六、本公告自 2019 年 7 月 1 日起执行。其他未尽事宜，按照《财政部 国家税务总局关于在部分行业试行农产品增值税进项税额核定扣除办法的通知》（财税〔2012〕38 号）等规定执行。

特此公告。

统计篇

2019 年全球地区及国家 GDP 增长情况

区域及国家	2018 年（%）	2019 年（%）	区域及国家	2018 年（%）	2019 年（%）
美国	2.9	2.3	印度	6.8	4.8
德国	1.5	0.5	东盟五国	5.2	4.7
法国	1.7	1.3	俄罗斯	2.3	1.1
意大利	0.8	0.2	巴西	1.3	1.2
西班牙	2.4	2.0	墨西哥	2.1	0.0
日本	0.3	1.0	沙特阿拉伯	2.4	0.2
英国	1.3	1.3	尼日利亚	1.9	2.3
加拿大	1.9	1.5	南非	0.8	0.4
中国	6.6	6.1			

数据来源：世界货币基金组织

2019 年国内社会生产销售及消费情况

类别	2019 年累计（万亿元）	同比（%）
国内生产总值	99.1	6.1
第一产业	7.0	3.1
第二产业	38.6	5.7
第三产业	53.4	6.9
社会消费品零售总额	41.2	8.0
工业增加值	31.7	5.7

数据来源：国家统计局

2019年全国用电情况

指 标 名 称	绝对量（亿千瓦·时）	同比（%）
全国全社会用电量	72255	4.5
第一产业用电量	780	4.5
第二产业用电量	49362	3.1
工业用电量	48473	2.9
第三产业用电量	11863	9.5
城乡居民生活用电量	10250	5.7

数据来源：国家能源局

2014～2019棉花及化纤短纤产量情况

项目	单位	2014年	2015年	2016年	2017年	2018年	2019年
棉花	万吨	650	586	494	605	609	591
粘胶短纤产量	万吨	310	317.7	350.89	363.8	377.09	394
涤纶短纤产量	万吨	930	959.91	914.89	924.94	889.29	1020

数据来源：中国棉纺织行业协会　有关单位会商　中国化学纤维工业协会

2019年纺织工业经济指标完成情况汇总表（规模以上）

序号	指标名称	单位	本年累计	去年累计	同比（%）
1	企业户数	户	34734	34734	
2	亏损户数	户	5864	4643	26.30
3	亏损面	%	16.88	13.37	3.51(百分点)
4	营业收入	亿元	49436	50174	−1.47
5	营业成本	亿元	43373	44038	−1.51
6	销售费用	亿元	1126	1137	−0.95
7	管理费用	亿元	1760	1765	−0.29
8	财务费用	亿元	511	521	−1.90
9	其中：利息费用	亿元	434	449	−3.48
10	利润总额	亿元	2251	2548	−11.65
11	亏损企业亏损额	亿元	299	206	45.31
12	资产总计	亿元	40672	40348	0.80
13	其中：流动资产合计	亿元	22270	21868	1.84
14	其中：应收票据及应收账款	亿元	5676	5821	−2.49
15	存货	亿元	5977	6080	−1.69
16	其中：产成品	亿元	2905	2897	0.29
17	负债合计	亿元	22424	22324	0.45
18	出口交货值	亿元	7034	7226	−2.67

数据来源：国家统计局

2019年棉纺纱加工、棉织造加工经济指标完成情况汇总表

序号	指标名称	单位	本年累计	去年累计	同比(%)
1	企业户数	户	7369		
2	亏损户数	户	1477		
3	亏损面	%	38		
4	营业收入	亿元	11062	11469	−3.55
5	营业成本	亿元	9971	10316	−3.34
6	销售费用	亿元	172	177	−2.75
7	管理费用	亿元	297	302	−1.88
8	财务费用	亿元	134	137	−1.78
9	其中：利息费用	亿元	109	112	−2.69
10	利润总额	亿元	412	509	−19.20
11	亏损企业亏损额	亿元	84	50	67.01
12	资产总计	亿元	8470	8822	−4.00
13	其中：流动资产合计	亿元	4481	4507	−0.57
14	其中：应收票据及应收账款	亿元	922	968	−4.83
15	存货	亿元	1347	1392	−3.24
16	其中：产成品	亿元	674	665	1.47
17	负债合计	亿元	4899	4944	−0.92
18	出口交货值	亿元	653	704	−7.19

数据来源：国家统计局

2019 年跟踪企业经济指标完成情况汇总表

序号	指标名称	同比(%)
1	亏损面%	8.72
2	营业收入	−1.29
3	营业成本	−1.00
4	销售费用	−4.97
5	管理费用	3.21
6	财务费用	−5.39
7	其中：利息费用	−7.45
8	利润总额	−11.04
9	亏损企业亏损额	77.88
10	资产总计	2.17
11	负债合计	3.48
12	出口交货值	−10.42

数据来源：中国棉纺织行业协会

2014～2019年棉纺织行业纱、布总产量统计表

项目	2014年	2015年	2016年	2017年	2018年	2019年
纱（万吨）	1848	1843	1884	1929	1914	1829
布（亿米）	600	585	610	610	600	560

数据来源：中国棉纺织行业协会

2014～2019年棉纺用原料加工量

项目	单位	2014年	2015年	2016年	2017年	2018年	2019年
棉纤维	万吨	710	675	715	755	755	690
粘胶短纤	万吨	295	300	305	340	340	345
涤纶短纤（含再生）	万吨	930	930	928	900	885	855
其他	万吨	25	30	30	30	30	30

数据来源：中国棉纺织行业协会　中国化学纤维工业协会

2019 年棉纺织品服装进口额统计表

项目	小计		纺织品		服装当年	
	亿美元	同比(%)	亿美元	同比(%)	亿美元	同比(%)
一、贸易方式	96.8	−8.09	61.5	−15.29	35.2	7.92
1.一般贸易	74.9	−4.92	46.1	−11.77	28.8	8.52
2.来料加工	2.0	−21.87	2.0	−22	0.0	10.06
3.进料加工	12.3	−23.64	12.1	−24.44	0.2	213.58
1.国有企业	18.8	−13.95	15.9	−16.88	2.8	7.62
2.集体企业	1.2	−40.22	1.2	−39.71	0.0	−58.74
3.三资企业	50.9	−5.36	26.7	−14.23	24.1	6.89
1.亚洲地区	0.4	−17.2	0.1	−59.81	0.2	103.01
（1）中国香港	0.1	617.89	0.0	−65.24	0.1	626.92
（2）中国澳门	2.8	−18.17	2.7	−18.65	0.1	11.43
（3）中国台湾	2.9	2.11	2.3	0.63	0.5	8.94
（4）日本	1.9	−7.92	0.8	−23.96	1.0	10.51
（5）韩国	2.6	−2.11	0.5	−9.04	2.1	−0.17
（6）土耳其	0.0	−22.08	0.0	−51.91	0.0	−7.38
（7）东盟	0.8	−29.32	0.1	−80.15	0.7	12.5
2.欧洲	0.0	3.62	0.0	−69.13	0.0	13.96
欧盟	0.1	10.19	0.0	49.77	0.1	7.71
3.非洲	85.0	−9.25	60.2	−14.77	24.9	7.61
4.大洋洲	43.4	9.08	32.1	7.78	11.3	12.94
澳大利亚	9.0	5.5	1.2	−12.28	7.9	8.79
5.北美自由贸易区	8.8	6.24	1.1	−11.66	7.6	9.52
（1）美国	1.4	−9.87	0.1	−58.31	1.3	−3.04
（2）加拿大	0.0	−24.62	0.0	−54.1	0.0	−10.06
（3）墨西哥	0.9	−25.99	0.1	−78.94	0.8	12.09
6.设限国家	9.5	2.07	1.2	−30.76	8.3	9.75
7.非设限国家	87.3	−9.08	60.3	−14.9	26.9	7.37

数据来源：中国海关总署

2019年棉纺织品服装出口额统计表

项目	小计		纺织品		服装当年	
	亿美元	同比(%)	亿美元	同比(%)	亿美元	同比(%)
一、贸易方式	746.7	−6.5	244.7	−5.89	502.0	−6.79
1.一般贸易	579.8	−5.92	197.6	−2.89	382.2	−7.41
2.来料加工	5.2	−21.2	0.2	−19.38	5.0	−21.27
3.进料加工	66.4	−20.53	35.3	−16.22	31.2	−24.91
1.国有企业	76.0	−8.09	23.3	−10	52.7	−7.22
2.集体企业	24.8	−10.51	13.3	−8.87	11.4	−12.34
3.三资企业	141.0	−8.61	57.6	−4.23	83.4	−11.4
1.亚洲地区	34.9	−44.58	16.4	−33.12	18.5	−51.9
（1）中国香港	0.8	−37.5	0.2	−20.42	0.6	−42.19
（2）中国澳门	14.7	50.21	0.5	−13.48	14.2	54.38
（3）中国台湾	49.6	−4.4	7.2	−7.31	42.4	−3.89
（4）日本	17.7	−1.12	3.3	−7.81	14.5	0.54
（5）韩国	1.5	−12.3	1.1	0.01	0.4	−37.45
（6）土耳其	16.1	−4.6	2.6	−10.81	13.6	−3.33
（7）东盟	112.3	−15.65	15.2	−11.14	97.1	−16.31
2.欧洲	7.5	−26.86	1.1	−4.86	6.4	−29.71
欧盟	5.5	−7.9	2.7	−10.54	2.8	−5.14
3.非洲	387.1	−2.44	167.5	−6.12	219.6	0.56
4.大洋洲	140.7	3.78	83.1	−0.52	57.5	10.71
澳大利亚	118.1	−9.53	16.6	−5.15	101.5	−10.21
5.北美自由贸易区	101.3	−9.43	11.9	−7.44	89.3	−9.69
（1）美国	61.1	0.63	29.3	0.76	31.8	0.52
（2）加拿大	18.5	−5.51	2.9	−10.62	15.6	−4.48
（3）墨西哥	125.4	−16.11	19.1	−10.71	106.3	−17.01
6.设限国家	213.4	−12.79	27.1	−9.53	186.3	−13.24
7.非设限国家	533.3	−3.72	217.6	−5.42	315.8	−2.52

数据来源：中国海关总署

2019年棉纤维、化纤短纤、纱布进口统计表

商品	数量（万吨/亿米）	金额（亿美元）	平均价格（万美元/吨）（美元/米）
1.棉纤维合计	184.9	35.7	0.19
原棉	184.7	35.6	0.19
已梳棉	0.2	0.1	0.36
2.化纤短纤	65.1	14.8	0.23
锦纶小计	1.2	1.0	0.83
涤纶小计	21.9	2.5	0.11
腈纶小计	9.0	2.5	0.28
粘胶短纤	13.2	3.3	0.25
3.棉纱线合计	195.3	49.5	0.25
棉缝纫线	0.0	0.0	1.48
棉纱、线	184.7	46.3	0.25
混纺纱、线	9.8	3.1	0.31
棉纱	179.1	44.2	0.25
普梳棉纱	143.0	32.5	0.23
精梳棉纱	36.1	11.7	0.33
4.短纤纱线	6.8	3.1	0.46
合成短纤缝纫线	0.2	0.1	0.62
合成短纤纱线	5.0	2.2	0.44
锦纶纱线	0.1	0.0	0.95
涤纶纱线	0.9	0.3	0.33
腈纶纱线	0.9	0.4	0.47
合成短纤混纺纱线	3.0	1.3	0.44
人造短纤纱、线	1.6	0.8	0.5
人造短纤纱	0.9	0.4	0.43
人造短纤线	0.2	0.1	0.47
人造短纤混纺纱线	0.5	0.3	0.63
5.棉织物	2.8	7.1	2.52
纯棉布	2.1	4.8	2.26
纯棉坯布	1.1	1.2	1.12
纯棉印染布	1.0	3.5	3.5
纯棉染色布	0.3	1.1	3.43
纯棉色织布	0.5	2.0	3.66
纯棉印花布	0.1	0.3	3.3
棉混纺布	0.7	2.1	3.2
棉混纺坯布	0.1	0.1	1.49
棉混纺印染布	0.6	2.0	3.46
棉混纺染色布	0.2	0.7	3.69
棉混纺色织布	0.4	1.2	3.43
棉混纺印花布	0.0	0.1	3.41
短纤织物	1.4	4.1	2.85

数据来源：中国海关总署

2019年棉纤维、化纤短纤、纱布出口统计表

商品	数量（万吨/亿米）	金额（亿美元）	平均价格（万美元/吨）（美元/米）
1.棉纤维合计	5.2	0.9	0.17
原棉	5.2	0.9	0.17
已梳棉	0.0	0.0	0.34
2.化纤短纤	146.6	19.5	0.13
锦纶小计	0.6	0.5	0.77
涤纶小计	99.5	10.8	0.11
腈纶小计	2.6	0.6	0.22
粘胶短纤	35.8	5.9	0.16
3.棉纱线合计	37.5	15.9	0.42
棉缝纫线	0.4	0.2	0.52
棉纱、线	25.8	11.5	0.45
混纺纱、线	10.9	4.0	0.37
棉纱	21.1	8.5	0.4
普梳棉纱	3.6	1.2	0.32
精梳棉纱	17.5	7.3	0.42
4.短纤纱线	79.3	25.4	0.32
合成短纤缝纫线	10.5	4.2	0.4
合成短纤纱线	53.0	16.1	0.3
锦纶纱线	0.7	0.4	0.68
涤纶纱线	35.6	7.9	0.22
腈纶纱线	5.1	2.2	0.43
合成短纤混纺纱线	10.4	5.0	0.48
人造短纤纱、线	14.9	4.6	0.31
人造短纤纱	10.0	2.4	0.24
人造短纤线	2.4	0.9	0.36
人造短纤混纺纱线	2.6	1.4	0.54
5.棉织物	79.3	124.6	1.57
纯棉布	61.7	89.3	1.45
纯棉坯布	7.7	9.5	1.23
纯棉印染布	54.0	79.8	1.48
纯棉染色布	17.9	31.8	1.78
纯棉色织布	8.7	19.7	2.26
纯棉印花布	18.2	22.1	1.21
棉混纺布	17.2	34.3	2
棉混纺坯布	2.2	3.3	1.5
棉混纺印染布	15.0	31.1	2.07
棉混纺染色布	4.5	8.8	1.95
棉混纺色织布	9.2	19.8	2.14
棉混纺印花布	0.6	1.3	2.14
短纤织物	68.5	78.2	1.14

数据来源：中国海关总署

2019 年棉纺织行业进出口关键设备表

项目	进口 数量（台）	进口 金额（万美元）	出口 数量（台）	出口 金额（万美元）
梳理机	674	5512	4299	10925
精梳机	273	1400	498	1751
纺纱机	504	17497	20230	16751
转杯纺纱机	52	4344	615	8329
喷气纺纱机	247	9560	471	531
其他自由端纺纱机	3	120	20	143
棉细纱机	53	386	1178	6944
毛细纱机	107	2305	7	149
其他环锭细纱机	28	683	60	132
自动络筒机	1607	22163	1905	2767
剑杆织机	1703	9991	14566	12815
片梭织机	160	688	1937	135
喷水织机	3222	6519	9931	10895
喷气织机	6446	23174	1923	3878

数据来源：中国海关总署

2014～2019 年世界棉花平衡表

项目（百万吨）	2014/2015	2015/2016	2016/2017	2017/2018	2018/2019	2019/2020
起始存量	21.8	24.4	21.1	19.1	17.5	17.4
产量	26	22.1	23.1	26.1	25.9	26.4
供应	47.8	46.5	44.1	45.2	43.4	43.9
消耗	24.2	23.9	24.5	26	27.4	26.2
结存量	23.9	22.7	19.6	19.2	16	17.5
存量/用量	98.70%	94.98%	80%	74%	59%	67%

数据来源：美国农业部

2019/2020 年全球棉花供需表（12 月）

国家和地区（万吨）	期初库存	产量	进口量	消费量	出口量	期末库存
全球	1735.0	2636.80	966.30	2618.60	966.70	1748.80
澳大利亚	34.20	18.50			32.70	19.30
孟加拉国	38.80		158.90	161.10		39.30
巴西	256.40	272.20		74.00	191.60	263.50
中国	776.60	593.30	196.00	838.20		723.80
印度	202.80	642.30	47.90	533.40	87.10	272.50
巴基斯坦	54.30	135.00	91.40	230.80		47.20
土耳其	34.70	78.40	87.10	154.60		38.00
美国	105.60	439.90		65.30	359.20	119.70
乌兹别克斯坦		76.20				
越南			156.80	156.80		

数据来源：美国农业部

2019 年中国棉纺织行业景气指数

月份	棉纺织景气指数	其中					
		原料采购价格指数	原料库存指数	生产指数	产品销售指数	产品库存指数	企业经营指数
1 月	47.5	49.82	49.73	46.41	46.98	45.55	46.59
2 月	46.41	50.00	48.49	45.35	45.19	44.86	44.90
3 月	48.73	50.00	49.11	49.34	48.73	47.76	47.62
4 月	47.63	50.02	48.43	47.81	46.23	46.17	47.12
5 月	46.82	47.30	47.34	46.40	45.58	45.14	46.59
6 月	46.43	46.27	46.40	45.82	45.04	45.00	46.45
7 月	46.25	47.31	46.11	45.16	44.99	45.51	46.02
8 月	45.91	46.96	47.22	45.88	44.36	45.2	45.68
9 月	46.37	45.93	46.32	46.29	46.09	46.68	46.82
10 月	46.21	45.76	46.01	46.18	45.64	46.78	46.74
11 月	46.45	45.71	46.39	46.51	45.86	47.36	46.78
12 月	47.27	46.49	47.64	47.83	46.89	45.51	48.65

注：中国棉纺织景气指数，是由中国棉纺织行业协会通过对棉纺织企业的月度调查统计汇总、编制而成的指数，涵盖了企业采购、生产、销售、经营等主要环节，用于反映棉纺织行业的运营情况。此指数以 50 作为分界点，当高于 50 时，反映行业形势向好；低于 50 时，则反映行业形势下滑。

发布单位：中国棉纺织行业协会

风 采 篇

2019年中国棉纺织行业协会大事记

一、党政建设

在中国纺织工业联合会党委的指导下，中国棉纺织行业协会党支部认真组织党员参加“不忘初心，牢记使命”党员主题教育活动，落实“三会一课”制度，组织支部党员大会10次、支部委员会11次、党小组会12次、书记讲党课3次，召开支部组织生活会2次、民主生活会1次，定期开展党员批评与自我批评和谈心活动，并学习相关文件；观看《等待》《中国共产党第十九届中央委员会第四次全体会议公报》等讲座、纪录片。

支部组织赴延安开展“不忘初心，牢记使命”主题党日活动，参观“伟大历程 辉煌成就——庆祝中华人民共和国成立70周年大型成就展”；参加中纺联“放歌新时代•我和我的祖国”庆祝新中国成立70周年文艺汇演。

为落实在党的十九大报告中关于全民健身体育强国战略，积极推进纺织产业链交流，10月，受中国纺织工业联合会党委委托，中国棉纺织行业协会和中国化学纤维工业协会等单位共同承办了第一届全国纺织行业篮球联赛。本届联赛在纺织名镇东莞大朗举办，共有24支参赛队伍，参赛队主营业务涵盖棉纺、化纤、毛纺、麻纺、服装、印染、纺机、院校、研究所、贸易商等10大类型，具有较强产业链代表性。在切磋篮球技艺、加强行业凝聚力的过程中，上下游企业在业务方面也得到了深入的交流合作。

支部向新疆开展精准扶贫爱心衣物捐赠活动，对山西省吕梁市岚县社科乡贫困学生进行“一对一”的助学帮扶活动，2019年支部累计扶贫捐助金额（折现）约20万元。

二、调研与行业研究

3月起，受国家发改委委托，中棉行协对申请配额的260户棉纺企业进行走访，了解企业产能及棉花使用情况，为国家棉花配额公开、公平、公证分配做好核查工作，保障了棉纺企业的用棉需求。

10月，在湖北武汉举办了2019中国棉纺织大会暨中国棉纺织行业协会第五届五次理事扩大会，会议以“求新、求变、求发展”为主题。首次通过现场投票互动的方式，对企业的经营现状、政策诉求以及发展问题等多方面内容进行了互动，以即时数据的方式呈现了行业关心的问题，调动了与会代表参与的积极性，反响热烈。会议还组织企业代表与国家发改委及行业协会领导面对面讨论行业发展方向。

2019年中棉行协先后前往近700家企业及产业集群调研，了解企业生产经营情况、诉求及建议，加强信息交流，形成60余篇小组调研报告，为企业经营决策提供参考。

政策研究方面。基于广泛的调研工作，根据2019年市场运行情况以及企业反映的问题与建议，整理了棉花配额分配与使用的建议、关于近期棉纺织市场调研及政策建议的报告、棉纺织企业融资难融资贵的问题及建议报告、企业用电成本情况的调研报告、增值税税率下调对企业的影响、新疆棉花目标价格“优质优补”改革意见、新疆高征低扣问题的意见、中美贸易对棉纺织行业影响的报告等多个文件材料，报送国家有关部门，为行业发展争取有利政策。2019年末，基于美国通过“新疆法案”事件，中棉行协积极配合国家有关部门收集资料，做好分析工作。

课题研究方面。中棉行协通过广泛深入地调研和分析研究，完成多项课题研究并编撰形成报告。主要有：中国棉纺织行业2018年行业发展研究报告，主要内容共计26万余字；牵头组织相关单位赴新疆调研并召开座谈会，最终形成约5万字的新疆棉花与棉纺产业协同发展竞争力分析课题报告；受夏津县人民政府委托，完成《夏津县棉纺织产业规划（2018～2022年）》；受江苏沛县人民政府委托，与中国纺织规划院、中国化学纤维工业协会共同完成了《中国（淮海）绿色纺织产业新城发展规划》。

数据分析与研究方面。每月对270家左右的企业和15个集群地区进行数据跟踪调查，掌握产销存、经济效益数据情况。基于上述调研，对数据进行整理分析，形成棉纺织行业景气指数分析报告、生产分析月度报告、每周市场动态观察、一周价格评述、储备棉轮出评述、中美贸易与棉纺织市场观察等系列报告，发布棉纺织行业主营业务收入、竞争力及浆料行业企业收入排名名单。

三、棉纺织技术

2019年以各专业委员会为依托，开展了多场棉纺织技术交流活动。

1月，在江苏苏州组织召开了以“智能创新、提质增效”为主题的中国高质量纱线引领者论坛，近百名行业纺纱、织造精英企业相关负责人就如何进一步提升行业纱线质量水平进行了深入的讨论。

4 月，在山东泰安举办了 2019 年色织布行业年会，会议以“绿色智造 创新发展”为主题。

6 月，在浙江兰溪举办了兰溪·中国棉织产业创新发展大会暨全国浆料和浆纱技术 2019 年会，大会围绕“推进绿色制造，创造竞争新优势”进行专题报告和交流，并设置浆纱技术培训相关内容。

7 月，在江苏举办了 2019 棉纺设备技术升级研讨会，会议以“智能创新、高质提效”为主题，就如何通过有效的措施应对时代挑战，重塑企业竞争力的相关话题展开交流和讨论。

10 月，在河北石家庄举办了石染·牛仔市场论坛暨 2019 中国牛仔布行业年会，大会围绕“科技驱动·绿色牛仔”进行专题报告和交流。

10 月，在山东临清举办了“纺织之光”棉纺织行业节能减排关键技术重点推广活动——走进产业集群交流推广会议，会上，在行业节能减排领域走在前列的纺织生产及设备企业与大家分享了相关技术及经验。

四、商贸交流与对外宣传

搭建展会平台促进商贸合作。3 月、9 月，与贸促会共同组织举办 2019 中国国际纺织纱线（春夏）展览会和 2019 中国国际纺织纱线（秋冬）展览会，两届净面积合计近 6500 平米。3 月，与中国针织工业协会、广东省纺织协会共同主办 2019 中国张槎纺织原料、纱线、面料大会暨展会。为企业上下游搭建贸易交流平台，促进商贸合作。

对外交流方面，组织赴欧洲、中亚、东南亚等多个国家及地区进行调研，深入了解发展环境和优惠政策，认真听取已投产企业在产业转移过程中的经验心得，总结海外各国产业投资优劣势，形成相关报告为有产业转移计划的企业提供参考。

对外宣传方面，为扩大协会以及行业影响力，第一时间发布行业最新资讯、宣传会员企业的发展成就，2019 年协会网站发布资讯共 6000 余条，微信公众号累计推送文章近 700 条，编辑刊物《棉纺织工业》六期，并发放给会员单位及相关活动，全年累计发放 15000 余册。

五、标准建设与信息统计

为推动行业技术标准化建设，中棉行协与棉纺织品标准化分技术委员会共同组织 2 场标准审稿会，完成了14项纱、布行业标准审稿；上报13项纱、布标准报批稿；参加工信部标准立项答辩会，申报了19项纱、布标准制修订计划；参与棉花相关标准的修订，就棉花颜色级、回潮率测试、短纤维率检验、含杂率标准样品等相关标准提出行业意见。全年完成3项团体标准立项和1项团标的发布。与有关单位合作，共同制定色纺纱、再生纤维素纤维纱线绿色设计产品、绿色工厂团体标准。

7月，在福建举办了中国棉纺织行业管理创新年会暨2019财务信息统计与集群转型升级研讨会，近200位棉纺织企业和纺织产业集群的相关代表参加了此次会议。

六、人才建设

协助中纺联开展技能人才、推优树典工作，包括协助完成“纺纱工”等五个国家职业技能标准修（制）订工作，推荐全纺技术能手和全纺技能人才培育突出贡献单位、2018年中国纺织行业年度创新人物、2019年度中国纺织工业联合会产品开发贡献奖企业、2019全国优秀纺织企业家评选活动候选人等。

在行业内，与中国化学纤维工业协会共同组织第五期全国纺织复合人才培养工程高级培训班；开展2019“福建新华源”非棉纤维应用“火炬手”推荐活动；宣传棉纺织行业“传承大工匠”事迹，继续弘扬工匠精神。

为做好行业运行的基础工作，对参与统计工作并做出重要贡献的单位、集群以及个人进行了表扬。

无锡一棉：一根纱，一匹布，一百年

无锡一棉集团有限公司

提起我国现代工业的发源地，必提长三角，提起长三角，必提无锡，而提起无锡工业，又必提“百年老厂”无锡一棉。创建于 1919 年的无锡一棉纺织集团有限公司，在中国纺织工业的发展史占有很重要的分量，它一次次开创纺织领域的技术先河，直到今天，它仍然是纺织工业中的“排头兵”。无锡一棉成就了一个百年民族工业的“范本”，一路走来，砥砺奋进，为中国纺织工业挺起脊梁。

“保存得这么好……”2019 年国庆节，荣德生的孙女荣智安到访无锡一棉。看到祖辈、父辈曾经使用过的办公桌椅，置田建厂时的地契立柱，工厂管理的规章文书，眼眶不由湿润；与这些“老物件”形成鲜明对照的，是一棉现代化的智能工厂，她在感动之余更露欣喜：“那时建的厂，历经百年，现在发展得这么好。

缔造一家百年企业，本身就是一项壮举；更难得的是，以“一根纱、一匹布”穿越百年，始终初心未改。

1919 年，中国著名民族工业实业家荣宗敬、荣德生兄弟，在当年梁溪河畔建起申新三厂，成为中国民族纺织业典范；蹚过历史的长河、历经数代人的接力，当年“实业报国”之志向，在如今的锡山区团结路，演变成无锡一棉“高度专业、高端立足”的抱负。更展传承与创新之悠长意蕴的是，一棉选择在 2019 年 10 月 16 日启动万里之外埃塞俄比亚工厂的“投产键”，30 万纱锭在非洲大陆上舞动。

百年一棉，丝路全球——实业纱线从梁溪河畔到“一带一路”，正勾勒出第二个百年“丝路全球”新图景。

一、三大秘诀，成就百年老厂

（一）抓机遇 做第一个吃螃蟹的人

无锡一棉抓住改革开放的先机，率先举办了全国棉纺织行业第一个来料加工补偿贸易项目。

1979年的5月，无锡一棉与中国香港长江制衣集团下属的中国香港黄浦江纺织有限公司签约开展来料加工补偿贸易，这是该年度全国纺织行业最大的利用外资项目，也是江苏省在1979年的第一个外资项目。通过这个项目，无锡一棉利用外资，从瑞士、日本、意大利、德国引进了具有国际先进水平的纺纱设备和织造设备，新建了纺、织车间。这个项目的成功实施，不仅有效利用了国际资金，也引进了先进技术，开辟了国际市场，为无锡一棉改革开放后的率先发展注入了强劲活力。

在合作开展补偿贸易期间，无锡一棉与中国香港长江制衣集团再度合作，使无锡一棉成为在中国大陆首次采用清梳联技术、高速并条技术、高速精纱技术、高速粗纱技术等30多项世界先进纺织技术的企业，其装备技术的先进性受到了全国纺织行业的关注。

（二）抓技术 做纺织产品的引领者

工业企业，技术当先，这也是无锡一棉一直坚持的初心。2001年，无锡一棉在全行业率先引进当代国际先进的紧密纺纱技术，以后通过消化移植、自主创新改进，使紧密纺纱技术改造逐年扩展。

不断更新的技术带来了不断升级的产品，也为无锡一棉实施全球一体化贸易战略创造了有利条件。在国内市场方面，无锡一棉与国内著名企业形成了合作关系。

如今，走进无锡一棉厂区，挂在墙上的一个个国际一线奢侈品牌或知名品牌的商标，十分夺人眼球。这里是名不虚传的“全球大型紧密纺纱生产基地”，为那些要求十分苛刻的奢侈品牌提供着高档纱线和织物。

在国际市场上，无锡一棉在2005年精梳棉纱向欧盟出口位居全国第一后，一方面巩固欧洲市场，另一方面拓展了中东、东南亚等新兴市场，基本形成了贸易全球化营销格局。TALAK品牌产品成功配套国际高档服装面料和家纺产品，与国内外一流企业对口链接，成为世界顶级的色织、针织、家纺面料用户的供应商，被欧洲客商誉为全球优秀的棉纺织工厂之一。

（三）抓创新 做智能制造的先行者

近年来,新工业革命方兴未艾,全球制造业正迈向数字化、智能化时代。坚持创新的无锡一棉早已“嗅到”这一风向，并初探推进智能制造，提升市场竞争力。以企业生产车间为例，几十万个传感器使车间形成智能化生产线网络，实时监控生产状态、产品质量和机组用电信息，企业万锭用工是国内棉纺业平均水平的 1/5，达到国际先进水平，同类产品售价也高于市场价格 10%以上。

2017 年起，无锡一棉的智能化改造，由前期探索进入了大规模实施，进行了全流程的智能化技术改造。在智能化建设的过程中，无锡一棉将广泛采用先进的设备直联技术、机器人技术，建立监控中心，集中指挥调度智能工厂的生产经营活动，并同步实施管理创新，运用大数据分析模式，管理人、机、物和产品质量，探索与智能化相适应的新的生产管控模式，成为我国纺织业智能制造标杆基地。

二、砥砺奋进，回顾百年风雨

“逢难更进”的自信韧劲深入肌理，每遇困境必以创新强力穿越“涧道之峡”。发展路上难免荆棘，一棉历史上遭遇困局又走出困局的事不少。2008 年国际金融危机那年，尤其让人印象深刻。

然而那年，一棉没有流失一个国际客户，还开拓了新客户。之前筹备已久的特高支纱线正式投产，开拓欧洲高端市场。而 2001 年引进的先进的紧密纺纱技术，也适时延伸出质优价低的新产品，紧密赛络纺的成功开发获得了消费者的青睐。老工人们回忆，行业虽不景气，仍有后道制衣厂带着千万现金来提货——创新的力量在困局中愈发明显。

越是困难的时候，根基稳健的实体企业越能成为中流砥柱。百年当中无数次事实证实了：困难时的危机感更能激发企业去创新、去突破。漫步企业的展示厅，重温百年当中那么多次的逢难而进，面对当前疫情肆虐下的市场低迷、中美贸易摩擦带来的影响，一棉更有斗志、充满信心地迎接挑战。

三、展望未来，书写百年新梦

“世界一流”的雄心韬略谱入新篇，“第二个百年”沿着“一带一路”再攀巅峰。下个百年，还是一根纱、一匹布。

无锡一棉自诞生起，就与世界接轨。第二个“一百年”，“世界一流纺织企业”的雄心韬略，契合“一带一路”倡议开启了新的篇章。从 2018 年 6 月 28 日动工建设，半年多的时间久开始安装设备，2019 年正式投产，无锡一棉这一步迈得坚定而高效。“在异国他乡四百多天的奋斗，把梦想变成了现实。”站在埃塞俄比亚德雷达瓦国家工业园，眼前已是一栋栋厂房，全部纺织设备已经安装到位，随着埃塞新工厂的正式投用，无锡一棉“第二个一百年”的第一批纱，将在非洲大陆纺出。

纵观百年，这家企业全球化布局很早就有，不仅起初就购买英美先进设备，而且在 20 世纪 30 年代，荣氏企业在全国各大都市均有支点和联络点，海外也有近则中国港澳、日本，远则英、德、美等，交易已呈全球化布局。

随着埃塞俄比亚第一期项目的竣工投产，加上智能改造、技术改造，无锡一棉加快迈向“高度专业、高端立足”，打造高档纱布生产基地。

迈向下一个百年，无锡一棉站在时间的长河里书写自己的命运，书写者是一代代奋斗着的一棉人。

百年承载 抢抓机遇 面向未来

利泰醒狮（太仓）控股有限公司

始建于 1905 年的利泰醒狮，怀揣“实业救国”的理想，兴业于江苏省太仓市。作为中国民族纺织工业的前驱，利泰醒狮结合对纺织业逾百年的经验积累，根据市场需求，通过不断的设备和技术升级、流程信息化、人才战略等管理升级举措逐步实现了从传统纱线和坯布制造商向纺织解决方案提供商的转变。

自 2008 年，金昇集团将利泰醒狮纳入麾下，加快了其转型升级和国际化的步伐。2015 年，受益于国家“一带一路”的发展战略，金昇集团携利泰醒狮抢抓发展机遇，开始在在中国的新疆和乌兹别克斯坦共和国等世界主要产棉区投资建设绿色纱线纺织园区。目前公司已投资 120 亿元，分别在中国新疆库尔勒、奎屯、麦盖提及乌兹别克斯坦卡尔希四个地区建设了四个现代化纺纱园区，加速了当地新型工业化的进程，促进了当地社会和经济的发展。其中，利泰库尔勒园区总规划 208 万锭，目前已经投产 120 万锭，在建 88 万锭，产品定位为中高支气流纺棉纱、粘胶纱及环锭纺普梳、精梳棉纱；利泰奎屯园区总规划 68 万锭，目前投产 24 万锭，在建 44 万锭，产品定位为中高端环锭紧密纺棉纱；利泰麦盖提园区在建 24 万锭，产品定位为各类高档针织纱线；利泰国际（乌兹别克斯坦卡尔希）总规划 24 万锭，目前已投产 12 万锭，产品定位为中高支环锭紧密纺纺棉纱及混纺纱和用于家纺的坯布。目前所有在建工程已经进入尾声，将于 2020 年 6 月全部建成投产，届时，四大园区产能将超过 300 万锭，成为全球最大的纺纱企业之一。

● 绿色循环 智能制造 共纺未来

利泰醒狮主打的 BCI 棉花不仅符合时尚界推崇绿色循环的诉求，而且符合大众对品质生活的追求。通过加大对 BCI 棉花占比，将逐步掌握高质量清洁棉花，融入高端价值链实现产品升级。

从设计之初，利泰醒狮各园区就按照智能车间的思路进行规划，所有设备以及所有的检测仪器都通过工业互联网平台互联互通，打通数据从底层到顶层的关键通道，充分发挥工业互联网+对生产过程的指导功能。四大生产基地均配备从德国、瑞士、意大利引进的国际先进纺织设备、智能空调设备、智能异性纤维识别设备、全自动打包机等，同时配备了清梳联、粗细联、细络联等自动化生产线。总面积为 650m^2 的中心试验室配备全套乌斯特检测设备，实现原料、半制品到纱线的全流程产品质量检测。同时，公司拥有国内领先的大圆针织机和验布机，要求每批纱线在发货前均进行试织和布面检测，确保客户收到物理指标和布面效果均满意的纱线产品。纺纱设备配备有清梳联系统、蛛网系统、POC 系统和专家等系统；辅机设备配备有智能温湿度控制系统、实时能耗监测系统、异纤监测与识别系统、数据采集与监控等系统；智能管理系统有 OA 系统、EHR 系统、ERP 系统和 MES 等系统。稳定的硬件基础和严谨的软件基础为产品和管理的一致性和稳定性提供软件基础，保障纱线品质达到乌斯特公报 5%~25%的水平。5G 落地赋能于智能车间，使得生产管控系统更自主，实时监控配合报表中心、订单追踪、智能仓储等系统，使得精益管理更加游刃有余。

利泰醒狮对全面智能车间的规划和建设，形成了生产报表中心、大数据中心和产品生命周期管理三个信息池，为生产管理提供所需的所有报表，充分发挥了各软件子系统的辅助生产功能。同时，通过移动端和 Web 端实现数据多维度透视，为管理决策提供有力数据依据。通过整合配棉数据、生产运营数据、设备运行参数记录、质量分析数据和设备运维数据等大数据应用，实现全流程管控及精准节约，为提质、降本、增效提供数据支撑。通过从上游原棉企业到下游终端客户的全生命周期管理，打通上下游企业数据接口，实现纺纱产业链的数据共享和互利共赢。

“卓郎”2018年全国棉纺织行业竞争力百强企业名单

名次	企业名称	名次	企业名称
1	山东魏桥创业集团有限公司（棉纺织产业）	26	德州华源集团有限公司
2	鲁泰集团（棉纺织产业）	27	震纶集团
3	天虹纺织集团有限公司	28	三阳纺织有限公司
4	华孚时尚股份有限公司（棉纺织产业）	29	湖北孝棉实业集团有限责任公司
5	德州恒丰集团（理事单位）	30	江苏天华纱业集团
6	百隆东方股份有限公司	31	江苏大生集团有限公司
7	河南新野纺织集团股份有限公司（棉纺织产业）	32	巴州金富特种纱业有限公司
8	山东如意时尚投资控股有限公司（棉纺织产业）	33	际华三五四二纺织有限公司
9	临清三和纺织集团有限公司（棉纺织产业）	34	江西金源纺织有限公司
10	江苏联发集团股份有限公司	35	舞钢市银河纺织集团
11	华芳集团棉纺有限公司	36	忠华集团有限公司（棉纺织产业）
12	福建长源纺织集团	37	绍兴国周控股集团有限公司（棉纺织产业）
13	安徽华茂集团有限公司（棉纺织产业）	38	焦作市海华纺织股份有限公司
14	福建新华源发展集团	39	齐鲁宏业纺织集团有限公司
15	溢达中国控股有限公司（棉纺织产业）	40	南通双弘纺织有限公司
16	无锡一棉纺织集团有限公司（棉纺织产业）	41	立马纺织集团股份有限公司
17	江苏悦达纺织集团有限公司（棉纺织产业）	42	湖南东信集团有限公司
18	浙江盛泰服装集团股份有限公司（棉纺织产业）	43	福州翔隆纺织有限公司
19	利泰集团	44	江苏康妮投资有限公司
20	福建金源纺织（集团）	45	浙江金梭纺织有限公司
21	淄博银仕来纺织(集团)有限公司	46	江苏省华宝纺织有限公司
22	石家庄常山纺织集团有限责任公司（棉纺织产业）	47	南阳纺织集团有限公司
23	孚日控股集团股份有限公司（棉纺织产业）	48	临清秋华纺织有限公司
24	山东岱银纺织集团股份有限公司（棉纺织产业）	49	张家港市金陵纺织有限公司
25	黑牡丹（集团）股份有限公司（棉纺织产业）	50	江苏泰达控股集团有限公司

名次	企业名称	名次	企业名称
51	湖南云锦集团股份有限公司	76	山东明胜纺织（集团）有限公司
52	河南平棉纺织集团股份有限公司	77	武汉裕大华纺织服装集团有限公司（棉纺织产业）
53	江苏省华强纺织有限公司	78	杭州宏峰纺织集团有限公司（棉纺织产业）
54	许昌裕丰纺织智能科技有限公司	79	江苏瓯堡纺织染整有限公司
55	广东前进牛仔布有限公司	80	浙江春江轻纺集团有限责任公司
56	枣庄海扬王朝纺织有限公司	81	山东澳亚纺织有限公司（棉纺织产业）
57	冠县冠星纺织集团总公司	82	浙江鑫兰纺织有限公司
58	湖北金安纺织集团股份有限公司	83	江阴美纶纱业有限公司
59	常州市武进马杭色织布有限公司	84	无锡四棉纺织有限公司
60	河北宏润新型面料有限公司	85	浙江威臣纺织股份有限公司
61	吴江京奕特种纤维有限公司	86	帛方纺织有限公司
62	河南华星科创股份有限公司	87	尉氏纺织有限公司
63	太康县万利源棉业有限公司	88	江苏向阳集团有限公司（棉纺织产业）
64	江苏双山集团股份有限公司	89	佛山市马大生纺织有限公司
65	河北新大东纺织有限公司	90	芜湖富春染织股份有限公司
66	山东宏诚集团有限公司（棉纺织产业）	91	江苏新金兰纺织制衣有限责任公司
67	江苏裕纶纺织集团有限公司	92	浙江湖州威达集团股份有限公司
68	浙江万舟控股集团有限公司	93	南宁锦虹棉纺织有限责任公司
69	昌邑市华晨悦胜纺织有限公司	94	咸阳纺织集团有限公司
70	邓州市永泰棉纺股份有限公司	95	山东联润新材料科技有限公司
71	韶关市北江纺织股份有限公司	96	际华三五零九纺织有限公司
72	临清市华兴纺织有限公司	97	佛山市致兴纺织服装有限公司
73	诸城市中纺金维纺织有限公司	98	愉悦家纺有限公司（棉纺织产业）
74	山东华兴纺织集团有限公司（棉纺织产业）	99	西安纺织集团有限责任公司
75	浙江七星纺织有限公司	100	兰溪市裕达纺织（集团）

“卓郎”2018年全国棉纺织行业优良发展型企业名单

（按企业名称拼音排序，排名不分先后）

序号	企业名称	序号	企业名称
1	安徽翰联色纺股份有限公司	17	江西恒昌棉纺织印染有限公司
2	安徽裕华纺织有限公司	18	江阴市广业纺织有限公司
3	常熟棉纺织有限公司	19	开封市鑫旺棉业有限公司
4	丹阳市丹盛纺织有限公司	20	辽宁中泽集团朝阳纺织有限责任公司
5	东营市宏远纺织有限公司	21	瑞昌市鸿达纺织有限公司
6	海宁八方布业有限公司	22	山东省郓城县鸿丰纺织有限公司
7	杭州奥华纺织有限公司	23	山东新元纺织有限公司
8	杭州萧山林芬纺织有限公司	24	山东阳谷顺达纺织有限公司
9	河南昊晟纺织科技有限公司	25	上海纺织（集团）大丰纺织有限公司
10	河南宏达纺织有限公司	26	夏津县瑞鑫纺织有限公司
11	河南省新野鹏升纺织有限公司	27	远纺工业(无锡)有限公司
12	河南永安纺织有限公司	28	云南纺织（集团）股份有限公司
13	湖北安棉纺织有限公司	29	枣阳市万通棉纺实业有限公司
14	湖北富棣田纺织有限公司	30	浙江创维纺织有限公司
15	湖南科力嘉纺织股份有限公司	31	浙江蓝之梦纺织有限公司
16	江苏金昉纺织集团公司	32	浙江鑫海纺织有限公司

“棉联”2019年全国棉纺织行业营业收入排名名单

名次	企业名称	名次	企业名称
1	山东魏桥创业集团有限公司（棉纺织产业）	26	江苏大生集团有限公司
2	天虹纺织集团有限公司	27	孚日集团股份有限公司（棉纺织产业）
3	山东如意时尚投资控股有限公司（棉纺织产业）	28	冠县冠星纺织集团总公司（棉纺织产业）
4	华孚时尚股份有限公司（棉纺织产业）	29	无锡一棉纺织集团有限公司（棉纺织产业）
5	鲁泰集团（棉纺织产业）	30	苏州震纶棉纺有限公司
6	河南新野纺织集团股份有限公司（棉纺织产业）	31	淄博银仕来纺织（集团）有限公司
7	德州恒丰集团（理事单位）	32	浙江万舟控股集团有限公司
8	临清三和纺织集团有限公司（棉纺织产业）	33	江苏省华强纺织有限公司
9	华芳集团有限公司（棉纺织产业）	34	忠华集团有限公司（棉纺织产业）
10	百隆东方股份有限公司	35	南阳纺织集团有限公司
11	江苏联发集团股份有限公司（棉纺织产业）	36	德州华源集团有限公司
12	溢达中国控股有限公司（棉纺织产业）	37	焦作市海华纺织股份有限公司
13	福建长源纺织集团	38	江苏悦达纺织集团有限公司（棉纺织产业）
14	新疆中泰（集团）有限责任公司（棉纺织产业）	39	江苏省华宝纺织有限公司
15	利泰集团	40	黑牡丹（集团）股份有限公司（棉纺织产业）
16	安徽华茂集团有限公司（棉纺织产业）	41	临清秋华纺织有限公司
17	福建新华源集团	42	江西金源纺织有限公司
18	福建金源纺织（集团）	43	福州翔隆纺织有限公司
19	湖北孝棉实业集团有限责任公司	44	江苏泰达控股集团有限公司
20	石家庄常山纺织集团有限责任公司（棉纺织产业）	45	杭州宏峰纺织集团有限公司（棉纺织产业）
21	三阳纺织有限公司	46	舞钢市银河纺织集团
22	浙江盛泰服装集团股份有限公司（棉纺织产业）	47	湖南东信集团有限公司
23	山东岱银纺织集团股份有限公司（棉纺织产业）	48	齐鲁宏业纺织集团有限公司
24	江苏天华纱业集团	49	邓州市永泰棉纺股份有限公司
25	际华三五四二纺织有限公司	50	吴江京奕特种纤维有限公司

名次	企业名称	名次	企业名称
51	江阴美纶纱业有限公司	76	愉悦家纺有限公司（棉纺织产业）
52	立马纺织集团股份有限公司	77	华晨（昌邑）纺织集团（棉纺织产业）
53	河北新大东纺织有限公司	78	浙江七星纺织有限公司
54	咸阳纺织集团有限公司	79	枣庄海扬王朝纺织有限公司
55	帛方纺织有限公司	80	常州市武进马杭色织布有限公司
56	湖南云锦集团股份有限公司	81	江苏康妮投资有限公司
57	许昌裕丰纺织智能科技有限公司	82	浙江鑫兰纺织有限公司
58	南通双弘纺织有限公司	83	浙江文荣纺织有限公司
59	河北宏润新型面料有限公司	84	芜湖富春染织股份有限公司
60	临清市华兴纺织有限公司	85	山东明胜纺织有限公司
61	江苏瓯堡纺织染整有限公司	86	尉氏纺织有限公司
62	武汉裕大华纺织服装集团有限公司	87	浙江克罗托纺织有限公司
63	山东华兴纺织集团有限公司（棉纺织产业）	88	南宁锦虹棉纺织有限责任公司
64	河南华星科创股份有限公司	89	诸城市中纺金维纺织有限公司
65	河南平棉纺织集团股份有限公司	90	西安纺织集团有限责任公司
66	山东宏诚集团有限公司（棉纺织产业）	91	浙江威臣纺织股份有限公司
67	广东前进牛仔布有限公司	92	浙江陆晟纺织集团
68	开封市鑫旺棉业有限公司	93	江苏双山集团股份有限公司
69	山东澳亚纺织有限公司（棉纺织产业）	94	江苏向阳集团有限公司（棉纺织产业）
70	绍兴国周控股集团有限公司（棉纺织产业）	95	佛山市致兴纺织服装有限公司
71	江苏裕纶纺织集团有限公司	96	兰溪市裕达纺织（集团）
72	浙江金梭纺织有限公司	97	浙江湖州威达集团股份有限公司
73	韶关市北江纺织有限公司	98	佛山市马大生纺织有限公司
74	湖北金安纺织集团股份有限公司	99	远纺工业(无锡)有限公司
75	浙江鑫海纺织有限公司	100	山东联润新材料科技有限公司

“棉联”2019 年全国非棉纱（含混纺纱）产品营业收入排名名单

名次	企业名称	名次	企业名称
1	福建长源纺织集团	26	杭州奥华纺织有限公司
2	德州恒丰集团（理事单位）	27	无锡四棉纺织有限公司
3	新疆中泰（集团）有限责任公司（非棉纱产业）	28	利泰集团
	福建新华源集团	29	咸阳纺织集团有限公司
5	天虹纺织集团有限公司	30	湖南云锦集团股份有限公司
6	福建全源纺织（集团）	31	南阳纺织集团有限公司
7	德州华源集团有限公司	32	淄博银仕来纺织（集团）有限公司
8	杭州宏峰纺织集团有限公司	33	际华三五四二纺织有限公司
9	苏州震纶棉纺有限公司	34	忠华集团有限公司
10	江苏大生集团有限公司	35	武汉裕大华纺织服装集团有限公司
11	江西金源纺织有限公司	36	兰溪市裕达纺织有限公司
12	江西华春色纺科技发展有限公司	37	安徽裕华纺织有限公司
13	吴江京奕特种纤维有限公司	38	浙江春江轻纺集团有限责任公司
14	福州翔隆纺织有限公司	39	石家庄常山纺织集团有限责任公司
15	齐鲁宏业纺织集团有限公司	40	丹阳市丹盛纺织有限公司
16	江苏省华宝纺织有限公司	41	江苏悦达纺织集团有限公司
17	山东联润新材料科技有限公司	42	湖南东信集团有限公司
18	山东阳谷顺达纺织有限公司	43	山东华兴纺织集团有限公司
19	南宁锦虹棉纺织有限责任公司	44	无锡一棉纺织集团有限公司
20	帛方纺织有限公司	45	江苏怡人纺织科技股份有限公司
21	诸城市中纺金维纺织有限公司	46	湖北孝棉实业集团有限责任公司
22	江苏向阳集团有限公司	47	山东明胜纺织有限公司
23	临清秋华纺织有限公司	48	西安纺织集团有限责任公司
24	南通双弘纺织有限公司	49	河南平棉纺织集团股份有限公司
25	愉悦家纺有限公司	50	江苏泰达控股集团有限公司

“棉联”2019 年全国色纺纱产品营业收入排名名单

名次	企业名称	名次	企业名称
1	华孚时尚股份有限公司（色纺纱产业）	6	江苏康妮投资有限公司
2	百隆东方股份有限公司	7	浙江湖州威达集团股份有限公司
3	江苏天华纱业集团	8	江苏新金兰纺织制衣有限责任公司
4	山东如意时尚投资控股有限公司（色纺纱产业）	9	杭州萧山林芬纺织有限公司
5	江阴美纶纱业有限公司	10	江阴市广业纺织有限公司

“棉联”2019 年全国色织布产品营业收入排名名单

名次	企业名称	名次	企业名称
1	鲁泰集团（色织布产业）	6	江苏瓯堡纺织染整有限公司
2	溢达中国控股有限公司（色织布产业）	7	常州市武进马杭色织布有限公司
3	江苏联发集团股份有限公司（色织布产业）	8	芜湖富春染织股份有限公司（染纱产业）
4	浙江盛泰服装集团股份有限公司（色织布产业）	9	安徽华茂织染有限公司
5	张家港广天色织有限公司	10	绍兴国周控股集团有限公司（染纱产业）

“棉联”2019 年全国牛仔布产品营业收入排名名单

名次	企业名称	名次	企业名称
1	黑牡丹（集团）股份有限公司（牛仔布产业）	6	浙江腾马纺织有限公司
2	广东前进牛仔布有限公司	7	佛山市致兴纺织服装有限公司
3	浙江金梭纺织有限公司	8	佛山市马大生纺织有限公司
4	浙江鑫兰纺织有限公司	9	河北新大东纺织有限公司（牛仔布产业）
5	韶关市北江纺织有限公司	10	山东岱银纺织集团股份有限公司（牛仔布产业）

2019年度“福建新华源”非棉纤维应用“火炬手”

序号	单位名称 （按单位首字母顺序排序）	姓名	职务
1	百隆东方股份有限公司	荣慧	研发中心副主任
2	常州天虹纺织有限公司	陈琪	技术总监
3	德州恒丰集团	李苏红	研发人员
4	东华大学	张瑞云	教授/ 系主任
5	福建金源纺织有限公司	周华	技术员
6	福建新华源发展集团	杨宇峰	厂长助理
7	福建新华源发展集团	汪明朗	设备厂助
8	河南平棉纺织集团股份有限公司	陈红霞	新产品研发中心副主任
9	湖南云锦集团股份有限公司	汪飞	工程师
10	江南大学	卢雨正	副研究员
11	江苏悦达纺织集团	陈昭君	花型设计师
12	南通双弘纺织有限公司	王俗易	操作技术员
13	山东岱银纺织集团股份有限公司	亓焕军	研究中心主任
14	山东联润新材料科技有限公司	孙文革	工程师
15	山东如意科技集团有限公司	薛子平	技术开发部部长
16	山东魏桥纺织股份有限公司	张华明	产品研发处处长
17	苏州震纶棉纺有限公司	高海荣	技术部经理
18	无锡一棉纺织集团有限公司	夏杰	细纱技术员
19	吴江京奕特种纤维有限公司	张仕成	工艺主管
20	淄博银仕来纺织有限公司	章学文	研发中心主任

发布单位：中国棉纺织行业协会

2020/2021 中国纱线流行趋势产品名单

产品名称	单位	产品规格
有机棉植物染色纺纱	无锡一棉纺织集团有限公司	100%有机棉 JC白 80/JC色 20；50 英支
绿色抑菌保暖纱	山东联润新材料科技有限公司	再生纤维素纤维（优可丝®安泰贝®抑菌再生纤维素纤维）40/棉（BCI精梳棉）30/聚丙烯腈纤维（腈纶）30；40 英支
环保涂料染色纯棉纱	张家港三得利染整科技有限公司	100%棉；32 英支*2
循环再生棉纱	山东岱银纺织集团股份有限公司	紧密赛络纺棉纤维 93/再生棉 7；11 英支
抗紫外线混纺纱	夏津仁和纺织科技有限公司	再生纤维素纤维（再生纤维素纤维）30/珍珠纤维 25/抑菌聚酯纤维 25/精梳棉 20；60 英支
抑菌纤维混纺纱	南京禾素时代抗菌材料科技有限公司	莫代尔 70/禾素纤维 30；32 英支
环保可降解纱	临邑恒丰纺织科技有限公司	100%丁纶，32 英支
抗紫外线吸湿速干纱	山东联润新材料科技有限公司	聚酯纤维 80/莱赛尔纤维 20；40 英支
紧赛纺柔感弹力纱	江苏悦达棉纺有限公司	舒弹丝 35/精梳长绒棉 65；40 英支
聚乳酸混纺纱	南通双弘纺织有限公司	精梳棉聚乳酸纤维混纺；40 英支
功能性保健混纺纱	山东超越纺织有限公司	莫代尔 50/聚丙烯腈纤维（腈纶）30/石墨烯纤维 20；50 英支
涡流纺莱赛尔混纺纱	浙江双盾纺织科技有限公司	莱赛尔 25/棉 50/铜氨纤维 25；20–50 英支
抑菌再生纤维素纤维纱	林茨(南京)粘胶丝线有限公司	优可丝®安泰贝®抑菌纤维 50/再生纤维素纤维 50；40–50 英支
仿毛色纺纱	汶上如意技术纺织有限公司	聚酯纤维（涤纶）70/再生纤维素纤维（粘胶）30；32 英支
仿麻滑爽纯棉纱	无锡一棉纺织集团有限公司	100%棉；精梳 50 英支
长绒棉高支纱	河北圣源纺织有限公司	100%长绒棉；环锭纺精梳 60–80 英支
涡流纺再生纤维素纤维纱	吴江京奕特种纤维有限公司	100%细旦再生纤维素纤维（粘胶）（1.0tex*38mm）；80 英支
高支细旦再生纤维素纤维纱	福建新华源纺织集团有限公司	100% 细旦再生纤维素纤维（粘胶）（1.0dtex*38mm）；100 英支/120 英支
莱赛尔短纤纱	福建长源纺织有限公司	莱赛尔 50/精梳棉 50；32 英支/40 英支
竹纤维混纺弹力纺纱	无锡四棉纺织有限公司	竹纤维 50/聚酯纤维（涤纶）20/生物质聚酯纤维（涤纶）30；50 英支
绵柔弹性聚酯纤维纱	桐昆集团浙江恒盛化纤有限公司	聚酯纤维（涤纶）195dtex/288F（DTY 氨纶包覆丝）
防护用弹力纱	烟台泰和新材料股份有限公司	间位芳纶氨纶混纺纱
再生纤维长丝高弹纱	恒天宝丽丝生物基纤维股份有限公司	PBT和再生纤维生物基长丝捻线；44 英支

发布单位：中国棉纺织行业协会

2019年度“中国纺织行业专利奖”棉纺织领域名单

金奖		
序号	专利名称及专利号	专利权人
1	一种用捆绑式方法生产隆纹纱的方法 ZL201010212013.7	百隆东方股份有限公司
优秀奖		
序号	专利名称及专利号	专利权人
1	一种复合包芯缝纫线的制造方法 ZL201310546060.9	武汉纺织大学、湖北枫树线业有限公司
2	一种高压静电防护面料及其制造工艺 ZL201610693499.8	陕西元丰纺织技术研究有限公司
3	嵌入锦纶长丝的锦纶与芳纶混纺纺纱工艺 ZL201410673584.9	安徽华茂纺织股份有限公司
4	一种利用螺旋气流生产光洁纱的纺纱装置 ZL201310647170.4	德州恒丰纺织有限公司
5	具有包芯和包缠结构的纱线及其制作方法和制作装置 ZL201510420738.8	山东岱银纺织集团股份有限公司
6	一种纳米纤维混纺复合纱线的制备方法 ZL201310586642.X	东华大学
7	机织棉包聚烯烃经纬双弹面料连续生产工艺 ZL201611014434.2	鲁丰织染有限公司
8	一种包缠式弱捻花式色纺纱及其制作方法 ZL201410389410.X	百隆东方股份有限公司
9	一种含有11种不同纤维的混纺纱线生产方法 ZL201410688332.3	德州华源生态科技有限公司
10	一种汉麻与长绒棉混纺80支纱及其生产方法 ZL201610585823.4	际华三五零九纺织有限公司

发布单位：中国纺织工业联合会

“纺织之光”2019年度科学进步奖

（棉纺织会员单位有关项目获奖情况）

贰等奖

序号	项目名称	主要完成单位 主要完成人
1	全棉芯弹纱弹力面料关键技术研发与产业化	东华大学、枣庄海扬王朝纺织有限公司、浙江玉帛纺织股份有限公司、中纺院（浙江）技术研究院有限公司、枣庄市声威商贸有限公司
2	喷气涡流纺纯棉高支纱生产关键技术及应用	江苏悦达纺织集团有限公司、江南大学
3	120英支汉麻纺纱关键技术及产业化	山东岱银纺织集团股份有限公司
4	阶梯式精细化梳理纺纱技术研究与产品开发	德州华源生态科技有限公司
5	国产化装备智能纺纱关键技术创新及产业化应用	武汉裕大华纺织服装集团有限公司、经纬纺织机械股份有限公司、武汉纺织大学、武汉裕大华纺织有限公司
6	高导湿与免烫双重功效面料的创新与应用	鲁泰纺织股份有限公司、武汉纺织大学、鲁丰织染有限公司、青岛大学、亨斯迈纺织染化（青岛）有限公司、山东理工大学

发布单位：中国纺织工业联合会

2019年“纺织行业智能制造试点示范”棉纺织企业名单

序号	试点示范名称	单位
1	纺纱新模式智能生产线	武汉裕大华纺织服装集团有限公司
2	新型纺纱智能生产线	安徽华茂纺织股份有限公司
3	新型纺纱智能生产线	福建长源纺织有限公司

发布单位：中国纺织工业联合会

棉纺织行业国家智能制造专项项目列表

序号	年份	项目名称	单位名称	分类
1	2015	筒子纱染色智能工厂试点示范	山东康平纳集团有限公司	试点示范
2	2017	纺纱数字化车间试点示范	江苏大生集团有限公司	试点示范
3	2017	棉纺智能工厂试点示范	安徽华茂纺织股份有限公司	试点示范
4	2018	纺织智能工厂试点示范	山东如意科技集团有限公司	试点示范
5	2016	年产3万吨纱线染色智能化工厂	宁夏如意科技时尚产业有限公司	新模式
6	2018	新型纺纱智能化改造项目	安徽华茂纺织股份有限公司	新模式
7	2018	全流程智能纺纱新模式运用	武汉裕大华纺织服装集团有限公司	新模式
8	2018	低功耗环锭纺纱智能工厂建设项目	新疆利泰丝路投资有限公司	新模式

来源：工业和信息化部

2020年即将实施的标准

序号	标准编号	标准名称	第一起草单位
1	FZ/T 12009-2019	腈纶本色纱	魏桥纺织股份有限公司
2	FZ/T 12065-2020	莱赛尔纤维与粘胶纤维混纺本色纱	江苏大生集团有限公司
3	FZ/T 12028-2019	涤纶色纺纱线	百隆东方股份有限公司
4	FZ/T 12066-2020	涤粘色纺纱/氨纶包覆弹力线	杭州新天元织造有限公司
5	FZ/T 13050-2020	莱赛尔纤维与粘胶纤维混纺本色布	江苏大生集团有限公司
6	FZ/T 12018-2019	紧密纺精梳棉本色纱线	新疆溢达纺织有限公司
7	FZ/T 12022-2019	涤纶与粘纤混纺色纺纱线	江阴市红卫青山纺织有限公司
8	FZ/T 12064-2019	喷气涡流纺腈纶羊毛混纺色纺纱	绍兴国周纺织新材料有限公司
9	FZ/T 13048-2019	棉涤纶低弹丝包芯纱本色布	魏桥纺织股份有限公司
10	FZ/T 12066-2019	涤纶氨纶弹力本色布	福建华峰新材料有限公司
11	FZ/T 12061-2019	粘纤锦纶/聚酯（PBT）仿兔毛包芯本色纱线	福建金源纺织有限公司
12	FZ/T 12062-2019	粘胶纤维色纺纱	浙江吉麻良丝新材料股份有限公司
13	FZ/T 12063-2019	涤纶羊毛混纺色纺纱	汶上如意技术纺织有限公司
14	FZ/T 13021-2019	棉氨纶弹力本色布	青岛纺联面料有限公司
15	FZ/T 13047-2019	棉与腈混纺本色布	淄博银仕来纺织有限公司

发布单位：工业和信息化部发布

2019 年度全国优秀纺织（青年）企业家

（棉纺织会员单位，按姓氏笔画排序）

优秀纺织企业家：

刘子斌　鲁泰纺织股份有限公司党委书记、董事长、总经理

徐国祥　杭州金丰纺织有限公司董事长

戴　俊　江苏悦达棉纺有限公司总经理

优秀青年企业家：

王　强　山东如意科技集团有限公司首席执行官

陈　文　福建新华源发展集团总裁

发布单位：中国纺织工业联合会

2018 中国纺织行业年度创新人物

（棉纺织会员单位，按姓氏笔画排序）

丁彩玲　山东如意科技集团有限公司　首席技术官

王晓菲　德州恒丰纺织有限公司　细纱挡车工

苏建军　德州恒丰集团　董事长

宛秋生　山东临清三和纺织集团有限公司　董事长

发布单位：中国纺织工业联合会

2019 年产品开发贡献奖

（棉纺织会员单位，排名不分先后）

德州华源生态科技有限公司
福建长源纺织有限公司
山东联润新材料科技有限公司
华孚时尚股份有限公司
广东溢达纺织有限公司
魏桥纺织股份有限公司
张家港市金陵纺织有限公司
上海纺织（集团）大丰纺织有限公司

发布单位：中国纺织工业联合会

2016-2018 年度集群地区纺织产业发展服务优秀单位及协（商）会

（按棉纺织产业集群）

服务优秀单位：

江苏省南通市通州区先锋街道办事处

常州市武进区湖塘镇人民政府经发科

临清市工业和信息化局

华容县工业和信息化局

优秀协（商）会：

张家港市氨纶纱行业商会

发布单位：中国纺织工业联合会

中国棉纺织行业协会
China Cotton Textile Association

中国棉纺织精品基地

安徽华茂集团
“中国棉纺织精品基地”

百隆东方有限公司
“中国色纺纱精品基地”

华孚时尚股份有限公司
“中国色纺纱精品基地”

三阳纺织有限公司
“中国纯棉高支漂白纱线精品基地”

德州华源生态科技有限公司
“中国差别化纱线精品基地”

青岛纺联控股集团有限公司
“中国多组份纱布精品基地”

南通双弘纺织有限公司
“中国化纤混纺纱精品基地”

福建省长乐市新华源纺织有限公司
“中国粘胶纱线精品基地”

中国棉纺织特色产品生产基地

福建省长乐市华源纺织有限公司
“中国粘胶纱特色产品生产基地”

湖南云锦集团股份有限公司
“中国新型纤维牛仔纱特色产品生产基地”

福建省长乐市恒源纺织有限公司
“中国粘胶混纺产品生产基地”

浙江湖州威达集团股份有限公司
“中国色纺新型纺纱特色产品生产基地”

吴江京奕特种纤维有限公司
“中国喷气涡流纺纱特色产品生产基地”

南通纺织控股集团纺织染有限公司
“中国纯棉中粗支漂白纱特色产品生产基地”

杭州金丰纺织有限公司
“中国差别化纱线特色产品生产基地”

舞钢市银河纺织有限公司
“中国纯棉紧密纺纱线特色产品生产基地”

福建长源纺织有限公司
“中国混纺短纤纱特色产品生产基地”

江苏新金兰纺织制衣有限责任公司
“中国色纺纱特色产品生产基地”

上海纺织（集团）大丰纺织有限公司
“中国差别化纤维色纺纱特色产品生产基地”

中国棉纺织行业协会检测平台——纱线检测中心

南通双弘纺织有限公司
“纱线检测中心”

福建省长乐市金源纺织有限公司
“纱线检测中心”

上海纺织（集团）大丰纺织有限公司
“纱线检测中心”

中国棉纺织行业协会
China Cotton Textile Association

中国棉纺织行业节能减排

创新型棉纺织企业

- 巴州金富特种纱业有限公司
- 德州恒丰纺织有限公司
- 湖南科创纺织股份有限公司
- 际华三五四二纺织有限公司
- 江苏瓯堡纺织染整有限公司
- 开平奔达纺织有限公司
- 临清三和纺织集团有限公司
- 平原恒丰纺织科技有限公司
- 疏勒如意科技纺织有限公司
- 浙江鑫海纺织有限公司

- 百隆东方股份有限公司
- 帛方纺织有限公司
- 福建省长乐市长源纺织有限公司
- 广东溢达纺织有限公司
- 河南平棉纺织集团股份有限公司
- 黑牡丹纺织有限公司
- 际华三五零九纺织有限公司
- 江苏联发纺织股份有限公司
- 江苏新金兰纺织制衣有限责任公司
- 江苏悦达棉纺有限公司
- 临清三和纺织集团有限公司
- 南通双弘纺织有限公司
- 南阳纺织集团有限公司
- 宁夏如意科技时尚产业有限公司
- 三阳纺织有限公司
- 石家庄常山北明科技股份有限公司
- 太康县万利源棉业有限公司
- 魏桥纺织股份有限公司
- 汶上如意技术纺织有限公司
- 无锡四棉纺织有限公司
- 夏津仁和纺织科技有限公司
- 新疆如意纺织服装有限公司
- 远纺工业（无锡）有限公司
- 枣庄海扬王朝纺织有限公司

中国棉纺织行业协会
China Cotton Textile Association

中国棉纺织行业节能减排

相关技术

- 河南二纺机股份有限公司——YD型系列铝套管节能细纱锭子
- 山东金信空调设备集团有限公司——纺织空调回风精过滤器

- 立信染整机械（深圳）有限公司——TECWIN高温染色机
- 立信染整机械（深圳）有限公司——再生纤维素前处理设备及工艺－高乐精炼机
- 山东金信空调设备集团有限公司——JXJF30/35-12桨翼型低噪声节能轴流风机
- 陕西金翼通风科技有限公司——纺织专用增压式降噪节能风机技术
- 铜陵松宝智能装备股份有限公司——自动落纱系统—智能落纱机（第三代）
- 永旭晟机电科技（常州）有限公司——基于机器视觉技术的智能穿经机系统研发

中国棉纺织行业协会
China Cotton Textile Association

中国棉纺织行业产品品牌

（纱类）

纯棉本色纱

安徽华茂集团有限公司	无锡一棉纺织集团有限公司	舞钢市银河纺织有限公司	江苏悦达棉纺织有限公司	江苏省华宝纺织有限公司	江苏裕纶纺织集团有限公司	重庆三峡技术纺织有限公司
天津天纺投资控股-北洋纺织	河北新大东纺织有限公司	南通华强布业有限公司	德州华源生态科技有限公司	河南新野纺织股份有限公司	魏桥纺织股份有限公司	石家庄常山恒新纺织有限公司
山东岱银纺织集团股份有限公司	河南永安纺织有限公司	华芳集团有限公司	三阳纺织有限公司	山东明胜纺织有限公司	湖北孝棉实业集团有限责任公司	安义县宏达纺织有限公司
湖北金安纺织集团股份有限公司						

纯棉色纺纱

广东溢达纺织有限公司	汶上如意技术纺织有限公司	百隆东方股份有限公司	江阴市天华纱业有限公司

化纤及混纺本色纱

山东联润新材料科技有限公司	福建新华源发展集团	江苏大生集团有限公司	南通双弘纺织有限公司	福建长源纺织有限公司	南通华强布业有限公司
福建省长乐市锦源纺织有限公司	重庆三峡技术纺织有限公司	巴州金富特种纱业有限公司	湖南东信集团有限公司	苏州震纶棉纺有限公司	阜方纺织有限公司
福建长源纺织有限公司	山东大海集团有限公司	福建省长乐市金源纺织有限公司	江苏双山集团股份有限公司	福州翔隆纺织有限公司	无锡四棉纺织有限公司

中国棉纺织行业协会
China Cotton Textile Association

中国棉纺织行业产品品牌

（布类）

纯棉本色布

- 无锡一棉纺织集团有限公司
- 安徽华茂集团有限公司
- 际华三五零九纺织有限公司
- 天津天纺投资控股有限公司
- 浙江鑫海纺织有限公司
- 际华三五四二纺织有限公司
- 河南新野纺织股份有限公司
- 石家庄常山纺织股份有限公司
- 魏桥纺织股份有限公司
- 三阳纺织有限公司
- 浙江立马云山纺织股份有限公司
- 浙江兰棉纺织有限公司
- 荆州市奥达纺织有限公司

纯棉色织布

- 广东溢达纺织有限公司
- 鲁泰纺织股份有限公司
- 江苏联发纺织股份有限公司
- 江苏占姆士纺织有限公司

纯棉牛仔布

- 浙江金梭纺织有限公司
- 临邑澳泰纺织有限公司
- 佛山市马大生纺织有限公司
- 黑牡丹纺织有限公司
- 枣庄海扬王朝纺织有限公司
- 魏桥纺织股份有限公司
- 广东前进牛仔布有限公司
- 佛山市致兴纺织服装有限公司
- 山东兰雁纺织服装有限公司

化纤及混纺本色布

- 际华三五四二纺织有限公司
- 际华三五零九纺织有限公司
- 淄博银仕来纺织有限公司
- 石家庄常山纺织股份有限公司

化纤及混纺牛仔布

- 山东兰雁纺织服装有限公司
- 韶关市北江纺织股份有限公司
- 河北新大东纺织有限公司
- 枣庄海扬王朝纺织有限公司
- 浙江鑫兰纺织有限公司

2019年中国棉纺织行业产业集群试点地区

截至2019年，中国棉纺织行业协会了解并掌握有关情况的产业集群有30个，主要以纺纱、白坯、色织（含牛仔）为特点（其中包括与印染、服装等行业协会共建集群），主要分布在11个省份及地区，大多集中在长江三角洲、环渤海经济带等地区。其中，山东省、江苏省集群数量约占棉纺织产业集群数量的50%以上，河南、福建、广东、新疆等地区均有零星分布。以下是2019年加入中国棉纺织行业产业集群试点的新地区。

河南省尉氏县——“中国绿色高端纯棉纱生产基地县”

纺织服装行业是尉氏县传统支柱产业之一，起步于20世纪60年代，通过50年的发展，目前已经形成从原棉种植、脱绒、原棉仓储物流到纺纱、印染、织布、制衣、纺纱设备交易、纱产品及服装贸易等完整的生产链条，具有市场成熟、体系完善、规模企业众多、产品种类丰富等优势，也为尉氏县赢得了“河南省纺织工业基地”的美誉。尉氏县现有纺织服装生产近100家，其中规模以上企业40余家，纱锭规模120万锭，主要产品有纯棉纱、混纺纱、化纤纱、色纺纱、坯布、印花布、服装等，主要销往安徽、广东、福建、江苏、山东、天津等地，并出口到美国、澳大利亚、日本、东南亚等国家和地区。2019年被中国棉纺织行业协会授予“中国绿色高端纯棉纱生产基地县”称号。

江苏省小尖镇——“中国色纺纱特色产品之乡”

小尖镇隶属于江苏省盐城市响水县，地处响水县西部，紧邻县城，204国道、326省道、307省道和通榆河贯穿全境，交通便捷，是响水县老工业基地和重要商品集散地。色纺纱产业是小尖镇最大的支柱产业，全省知名。全镇拥有色纺企业28家，其中规模以上企业8家，从业人员3120人，全年产纱线4.46万吨，布17000万米。响水县色纺纱产品以其齐全的品种、先进的工艺、精良的品质和优质的服务深受客户青睐，主要销往广东、浙江、上海、福建、江苏、安徽、湖北、山东、天津、江西等地。2019年被中国棉纺织行业协会授予“中国色纺纱特色产品之乡”称号。

2019年中国棉纺织行业协会活动照片

党组织生活会

书记讲党课

延安红色教育

参观70周年成就展

党务工作者培训

纺织篮球联赛

2019年中国棉纺织行业协会活动照片

扶贫捐衣

新疆扶贫

五届五次理事会

中国棉纺织大会

市场形式分析会

新技术会

2019年中国棉纺织行业协会活动照片

色织布行业年会

浆料年会

牛仔行业年会

财务统计与集群会

标准年会

技术委员会

2019年中国棉纺织行业协会活动照片

新产品鉴定会

“节能减排”成果推广活动

纺织复合型人才高级培训班

“火炬手”颁奖

纺织之光科技教育奖励大会

新疆课题专家座谈会

2019年中国棉纺织行业协会活动照片

中国国际纺织纱线（春夏）展览会

中国国际纺织纱线（秋冬）展览会

广州张槎展会

调研中亚地区

在陕西调研

在南通调研